武汉往事 2
红色风暴

◎张隼 著

SPM 南方出版传媒　广东人民出版社

·广州·

图书在版编目（CIP）数据

武汉往事. 2，红色风暴 / 张隼著. — 广州：广东人民出版社，2019.2
ISBN 978-7-218-12770-5

Ⅰ. ①武… Ⅱ. ①张… Ⅲ. ①武汉—地方史—史料 Ⅳ. ①K296.31

中国版本图书馆CIP数据核字(2018)第086698号

WUHAN WANGSHI 2 · KONGSE FENGBAO
武汉往事2·红色风暴
张隼 著

版权所有 翻印必究

出 版 人：肖风华

选题策划：李　敏
责任编辑：李　敏
装帧设计：刘焕文
责任技编：周　杰　易志华

出版发行：广东人民出版社（广州市大沙头四马路10号　邮政编码：510102）
电　　话：（020）83798714（总编室）
传　　真：（020）83780199
网　　址：http://www.gdpph.com
印　　刷：珠海市鹏腾宇印务有限公司
开　　本：787 mm × 1092 mm　1/16
印　　张：26.75　　　字　数：490千
版　　次：2019年2月第1版　2019年2月第1次印刷
定　　价：59.80元

如发现印装质量问题，影响阅读，请与出版社（020-83795749）联系调换。
售书热线：（020）83791487　83790604　邮购：（020）83781421

CONTENTS 目 录

第一章　　　涌动的岩浆 / 1

第二章　　　兵临城下 / 15

第三章　　　围困武昌 / 29

第四章　　　孤城 / 43

第五章　　　抢粮 / 59

第六章　　　破城 / 73

第七章　　　利益与信仰 / 87

第八章　　　风雷激荡 / 101

第九章　　　租界怒涛 / 115

第十章　　　收回英租界 / 129

第十一章　　宁汉对立 / 143

第十二章　　逆流暗涌 / 157

第十三章　　山雨欲来 / 171

第十四章　　血雨腥风 / 185

第十五章　　霹雳一声暴动 / 199

第十六章	王俊林重返武汉 / 213
第十七章	赵璇滢隐姓埋名 / 227
第十八章	白色恐怖 / 241
第十九章	地下交通站 / 255
第二十章	余瑞祥技高一筹 / 269
第二十一章	秘密协定 / 283
第二十二章	水淹武汉 / 297
第二十三章	兄弟相残 / 311
第二十四章	无尽江水任东流 / 325
第二十五章	余瑞祥的葬礼 / 339
第二十六章	面粉经销处 / 353
第二十七章	秘密使命 / 367
第二十八章	血在烧 / 381
第二十九章	傲立寒冬 / 395
第三十章	时局突变 / 409

第一章 涌动的岩浆

早就立秋了，太阳依旧如炉火般炙烤着整座江城。天幕似一张白幔，没有一片云彩；大地处处是玉门关，把风儿挡在门外。在阳光的灼烧下，长江、汉水以及数不清的湖泊，蒸腾出灼人的热气，向四处弥漫，更增添了大地的温度。人们宛如被无形的大手硬生生地塞进了一个巨大的蒸笼，无助地经受着炎热的蒸煮，失去了关注各种事情的兴致，只求上苍快点伸出仁慈的手指，拨快时钟悠闲漫游的步伐。饶是如此，一件命运攸关的大事还是吸引了人们的注意：南方大军一路势如破竹，攻占了长沙以后，继续向岳阳方向挺进，遥叩湖北的大门。

吴佩孚紧急搜集数万军马，亲自挂帅，准备前出汀泗桥、贺胜桥一带，利用险要地形，部署几道防线，挡住南方军队进攻的步伐，确保武昌的安全。

那些养尊处优的达官贵人以及豪富人家心慌意乱，匆匆忙忙收拾行装，携带家财，准备逃离武昌，甚至汉阳、汉口的人们也心旌摇摆，做了随时逃跑的准备。

随即谣言四起，有的说吴佩孚还没有到达前线，就已经全军覆没；有的说南方大军正风扫残云一般地打了过来，见人就杀。一时人心惶惶，以至于连平头百姓都加入到逃离的阵营。

汉口王府，汉阳赵府，武昌余府，似乎并没有受到惊扰。不过，他们并非心如止水，因为对南方大军的态度不同，他们的心里一刻也没有安宁过。

这一天，赵璇滢从汉口来到武昌，进了余府。

她得到了一个可靠消息：王俊林率领人马刚上战场便遭到南方大军的猛烈攻击，一个回合，即溃不成军，不久便会退回武昌。

其时，余雅芳也回到了娘家。

春节期间，湖北督军萧耀南暴死，陈嘉谟接过权力，成为湖北军界第一号人物，王俊林羡慕嫉妒恨，各种滋味一齐涌上心头。他把心一横，做出决定：一旦南方军队打过来，立刻反戈一击，帮助北伐大军夺取武昌，以便在北伐大军中占有一席之地。

于是，他更加急迫地希望得到有关南方政府和南方大军的消息，好接触北伐大军。为了令余梅芳放心，他把自己的心思告诉了她。

"我一个女人，能知道什么呢？"余梅芳说道。

"大姐，你还是不相信我！"王俊林急得几乎要把肠子掏出来给她看，说道，"我是认真的！难道你不希望我和瑞祥再走进同一阵营吗？"

"我当然希望。可是，我确实不知道，你让我说什么呢？"余梅芳说道。

这时候，为了抵御南方军队，吴佩孚下令扩大军队，把王俊林部扩编成师。

终于又当上了师长，王俊林可高兴不起来，心里骂道："想要老子送死，老子才不干呢！"

为了撬开余梅芳的嘴，他急急忙忙去租界找赵璇滢。

"你和瑞祥都知道我是什么人。我决定投靠南方政府。你得帮我。"王俊林直截了当地说道。

余梅芳已经把王俊林跟她说的那些话告诉给赵璇滢。赵璇滢虽说觉得王俊林确实有心投靠南方政府，但是，一旦吴佩孚给予他更多好处，并重用他，他随时都会变卦，因而，需要小心谨慎。

"我怎么帮你？"赵璇滢问道。

"你说服大姐，帮我与南方军队接上关系。我有一个师的人马，在他们打过来的时候，会起到很大的作用。"

"是的，一个师的兵力，放在哪里都举足轻重。你有投靠南方大军的想法，这很好。可是，大姐怎么可能与南方大军有联系呢？你大可以等南方大军打过来的时候，见机行事，在关键时刻投靠他们。"

"你不愿意看到我和瑞祥再度合作吗？"

"我时刻希望你们再度携手。但是，请你不要把大姐牵扯进来，她知道的东西，已经全部告诉我们了。下一步应该怎么办，要看你自己。"

王俊林不能按照自己的思路行事，心里很憋闷。人一憋闷，心思就想歪了，觉得余梅芳和赵璇滢故意堵塞他直接跟南方政府和南方大军沟通的路径，是不希望他撇开余瑞祥，要让他永远居于余瑞祥之下。

"我有一个师，不投靠南方，未必做不出一番大事！"他收回了原来的打算，开始认真备战。

儿子当上师长，王俊林母亲异常高兴，但余雅芳高兴不起来。她知道，这是吴佩孚为了保住湖北，要丈夫充当炮灰。刚开始，丈夫看破了吴佩孚的用意，希望投靠南方，她着实高兴了一阵子，没想到，几天之后，他变成了另外一个人。

丈夫终于率领人马走上了战场，余雅芳愈发担心。她不是担心丈夫的安全，而是害怕丈夫会跟二哥再度兵戎相见。她佩服二哥，很希望二哥不要跟丈夫作对，可自从辛亥首义以后，与自己关系亲密的这两个人一直在你争我斗，大打出手。她为此很痛苦，很想摆脱，但又摆脱不了。

这一天，余雅芳正在余府跟姐姐说话，赵璇滢突然进来了。

"我来得不巧,打扰你们姐妹说话了吧?"赵璇滢一看到余雅芳,心里便会涌起一种怜惜的情愫。

余梅芳说道:"不,你来得正好。帮我劝劝妹妹别担心王俊林。"

赵璇滢笑吟吟地望着余雅芳,说道:"你确实不要担心,过不了几天,你肯定会看到王俊林。"

余雅芳望着嫂子,一时不解她的意思。

余梅芳顷刻之间明白过来了:王俊林一定被南方军队打败了!

自从进入武昌,王俊林踌躇满志,为了在余雅芳面前表现自己,也为了加深夫妻感情,把夫人接过来跟他住在一起。这次要上前线,他准备把夫人送回租界王府,正好碰上大姐余梅芳跟他夫人说话。

余梅芳冷冷地问王俊林,道:"你这是要带领人马投靠南方政府吗?"

"是你和赵璇滢不让我跟南方政府接触的,"王俊林说道,"这一切,都是你们造成的。"

"你把我和璇滢看得太高了,我们可承受不起!"余梅芳冷笑道。

"我应该谢谢你!如果不是你,我不会心甘情愿与南方军队交锋。"

"但愿你在前线多待些日子,不要太快回到武昌。"

王俊林一怔,咬了咬牙,说道:"你放心,等你再见到我的时候,南方大军一定已经被我打得落花流水!"

余梅芳起身告辞,回去余府。

这时候,余瑞华回府向母亲的灵牌道别。

余梅芳对余瑞华说道:"小弟,你要好好想一想,你到底为什么打仗,千万不要像王俊林一样是非不分,要学你二哥。"

"别跟我提王俊林!也别跟我提余瑞祥!"余瑞华吼叫道,"我不是王俊林,也不是余瑞祥,我是余瑞华!我绝不会像王俊林一样是非不分,也绝不会像二哥一样对家人冷酷无情!"

"谁说你二哥对家人冷酷无情了?他对家人的爱超过我们任何一个人!只不过是他在为理想奋斗,把对家人的爱压在心头而已。"余梅芳说道。

不等姐姐说完,余瑞华扭头走出余府,跟随大军开拔了。

几年的军旅生活,把余瑞华打造成了一名标准的军人,他对一切依旧都有自己的判断。他不愿意屠杀手无寸铁的工人、学生,但到了战场,绝不会手下留情。他在心底怨恨二姐夫是非不分，总想摆脱他，为了二姐又必须看住他，一直备受煎熬。虽说佩服二哥的志气与坚韧，但又对二哥丝毫不顾家人的感受大光其火，同样处在矛盾之中。他差不多已经不堪重负，可没有人理解他心里的痛苦。

自从王俊林和余瑞华上了前线，余雅芳经常回到余府。余梅芳不断地说一些南方的见闻，试图让妹妹分心。但是，余雅芳一心惦念丈夫是不是跟二哥再度针锋相对。赵璇滢进来以后，才有那番对话。

"你二嫂打过仗，她说的肯定没错，你很快就会看到王俊林。"余梅芳说道。

余雅芳长长地叹了一口气，说道："其实，我知道，无论二哥在不在南方大军，王俊林一定打不过他们。我实在难以想象，他的对手真的是二哥怎么办？"

赵璇滢和余梅芳相互对视了一眼，心里一阵怅惘。

赵璇滢说道："你放心，他们即使再度拔刀相向，也还是兄弟。"

"一家人，打打杀杀的，有意思吗？"余雅芳问道。

"这是他们自己的选择。你别瞎操心了！"余梅芳说道。

"是呀，你操心点别的，好不好？你瞧我，不管你二哥和王俊林是不是会再度大打出手，我一点都不放在心上，让他们打去！"赵璇滢略微停顿了一下，道出此番回到余府的目的，"根据我的判断，王俊林很快会跟着残兵败将一道退回武昌，南方大军会紧追不舍。一场攻城与守城的恶战在所难免。我希望你们尽快收拾一下，到汉口去避一避。"

王俊林离开武昌之前，把夫人送回了汉口，并嘱咐她，一定不要再去武昌。他也曾经想让余府上下搬去汉口租界。可是，余瑞光没有同意。余梅芳也不同意。何况，余梅芳还受到陈嘉谟密探的监视，轻易离开不了。余雅芳没有听丈夫的话，隔上一两天，就会过江到武昌，陪姐姐和大嫂她们说话。

"可是，已经晚了。"一个声音传进了她们的耳朵。

循声望去，只见余瑞光已经站在她们面前。在余瑞光身边，还站着他的夫人。

当南方政府派出第一支部队打向湖南的时候，余瑞光隐隐约约预感到，这一回，武昌说不定将被拖进战争的深渊，立即准备着手将余府搬去汉口租界。他首先跟夫人商量，夫人主张他应该吸取辛亥首义时期的教训，不要再遇事就躲，应该挺身而出，积极支持南方大军。二弟和姐夫都在南方大军，余瑞光当然愿意支持他们。何况，父母早已仙逝，再也没人干涉他应该在即将爆发的战争中采取什么样的立场。至于妹夫王俊林，余瑞光一向不满这个人翻云覆雨的做派，自然不会看他的脸色，心里慢慢萌发了支持南方军队的想法。

王俊财、王俊喜、赵承博、赵承彦都对吴佩孚深恶痛绝，颇有些同情南方政府的主张，心里早已做出了支持南方大军的决定，并在暗地里做着必要的准备。

赵璇滢亲自上过战场，在枪林弹雨中救护过伤员，知道战争的危险，虽说为余瑞光决意支持南方大军感到高兴，可也不愿意让余府上下陷入困境。因而，她主张让余府的女眷都搬去汉口租界，可没人赞成。

自从丈夫从南方给她传来消息，告诉她南方政府的情况，并希望她推荐一些青年人报考黄埔军校以后，赵璇滢就隐约猜到，在武汉三镇肯定活动着共产党或者国民党的组织。她很希望找到他们，为他们做一些事情，但无从下手。后来，她终于跟仍然在兵工厂做事的许天亮取得了联系。

许天亮已经秘密加入了中国共产党，是汉阳兵工厂地下共产党组织的负责人。但是，他并没告诉赵璇滢自己是共产党员。

由于很了解赵璇滢，许天亮把她的情况向汉口区委做了汇报，区委负责人委托许天亮先摸一摸赵璇滢的思想情况。许天亮经常会抽一些时间跟她见面，向她讲述共产党的主张。

赵璇滢对任何党派都没有太大的兴趣。因为丈夫的原因，她对南方政府怀有极大的好感，愿意为南方政府打垮北洋军阀尽一分力。她曾经上过战场，深知军事情报对于战争胜败的重要性，力图搞清武昌的城防布局，提供给南方大军。

当吴佩孚、王俊林相继率领人马奔赴前线之后，赵璇滢觉得武昌空虚，定能有一番作为，与许天亮商量之后，趁机联络昔日的妇女救护队员以及丈夫安插下来的人马，并进而希望许天亮暗地里拉起一支人马，夺取兵工厂的武器弹药，进入武昌，二人联合起来，趁吴佩孚军队大败而归人心浮动的时候，控制武昌。

北洋军队败局已定，她不希望余府上下受困武昌城，更不希望他们受到惊吓。一听到吴佩孚在前线失利的消息，就催促家人尽快离开武昌。她来到余府，觉得只有劝说余梅芳以及余瑞光的夫人去汉口，才可以更好地劝说哥哥和嫂子。谁知余瑞光说时间已经晚了。

赵璇滢大为吃惊，问道："你又得到了什么消息？"

余瑞光说道："我亲眼看到，王俊林已经率领人马逃回武昌。"

既然没有在王俊林的队伍败退回武昌之前发动人马赶走守军，关闭武昌城门，将王俊林的队伍拒之武昌城外，让南方军将其彻底消灭，那就只有趁王俊林惊慌失措逃回武昌城的机会，破坏敌人的守城计划。赵璇滢准备立即离开余府，但乱哄哄的声音从外面传了进来。眨眼之间，王俊林带着一群卫兵冲进余府。

看到赵璇滢，王俊林微微吃了一惊。不过，瞬息之间，他镇定下来，说道："见了老朋友，你难道不想知道前线的战况吗？"

赵璇滢脸上露出一丝笑意，说道："前线的战况不是写在你的脸上了吗？"

王俊林一愣，瞪着眼睛，正想恶狠狠地数落她一顿，出一出淤积在心间的怒气，但看到余梅芳、余雅芳、余瑞光和余瑞光的夫人都在自己面前，只好冷冷地说道："不要以为我们败了。我们不可能失败！城门已经关闭，南方军队一定会被我们挡在城外。一旦遏制他们的攻击势头，我们可以趁势发动反攻，把他们赶出湖北，赶回广州。"

赵璇滢哈哈大笑道："王俊林，你不是在说笑话吧？"

王俊林又羞又恼，怒火满腔，还没有发泄出来，就被一阵急匆匆的脚步声打断了。

来人竟是王俊喜。

王俊喜似乎没有看到王俊林戳在那儿，连声说道："不得了，不仅城门已经被关闭了，他们还在到处抓人杀人。我的天呀，真的很惨。砍下了人头，血淋淋的，一排排地挂在城墙上。"

"一定是你干的好事！"赵璇滢愤怒地瞪着王俊林，说道。

王俊林说道："即使是我干的，那又怎么样？他们都是共产党。吴大帅有令，为了武昌的安全，一定要把共产党全部挖出来，赶尽杀绝。"

"你不是说，你不会随意杀人的吗？"余雅芳浑身发抖，无力地看着丈夫。

"我没有随意杀人。他们不是我杀的。"王俊林压下了火气，语气很温和。

余梅芳冷笑道："一个口口声声说要把共产党全部挖出来赶尽杀绝的人，却说自己没有杀人，亏你说得出口！你一定是杀人杀红眼了，觉得我也是共产党，也要杀我了吧！好吧，我站在这儿，你杀我好了。"

王俊林心头的怒气又像岩浆一样耸动，要爆发，要喷射。这一次，他就是挟着满腔怒火，来到余府，准备发向余梅芳。

半年多以来，余梅芳一直不知好歹，无论王俊林是什么态度，她都置若罔闻，硬是不说任何有关南方大军以及南方政府的情况。督军一怒之下，准备派人把她抓起来，以南方政府探子的名义拷打她，是王俊林费尽心机，才没让督军把这一设想付诸实施。

自从辛亥首义以来，经历了许多事情，王俊林知道自己没有靠山，只不过是因为手里有一点人马，才在人家眼里有一点利用价值，一旦利用完了，准会被人家抛在一边。哪怕再拥有一个师，他也没有觉得这是吴佩孚的恩赐。他非常清楚，吴佩孚把他当成了抵挡南方大军的一枚棋子。他不乐意做这样的棋子，决计掉转头来，帮助南方政府和南方大军。这同样需要首先到南方的各种情况。他再一次找余梅芳和赵璇滢，希望她们为自己提供情报。他原以为只要把自己的心里话全部说出来，一准可以得到她们的谅解，得到自己希望的结果。谁知余梅芳、赵璇滢仍然摆出一副拒人千里的姿态。王俊林失望极了，把心一横，决计竭尽全力跟南方大军打下去。

临到部队开拔，王俊林顾惜手里的人马，不想失去了以后拥有话语权的资本，觉得不能走极端，决计先采取观望态度，一旦南方大军能够横扫北洋军队，立马投靠南方军队；如果北军可以勉力支持，还不能立即向南方大军投怀送抱，首先使出全部力量，给南方军队以重大的杀伤，这样，一旦南方大军接触他，他便有讨价还价的能力，从中获得最大的利益。

王俊林接到的第一个命令是率领所属人马前出汀泗桥，挡住南方大军的攻击。对他来说，这正是跟南方军队接触的一个好机会。他幻想依托那儿的有利地形，把南方军队的攻击势头遏制下来，为后来投靠南方军队，并受到南方军队的器重埋下伏笔。不料，只一个回合，便被南方大军攻破了自己的防御阵势。

他只有率领部队向后退。退到了贺胜桥之后，他总算把队伍收拾齐整了。

在吴佩孚的严令下，王俊林准备再举率领人马朝汀泗桥展开反攻，谁知南方军队气势如虹，竟然呼啦啦一下子冲到了贺胜桥，差一点把他的队伍冲垮了。是吴佩孚命令大刀队拿着大刀和机关枪，硬逼着他的人马不得不向南方军队展开反击。

眼看手下的人马一排排地倒下去，王俊林肉疼了，恨不得赶紧竖起白旗，向南方大军投降，以便保住这点本钱。然而，他深知如果真的这样做了，不仅南方军队会视他如无物，吴佩孚的嫡系部队也会将他的人马绞杀殆尽。他很希望能有一个保全自己军队的好办法。可是，在南方军队的猛烈攻击和吴佩孚的强大压力下，他根本没有回旋余地。

这时候，他不禁在心里怨恨起余梅芳和赵璇滢。要是她们先前能够向他透露一点有关南方大军的确切情报，他不一门心思想一交手就给南方军队一个下马威，事情绝不会演变成今日的结局。或许，他一上去便会献出汀泗桥，让南方军队认为他是一个识时务的豪杰，同样会器重他。

王俊林面临的压力越来越大，几乎难以支撑。幸而，吴佩孚喝令后续部队一窝蜂地冲了过来，加强了反击南方军队进攻势头的力量。他松了一口气，但一眼望去，自己的人马仍然成片成片地倒了下去，一个念头涌上心间：即使吴佩孚再加强一倍的力量，也不可能阻挡南方军队攻击的步伐，与其继续跟南方军队战斗下去，不如暗地里命令人马停止战斗，保存实力，以作后图。

他下达了命令：部队敞开一条道路，让北伐大军的前锋去冲击后来的北洋军队。

紧跟在王俊林队伍后面的是吴佩孚的嫡系部队。饶是有大刀队督战，可屠宰场血淋淋的惨状以及王俊林的命令打开了求生欲望的阀门，那些兵士还是一个劲地想朝后面跑。与此同时，南方军队的炮火犹如索命无常挥起的铁链凶猛地打了过来，更加增加了士兵的恐慌，逃跑几乎不可遏制。

吴佩孚乘坐火车，来到战场前沿，试图稳定军心，指挥人马挡住南方军队的攻击。可是，南方军队的炮弹好像长了眼睛一样朝吴佩孚身边打了过来。大刀队见势不妙，赶紧去替吴佩孚挡那些前沿打来的子弹与炮弹。

笼罩在兵士头上的刀剑撤走了，他们如洪水一般，呼啦啦向后退。南方军队趁机气势磅礴地攻了过来。

炮火不断地在吴佩孚身边开花，甚至有一些炮弹打向了贺胜桥的桥面，吴佩孚乘坐的火车差一点中弹了，他依旧挺立在指挥位置上，试图指挥部队挡住南方军队的攻击。

王俊林退到了吴佩孚的跟前，说道："大帅，南方军队太厉害了，你快点离开这里。我替你挡住南方军队的攻击。"

一边说，王俊林一边命令随扈火速将吴佩孚扶上了火车。

许多败退的兵士已经退到桥梁上，并且不断朝北方退去，整个桥梁以及铁轨上，布满了密密麻麻的兵士。吴佩孚一登上火车，火车呜呜号叫着，没命地朝后方奔去，将桥面上和轨道上的无数兵士卷进了车轮之下，瞬间变成一片片血肉模糊的尸首。更多的兵士心惊胆落，急急忙忙之中，跳下桥梁的，被子弹和炮弹打中的，一时间尸横遍野。

王俊林心里一阵冰凉。他火速收拢自己的人马，不顾一切地朝后面退去，一直退到了武昌。

他几近崩溃，再也不愿意跟南方军队作战，决计投靠南方军队。可是，就这么投靠南方军队，岂不是要被笑话吗？而且，谁会把他当回事？他思来想去，觉得有厚重的城墙作依托，先让南方军队碰一头大包，自己再去投靠，必定会受到重视。

这时候，吴佩孚命令刘玉春为主将，死守武昌城，他自己坐镇汉口，准备调集力量，依靠武昌坚固的城墙以及长江天险，挡住南方大军的攻击。

关键时刻，吴佩孚永远只会信任他的亲信。王俊林心里再度泛起了难以言表的苦痛，投靠南方大军的决心更加坚定。要看准时机，给南方大军送上一份厚重的见面礼。仅仅只是送礼，不真正打痛南方大军，南方大军不会器重自己，只会把自己当成败军降将。王俊林的脑子再次进入了岔道。

王俊林患得患失，左右摇摆之际，各路败退的大军全部涌入武昌。

军情紧急，陈嘉谟、刘玉春立即召集各路指挥官商讨保护武昌的方略。王俊林再也想不下去了。

耳听一个个打了败仗的指挥官只是一个劲地叫嚣南方军队太厉害了，而提不出任何有用的建议，王俊林脑子飞速地旋转着：南方大军打了胜仗，士气正旺，一旦追过来，朝武昌发动攻击，守军很难抵抗。夜幕快要降临，要是南方大军夜间向武昌发动攻击，将更加难以对付。自己只要能提出好的计策挡住南方大军，在北洋军算是力勉狂澜，可以树立威名，南方大军也必然不会小看自己。怎么办？得把晚上的武昌变成一片白昼。这样，南方军队即使人马再多，只要一靠近城墙，就会被发现。

王俊林突然听到了一个严厉的声音："王师长，你从余梅芳那儿得不到一点南方政府的情报。留下她还有何用？你去把她抓过来，杀掉她，激励我军守城的决心和士气。"

只见刘玉春瞪大眼睛，冷冷地注视着自己，王俊林心里一窒，说道："刘师长，余梅芳只不过是一个女人，不可能知道南方政府以及南方大军的确切情况。我们打了败仗，理应检讨自己的责任，找出防守武昌的方略，而不是内讧。"

"如果你能提出有效的方略，我自然不会为难余梅芳。"刘玉春说道。

王俊林心里一声冷笑，说道："大家都知道，武昌城墙高大厚实，只要我们妥善利用，南方大军不可能轻易攻下武昌。不过，我们面临的最大困难是刚刚打了败仗，士气不高，刚刚退入城里，到处一片混乱。如果不能有效遏制，不等南方大军发起冲击，武昌城准会不攻自破。所以，我们必须首先稳定军心，然后在全城拉上电灯，避免南方大军趁夜攻城。"

刘玉春大声叫好，马上分配各部分别把守十座城门，命令他们加紧布设电灯线路，同时搜捕与杀掉那些有共产党嫌疑的可疑分子。

余梅芳再次逃过了厄运，王俊林暗自松了一口气。他安顿好了人马，来到余府，很想责骂余梅芳一顿，然后告诉她，自己是怎么在刘玉春面前担着杀头的风险，来保证她的安全的。可是，看到夫人和她们都在一块儿，一个个不是对自己怒目相向，就是大加讽刺挖苦，他便知道，继续招惹她们，只会给自己带来更大的难堪，于是，放弃了原来的打算。现在，余梅芳激起了他心中的怒火，他岂能不发泄出来？

"你回来得很快嘛。"余瑞光没容他发火，抢先说道，"不是说，你们有足够的力量挡住南方大军的攻击吗？"

这等于又扇了王俊林一记耳光。余瑞光一向没有对王俊林说三道四过，如今也说起这种话了。王俊林心里更气，恶狠狠地瞪着余梅芳，说道："不要以为我只会打败仗。要不是我，你们谁也不可能有好日子过！"

"他说的一点不错。"王俊喜决计趁机再点一把火，说道，"败军入城不到一个钟头，许多老百姓人头落地，城里早已鸡飞狗跳，人仰马翻了。"

赵璇滢愤怒地说道："你们打不过南方大军，只会拿百姓撒气！"

"那是吴大帅下了命令，为了保卫武昌的安全，要杀光一切可疑分子。"王俊林说到这里，马上转移了话题，"现在，城门已经全部关闭，你既然已经进了武昌，恐怕再也回不去汉口了。"

"能够亲眼看到你的末日，我为什么要回去汉口？"赵璇滢说道。

她的话音还没有落地，余雅芳满脸挂上泪珠。王俊林还想说些什么，一见夫人的样子，不得不闭上了嘴。余梅芳在妹妹的肩头上重重地按了一下。余雅芳一头扑进姐姐的怀抱，索性大哭起来了。

"哭什么呀？一家人说话，用得着哭吗？"王俊林走到夫人跟前，说道。

赵璇滢突然想起了自己要干的事，慌慌忙忙准备告辞。

王俊林好像看穿了她的心思，说道："大嫂，你最好不要到处走动。要不然，一旦有人把你当做可疑人员，你准会很不妙的。"

王俊喜马上证实：街面上到处都是军警，他们只要看某人不顺眼，立即扑上前去将其抓住，有的人一急之下要逃跑，结果，军警不由分说，拔枪射击，许多老百姓就这样成了冤死鬼。

余府的每一个人都感到震惊，一齐用责备的目光看着王俊林，似乎这些事全都是他干的。

王俊林也不分辩。虽说他一直对余梅芳和赵璇滢等人心怀怨恨，但现在，他希望把夫人、赵璇滢、王俊喜，甚至是王芝英等人全都送去汉口租界。可是，余府上下竟然没有一个人愿意离开。

"谢谢你的好意。既然城门都已经关闭了，就不劳你分心。当年，辛亥首义的时候，我们不是也没有离开吗？现在一样不会离开。"余瑞光说道。

为了跟王俊林对抗，王俊喜已经不再仅仅局限于收买人马刺探王俊林的动向，他秘密成立了汉帮，自任帮主。得知王俊林在前线打了败仗，他亲自过来武昌，试图了解王俊林的意图，然后要么告诉给南方大军，要么告诉给吴佩孚。他只有一个目的，那就是要王俊林死，至于到底是南方大军胜利，还是吴佩孚的军队胜利，他并不关心。

王俊喜过江的时候，恰逢吴佩孚大败而归。看到江面上的残兵败将，王俊喜心里不由得涌起了一种快意。他刚一上岸，武昌各城门便接到命令，关闭了。不过，靠近江边的平湖门、汉阳门留作了沟通汉口的通路。

接连跟安插在王俊林身边的几个人联系过后，王俊喜摸清了王俊林的招数。

王俊喜决计不再借吴佩孚的手除掉王俊林，准备留在武昌，破坏王俊林的图谋，让王俊林投靠南方大军不成，活活气死这个家伙。

要留在武昌，必须有一个住处，他本来不想打扰余府，想起余梅芳回到武昌以后，王俊林一再逼迫余梅芳告诉他南方政府的事情，余家人跟王俊林已经势同水火，在余府也是一条了解王俊林的途径。

王俊林绞尽脑汁，也不能劝说他们离开，军情紧急，他告辞而去。

一出余府，眼帘一片灯光灿烂，王俊林感到舒服极了。

他信步来到了通湘门。从通湘门到宾阳门、忠孝门一线，是他的防区。他不能再犯一丝一毫的错误，得打痛南方大军，让南方大军感到无法攻入武昌了，然后暗地里与南方大军取得联系，打开城门，投靠他们，借此在南方大军获得应有的地位。

但是，怎么跟南方大军联系？跟南方大军什么人联系？半年多来，曾经多次试图让余梅芳给自己提供这些消息，可是，没能如愿。眼下，火烧眉毛了，他去余府见余梅芳，最大的心愿是希望她明确地告诉自己，余瑞祥到底在南方大军担任什么角色，怎么跟余瑞祥取得联系。但一见到余梅芳，竟然偏离了主题，让一些题外的东西迷蒙了自己的双眼。得再次回去余府，对余梅芳说清楚。这一回，性命攸关，余梅芳一定不会再隐瞒自己。

王俊林赶紧吩咐部队密切关注南方大军的行动，掉头准备朝余府走去，但耳朵里听到了一声惊叫。他吃了一惊，收回脚步，回头一看，隐约看到城墙下面不远处有一大队人马在不停地晃动。

一定是南方大军，他们来得真快呀！王俊林心里说道，他拿起望远镜，仔细查看南方大军的动静。

那黑压压的一片人影快速朝城墙逼了过来。好家伙，他们果然想趁我军刚刚败退回武昌、立足未稳之际，发动攻击，一举夺取武昌。虽说还没有搜集到桐油之类的引火之物，可是，手榴弹和子弹足够让他们喝一壶的。王俊林赶紧令人马做好战斗准备。

不一会儿，南方大军越过护城河，抬着云梯，影子一样地朝城墙这边飘了过来。随着啪嗒啪嗒一声声刺耳的响动，梯子已经架设在城墙上，可是，最长的梯子离城墙的边沿还有很长一段距离。南方大军似乎并没有顾忌到这一点,开始爬上了云梯。在城墙下面,聚集着更多的军人,密密麻麻,数都数不清。

王俊林心里暗喜,一声令下,兵士将手榴弹像冰雹一般地投了下去,爆炸声宛如过年时节燃放的鞭炮,一阵紧似一阵,声声入耳,震耳欲聋。各种各样的枪支佝偻着脑袋,欢叫不停,子弹好像密集的暴雨,强烈地冲击城墙下面的南方大军,几乎瞬间的工夫,将他们打得人仰马翻,哭喊声连成一片。紧接着,蛇山炮兵阵地上的炮火也打向了远处的南方大军。

南方大军的炮火喧嚣起来了,一枚枚炮弹,落在城墙上,炸死了许多士兵。担任掩护任务的南方军队布列了机关枪阵地,不停地朝城墙上打去,雨点一样的子弹在城墙上翻飞。

趁着这个机会,南方大军的后续部队在火力掩护下,源源不断地冲了过来,一拨人马倒在了云梯下,另一拨人马紧接着又冲上前去。

王俊林朝城墙一看,只见许多兵士已经萌生怯意,正摆出朝城里奔跑的架势,怒火呼啦一声从心头蹿到了头顶,挥动手枪,接连毙掉了好几个兵士,并亲自拧开一枚手榴弹,投下了城墙。

兵士们再也不敢退却了,子弹与手榴弹继续不断地朝城墙坠落。从蛇山打出的炮弹宛如蝗虫一般落在南方大军的阵营上。

南方大军接连发动了两次攻击,损失了许多人马,却无法前进半步,为了减少伤亡,不得不收兵回营。

这一下,南方大军应该知道痛了。王俊林扫了一眼城墙脚下堆积如山的尸首,在心里说道。不过,他不可能就此罢手,他还有一些手段没有使用出来,如果现在率领人马打开城门投靠南方大军,不可能真正赢得他们的尊重,只有进一步打痛他们,让他们一听到自己的名字就发抖,才能在投靠了他们之后,获得应有的重视。

第二章 兵临城下

余瑞祥跟随北伐大军一路打到了武昌。

这几年，余瑞祥走过了一段坎坷不平的道路。俄国十月革命胜利的消息传入国内，他曾经试图发动工人，组建组织，可是，没有成功。到了广州以后，赫然发现国民党已经跟共产党合作，而且知道董必武、张国恩、陈潭秋等人已经在武昌建立了共产党早期组织，他不由得为自己走偏了道路感到懊悔，立即加入了共产党。

即使他是共产党人，孙中山在世的时候，还是非常器重和信任他，亲自遴选他进入了国民党中央政府军事委员会。蒋介石实施第一次"清共"行动以后，他被解除了最高军事委员会的职务，来到第四军，负责该军的政治工作。他不可能参与任何决策，即使提出建议，国民党人不予采纳，他也只能望洋兴叹。

在这样的情形下，余瑞祥更不可能参与定下何时实施北伐的大计。不过，因为他的原因，促使了北伐。

在此之前，南方政府一直希望派遣大军北伐，以便铲除北洋军阀的势力，将中国统一于三民主义的旗帜之下。然而，因为两次东征消耗过大，军事委员会并没有为何时北伐制定一个时间表，更没有为此做积极的准备。但一件突如其来的事情，让他们看出北洋军队徒有虚名，只要南方大军挥师北上，北伐胜利可期，正式拉开了北伐的大幕。

原来，盘踞湘南的湖南军阀唐生智觊觎湖南省长的宝座，暗中接受了广州政府的一些主张，允许国共两党在其管辖范围活动。湖南省长赵恒惕非常恼怒，当即联合北洋军阀吴佩孚，向唐生智大打出手。唐生智一边命令手下人马拼死抵抗，一边请求南方政府紧急派兵援救。

唐生智前来投靠，等于为南方大军敞开了一条北伐的道路，南方政府十分欢喜，敞开怀抱，接纳了他，并将其所部编列为国民革命军第八军。可是，在商讨派遣哪一路人马前去驰援唐生智的时候，竟然没人应承。最后，第四军军长李济深在余瑞祥的竭力劝说下，勉强答应派出该军属下的独立团奔赴湘南战场。

独立团虽说名义上归第四军指挥，其实是共产党人掌握的一支军队。为了北伐大业，共产党人明知前路艰险，抱定破釜沉舟的决心，命令独立团择机出兵，跋山涉水，一往无前地杀向湘南。

独立团不负重托，初一交锋，即以雷霆万钧之势将北洋军队打得落花流水。

南方政府为之精神大振，麾下各路将领跃跃欲试，纷纷准备杀向战场。于是，南方政府任命黄埔军校校长蒋介石为总司令，誓师北伐，然后兵分两路，气势如虹地杀向北方来了。

北伐大军所向披靡，以摧枯拉朽的气势，将长沙收入囊中，攻垮了北洋军阀布设在汀泗桥、贺胜桥一带的坚固防线，一口气追到了武昌城下。

蒋介石决定趁敌人立足未稳，连夜向武昌发动攻击，一举攻占武昌。

自幼生活在武昌，熟悉武昌城里的一草一木，加之自从辛亥首义以来，曾经指挥过人马跟不同的敌人进行过战斗，积累了丰富的作战经验，余瑞祥深知没有重型火炮或者囤积巨量的火药实施爆破，无法轻易攻下拥有坚固城墙的武昌城。因而，他主张暂缓进攻，等准备工作全部到位之后，再展开攻击。

总司令下了命令，下属不能推诿。余瑞祥的主张被束之高阁。

自从北伐以来，第四军一直担任主攻，熟悉敌人的战法。特别是独立团，在汀泗桥、贺胜桥的战斗中，即使深陷重围，也英勇顽强，有进无退，把敌人坚固的防御阵线撞得支离破碎。眼下，立即发动进攻，部队虽说有可能蒙受惨重的损失，但敌人一败再败，早已士气低落，北伐大军士气正旺，只要拿出独立团勇往直前的革命精神，戮力攻城，余瑞祥觉得的确有一举攻下武昌的可能。

余瑞祥向代理军长（李济深率领第四军两个师的人马留守广州，负责南方政府的安全保卫工作；另两个师参加北伐，由副军长代理军长，实施作战指挥）提出建议：马上从民间收集梯子，或者制作云梯，向武昌发起进攻。

代理军长说道："蒋总司令已经命令第七军军长李宗仁为攻城司令，全权负责攻城事项。没有命令，我们不能贸然行动。"

余瑞祥说道："李军长有军事头脑，很会打仗。他率领的第七军跟我们第四军一样，北伐以来，所向无敌，由他指挥攻城，并无不妥。不过，好像看不出李军长有马上攻城的打算。你不妨先对他提出建议。"

代理军长满腹心思地看着余瑞祥，摇了摇头，欲言又止。

余瑞祥催促道："机不可失，时不再来。我希望军长当机立断。独立团仍然可以打头阵。"

代理军长叹了一口气，说道："李军长当然知道一旦错过时机，准会后患无穷。可是，蒋总司令明确指示，须第二师来到武昌城下，一块攻城。"

第二师是蒋介石的嫡系部队，蒋介石分明是想把攻占武昌的荣誉交到嫡系部队手里，可不管是否错失良机！

余瑞祥实在恼火之极。黄埔军校学生和第一军在共产党人的帮助下，两次东征，打得有声有色，从而牢固地奠定了蒋介石在南方政府的军事地位。如果继续保持这个势头,南方军队一定会天下无敌。可是,蒋某人竟然借中山舰事件在黄埔军校和第一军清理了共产党人,连带余瑞祥也不得不离开军事委员会,只能在第四军负责政治工作。

谁都清楚,在孙中山的心目中,余瑞祥绝对是一个无人能比的杰出军事人才,是以任何军事行动,都要征求余瑞祥的意见,并且试图把余瑞祥当作首席军事将领。可是,余瑞祥看不惯国民党人相互攻讦、争权夺利的嘴脸,觉得国民党不能救中国,毅然加入了共产党。饶是如此,鉴于他的才干以及他在关键时刻帮助过孙中山,帮助过国民党,如今又是国共合作时期,孙中山还是十分信任他,委任他重要的军事职位。依仗这些军事职位以及他跟孙中山的私人关系,他高瞻远瞩,向共产党组织提出了发展军事力量的建议,这才有了中共直接领导的独立团。

当蒋介石把共产党人从黄埔军校和第一军驱逐出去以后,第一军作战能力有所削弱。为了保存实力,北伐至今,蒋介石一直没有让自己的嫡系部队跟北洋军队正面交锋,所有的恶战都是第四军、第七军以及其他部队打的。

没有做好准备攻城已是兵家大忌,定下了攻城的决心,不是立即命令人马展开进攻,而是要等他的嫡系部队第二师来到武昌城下,才一块发动进攻,蒋介石到底想干什么?

余瑞祥想起了北伐途中听到的传言:只要拿下武昌,广州政府将北迁过来。蒋介石也持这个观点。一旦其嫡系部队拿下武昌,广州政府北迁,蒋介石就有理由把这支人马当作卫戍部队留守武昌,等于将政府置于蒋介石的军事控制之下。

余瑞祥很想向代理军长说出自己的担忧,但又怕授人以柄,想了想,说道:"蒋总司令真是用兵如神,一路打来,没见到第一军的半个人影。现在到了武昌城下,不立即进攻,竟然要我们等第二师抵达以后,一块发动进攻。孙子、吴起恐怕也要对他甘拜下风!"

代理军长望着余瑞祥,眉头微皱,领会了他的意思,说道:"无论怎么说,蒋总司令的命令,我们不能不执行。再说,第二师的前锋已经来到武昌城下,要不了多久,我们便可以发动进攻。"

余瑞祥仰天叹息道:"为了等第二师,最好的时机已经过去了。我们再要发动攻城作战,绝不会讨到任何便宜。在没有获得足够的重火器之前,我们与其强攻,不如把武昌围困起来,让其他的部队趁势攻下汉口、汉阳。只要围困武昌的日子一久,我们准可以迫使敌人投降。"

代理军长说道:"你的建议的确不错,可是,蒋总司令已经有了计划,怕是很难更改。"

第二章 兵临城下

攻城命令终于下达给各部队。

一时间，独立团以及第四军其他各部在忠孝门、宾阳门、通湘门一线，第二师在武胜门至忠孝门一线，第七军在中和门、保安门、文昌门一线，全面发起了攻城。

一群群兵士，抬着云梯，利用已经被敌人毁坏的民房悄无声息地朝武昌城墙边缘冲去。城墙上以及武昌城里，到处都是电灯和马灯，把夜幕笼罩下的全城照耀得犹如白昼。

人人都很清楚，武昌城必有准备。攻城部队不敢大意，编列成周密的攻城队形，猛勇地朝城墙区域冲去：抬着云梯的兵士在前面迅捷地冲向城墙；后面是胸前挂着手榴弹、肩上挂着各种枪支的奋勇队；再后面是后续部队；然后是机关枪队形以及火炮队形，全部对准城墙。

很快，抬梯子的队伍冲过了护城河，冲到了城墙边。梯子架设好了。奋勇队已经在攀爬梯子了。下面聚集了越来越多的攻城部队。

突然，手榴弹与子弹宛如冰雹一般，从城墙上打了下来。攻城部队猝不及防，瞬息之间死伤无数。机关枪和火炮发出山呼海啸般的怒吼，子弹与炮弹呼啸着向城墙上打去。顿时，硝烟弥漫，哭喊连天。但是，敌人依然不管不顾，把各种火力编织成一张巨大的火网，兜头撒了下来。只要攻城部队一接近城墙，纷纷触碰火网，一条条鲜活的生命瞬间消逝。

余瑞祥和代理军长一道，来到了前沿，举起望远镜，不顾子弹和炮弹在身边到处横飞，观察城墙上的局势。

一个熟悉的人影闯进了余瑞祥的镜头。他大吃一惊，赶紧取下望远镜，裸目看了一下，然后重新架起望远镜，更加仔细地看去，清晰地看出正在城墙上指挥敌人拼命反抗的竟是王俊林！

从贺胜桥败退回来以后，王俊林还能部署出如此严密的防御阵形，余瑞祥暗暗欣赏起他来。余瑞祥心想，武昌城有了防备，攻城部队没有重火力，无疑只会葬送兵士的性命。既然跟王俊林正面碰上了，王俊林队伍里面还有自己暗中安插的人员，围困敌人，然后想办法瓦解敌人的斗志，才是最好的战法。

他正要提出停止攻城的建议，蒋介石、李宗仁、白崇禧结伴走了过来。

一看到他说话，蒋介石就说道："余兄弟，你是军事干才，一直深获孙总理的信任，蒋某人也对你佩服之至。你觉得，我们今夜能不能攻下武昌？"

蒋介石这句话倒不是虚情假意。他打心眼里佩服余瑞祥，也尊敬余瑞祥，毕竟，余瑞祥有着蒋介石望尘莫及的资历，要不是余瑞祥加入了共产党，很难说蒋介石是否会有今天的地位。

"武昌城高墙厚，敌人已经有了准备，并不是立足未稳，我军没有重型火炮，很难夺得武昌，"余瑞祥说道，"为了减少不必要的损失，我们应该立即停止攻城，采取围困的办法，寻找机会，以最小的代价拿下武昌。"

蒋介石眉头拧成一堆，打心眼里不能不承认余瑞祥说的颇有道理。

按照蒋介石原来的打算，让第二师担负攻打武昌的任务，要顺理成章地任命第二师师长刘峙为武汉警备司令，将武汉三镇置于自己的控制之下，以便日后全面控制从广州迁移过来的中央政府。然而，余瑞祥的建议提醒了他，今晚的确不能继续攻城了，得等上两天。过两天，苏联援助的重型火炮准会陆续运到武昌城下，那时候，把这些家伙全部给刘峙，从武胜门方向轰出一道缺口，让第二师攻城得手，让余瑞祥看一看自己的手段。

心意一定，蒋介石欣然采纳了余瑞祥的建议，暂时停止攻城，严令各攻城部队做好准备，两天之后的凌晨三时，一同再度发动强攻。

余瑞祥心里暗暗叫苦：这个蒋总司令真是疯了，为了达成不可告人的目的，竟然陷北伐大军于危险之中！他想进一步提出建议，可是，蒋介石已经在李宗仁和白崇禧的陪同下，离开了前沿。

此时，停止作战的命令已经传达下去，各部队在火炮掩护下，抬了云梯，返回到安全地带。

为了减少损失，余瑞祥迫切希望能够跟武昌城里的旧部取得联系，也跟汉口、汉阳方面取得联系。但武昌城门已经关闭，任何人都不可能自由出入；江面也封航了，无法通往汉口、汉阳。

朝北方望去，余瑞祥眼帘浮现出夫人的身影。赵璇滢现在还好吗？是不是仍然住在汉口租界？前年自己托人给她带信，让她帮忙找一些有志青年去广州投考黄埔军校的时候，她应该隐约知道我已经加入了共产党。她跟汉口共产党组织有过联系吗？加入共产党组织了吗？孩子现在怎么样了？他心里涌起了一股温情，几乎迫不及待地想见到赵璇滢。他按捺不住，索性走出了指挥部。

天空中飘下了小雨。刹那间，余瑞祥想起了昔日率领革命党人攻打总督衙门的情景，那时候，跟现在的情况是何等的相似！也是在一个小雨之夜，也是缺少足够的火炮，但起义的革命军在他的指挥下，一夜激战，至次日天亮时分，一举攻入总督署。十几年过去了，同样的情景再现，他再也不是实际的指挥者，明天天亮之前，北伐大军能够攻下武昌吗？

已经停止了进攻，这是一个不切实际的幻想。余瑞祥顿感物是人非，不觉有些怅惘。

他一路漫无目地走去，不知不觉，再次来到了通湘门。在这里，他亲眼看见王俊林指挥守城部队，迫使北伐大军不得不停止攻城。

跟王俊林打交道十几年了，余瑞祥很清楚，王俊林是一个注重实力的人，绝不会在一棵树上吊死，也不会轻易放弃自己，一旦打痛了他，让他感到无法支撑下去，他准会投降北伐大军。

从哪儿入手打痛他呢？城门高大厚重，不易攻破，也不易攀爬。不过，因为地势的关系，从宾阳门一带，是可以爬上城墙的。宾阳门正是独立团的攻击范围。集中独立团的全部火力，必定能打进宾阳门。余瑞祥精神一振，举步朝设立在长春观三皇殿的独立团指挥部走去。

独立团团长叶挺仍然没有入睡，凝视着地图，正在聚精会神地思考着两天以后，应该如何发动进攻。

叶挺对余瑞祥一样佩服之极。见了余瑞祥，略一寒暄，叶挺便直接进入主题："蒋总司令不听你的建议，导致我军初战失利，信心大受打击。我真担心，两天之后的攻城战，是不是能够取胜。"

"武昌城防森严，我们缺乏重型火炮以及其他攻城工具，急切之间，肯定难以攻破城池。不过，既然蒋总司令下达了攻城命令，无论如何，我们也得根据自身的火力情况和掌握的敌情资料进行周密部署，即使不能夺取武昌城，也要让守敌心惊胆战。"余瑞祥决绝地说道。

"请你放心，我们是共产党人，任何时候，即使牺牲一切，也绝不会后退。"

"有不惜牺牲一切的精神，是战胜敌人的根本保证。但是，不该牺牲的，我们还是不能牺牲。"余瑞祥说道。

叶挺点了点头，说道："余主任夤夜来到这里，想必是要教我怎样攻城。"

余瑞祥一声苦笑，说道："我虽说非常熟悉武昌城的布局，也早已在敌军安插了一些人员。可是，内外交通不便，一时难以联络上。不过，在攻城之际，我发现守卫在宾阳门的敌军指挥官是我的一个故人。我对他非常了解，他不会全心全意地为吴佩孚卖命。这一战，你必须拿出十足的胆气，发动猛烈的攻击，动摇他坚守下去的信心。"

随后余瑞祥向叶挺要几个精明能干的人员，派遣他们潜入武昌，跟指定人员取得联系，进一步明确守敌的部署。

很快，有一个兵士回来向余瑞祥汇报情况。

他其实还没有进入武昌城，就遇到了一个陌生人，问了一些情况。把陌生人带到余瑞祥面前。

这人是王俊喜安插在王俊林身边的密探。他探出王俊林的真实意图以后，马上告诉王俊喜。王俊喜为了让王俊林无路可走，特意叫他出城来找北伐大军。

王俊林果然有了准备投靠北伐大军的打算，这一点，令余瑞祥颇感欣慰。只是，王俊林竟然试图利用坚固的城墙，先挡住北伐大军攻击的锋芒，等打痛了北伐大军以后，才开门投靠，以此获得自己想要的东西，令余瑞祥心里很不爽。

他还是看不清现实，喜欢耍小聪明！

余瑞祥压下了心头的不满，准备给王俊林写一封信，劝说他不要自作聪明，应该立刻打开城门，投靠北伐大军。可是，他提笔刚写了几个字，想到王俊林生性如此，一定不会听从自己的劝告，只得作罢。

嘱咐来人将自己选派的人员带进武昌城，以便进一步刺探守军的情报以及跟早先安插在王俊林部的旧部联络，余瑞祥开始构思具体的攻城计划。

来人不仅仅只是把王俊林的打算告诉给了余瑞祥，也给余瑞祥带来了很多弥足珍贵的消息：王俊林已经下令四处搜集桐油以及捆绑火把之类的物品，准备用于阻击攻城部队；城里虽说没有储备足够的粮食弹药，但正在通过外国势力，从江面源源不断地获取各种生活与作战物资。

这些情况表明，城里已经有了长期坚守的打算。如果不完全切断汉口、汉阳与武昌之间的联系，有洋人给武昌守军提供军需物资，北伐大军不仅现在攻城会面临很大困难，想尽快迫使敌人投降的目的亦难以实现。

眼下，北伐军的后续部队正源源不断地开过来。苏联援助的重型火炮，已经运抵武昌，正在苏联军事人员的帮助下，进行装配。

各路人马齐聚武昌，准备全力攻击。但是，余瑞祥仍然认为，如果使用足够的兵力攻击并围困武昌，让其他的人马攻打汉口和汉阳，将会形成有利于攻击与围困武昌的大好前景。何况，汉口、汉阳守敌的数量远远不如武昌，也没有城墙可以倚重，又有许天亮、王俊财和共产党组织的帮助，北伐大军一定会出其不意地把它们夺下来。

关键在于收集足够的渡船，选定强渡长江的方向。

权衡再三，余瑞祥决定提前派遣人员，化装成老百姓，分头进入汉阳和汉口，跟许天亮、王俊财等人取得联系，作为内应，约定攻击汉阳、汉口的时机。

蒋介石召集各路指挥官开会研讨攻城方略。余瑞祥应邀参加会议，提出了尽快攻击汉口、汉阳的设想。蒋介石从善如流，马上命令唐生智率领第八军做好渡江作战攻克汉口、汉阳的准备；把攻克武昌的重任仍然放在第四军、第七军以及第一军第二师身上，尤其对第二师寄予了厚望。

攻城时刻即将来临。夜里，北伐将士们已经做好了精心准备，精神振奋，只等一声令下，就可以抬起梯子，在火炮的掩护下，向城墙发动猛烈的攻击。

眺望武昌，整个城市在灯火的照耀下，犹如白昼。紧挨着城墙一带的房子，遭到守军破坏，基本上夷为平地，但是还有一些墙基以及瓦砾可以利用。攻城部队本来试图以此作掩护，可是，到处灯火通明，谁都心里明白，守军站在城墙上，仍然能够看得清清楚楚。

时间终于定格在凌晨三时上。一声声重型火炮的轰鸣，把整座城市震得山摇地晃。刹那间，城墙上空升腾起浓烈的硝烟，到处鸡飞狗跳，人仰马翻，一片混乱。轰，轰，轰，重型火炮继续喧嚣，浓烈的硝烟吞噬了城墙。

从地面迅速跃出一群群兵士。他们抬着云梯，动如脱兔，迅疾地向城墙扑去。架设在稍远处的机关枪和小型火炮，猛烈地轰击城墙上的敌人。很快，一支支队伍靠近城墙，梯子搭上了，奋勇队灵如猿猴一样爬上了云梯，敏捷地朝云梯上端爬去。

城墙上的枪支喧嚣不已，子弹雨点一样打进了攻城的队伍；手榴弹成群结队地砸了下来。奋勇队犹如冬瓜一样朝云梯下面滚去，也有一些人浑然天神一般，穿过子弹与手榴弹的罗网，毫发无伤，继续向上攀爬。敌人祭出最新的武器，抬了一盒盒烧得滚烫的桐油，泼了下去，一支支火把，猫儿狗儿地向下扔。

桐油遇到敌人扔下城墙的火把，哗啦啦一声，一阵阵冲天的火光，在城墙下熊熊燃烧。与此同时，敌人发射的炮弹拖着光亮，在明亮的夜空里画出了一道道杂乱的轨迹，落到北伐大军队形里。

城墙脚下，云梯不断地在燃烧。前面的攻城勇士倒下了，后面的勇士们奋勇冲了上去，但云梯只要靠上城墙，又被敌人泼下的桐油、火把、手榴弹毁坏。

北伐大军接连发动了好几次的攻击，没有一个兵士能够爬上城墙。

蒋介石正满怀信心地坐在指挥部里，等待第二师师长刘峙报告攻破城池的好消息，谁知竟然是这个结果，丝毫没有想到是因为重型火炮没有试射，根本没有击中目标，急红了眼，亲自来到战场，气急败坏地喝令刘峙："攻，不惜一切代价，一定要拿下武昌！"

刘峙颤抖地回答道："学生无能，辜负了校长的厚望。不过，苏联的重型火炮真的没有用啊，根本打不到城墙上去。继续攻击，我军得不到重型火炮的掩护，无异于飞蛾扑火。学生带领的人马，可都是校长的精锐啊！"

蒋介石深知刘峙的潜台词：校长的精锐部队在武昌城下全部丢光了，以后拿什么扩大力量呀。他板着脸下达了全线停止攻城的命令。

"诸位，我军自从北伐以来，战无不胜，攻无不克，难道对区区一座武昌城束手无策吗？"蒋介石召集各路将领，检讨两次攻城失败的教训，谋划再度攻城的方略。

这时候，余瑞祥越发坚信，最好的办法不是进攻，而是围困武昌。只要唐生智率部迅速攻克汉口、汉阳，武昌就是一座孤城，北伐大军即使不经过作战，围困时间一长，敌人的战斗意志必然会瓦解。

不过，刘峙抢先说开了："接连两次攻城，并非我军士气不够，也非我军缺乏不惜一切代价战胜敌人的勇气，所缺少的是重型武器。尽管苏联方面援助的重型火炮拖到了战场，但一发炮弹也打不到城墙上去。如果重型火炮能够发出一份威力，卑职早就攻进了武昌城。"

余瑞祥朝刘峙投去鄙夷的目光：苏联方面的重型火炮还没有试射，你迫不及待地要建功立业，哪里打得准？自己不考虑战场的实际，却把责任推诿到苏联的重型火炮身上，真是岂有此理！

苏联军事顾问同样不高兴，说道："我国的重型火炮在性能上是无可比拟的。问题在于你急于攻城，并没有让我们试射火炮，导致火炮失准。"

蒋介石一听，立即精神大振，问道："只要试射，火炮一定能打得准吗？"

苏联顾问耸耸肩，露出了骄傲的微笑。

余瑞祥心知蒋介石又想攻城了，准备抢先重申围困武昌的好处。

但蒋介石没有给余瑞祥机会，立即问刘峙："如果重型火炮能够打中目标，你能够攻进武昌吗？"

刘峙回答道："如果重型火炮能打上城墙，卑职现在已经坐在武昌城里了。"

蒋介石大喜过望，连说两声好，目光朝众人扫了一遍，说道："既然如此，诸位不必灰心，后天凌晨三时，我们再度攻城。我相信，武昌就是一块钢板，也绝对抵御不了我英勇无敌的北伐大军！"

余瑞祥怔了好一会儿，不得不接受准备再一次攻城的现实。他摇了摇头，和代理军长一块儿走出了会议室。

两人一路默默地走回第四军指挥部。

余瑞祥叹了一口气，说道："既然已经无法让蒋总司令改变决心，我们只有尽一切努力，来打好这一仗。"

代理军长微笑道："余主任一定能够帮助我打出第四军的精神和血性。"

"不错，哪怕必败无疑，我们也一定要打出精神和血性！"余瑞祥激昂地说道，"不过，为了减少不必要的损失，我们一定做好各项准备工作。"

"第四军和第七军一样，在蒋介石的眼里，都是后娘养的，他不会顾忌我们的死活。第二师有重型火炮掩护，但我们没有。即使没有，我们也要比刘峙打得好！"代理军长说着说着，情绪就上来了，恨不得骂娘。

余瑞祥同样对蒋介石只顾保护其嫡系部队，罔顾其他部队的死活感到不满。可是，他没有兵权，无论说什么，都没有用，反而会授人以柄，不得不缄口。

当年，从蒋介石在陈炯明背后捅刀子这件事上，余瑞祥看出他不是一个可以合作的伙伴，自动与他拉开了距离。随后，在蒋介石露出清理共产党人的端倪时，他提出了必须与之针锋相对的建议，主张联合其他各军，孤立蒋介石。然而，陈独秀和共产国际竟然一再忍让。他只能眼睁睁地看着蒋介石一天天坐大，以至于当上了北伐军总司令之后，每当冲锋陷阵都是其他部队，蒋介石的嫡系人马却躲在战场之外。现在，因为有了迁都武昌的打算，蒋介石不得不让他的嫡系部队第二师冲上战场，来啃武昌这块硬骨头。

依旧不能指望埋伏在武昌城里的人马跟攻城部队相互配合，更坏的是，进入武昌的人员再也没有什么新的消息传递出来。倒是第八军军长唐生智正在做渡江攻击汉口、汉阳的准备，曾经派遣出好几拨人马，进入了汉口、汉阳。

怎么打好这一仗？激励士气固然重要，重新编列攻城队形，确保各路人马密切协调配合，无疑更加重要。余瑞祥再次去了叶挺开设在长春观的指挥部。

叶挺正在召集独立团各位营长开会商讨新的攻城方略。

两次攻城下来，部队虽说没有建立尺寸之功，但也取得了一些如何避开敌人火力的经验。各营长纷纷提出了许多办法。

"因为我们收集到的云梯仍然有许多不能架设到墙头，应该先让一批兵士登城，吸引敌人的注意力，然后出其不意，把可以架设到墙头的云梯搭上去，在机关枪的掩护下，后续部队迅猛地爬上去。"一个营长说道。

另一个营长腾身而起，说道："打仗，固然要保护自己，但是，只有下定必死之决心，才能获取最后的胜利。我营全体官兵，已经人人写了遗书，请求全都当奋勇队员，参加攻城之战。"

那位营长从怀里掏出了厚厚的一叠纸张，双手向叶挺手里递去。

叶挺本能地站起来，伸出双手，把遗书接到手里，下意识地朝放在最上面的那封看了一眼，发现那竟是营长本人的遗书，动了动嘴唇，想说什么，但临了一个字也没有说出来，把遗书给了余瑞祥。

余瑞祥缓缓地站起来，从叶挺手里接过遗书。

众人情不自禁地都站起来，一个个神情肃穆，凝视着余瑞祥。简陋的会议室里一点动静也没有。

余瑞祥大声读完营长写下的遗书，激动地说道："古有抬棺出征的佳话，今有留书出征的美名，一样惊天地泣鬼神！虽说武昌城墙高大坚固，我全体将士抱必死之决心，只要做好了准备，一定能够攻下它！明天凌晨的攻城之战，我将站在你们的身边，与你们同生死共进退！"

第二天子夜，余瑞祥来到奋勇队。在他的面前，整整一个营的奋勇队员人人胸前挂满手榴弹，个个肩上背了一条机关枪，一床已经浸过水的棉絮放在他们脚下。在奋勇队员的前面，同样挺立着一批威武不屈的兵士，在他们的身边躺着长短不一的云梯，还有一床床打湿的棉絮。它们是余瑞祥借鉴当年攻打三道桥的经验，用于抵挡守军打下来的子弹以及桐油与火药包。

众人原以为余瑞祥是来向他们做阵前动员的，发现他却背起手榴弹、枪支等物，意识到他要干什么，无不大吃一惊，一齐排山倒海般地吼叫道："请余主任在指挥部等着我们攻进武昌的消息！"

叶挺急忙劝阻道："余主任身为军部首长，运筹帷幄之中，决胜千里之外，才是你的本分，冲锋陷阵的事情，还是交给我做吧。"

代理军长得到消息，心急火燎地赶过来了，说道："余主任，我知道你抱必死之决心，想以此让蒋总司令知道，围困武昌才是最好的办法。可是，第四军少不了你。蒋总司令似乎只对你有所顾忌。你要是发生不测，天下恐怕无人能够制约他了。"

余瑞祥眼望苍穹，长长地叹息一声，只有放弃了亲自上阵的企图。

离攻城的时间越来越近了。看一眼那座巍峨挺拔的城墙，虽说灯火依旧通明，但遥望城市里面，似乎已经没有灯火辉煌的气势了。余瑞祥知道，一定是潜入武昌城里的人员，按照他的命令，破坏了敌人架设的一部分电线。进而，他想道：要是城墙上的电线也被割断了，敌人肯定看不清城墙下面的动静。

余瑞祥有理由相信，已经潜入城里的人员会跟自己安插下来的旧部取得联系，破坏敌人的电线网。王俊喜收买的人员，也会趁王俊林把大部分注意力放在应付北伐大军的机会，割断电线网。

时间凝固在凌晨三时。一阵惊天动地的炮声，拉开了攻城的序幕。

余瑞祥放眼一望，只见那一个营的奋勇队队员迅捷地将打湿的棉絮往头上一罩，抬起云梯，猛勇地冲向了城墙。

刹那间，城墙上的电灯熄灭了，到处都是漆黑一片。余瑞祥心里大喜。他知道：只要敌人看不清城墙下的情况，奋勇队将会迅猛地登上城墙，然后猛烈地攻向敌人的阵营。

他屏息静气地关注着将士们的行动。他感觉到，已有一批奋勇队员冲到了城墙，架起了云梯，正准备朝云梯上奋力攀登。

忽然，城墙上点亮了许多火把。火把宛如流星一般地朝着城墙脚下投去。很快，城墙下边又是一团一团的火焰，然后迅速弥漫成一道熊熊燃烧的火网。

借着火焰，余瑞祥能清楚地看到，奋勇队队员们顶着棉絮，正在迅疾地朝城墙上攀爬。城墙上，敌人的炸弹、手榴弹、火药包、桐油浸染的火把，织成绵密的阵势，滂沱大雨一般地降落下来，爆炸声络绎不绝。他隐隐感到大火把城墙根烧得发烫。

"王俊林不仅拿出了全部家当，而且使出了浑身解数！"余瑞祥心里说道。在他眼前，奋勇队的勇士们不管不顾，继续向城墙上攀爬。

敌人从城墙上露出了头。独立团布设的机关枪阵地抬高枪口，挟着一腔腔怒火，暴风骤雨一般地打向了城墙。露头的敌人发出一声声惨叫，很快消失不见，也有的敌人一头栽倒到城墙之下。

借着敌人火力稍微减小的机会，有一架云梯上的勇士快要登上城墙了。余瑞祥的心差一点跳出喉头，更加聚精会神，关注着城墙上的情景。

出现了好几个敌人。敌人正俯下身子，拿着枪杆子，凶猛地朝那个勇士手上砸去。勇士一把夺过了一条枪杆子，顺手一拉，将几个敌人拉下了城墙，然后纵身一跃，飞上城墙。紧随在那个勇士后面的好几个勇士接连爬上了城墙。

余瑞祥越来越兴奋了，朝其他方向望去，试图看到同样的情景，奋勇队竟然徘徊在城墙下边，一筹莫展。

他喝令机关枪猛烈地扫向了城墙上的敌人。可敌人的火力丝毫不见削弱。

余瑞祥命令叶挺继续调兵前去增援。

他再转头查看已经登上城墙的勇士，赫然看到云梯被敌人的炸药包炸断了，爬上城墙的勇士杳无踪迹。敌人再次出现在城墙上，不断地朝着城墙下的北伐将士进行扫射，投掷手榴弹等物。

继续战斗下去，全部攻城人员都会殒命疆场。

"怎么办？还要继续攻城吗？"叶挺问道。

关键时刻，需要指挥员自己作出决策。余瑞祥从牙缝里蹦出一个字："撤！"

他的话音还没有落地，从攻城总指挥部传来了第二师已经登上城墙，打开了城门，正朝城里发动猛攻的消息。

既然第二师已经打开了一道缺口，敌人必然会去救援，这里继续发动攻击，一定可以攻进武昌城。余瑞祥收回了撤离的命令，指示部队继续发动猛攻。

代理军长也接到了好消息，命令第四军全体攻城部队，不惜一切代价，向武昌城发动最后一击。

部队越发拼命地朝城墙发动了猛攻。不一会儿，一个营的奋勇队伤亡殆尽。余瑞祥心头涌起了疑虑：第二师果真攻入了武昌，这边的敌军应该过去增援呀，怎么还会如此强硬呢？

难道说是刘峙故意制造了谎言吗？余瑞祥暗问自己。

刘峙为什么要制造谎言？余瑞祥马上明白过来，刘峙是立功心切！真是这样的话，让攻城部队遭受如此惨重的损失，刘峙就罪不可恕了！

余瑞祥想立即下达停止攻城的命令，又没有确切的证据证明刘峙撒了谎，一直踌躇不定。

终于，等来了蒋介石的命令：全体攻城部队撤回，对武昌城实施围困！

"这么说，第二师根本没有攻进武昌嘛！"叶挺气愤地说道。

余瑞祥脸色铁青，愤怒不已。

叶挺继续说道："刘峙这么做，分明有陷害友军之嫌。"

"可恶！我一定要向蒋总司令讨一个说法！"余瑞祥眼冒怒火，咬牙切齿地说。

第三章 围困武昌

火炮与子弹的呼啸声一挤入王芝英的耳朵,她的眼帘刹那间浮现出过去岁月里受到虐待的情景,惊吓与恐惧再一次袭遍全身。

去年,王芝英怀上第三个孩子,却是难产,医生想尽办法,只保住了她的性命。她从此忧郁寡欢,任何风吹草动,都会把她吓一大跳。丈夫、婆婆生怕她再出问题,经常陪伴她,说一些轻松愉快的话题。

母亲和伯母经常过来看望她,很想把她接去租界住一些日子,可是,王芝英不肯离开丈夫。王俊财和王俊喜兄弟两人更是几乎每天都会过来探望她,安慰她,并让自己的夫人陪伴她。

赵承博得到消息,曾经寻找借口,带着夫人柳彤萱一块来看望嫂子。一见到王芝英单薄得好像一张纸片,风一吹,便会把她吹走,夫妇二人情不自禁流下了眼泪,从此经常会找一些借口,过江陪她说说话,或者什么都不说,只要跟她坐在一起,心里感到一种安慰。

周莹莹听女儿说了大儿媳的近况,非常伤感,要求女儿带她去武昌探望她。

赵璇滢说道:"母亲,我带着亚男去看望嫂子吧。"

周莹莹知道女儿担心自己去了武昌,会刺激王芝英,令她更加精神恍惚,暗自责怪自己当年为什么要如此虐待儿媳。

王芝英临产之际,余瑞光曾经派遣夫人到赵承彦家探视。亲眼看到王芝英难产,余瑞光夫人非常难过,从此,也经常过来看一看她。余瑞光只要有时间,准会来到赵承彦家,陪昔日的舅子坐上一两个钟头。

在痛苦中煎熬了一年,王芝英终于没有再度发疯,一家人以及王府、余府、赵府的亲朋都放了心。

北伐大军一打过来,武昌城深受震动,几乎人人心神不安,试图跑出来探听消息。但打了败仗的军队已经进城,看到有人走动,好像刚放出笼子的疯狗一般扑了过去,把人驱散或者抓住,搞得城里一片混乱。为了避免家人受惊扰,赵承彦当完差回来,早早地关闭大门,把儿子女儿招呼过来,围着夫人和母亲,像往常一样说省政府的见闻。最初,北伐大军并没有攻城,听不见枪炮声,王芝英感觉不到外面的异样,倒也相安无事。

事实上,赵承彦关上了屋子的大门,也关不上心里的大门。为了小家庭的安危,甚至为了赵府,他不能不在跟母亲、夫人和孩子说话的时候,好像兔子一样竖起灵敏的耳朵,探听外面的动静。

前几天,一向不爱过问世事的赵承博再一次来到武昌,说道:"大哥,嫂子身体不好，受不得惊吓，北伐大军马上要打过来了，你们都搬回汉阳吧。"

昔日武昌兵变在赵承彦心里烙上了深深的印记，他同样担心夫人再次受到惊吓。但是，他不能回去汉阳，说道："你嫂子情绪稳定下来了，我们住的地方距离城门很远，听不到枪炮声，应该不会出现什么问题。"

"可是，他们会攻破城门的！"赵承博说道。

赵承彦想了想，说道："汉阳并不见得比武昌更安全。武昌有高大的城墙，汉阳和汉口却没有。"

"城墙再高大，又有什么用呢？北伐大军即使攻不破城门，把城门一封锁，不让人出来，不到半年，全城人都得饿死！你听我的，赶快离开武昌吧！"赵承博急切地说道。

"你容我想一想。"赵承彦沉默片刻，说道。

赵璇滢、王俊财、王俊喜同样认为北伐大军会围城。他们劝说赵承彦带着一家人去汉口租界。赵承彦明白，大家都在担心王芝英会因为受到惊吓而旧病复发。

还有谁比赵承彦更加担心王芝英的安危呢？他拒绝弟弟的好意，是因为夫人见到了赵承博母亲，说不定情况会更加糟糕。两个舅子一劝，他立马同意王俊财和王俊喜把母亲、夫人和孩子带去租界，他自己还在省政府当差，尽管对省政府很不满，但也不打算离开。王芝英很高兴能够回去汉口，母亲刘芳芳也愿意去汉口，而且东西都收拾好了。但赵承彦不能跟着他们一块走，王芝英说什么也不离开。

"姐夫，你对省政府一向没有好感，留下来干什么呢？"王俊财说道。

"我在省政府当差多年，岂能轻易离开。这是我的宿命。"赵承彦说道。

王俊喜一听，十分生气，不愿意多说，一把拉着赵承彦，准备把他拉出去。

王芝英心里直冒火，扑上前去，把王俊喜的手拆开，凶狠地骂道："你真混，他是你姐夫！你不想认这个姐夫，可以不见他，不准你对他动手动脚！"

"姐姐！"王俊喜抱着脑袋，像陀螺一样旋转。

赵承彦最希望让母亲、夫人和孩子去汉口租界躲避，只是一直想不出有效的办法劝说夫人暂时离开自己。他又实在不愿意在省政府即将被北伐大军一脚踏翻的时候，临阵脱逃，让人戳脊梁骨。在让夫人远离战火的威胁，和自己应该为曾经得到了生活来源的省政府效忠之间，他难以取舍，直到王俊林退回武昌，关闭了武昌城门，断绝了与外界联系的通路。

吴佩孚的数万大军全部败回江城，武昌、汉口、汉阳必将会成为一个血与火交织的战场。赵璇滢虽说不害怕战争，但也知道在每一次战争或者骚乱过程中，余府、赵府、王府都要遇到各种各样的麻烦。她不愿意让他们再度陷入危局，试图最后一次劝说余府与赵承彦一家前往汉口。不料，她一到余府，竟然碰上了王俊林，而且城门已经关闭。

她这一次来武昌，还有一层目的：联络丈夫安插在武昌城的旧部。

虽说跟共产党人有过许多接触，但她一直没有步入共产党组织的大门，也不知道共产党组织在武昌以及汉口的具体情况，只是凭直觉，认为指挥北伐大军攻城的人必定是丈夫，便来到武昌试图帮助丈夫夺取城池。

王俊林一离开余府，赵璇滢跟着也离开了。

余府的人要留在武昌，王俊林没法劝得动，一定要送走堂姐。堂姐本来发过疯，又因为难产失去了第三个孩子，哪里经得起战火？即使城门全部关上了，他也得把他们送去汉口租界。

看到了王俊林，王芝英并没有多少欣喜，静静地听完了他的话，断然地说道："不，你姐夫在哪里，我就在哪里。"

面对执拗的堂姐，王俊林真的没有办法，只有转而对姐夫说道："你在省政府不过临时混一口饭吃，对它有诸多的不满，很希望北伐大军能够占领武昌，为什么在这个时候不离开省政府呢？"

赵承彦还是拿他说给王俊财和王俊喜听过的话作答。

王俊林感到很难理解，赵府的人怎么都是如此不可理喻！赵世伯明知道清政府在革命党人的打击下，迟早会崩溃，还是一门心思忠于大清，甚至在大清王朝土崩瓦解以后，还念念不忘，以至于郁郁而终。赵承彦明知道北洋统治快要完蛋了，而且对北洋统治感到失望，还要跟他们一道覆灭。

他得好好教训赵承彦一顿，把他唤醒，但无论怎么教训，赵承彦总是不理睬他。他转而一想，反正自己在武昌城里也是一个人物，有自己在暗中照顾，堂姐和堂姐一家人料想不至于会遭到多大的伤害。

堂弟一离开，王芝英松了一口气，觉得不会再有人让她和丈夫分开了。

这些年来，无论遇到多少麻烦，她一直躺在丈夫给她构建的温床里，享受到了一个女人应有的幸福和快乐，因而，她非常留恋丈夫，一步也不愿意离开丈夫，要不是丈夫要去省政府当差，她甚至一刻也不会让丈夫离开自己。

她曾经跟丈夫一道去过余府，也回去过王府，王府、余府经常有人来看望她。赵承博也会时常来跟她闲聊一些家常。她本来可以继续这样生活下去，现在却明显地感觉得出来，武昌城里将会发生一件大事。她猜想，这件大事一定会带来许多凶险，说不定会让她的一家人陷入很大的麻烦。她虽说很想知道到底会发生什么大事，可是大家都瞒着她，她习惯了不去打听。

到了晚上，一家人吃完饭，坐在一块闲话。他们还是小心翼翼地避开即将在身边发生的战争，说一些彼此都感到舒心的话题。

丈夫说话依旧从容不迫，王芝英心里涌起一种暖暖的感觉。儿子坐在她和母亲中间放置的一把椅子上。她怀抱女儿，脸上流淌出一抹醉人的笑意，眼睛盈盈有光，充满了关爱，充满了对丈夫的欣赏。母亲刘芳芳的脸上含了笑意，心里涌出了温暖。两个小家伙不很老实，时不时会插上一些话，问一问父亲，或者问一问母亲，要么问一问祖母，父亲到底说的是什么意思。

在屋子外面，却是另外一个世界，到处一片混乱。败退回来的兵士，在王俊林以及守城主将刘玉春的命令下，正在到处搜集电线、电灯以及支撑的杆子。兵士闯进了每一个家庭，搜出一切有用的东西，把身强力壮的男人统统赶出家门，让他们在刺刀下架设电线。

因为王俊林不愿意打扰堂姐，在赵承彦租住的那一带，一切都显得平静而又祥和，俨然一处屹立在骚乱之中的世外桃源。

突然，从外面传来了一阵阵密集的枪声。

王芝英情不自禁地一阵发抖，把目光从丈夫身上移开，试图循着枪声去观察那儿到底发生了什么事情。两个孩子一样吓着了，女儿猛地钻进了母亲的怀抱，儿子也想挤进母亲的怀抱，但被祖母一把抱了过去。

夫人愈来愈惊恐，赵承彦的心紧缩成一团，说道："也许，那是鞭炮的声音。"

"放鞭炮吗？"儿子赵英嗣有十岁左右的光景，一听父亲的话，马上从祖母的怀抱里跳了下来，问父亲道，一面准备跑出门。

赵承彦手疾眼快，一把抓住了儿子。

逢年过节的时候，整个武昌城总是鞭炮齐鸣，一响一个通宵。王芝英眼帘飘荡着那副情景，微微笑了一笑，说道："是的，跟过年一样，的确是放鞭炮。只是，现在的鞭炮声音大了一些。"

刘芳芳说道："是呀，鞭炮的声音越来越大了。我小的时候，鞭炮的声音像蚊子一样，你要是不站在跟前，根本听不见。"

王芝英听了，越发觉得那的确是在放鞭炮，心情一下子放松下来了。女儿赵雪莲似乎感受到母亲轻松了，自己也轻松下来，跳到地上，准备和哥哥一块去外面观赏放鞭炮的情景。可是，祖母早已伸出双手，把她抱住了。

赵承彦继续紧紧地拉着儿子。

当第一声枪响传入耳朵的时候，赵承彦心里清楚战争已经开始了。他本来以为北伐大军虽说兵临城下，因为需要准备，怎么也得过上一段日子才会攻城。这段时间，他可以慢慢把武昌面临的情况告诉夫人，让夫人心里有所准备。可是，枪声彻底打乱了他的计划。现在该怎么办呢？他要快点让夫人睡觉去，暂时让她免受炮声的惊扰。不过，他还没有找到合适的理由，一阵惊天动地的炮声传了过来，震得屋子吱吱作响。

王芝英脸色苍白，神情更加慌张，眼睛好像受惊的兔子到处乱瞟。赵英嗣和赵雪莲再也不闹着要出去看热闹了，吓得一头撞进了祖母的怀抱，大声尖叫着。

赵承彦紧紧地抱住夫人，说道："不要担心，说不定是哪儿出了问题。睡觉去吧，什么都不要管，等天亮了，一切都会平静下来。"

王芝英安静不了，眼帘浮现出了几年前武昌兵变的那一幕：一队队如狼似虎的兵士，拿着枪支，到处乱抢，还有铁面无情的大炮，架设在那儿，胡乱地攻击，到处都是燃烧的火苗，到处都是女人凄厉的哭喊声，男人尖利的吼叫声。

饶是被丈夫紧紧地搂抱着，一想到这些，王芝英越发害怕，越发本能地想去捕捉跟那一样的声音和场面。

果然听到了一声声呐喊，也分明感受到城里到处骚动一阵阵乱哄哄的声音。她越发感到兵变再度逼近自己，眼睛一转，看到了儿子和女儿，挣脱了丈夫的怀抱，一把从婆婆怀里把儿子和女儿抢了过来，大声嚷道："不要让他们进来！保护儿子！保护女儿！"

赵承彦差一点流出了眼泪。他把夫人和两个孩子一块抱住了，说道："他们不会进来，没有人敢进来。肯定是哪个地方出了问题。我一直在省政府供职，什么坏消息都没有听说过。别胡思乱想，睡觉去吧。"

一边说，赵承彦一边搂着夫人和孩子，试图慢慢朝卧房里面移去。

王芝英一动不动，到处转动着脑袋和眼睛，似乎在分辨从外面不断传过来的声音到底是不是大炮的轰鸣和子弹的喧嚣。

刘芳芳感到浑身有点发冷，轻声说道："睡觉去吧，一觉醒来，什么都会过去的。"

"睡觉？"王芝英眼睛盯在丈夫的脸上，充满了疑问。

赵承彦坚定地点了点头，说道："不要担心，什么都不会发生。"

王芝英神情渐渐地松弛了一些，在丈夫的引导下，准备回房睡觉去了。这时候，突然传来一阵急促的敲门声。声音猛烈，犹如重锤敲打着王芝英的心弦。她浑身一抖，眼前再一次幻化出昔日兵变的那一幕。

"他们来了！他们冲进来了！"王芝英抱紧两个孩子，对着丈夫声嘶力竭地吼道："快保护我们的孩子！"

"不，没有人会冲进来。"赵承彦痛苦地说道。

王芝英把两个孩子抱得更紧了，仍然冲着丈夫喊叫。赵承彦只得连同夫人一块，把他们抱得更紧了。

敲门声越来越急促，宛如咆哮的子弹，打在一面即将破碎的门板上，门板晃动不已，摇摇欲坠。王芝英脸色越来越难看，眼睛不停地朝整个屋子望来望去，试图找到一个可以让孩子们藏身的地方。

"怎么办，孩子们怎么办？"王芝英一个劲儿地说道。

敲门声已经变成了猛烈的撞门声。王芝英仿佛看到大门正凶猛地倒下来。

"快，躲起来！他们来了！"王芝英忽然抱起孩子，一面大声吼叫，一面朝卧房里跑去。两个孩子吓得哇哇大哭，她理也不理。

刘芳芳准备跑上前去帮助儿媳，被一把椅子绊倒在地，挣扎着想爬起来。

赵承彦心里清楚，因为王俊林的关系，不可能有人胆敢过来骚扰。他很想让夫人镇定下来，但夫人一直惊慌失措。他只有先打开门再说，趁夫人走向卧房的机会朝门边走去。

透过密集的枪炮声，他听出了王俊喜的声音，心情更加松弛了一些。

赵承彦即将打开大门的时候，突然，一个人像一道剑鱼一样飞了过来，一把将他推到了一边，紧接着，身子顶在门上。

是王芝英。她仍然抱着两个孩子。孩子大哭不止，小手在母亲身上胡乱拍打。

"他们来了，不要开门！"王芝英说道。

赵承彦被夫人推倒在地，挣扎着爬起来，紧紧地抓住她的手，说道："是王俊喜来了。没有人敢把我们怎么样。"

王芝英疑惑地看着丈夫，疑问道："是王俊喜来了？"

赵承彦点了点头，想把夫人扶到一边去，然后打开大门。

王俊喜敲了好一会儿门，里面都没有动静，担心姐姐家里出了事，急切之下，用身子猛地朝门上撞去。他撞不开门，远远地退了开去，炮弹一般发射过来。

赵承彦正要拉动门闩，猛地感到门震动得更加剧烈。

"不是我弟弟！一定是他们来了！不要开门！不要让他们进来！"王芝英紧紧地搂抱着孩子，任凭孩子哭得天昏地暗，也不去管它，一边说，一边把身子紧紧地顶在门上。

夫人快要崩溃快要发疯！赵承彦心里越发痛苦不堪。他希望赶快打开大门，让王俊喜进来，令夫人安心。但他一动，夫人立马把他往外推。

"夫人，是王俊喜来了！"赵承彦说道。

刘芳芳挣扎着爬了起来，趁着枪炮声稍微稀疏一点的间隙，听出了王俊喜的声音，也劝儿媳道："是你家弟弟呢。承彦没有说谎，是俊喜来了。"

王俊喜心里发急，声嘶力竭，声音都变形了。王芝英越发觉得是有人要闯进来谋害她的家人了，吼叫着，让丈夫和婆母快点顶住大门。大门越发松动了，王芝英更加慌张，放下孩子，想把桌子、凳子一股脑地朝门边搬去。

赵承彦一见机会来临，马上把大门打开了。

不巧，王俊喜又一次远远地撞了过来，撞了个空，把持不住，一头撞在王芝英的身上，本能地抱着王芝英在地上翻滚着。

大炮的轰鸣声撕裂了整个夜空，将屋子震得哗啦啦直响。门外，到处是一片亮光，还有无数的子弹拖曳着各种各样的光芒在胡乱翻飞。

王芝英狂叫一声，本能地伸出双手，朝王俊喜全身上下不停地打去。王俊喜先是一蒙，终于清醒过来，他想保护自己，手不小心挨在姐姐脸上。王芝英一口咬住王俊喜的手，猛地往后面拉动着。

赵承彦惊呆了，稍一错愕，赶紧奔了过去，拉扯着夫人，试图把她和王俊喜分开。

他急切地说道："夫人，你看清楚点，他是你弟弟王俊喜呀！"

王芝英已经神志不清了，哪里还听得见丈夫的话，甚至连丈夫的模样都分辨不清。看到又有一个男人冲了过来，她的心思更加混乱，更加坚定地咬着王俊喜的手不放松，一面还发出叽叽的怪叫声。

完了，夫人真的疯了！赵承彦在心里痛苦地叫道。

王俊喜更加清醒，知道姐姐已经疯了，心里打起了寒战，急切地想在姐夫的帮助下，把手从姐姐的嘴里脱离出来。可是，王芝英仍然咬定他的手不放松，双手不停地在他身上猛烈地捶打。

两个孩子哭得天昏地暗，哭着哭着，渐渐地哭不出声来。刘芳芳呆了半晌，总算镇定下来，赶上前去，心一横，牙一咬，伸手朝儿媳的嘴巴上扇去。

王芝英挨了重重一击，不知不觉松开了嘴巴，愤怒地盯着刘芳芳看了好一会儿，突然爆发一阵雷鸣般的大叫，抬起手来，把刘芳芳推倒在地，使她接连在地上打了好几个滚。

赵承彦连忙过去，试图把母亲扶起来。王芝英见了，一头撞在丈夫身上，然后猛扑过去，坐在他身上，凶狠地打他。

王俊喜顾不得疼痛，准备抓姐姐的手。王芝英又是一口咬了过来。他本能地缩回了手。

"姐姐，你看清楚点，是我，我是王俊喜！"王俊喜大喊道。

混乱之际，从外面又跑进来了一个人。径直地奔向王芝英，挥起巴掌，劈头盖脸抽了她几个耳光。

王芝英抖动了一下，住了手，眼睛朝来人看了一会儿，突然一跃而起，猛地扑了过去。那人轻轻一闪，躲过了，紧接着，旋到王芝英的身后，抓住了她。王芝英拼命挣扎，手呀脚呀嘴呀一刻也没有闲着，但无法打到那个人的身上。

那人快要控制不住，对赵承彦和王俊喜喊道："快上来，把她抓住呀！"

赫然是赵璇滢！

王俊喜和赵承彦相互看了一眼，走过去，帮助赵璇滢把王芝英捉住了。

王芝英好像一头被困的母狮，不住地咆哮不住地挣扎。刘芳芳流着眼泪，把两个差点哭晕过去的孙子抱在怀里，轻声地安慰着。

"唉！"王俊喜叹了一口气，忽然大声说道，"是王俊林这个畜生把姐姐害成这样的。我要去找王俊林报仇！"

说完，他松开手，准备朝外面跑去。

"站住！赶快想办法把嫂子弄出武昌。"赵璇滢吼叫道。

要想把王芝英转移出去，眼下只有王俊林想得出办法，王俊喜呆住了，怔怔地看着可怜的姐姐闹够了，筋疲力尽了，昏昏沉沉地睡去了。

赵承彦痛惜地抱着夫人："都怪我，要是我愿意去汉口，就不会有事。"

心里微微叹息一声，赵璇滢吩咐道："你们好好照顾嫂子，不要让她乱动，我出去找王俊林。"

枪炮声虽说已经停歇了，空气里却弥漫了一种刺鼻的硝烟味。到处都是惊恐的喊叫声。愤怒与恐惧的气息，在整座城市里蔓延。经历过的最血腥战斗，在赵璇滢看来，也似乎无法跟眼前相比。

余瑞祥派遣到城里来的探子已经找到了她，让她寻找机会劝说王俊林或余瑞华做内应，打开城门，迎接北伐大军进城。

接到丈夫的传话，赵璇滢很清楚，在王俊林还没有达到目的之前，是不可能让他不跟北伐大军对抗的。为了避免让北伐大军遭受惨重损失，她便在王俊林出了余府以后，去找余瑞华。尽管余瑞华仍然恼恨余瑞祥，她跟他有过联络，知道他是一个可以说服的人。

余瑞华早已当了营长，按照王俊林的命令，正在督促兵士们架设电线，搜集桐油。

他一直想当一个真正的军人。一个真正的军人必须服从命令，面对敌人，哪怕明知是死，也得竭尽全力打垮敌人。他率领一个营的人马，在汀泗桥一线跟北伐大军进行了殊死战斗。他本来已经挡住了当面的对手，但另一路北伐军队竟然从他的侧翼插了过去，攻破了王俊林师最薄弱的环节，继续朝前压了过来。余瑞华赶紧率领本部人马，呈扇形朝这路北伐军队打去，试图与滞留在北伐大军后面的友军构成一道合围圈，将该股力量彻底消灭。没想到，被围的北伐军队竟然没有朝后面退却，一如既往地朝前面展开攻击。余瑞华心里充满了敬意，也充满了恼恨。这才是一支劲旅，一支能够让自己打得酣畅淋漓的部队！

余瑞华一心要将这支北伐军队消灭，但跟他一道作战的友军根本禁不起这支北伐军队的穷追猛打，阵线很快被撕开一道口子。北伐军队趁势猛勇地继续朝前攻了过去。

决不能再让这支北伐军队继续朝前面攻击，要不然，他们很快会冲出包围圈，攻向贺胜桥，冲向吴佩孚大帅正在部署的阵线。余瑞华马上率领自己的人马，从他们的侧翼快速穿插过去，抢在他们的前面，依托险要地势，挡住了这股北伐军队前进的道路。

北伐军队前一阵子攻势凶猛，气势如虹，觉得北洋军队不过尔尔，颇有点轻敌，突然遭到敌军凶猛的拦截，损失了不少人马。他们很快镇定下来，把兵力接连分成几个突击波，一波接一波地朝余瑞华的阵地上冲去。为数不多的机关枪，列成了一个巨大的火网，压制着余瑞华的火力。

余瑞华的队伍动摇了，在北伐军队的连续突击之下，阵线被突破了。

这样一来，王俊林布设的整个防御阵势俨然一面破筛子，在北伐大军的凶猛攻击下，顷刻之间支离破碎。

勇往直前，这就是勇往直前！在敬佩北伐军队之余，余瑞华也想让自己的军队变得如此骁勇善战。可惜的是，战争的天平竟然完全倒向了北伐大军。即使吴佩孚大帅亲自督战，即使一把把大刀架在兵士的脖子上，即使一挺挺机关枪指向了兵士的后背，也挡不住兵士狂退的浪潮。

汀泗桥、贺胜桥一线遭到惨败，一定要在武昌把面子争回来。

正指挥人马准备对付即将攻城的北伐大军，赵璇滢竟然来到了他的身边。

从小时候起，余瑞华一直跟大嫂赵璇滢关系亲密，什么话都愿意跟她说。做错了什么事，只要她一出面，父母绝不会责难他。赵璇滢成了二嫂，一样关心着他。可是，他对二哥充满痛恨，觉得二哥眼里太没有余府，只是一台革命的机器。虽说只要有机会，赵璇滢都会朝他耳朵里灌输二哥的许多好处，他还是不能原谅二哥。

跟随赵璇滢走向一个僻静的角落，静静地听完她的话，余瑞华说道："我知道吴佩孚不得人心，也不愿意充当炮灰，可是，我是军人，有了强劲的对手，不放手一搏，我一辈子都不会原谅自己。何况，我看不起余瑞祥。他眼里没有余府，没有家人，我一定要打败他！"

"你难道还是孩子吗？你二哥并不是不珍惜家人，他比谁都爱着余府的每一个人。但是，他也爱着这个国家。"

不等赵璇滢说完，余瑞华便生气地转身朝阵地走去："我希望不要再听到你说这些话，要不然，我真的不知道自己会对你做出什么事来。"

仔细回想起跟余瑞华说话的经过，赵璇滢心知，余瑞华是能够被打动的。眼下，余瑞华抱了一腔热血，一定要跟北伐大军对抗，碰得头破血流了，准会听从自己的劝告。让他先去跟北伐大军对抗一下吧！她还得抓紧时间，跟丈夫安插下来的各路人马取得联系。明确他们在什么情况下鼓动兵士哗变，以及怎么样哗变。

当攻城的枪炮声传入赵璇滢的耳鼓，她还以为北伐大军已经做好了万全准备，只要一展开行动，准能很快攻破城池。没料到，北伐大军攻了许久，也没有一个兵士能爬上城墙！

攻城的战火熄灭以后，在死一样的寂静当中，赵璇滢忽然想到了嫂子王芝英。嫂子在汉阳的时候，因为打仗发过疯，现在，嫂子因为难产丢了第三个孩子，状态比那时还差。她担心嫂子出事，赶紧朝哥哥家里奔去，碰上了这令人心痛的一幕。

她要赶紧找到王俊林，让他想办法把王芝英送往汉口，要不然，王芝英情况更糟。同时，她决定自己送王芝英回去汉口，趁此机会，将了解到的守军情况告诉给丈夫，告诉给北伐大军，让他们采取更好的战法。

王俊林打退了北伐大军的第一次进攻，赢得了刘玉春的表彰。

得知王俊林硬生生地挡住了北伐大军的进攻，吴佩孚马上发来贺电，许诺只要时局缓和下来，一定会委以重用。

王俊林正沉浸在巨大的喜悦之中，忽然接到赵璇滢前来求见的报告。

她现在来见我干什么？难道她已经知道率部攻击武昌的就是余瑞祥，让自己投靠北伐大军吗？自己的确做好了投靠北伐大军的打算，虽说已经打了一场胜仗，但还不足以让北伐大军看重自己，现在还不是投靠北伐大军的时候，得进一步打击北伐大军，把他们打得心寒胆落，再去投靠他们，才会赢得自己需要的一切。

赵璇滢站在王俊林面前，说道："我希望你赶紧想办法把你堂姐送去汉口！"

跟自己的想象完全两样，王俊林心里微微有点失望。他觉得赵璇滢一定包藏了祸心，冷笑道："对面一定是余瑞祥的人马吧？刚刚被我打退，你就来这么一手。你们夫妻二人真的配合得很默契呀！"

赵璇滢说道："我没有你那么阴险。我什么时候跟你耍这些诡计？要不是我嫂子已经疯了，我才不来找你。"

说完，赵璇滢怒气冲冲地跑了出去。

王俊林心头一凛，赶紧带了几个卫兵，跟在赵璇滢身后，奔向姐姐家。

王芝英犹如一头濒临死亡的母老虎，一直圆睁着眼睛，低声吼叫着，声音嘶哑，神情茫然，双眼无光，不断地挣扎。

王俊喜痛苦地坐在一把椅子上，抱着头，什么也不说。感觉到有人进来了，他抬头一看，赫然看到了王俊林，一腔怒火冲上脑门，腾身而起，冲到王俊林跟前，一把抓住他的衣领，吼叫道："王俊林，你害死了我父亲，害死了我母亲，是不是也要害死我姐姐你才高兴？"

两个卫兵迅速抢上前去，一边一个，同时卡住了王俊喜的虎口，然后反手一扭，把王俊喜的手扭到了背后。霎时，王俊喜身子一歪，弓成一团，宛如煮熟的虾子，无法动弹。

王俊林轻轻地挥了挥手，两个卫兵同时松开了手。他缓步走到王芝英跟前，慢慢地伸出手，想抚摸姐姐。

王芝英本能地张开嘴巴，又要咬过去，可是，全身没有力气，只能不停地做着咬人的动作。

赵承彦看着王俊林，已经没有眼泪了。赵璇滢帮助哥哥去抱王芝英。

王俊林低着头，流出了眼泪。他沉默了一会儿，猛然转过身子，冲着卫兵喊道："去，准备一条火轮！"

他连夜派遣卫兵把王芝英和她的家人送去了汉口租界。不过，为了防止王俊喜和赵璇滢跟城外的北伐大军取得联系，他不允许他们回去汉口。

"你们听着，是北伐大军把姐姐逼疯的。我要让他们死无葬身之地！"王俊林指着王俊喜和赵璇滢，咆哮道，"你们谁都不许跟他们有联系，要不然，我给你们好看！"

"你永远只会怪罪别人！"赵璇滢冷冷地说道。

王俊林可不愿意继续跟赵璇滢说下去。他痛恨北伐大军，再也不打算投靠他们，决定想尽办法，跟他们拼到底。

防备北伐大军攻进武昌固然十分重要，还得提前为北伐大军围困武昌做准备。从余瑞祥在辛亥首义的时候，一再提出过江包抄清军的后路来看，他一定会渡江攻取汉口和汉阳，切断外面与武昌的联系。而汉口、汉阳并没有城墙可以利用，长江天险又不是不可逾越的。沿江一线太过漫长，只要北伐大军搜集到了足够的船只，冒着炮火，也能把军队送往汉阳、汉口。因而，得提前做好准备，利用沿江一线仍然控制在吴佩孚大帅手里的机会，从汉口、汉阳尽可能多地运输军用物资进来，特别是军需品、粮食、弹药等。这不是王俊林能够做到的，他直接向吴佩孚提出了报告。

短暂的平静之后，随着越来越多的北伐大军聚集在武昌城下，王俊林感到作战的气氛越来越浓，日夜不得安歇，一直在督促部队做好防守的战斗准备。

王俊喜则把姐姐重新发疯的责任全部推到王俊林头上，一怒之下，打定主意，护送姐姐一家人回到汉口以后，把王俊林准备跟北伐大军联系的情况详细报告给吴佩孚，利用吴佩孚砍掉王俊林的脑袋。然而，王俊林竟然好像看穿了他的内心，不让他离开武昌城。

他一定要回去汉口，对赵璇滢说道："明天晚上，我暗地里回去汉口，向吴佩孚告状，借吴佩孚的手，杀掉他。"

赵璇滢吓了一跳：整个武昌守军，余瑞祥只在王俊林的队伍里安插了不少人员，王俊林一死，吴佩孚要是对该师其他人员下手，一定会引起不小的麻烦。她连忙劝阻道："王俊林的确该死，但不应该死在吴佩孚手里，应该由我们自己想办法处死他。"

王俊喜不得不强压下自己的愤怒和报仇的动机，更加急切地命令埋伏在王俊林身边的人员，注视王俊林的一举一动。

两天过后，又是一个凌晨，北伐大军恢复了攻击。一场惨烈的激战，攻城部队伤亡惨重，还是不能登上城墙。

再一次挫败了北伐大军，王俊林更加坚定了对抗到底的决心。北伐大军连重型火炮都使用上了，仍然不能爬上城墙，还有什么办法攻入城里呢？

又过了两天的凌晨，北伐大军再度发动大规模攻城。这一次，他们的攻势更加凶猛，动作更加利落。很快，一些北伐将士上了云梯，登上了城墙。王俊林的手下吓得不轻，纷纷想要后逃。

王俊林急眼，提了手枪，大声呵斥："不准后退，给我顶住！"自己冲到城墙边，一枪打死了一个北伐士兵。

北伐大军的战斗精神再度令余瑞华热血沸腾。一见北伐大军的兵士爬上城墙，他宛如一头暴怒的雄狮，迅猛地扑过去，把一个士兵扑倒在地，双手紧紧地卡住了他的喉咙，硬生生地把他卡死了。他手下的人马精神高涨，冲了过去，刺刀对刺刀，拳头对拳头，跟爬上城墙的北伐军将士展开肉搏，还有一些人凶狠地把燃烧着的桐油朝云梯上泼去，或者把云梯从城墙上推开。

擒贼先擒王，冲上城墙的北伐军兵士不顾一切地朝王俊林和余瑞华身边扑去，但敌人一窝蜂地冲了上来，把他们紧紧地包围了。北伐军兵士大吼一声，摆脱了控制，拉响了手榴弹，旋风似的冲向了王俊林和余瑞华。

王俊林心惊胆战。余瑞华却红了眼睛，头发都竖了起来，作势又要猛扑过去。几个卫兵把他们扑倒在地。刹那间，一声接一声剧烈的爆炸，撕开了一个个肉体，掀起了一阵腥风血雨。

从来没有遇到过如此惨烈的战斗和危险，王俊林半晌反应不过来。

余瑞华热血沸腾，大吼道："敌人如此神勇，难道我们是窝囊废吗？打！哪怕是死，也要死得轰轰烈烈，将南方军队全部给我消灭在城墙之下！"

兵士们宛如打了一针强心剂，无所畏惧地在城墙上用枪支、弹药以及一切用于作战的东西，打下了城墙。城墙下尸骨累累，大火在不断燃烧，空气中散发出一股股难闻的气味。他们打红了眼，丝毫不管不顾，北伐大军已经停止了攻城，但他们眼前依旧晃荡着南方大军的身影，依旧疯狂地将手榴弹和子弹打下了城墙，疯狂地将桐油和火把扔下了城墙。

"结束了，一切都结束了。南方军队又败在我们手下了！"余瑞华首先回过神来，兴高采烈地说道。

赫然发现王俊林木偶一样地站在身边，眼睛里毫无光彩，余瑞华走到他身边，轻轻地说道："我们胜利了！"

"我们胜利了！"王俊林缓缓地回过神来，跟着说了一句，朝城墙下面看去。一阵微风送来一股难闻的气息，他腹部一阵翻江倒海，哇的一声吐了出来。

第四章　孤城

重型大炮没能把武昌坚固的城防体系撕开一道口子，蒋介石不得不接受余瑞祥的建议，停止强攻，改为围困武昌。

这时候，攻击汉口、汉阳的行动，正在紧锣密鼓的准备之中。几天之内，北伐大军收集了大量船只，并且派出一部分精锐兵力，化装成逃亡的老百姓，暗中携带武器弹药，进入汉口、汉阳郊外。

1921年7月，中国共产党组织正式成立之后，武昌共产主义小组得到了很大的发展，并在汉口建立了秘密组织。他们苦心经营多年，吸收了很多优秀人才。

在此之前，许天亮带领几个兄弟，通过各种关系，进入汉阳兵工厂。后来，共产党组织派遣人员渗透到兵工厂，暗中展开活动，许天亮成为他们积极争取的对象。一年以后，许天亮秘密加入中国共产党，重新组织了工会。

北伐大军兵临武昌城下，许天亮立即响应共产党组织的号令，暗中集合工会的骨干成员，商讨怎么具体配合北伐大军攻取汉阳事宜。

早在北伐大军向湖北境内推进的时候，他们对汉阳守军的情况进行了细致而又秘密的探查，基本上弄清了北洋军队在汉阳的部署以及各路指挥官对战争的态度，秘密绘制了北洋军队的兵力部署图，将这些资料提供给共产党组织。现在，北伐大军已经打进湖北，打到武昌，为了支持北伐大军的行动，他们决定立即实施罢工，把兵工厂已经制造出来但还没有被北洋军队拿走的一部分武器弹药全部控制起来，以便在北伐大军攻击汉阳之际自动武装起来，协助他们攻击敌人，并且破坏敌人的浮桥。

第二天早晨，上班的汽笛刚一响起来，上夜班的工人便按照许天亮下达的秘密指令，纷纷关闭各种制造设备，汇入前来接班的工人之中，聚集在广场上，谛听许天亮发出罢工的号令。

警备队听到消息，迅速出动，准备弹压。可是，他们来晚了。整个兵工厂一个人影都找不到。警备队气急败坏，连忙向据守在汉阳的北洋军队求助，依据工人名册，挨家挨户搜捕工人，逼迫他们复工。一时间，整个汉阳，到处鸡飞狗跳，乌烟瘴气。

为了方便把兵工厂制造出来的武器弹药运往汉口，同时为了沟通汉阳、汉口之间的联系，北洋军队征用了大批码头工人，在汉江上修建了一条浮桥。许天亮下达了罢工命令以后，立即带领一部分工人，混入码头，趁守军大肆搜捕工人的机会，果断地命令大家一起动手，拆除了浮桥。

这时候，攻击武昌行动遭到失败，蒋介石不得不采纳余瑞祥的建议，命令唐生智为渡江作战做最后的准备。

唐生智可不愿意让自己的部队去啃武昌这块硬骨头，得到可以一口吃下汉阳、汉口两块肥肉的机会，欣然从命，一面收集船只，一面派遣几拨人员，暗中进入汉阳郊外。

很快，这些人跟许天亮取得了联系。许天亮派遣几位机敏的工人将他们引进城里，并将城里整个敌军的部署情况，一五一十地告诉了他们，与他们协商过后，决定按照唐生智约定的攻击汉阳时间采取行动。

拆除浮桥的任务已经完成，为了不给民众的生活带来更大的混乱，并控制兵工厂的枪支弹药，许天亮命令工人返回兵工厂。工人们全部自投罗网，被守军和警备队押回兵工厂，在严密监视下返回各自的岗位。

这一天，通过消息传递链条，许天亮暗地里将北伐大军定于今晚攻击汉阳的消息传给每一个工人，同时下达了命令：在晚班工人下班之际，听到汽笛鸣响以后，立即拿起武器，一部分先行消灭警备队，然后引导北伐大军攻击龟山上的敌军；另一部分径直打出兵工厂，向长江沿线攻去，掩护北伐大军过江。

薄暮，汽笛准时鸣响起来，兵工厂准备接班与下班的工人迅速出其不意地干倒了监视他们的警备队兵士，纷纷冲进了武器弹药储藏仓库，拿起了武器，一路由一名共产党人带领，去攻击警备队的营地；另一路由许天亮率领，从兵工厂的大门径自打向江边。

此时，北伐大军已经渡江了。夜空下，江面上隐隐约约出现了无数条船只，黑压压一片，乌云一样向汉阳这边压了过来。

很快，把守在长江沿线的敌人发现情况，急急忙忙进入预设阵地，准备集中火力，向江面上的船队展开猛烈的攻击。

许天亮带领工人从后面开了过来。他们人人拿着火把，个个高声呐喊，势如奔雷。

敌人吃了一惊，再也顾不得朝江面开火，赶紧调转枪口，朝他们打去。

北伐大军趁势登上了长江北岸，在许天亮及兵工厂工人的引导下，旋风一般地卷向了龟山北洋军队的阵地。把守在龟山一带的敌军师长宣布起义，三支队伍一块攻击敌人设立在龟山上的炮阵。

天亮时分，整个汉阳落入北伐大军的手里。

第二天，在工人武装的帮助下，唐生智的队伍同样轻而易举地攻占了汉口。

吴佩孚见大势已去，再也顾不得武昌的安危，仓皇之中撤离了汉口。

从此以后，武昌跟外面联络的一切通道全部被北伐大军切断了。游弋在江面上的外国军队和商船再也不可能为武昌守敌提供任何帮助。

武昌已成孤城，事情进入自己预定的轨道，余瑞祥很欣慰。

但蒋介石高兴不起来。他迅速夺取武昌的梦想早已化为泡影，如今汉口、汉阳被唐生智全部收入囊中，等于是狠狠地扇了他嫡系部队一记耳光。武昌已经成了蒋介石心里永远的痛。他再也不愿意看到武昌，更不愿意投入过多的兵力。

他的嫡系部队第二师，蒋介石曾经对它寄予了很大的希望，希望师长刘峙能够在武昌建立功业，以便把武昌警备司令的头衔授予他，以此可以把即将搬迁到武汉的南方政府控制在自己的掌心。殊不料，刘峙竟然如此无能，不仅没有成为第一个攻入武昌的北伐将领，反而闹出了一个天大的笑话！叫蒋介石怎能不难堪，怎能不痛苦？

当时，其他各路人马牺牲甚巨，都没有办法攻入武昌，蒋介石一来着急，二来希望自己的嫡系脱颖而出，一战成名，亲自向刘峙打电话询问战况。

刘峙回答道："部队已经攻进了武昌，正在扩张战果，具体情况，随后向校长详细汇报。"

"第一军没有共产党人，同样天下无敌！"蒋介石笑了。

在两次东征过程中，因为共产党人在第一军充当政治工作人员以及冲锋陷阵的先锋，是以每战必克，确立了第一军在南方军队体系当中无可争议的龙头老大地位。中山舰事件以后，蒋介石把共产党人从第一军和黄埔军校当中驱赶出去了，其他各军的指挥官对第一军的战斗力提出了怀疑。

"现在，让你们看一看，没有共产党人的第一军是怎样的战无不胜！"蒋介石的眼中闪烁着兴奋的光芒，传令下去，把刘峙的第二师已经攻进武昌城的消息传达给攻城的每一支部队。

要是每一支攻城部队都能够从此横下一条心，也攻进武昌，刘峙面前的压力将会减少许多。刘峙有第一个攻进武昌之名，又不再过多地牺牲其手下人马，岂不是一件很好的事情吗？

蒋介石盘算着，静静地等待着各路人马按照他的设想攻进武昌，自己便骑上高头大马，耀武扬威地进入城区，让所有人都亲眼看一看，蒋总司令是何等的英雄了得。可是，得到的消息反而十分不妙：各部损失惨重，在城墙下面，北伐大军的尸骨堆积如山。

相较而言，刘峙率部已经攻入武昌城，蒋介石在心里称赞起自己的嫡系爱将来："刘峙真是一员虎将！"

此时此刻，蒋介石迫切地希望知道第二师已经攻入到什么地方，再次当着攻城司令李宗仁以及参谋长白崇禧的面给刘峙打电话，试图询问。他满腔热忱，没想到，电话那边对他不理不睬，给他泼了一瓢凉水。他恨不得把自己的手当成孙悟空的金箍棒，凌空一挥,把刘峙拉到电话机旁,逼迫他拿起电话筒。

刘峙一定是因为刚刚攻进武昌,急需处理的事情太多,才没有来得及接听自己的电话。当着李宗仁和白崇禧的面,蒋介石不得不按捺自己的情绪,心里安慰自己:胜利的消息总是要慢慢咀嚼的,而且,越咀嚼越发有滋味。

终于,他听到了刘峙的声音:"校长,属下无能,苏联的重型火炮只打掉了城墙的一个角落,属下拼死进攻,死伤惨重,还是无法攻进武昌。"

蒋介石一颗火热的心犹如被人摘下来,扔进了千年冰窟,浑身冷飕飕的,本能地怒骂一声,恶狠狠地扔掉电话听筒,再也不愿意听到刘峙的声音。

随后,这个笑话传遍各路大军,引起了各路大军指挥官的强烈不满。众人纷纷要求追究刘峙陷害友军的责任。然而,蒋介石不可能追究心腹爱将的责任,只一句"刘峙的心还是好的"便把此事翻过去了。

从今往后,除了使用余瑞祥所说的围困之策,蒋介石再也没有更好的办法。而且,唐生智已经夺取了汉口和汉阳,武昌已经沦为一座孤城,既然已经在这里碰得灰头土脸,注定不可能让自己的嫡系人马控制江城,蒋介石再也不愿意看到它。他得走,离开这座伤心之城,到东边去经营一番事业,或许,他可以在那儿实现控制国民政府的理想。于是,他重新任命第四军代理军长为攻城司令,带着自己的嫡系人马和李宗仁的第七军一道,一路东下,杀向江西战场。

武昌已经完全被北伐大军围困起来了,守军不可能得到外界的任何支援;吴佩孚率领残部跑到河南去了,对北洋军队的士气和精神是极大的打击。余瑞祥决定趁此机会,利用旧部在守军中不断散布怨恨情绪,迫使守军动摇意志。

王俊林已经成功地挡住了北伐大军的进攻,达到了打痛北伐大军的目的。如果派遣一个可靠的人进入武昌,让王俊林打开城门,投靠北伐大军,不仅城里的老百姓会少受一些苦楚,王俊林本人也可以得到他要的名誉与地位。

思虑成熟,余瑞祥写了一封信,派遣一个侦察人员,命令他在夜深人静的时候,在城里旧部与城外部队的相互配合下,从宾阳门方向爬上城墙,进入武昌。

当天子夜,独立团按照余瑞祥的命令,首先向天空发射了三颗信号弹,然后发起了猛攻。一部分战士抬着云梯,在机枪、火炮的掩护下,扑向城墙。守军迅速反应,依旧把手榴弹、子弹、桐油等朝城墙脚下倾泻。攻城部队毫不退缩,云梯一搭在城墙上,便敏捷地向上攀爬。

在攻城部队的保护下,侦察人员爬上了城墙,随后在余瑞祥旧部的暗中帮助下,混进了守军的队形，经过一番周折，把信交给了王俊林。

王俊林打开信，仔细地看完过后冷冷地说道："你回去告诉余瑞祥，我虽说原先的确有投靠北伐大军的想法，但现在情况变了，如果他有本事攻破城池，把我的人马消灭了，武昌就是他的；否则，只要我还有一兵一卒，我都要跟他打到底！"

话音还没有落地，王俊林立马喝令卫兵："把这个人给我送走！"

余瑞祥心里非常清楚，仅仅依靠一两次行动，是不可能让王俊林主动投靠北伐大军的，他已经做好了继续跟王俊林谈判的心理准备。与此同时，他有理由相信城里的旧部一定会在守军心里传播不和谐的种子。

难道只能等待城里自动混乱下去吗？不，手里兵马虽说不多，集中起来攻击一点，还是可以打痛王俊林，让他觉得高大宽厚的城墙不足恃，逼迫他早点做出投靠北伐大军的决定。

余瑞祥和叶挺一道重新实地勘察了一遍地形。

守军居高临下，无论下面有什么动静，都会一览无余。即使集中兵力猛攻一处，恐怕除了增大伤亡，根本没有任何好处，得想其他更为妥当的办法。

把各个城门的情况全部摸了一个底朝天，一个新的想法涌入余瑞祥的心头：可以利用被战火摧毁的房子作掩护，把地道挖掘到通湘门的脚下，埋上大量的炸药，一举将该城门炸开。

叶挺身为北伐名将，同样想到了挖掘地道攻城的办法。

真是英雄所见略同！两人向攻城司令提出了建议，得到批准以后，叶挺立即回到指挥所，向部队下达了挖掘地道的命令。

随后，余瑞祥继续与攻城司令商量接下来的作战部署。他说道："为了给城里造成持久的压力，掩护挖掘地道，我们每天都要向城里展开炮火攻击。"

攻城司令赞同道："武昌跟四周的联系全部被我军切断了，在我军挖掘地道之际，除了易受守军的炮火攻击之外，不用担心他们会采取其他的方式进行反击。敌军的炮弹数量有限，得不到补充，打一发少一发。我军的炮弹供应无虞。只要我们不断地迫使敌军开炮，过不了多久，敌人的炮弹准会用完。那个时候，我军地道已经挖好，城门一炸，攻进武昌易如反掌。"

"岂止是炮弹，敌人的所有武器弹药都只能靠城里的储存，消耗了，便无法补充。我们可以先打掉敌人的电线，然后趁着夜间不断地向城墙发动佯攻，迫使守军疯狂地使用各种武器来攻击我们。"余瑞祥说道。

自从守军遍设电网，把武昌变成不夜城开始，余瑞祥一直希望有人割断电线，让守军看不到城外北伐大军的活动情况，便于攻城部队行动。为此，余瑞祥曾经通过王俊喜派出的人员跟城里的旧部以及王俊喜和赵璇滢等人取得了联系，对他们发出过割断守军电线的命令。他们虽说执行了命令，很快会被敌人恢复。

余瑞祥心里清楚，一定是守军防守太严，他们难以完成任务。他相信他们一定会继续想方设法，完全破坏敌人的电网。可是，时间不等人，他希望尽快把电线网络全部破坏掉。

如何跟城里取得联系呢？

余瑞祥思索一阵子，眼前一亮：可以用飞机与他们联系！

这可是一箭双雕的计策！命令飞机日夜不停地在武昌城上空盘旋，时不时地朝城区投掷炸弹，轰炸军事目标，敲碎敌人的硬壳，震慑敌人；与此同时，还可以投下一些宣传单，乍一看是打击敌人的士气，实则用于向城里的旧部、王俊喜、赵璇滢等人再度传达割断电线以配合北伐大军挖掘地道的命令。

因而，怎么写好宣传单是有讲究的，不能写得太清楚，得用隐语把命令的内容说出来，而且又要城里的人能够理解。

按照一般军事原则，总是需要以一种行动掩饰另一种行动，以一种企图掩饰另一种企图。在宣传单上，需要明确注明必须破坏重要方向上的守军阵地，特别是守军的弹药库以及粮食补给基地，令王俊林和守军都把注意力放在保护这些目标上来，以此掩饰割断电线的主要目的。

余瑞祥亲手草拟了几份宣传单，见了代理军长，也就是现任攻城司令，说出了自己的计划，并且把宣传单递了过去。

"不错，余主任真是一员干才！"攻城司令仔细看了一遍，欢快地说道。

随即，攻城司令把余瑞祥的计划原封不动地报给蒋介石，请求派遣飞机支援攻城部队的行动。

蒋介石虽说离开了武昌这个伤心之地，但心里一刻也没有忘掉它，很关注武昌的攻守战况，得到报告，与白崇禧等人商议过后，果然调拨两架飞机，给予攻城部队使用。

余瑞祥命令宣传人员印制了几万份宣传单，和炸药一道，装上了飞机。

飞机从南湖机场起飞，旋风一样刮到武昌上空，先向城墙上的守军投了一通炸药，然后飞往城区，投下宣传单。一时间，宛如缤纷的落叶，飘落而下。

王俊林想不到攻城部队竟然拥有飞机，根本没有做过防空准备，突遭飞机轰炸，一下子损失了不少人马。他气破肚皮，急忙命令人马把机关枪全部收过来，排成一道严密的阵形，朝空中打去。

一阵慌乱，好不容易把机关枪阵地布设完毕，飞机却从阵地上空飞走了，紧接着又在别处投了许多炸弹。

王俊林气急败坏，指着飞机破口大骂："你胆敢再来，老子非把你打下来不可！"

骂得痛快，可要想打下北伐大军的飞机，王俊林心里非常清楚，比登天还难。很快，他接到属下的报告，说是飞机上投下了无数宣传单，已经引起了部队的骚动。

王俊林接过一张宣传单，只见上面写道：

守城的兄弟们，你们应该想一想，你们到底为什么守城，为谁守城？为了吴佩孚吗？吴佩孚早已抛弃你们，逃离了战场，你们为什么还要替他卖命？你们得到了什么？除了死亡、受伤、痛苦，什么都没有得到！吴佩孚管过你们的死活吗？想一想贺胜桥之战，吴佩孚为了逃命，是怎么开动火车，从你们的兄弟身上碾轧过去的往事吧。吴佩孚再次抛弃了你们，你们还需要为他卖命吗？你们都有家人，有父母，有妻儿老小，你们把性命丢在这里，值得吗？希望你们清醒过来，做出决定，不要做无谓的抵抗，打开城门，投靠北伐大军。只有这样，你们才有活路。要不然，我北伐大军的飞机天天会飞到武昌城头，炸毁你们的弹药库，炸毁你们的粮食基地，让你们成为聋子，让你们成为瞎子，让你们只能任凭我北伐大军猛攻而无还手之力。兄弟们，你们应该清醒了，不要听信长官的命令，打开城门，投靠我大军吧！

还没有看完，王俊林怒火中烧。他一把将宣传单撕得粉碎，朝空中一扔，大声喝令："给我把宣传单全部收集起来，烧掉它！"

宣传单的力量比重磅炸弹更具威力，使得本来就不稳的军心更加动荡起来了。余瑞华隐约感到，不可能守住武昌城了。何况，他很清楚，放下宣传单的攻势不说，整个武昌城，粮食储备不多，老百姓几乎无隔日之粮，守军一直坚守下去，老百姓将会遭受什么样的灾殃，谁都不敢想象。

作为军人，虽说一心想在战场上跟对手放手一搏，以此打出自己的威风，也的确打出了威风，硬是让北伐大军不能进入城里，但时至今日，危机重重，羁绊太多，余瑞华不能继续打下去吗？

他的耳边，不住地回荡着赵璇滢说的话："你可以痛恨你二哥，可以不跟你二哥走一条道，但为什么要替北洋军阀卖命呢？"

在学生时代，余瑞华一直希望国家安宁强盛，不再受洋人欺凌，也不要对老百姓残酷盘剥与压榨。可是，直到现在，国家还是如此：在洋人的逼迫下，北洋政府什么国家利益都敢出卖；一眼望去，到处都在发生压榨老百姓的事情，他自己也迫于无奈去镇压过工人，去屠杀过共产党人。

理想与残酷的现实发生碰撞，显得如此脆弱，余瑞华不得不询问自己："是啊，我为什么要替北洋军阀卖命呢？"

余瑞华读过共产党人印制的小册子，了解共产党人的信仰和主张，也了解南方政府试图建立一个什么样的国家。这些，他其实都是拥护的。只不过对二哥余瑞祥心存不满，又有一心要在战场上打出自己威风的想法，他没有做出投靠北伐大军的打算。现在，他觉得是时候重新考虑了。

于是，他径直去找王俊林，说道："王师长，他们说得对，吴佩孚早已脚底抹油了，我们何苦要为他坚守下去呢？"

王俊林凝视了余瑞华很久，忽然笑道："你不是常说余瑞祥只顾自己，从来没有顾全过余府，一定要跟余瑞祥斗下去吗？现在怎么改变了主意？"

余瑞华冷静地说道："我说过的话，任何时候都不会收回。"

"既然如此，我实话告诉你，我们的对手就是余瑞祥！这份宣传单，我敢断言，也是余瑞祥的手笔。我们不能受余瑞祥欺骗。余瑞祥这是在动摇我们的军心，离间我们的情谊。"王俊林顿了顿，改变了主旨，说道，"是的，你曾经说过，你要选择一个很好的政党很好的政府，为它效忠到死。但是，这个政党绝不是国民党，这个政府绝不是南方政府。他们一样是争权夺利的小人！"

余瑞华心头一凛，对二哥的怨恨，以及南方政府曾经做过的事情波涛般汹涌，击碎了他的决心。他仍然要率领队伍坚守武昌，要让北伐大军看一看自己是多么的忠勇，不过，那不是对吴佩孚的忠，而是对军人荣誉的忠；那不是逞匹夫之勇，而是为了捍卫军人荣誉的勇。

他想：余瑞祥不是要动摇守军的信心吗？不能让余瑞祥得逞，得想出办法来激励士气。

很快，夜幕降临了。王俊林已经成功地使部队从北伐大军的空中打击中恢复元气，也想到了对付空中打击的办法：将所有的机关枪布列在机动位置，飞机不管从哪个方向过来，一齐开火，迫使其升到高空，减少对部队的威胁。

兵士在王俊林的铁拳之下，确实安定下来了，老百姓却依旧骚动不安。王俊林不能不花费很大的精力来稳定城里的秩序。

北伐大军的飞机一撒下宣传单，立马有人捡起它，送到汉帮帮主王俊喜手里。王俊喜总觉得里面暗藏玄机，思索了许久，想不出其中到底蕴藏了什么意义，便去找赵璇滢。

得到吴佩孚逃离汉口的消息，赵璇滢觉得这是进一步劝说余瑞华投靠北伐大军的契机，打定主意，准备去找余瑞华。恰在这时候，北伐大军竟然出动飞机，对守军的多种目标实施了轰炸，到处一片混乱。她急急忙忙去了余府。

余府已经深受震动，全府上下一片惊慌。

赵璇滢一走进去，好像一团火焰，立马照亮了余府，成了余府的主心骨。

余雅芳已不在余府。得知王芝英发疯的消息，她赶紧和大哥、大嫂一道，匆匆忙忙去了赵承彦的家。

其时，王俊林已经派遣卫兵联系小火轮去了。

一看到王俊林，余瑞光忍不住说道："一直以来，你总是率性而为，想干什么就干什么。结果，给王世伯和王府造成了多大的灾难！如今，只要你打开城门，把南方大军放进城，就不会打仗了，你堂姐也不会再度发疯。你应该好好想一想，你是不是应该幡然悔悟，不要继续打下去了。你有一个师，只要你决定不打，没人阻拦得了你！"

这个大舅子，当年不肯支持革命党，现在竟然公开替南方政府说话，分明是支持南方政府嘛！当然，不仅大舅子，几乎所有的亲人都支持南方政府，都希望王俊林打开城门，投靠南方政府投靠南方大军。王俊林也的确准备打开城门，但姐姐发疯了，为了报仇雪恨，他再也不会打开城门。

这时，卫兵报告，小火轮已经联系好了。王俊林命令卫兵护送姐姐一家人去汉口，同时要夫人余雅芳回去王府，并把余府一家人送出武昌。

可是，余瑞光身为武昌商会会长，觉得在北伐大军攻城的时候，不能临阵脱逃；再说，他很想支持北伐大军，留在武昌城，才能伺机而动。余瑞光不愿意离开武昌，他的夫人坚决跟他站在一块。余梅芳同样不愿意离开。

赵璇滢、王俊喜倒是希望离开武昌。可是，王俊林不会让他们如愿。

至于余府，王俊林在心里咬牙切齿地说道："既然余府的人不愿意撤离武昌，那么，你们的生死跟我没有任何关系了！"

余瑞光不愿意撤出武昌，还有一层原因，就是他的纱厂。

这几年来，由于大量的洋纱洋布流进武昌，让余瑞光本来已经红火起来的纱厂，濒临倒闭的危险。他只有艰难地支撑着。要不是他一向对待工人仁慈，工人们恐怕早已离开他了。虽说当年王俊林借余瑞华的手，破坏了余瑞光跟工人之间的友好关系，可是，余瑞光最后仍然得到了工人的原谅。他不可能丢下工厂不管，更不可能丢下工人不管。

第四章 孤城

在纱厂越来越显示出衰败的气息时，王俊财曾经对他说过："实在坚持不了，恐怕我们都得转产。"

"苦苦挣扎下去，或许还有一条活路。毕竟，不是所有的人都愿意用洋货。"余瑞光说道。

他就是这么一个人，一头埋进自己的纱厂，怎么也不可能脱离开来。

当炸弹的硝烟飘进余府，爆炸的威力震得余府哗哗作响之际，一家人有些慌乱了。赵璇滢走进去，说道："南方大军的飞机不可能毫无目标地轰炸老百姓。不过，你们要做好即将发生更大混乱的准备。"

余梅芳笑道："我没打过仗，可是经历过很多战乱。什么都难不住我。"

等余府上下稳定了情绪以后，赵璇滢私下里对余瑞光说道："北伐大军围城的时间越拉越长，老百姓人人惶惶，身为商会会长，你应该动员商会的人员，一道维持整个市面的秩序。"

余瑞光曾经想到过要为城里的老百姓做一些什么，要维持城里的秩序，并且提前跟商会成员研究过，也做了一些部署。不过，许多工作都没有真正展开。听了赵璇滢的话，他赶紧出了余府，动员商会成员去了。

赵璇滢也走出了余府，一路上思绪翻飞。

她很清楚，丈夫就在城外，这是几年来，第一次与丈夫相隔咫尺，可是，战火把他们分割，仍然有天涯海角之远。她渴望能够飞去丈夫身边，和丈夫再度并肩作战。

"不，其实我已经跟丈夫在一起并肩作战了。"赵璇滢在心里说道，"只是，我无法接受丈夫的命令，也不能把这里的情形详细地告诉丈夫，为丈夫指示目标，真的很遗憾。"

想到这里，她的脑海里再次浮现出余瑞华的身影，得尽快做通余瑞华的工作，让他暗中打开一道城门，把北伐大军放进城去。

赵璇滢朝通湘门一带走去。沿途遇到了很多军警，一个个凶神恶煞，看到谁不顺眼，准会恶狗扑食般猛扑过去，不由分说，一阵拳打脚踢。看到赵璇滢形迹可疑，军警一拥而上，一把抓住了她。

接到抓住了可疑分子的报告，王俊林心中大喜，决计亲自前去审讯。没想到，那可疑分子竟然是赵璇滢。

赵璇滢已经跟余瑞祥联系上了吗？王俊林的脑海里马上涌出疑问。不可能，赵璇滢一直没有离开他的视野，又没有无线电台，怎么可能跟余瑞祥取得联系？既然已经把赵璇滢捉来了，再也不要放她回去。

53

他微笑着走到赵璇滢面前，说道："二嫂，没想到，你跟余瑞祥心意相通，连城墙都奈何不了你们。不过，有我在，你打算帮助他，估计不太可能。"

赵璇滢说道："我不是为了他，而是为了你，为了全城的老百姓。"

王俊林哈哈大笑道："我知道你接下来会说，南方军队有飞机，即使不用人，日夜派飞机轰炸，也能把武昌城轰平！吴佩孚早已逃跑了，别再为他卖命了，要认清时务，投降南方军队，是吗？你知道，我本来做好了投靠南方大军的准备。可是，是你和大姐不愿意帮助我，让我跟南方军队干上了；后来，我姐姐偏偏疯了，是南方军队攻城造成的，我要为她报仇，要跟南方军队对抗到底，看他们怎么轰平武昌。"

余瑞华得到二嫂被抓的消息，匆忙赶了过来，一见王俊林竟然把二嫂软禁起来了，心里非常不痛快。对二哥，余瑞华仍然心存怨恨；对赵璇滢，他却不仅没有过怨恨，反而十分喜欢听她说话。赵璇滢劝他投靠南方军队，他虽说断然拒绝，其实内心已经发生了动摇。他厌恶北洋军队的腐朽气息，渴望一股新鲜的气息。要不是为了军人的荣誉，要不是因为二哥，他早已打开城门了。

不过，不等余瑞华说话，赵璇滢先开了口："余瑞华，你难道还没看清楚眼下的局面吗？王俊林因为个人的私心，罔顾老百姓和兵士的生死，难道你真的要跟他一道死守下去吗？"

余瑞华心里一颤，说道："我是军人，必须跟敌人战斗下去。"

"二嫂，不管你说什么，余瑞华都不会听。你要他投降，还是等南方大军真的攻破了城门再说吧。"王俊林说道。

赵璇滢说道："王俊林，你不仅自己妄图螳臂当车，甚至还要拉着余瑞华跟你一块送死，跟你一块成为千夫所指的罪人。难道你不觉得羞愧吗？你可以软禁我，可是，你阻挡不了我告诉余瑞华，希望他认清形势，不要作无谓的抵抗。"

余瑞华心里冒火，对王俊林说道："二嫂是来劝我的。你不能软禁她。我也不会听信她的话。你放了她。要不然，我说不定真的会做出什么事来。"

王俊林心头一凛，整个师的人马，只有余瑞华那一个营的兵力最有战斗力，也只有余瑞华对他最忠心，他不能让余瑞华做出对自己不利的事情。王俊林不得不乖乖地放掉赵璇滢。

余瑞华还是不听劝告，赵璇滢感到很遗憾。不过，余瑞华能为了自己不惜跟王俊林翻脸，说明他并非顽固不化，只要继续努力，赵璇滢觉得，终究会让余瑞华作出聪明的抉择。现在，她要更加妥善地安排已经跟她取得联系并且按照她的命令在城里四处活动的昔日那些妇女队员们的行动。

甩脱了跟踪之后,赵璇滢正要去跟昔日那些妇女队员约定见面的地方,突然,王俊喜出现在她面前。

"余夫人甩脱跟踪的手法,果然非常巧妙。"王俊喜一派老谋深算的样子,笑道,"不过,要不是有人在暗中帮助你引开了跟踪者,不知你是不是还能回到这里来呢?"

赵璇滢稍微一惊,转瞬之间,脸上浮现出笑容,说道:"多谢你的帮助。"

"承认王某帮助过你就好。这样,我们有理由共同对付王俊林了。"王俊喜警惕地朝四周扫了一眼,跟随赵璇滢一道走进一间逼仄的小屋子。

王俊喜拿出一张宣传单,递给赵璇滢,静静地等她看完,煞有介事地问道:"看出什么来了?"

从字里行间,赵璇滢隐约嗅出了一种久违的味道。这是丈夫的手笔,她相信这一点。使用投掷宣传单的办法来动摇守军的信心,赵璇滢觉得新鲜,也很赞同。可是,赵璇滢感觉丈夫要传达的意思绝不像表面上所说的那么简单,一定蕴藏了更深的含意。

目前,城门早已封闭,任何人都无法跟外界联络。丈夫一定非常希望得到城里的某种配合。毕竟,长久围城,固然可以迫使守军内部发生混乱,但是一旦迁延日久,容易连累城里的老百姓遭受池鱼之殃。为此,北伐大军肯定想早点攻入城里。北伐大军会采取什么措施?丈夫为什么要明确指出弹药基地、粮食基地的守军不要继续为北洋军阀卖命?难道他不知道王俊林、刘玉春已经把它打造成了铜墙铁壁?丈夫想要说什么?难道说,丈夫是要潜伏在城里的旧部把守军的注意力全部引开,好暗地里挖掘地道,对城墙实施爆破吗?一定是这样的!那么,怎么引开守军的注意力?联想到白天挖掘地道容易暴露在守军的眼皮底下,夜晚因为半城悬灯,把城墙内外照耀得犹如白昼,北伐大军挖掘地道的企图,容易被守军察觉。赵璇滢恍然大悟,原来丈夫的意思是要城里的人员彻底破坏守军的供电线路,让城墙周围变成一团漆黑,便于北伐大军挖掘地道。

赵璇滢说道:"我们必须尽快通知所有人员,一定要想尽办法,割断全城的电线,彻底破坏所有电力设施,让整个城里陷入一片黑暗。"

然而,即使破解了宣传单里面的奥秘,知道了该怎么干,手头也没有足够的力量去完成这项任务,需要好好统筹安排。赵璇滢手下的妇女队员退役以后一直住在武昌,跟方方面面关系密切,能够找到偷割电线的人员。最关键的问题还是怎么炸毁发电机房。这件工作,只能交给余瑞祥的旧部以及王俊喜收买的人员。

赵璇滢和王俊喜商量完毕,马上分头展开行动。

北伐大军一围城，王俊林非常清楚，接踵而来的攻击更加令人防不胜防。他最担心北伐大军会在夜里实施攻城，因而，到了晚上，他一刻不得安宁，密切地关注着北伐大军的动静。

忽然，他感到身后的电灯呼啦一下黑暗了一大片，紧接着，听到了一阵剧烈的爆炸声。他本能地转过身，朝爆炸声发出的方向望去，只见那儿已经燃起了熊熊大火，并且，随之而来的是一声接一声的剧烈爆炸。顷刻之间，整座城市陷入一团漆黑之中。

"该死！他们竟然把发电机房和变电站全都炸掉了！"王俊林脑袋一晕，差一点昏厥。

要彻底铲除意图破坏守城大计的家伙！王俊林歇斯底里地大叫一声，准备火速派遣人马赶往出事地点，搜捕破坏分子，但又担心北伐大军会趁机攻城，踌躇片刻，定下决心，严令各部加强警戒，做好随时跟攻城部队作战的准备。

很快，南方大军发动了攻击。由凶猛的炮火开路，掩护攻城队伍抬了云梯，朝城墙凶猛地扑了过来。

当那片黑压压的云彩快要飘忽到城墙脚下的时候，王俊林一声令下，从城墙上射出了滂沱大雨似的子弹。云彩并没有被撕裂，继续飘忽而来。有一部分云彩已经飘到了城墙边缘。守军兵士不等命令，手榴弹、炸药包、火把纷纷出笼，滂沱大雨一般掉落下去，把整片的云彩撕得支离破碎。

南方大军被迫撤退了。王俊林松了一口气，进一步思考如何应付南方军队在夜间发动的攻击。

吴佩孚已经向刘玉春发来电报，说他正在搜集部队，不日会亲率数十万大军，重新打回汉口。并且还说已经跟东边孙传芳的部队取得联系，孙传芳即将率部从东边向武汉三镇发动攻击。虽说有的守将对此怀有疑虑，但王俊林充满信心。他觉得，眼下，余瑞祥一定是嗅出了什么，才急于要攻下武昌的。余瑞祥不死心，就让他睁大眼睛看清楚，武昌是怎么在王俊林手里安如磐石的吧！

接连好几个晚上，南方大军都向通湘门、忠孝门、宾阳门一带发动了攻击。每一次攻击，都在遭到顽强抵抗，不得不败退回去。

余瑞祥很少从一个方向硬攻到底，现在一反常态总是朝自己把守的城门发动攻击，难道不是在掩盖什么不可告人的目的吗？南方大军的攻势比以前小了许多，是不是意味着南方大军的主要兵力已经用在干其他事情上了呢？

他们到底想干什么呢？王俊林苦苦思索这个问题。

挖掘地道！一直把地道挖掘到城墙的下面，然后填埋足够的炸药，一举将城门炸塌，一定是这样！王俊林冒出了一身冷汗。

得赶紧查明南方大军是不是在挖掘地道。是的话，必须搞清地道的走向与布局。王俊林手下有的是精通地道构筑的人员，果然，他们很快发现了南方大军挖掘地道的事实和方向。王俊林立刻安排人马，沿南方大军挖掘地道的方向，一直朝外面挖去。趁南方大军还没有挖掘到城门边缘的时候，埋好了炸药，将南方大军挖掘地道的人员以及地道全部炸毁了。

"这一次，余瑞祥还有什么锦囊妙计呢？"王俊林暗笑道。

第五章 抢粮

用了好几个夜晚，地道差不多快要挖到城墙边缘，却被敌军炸掉了，为此送掉了许多兵士的性命，余瑞祥为自己的疏忽感到万分痛惜，也为王俊林能够及时识破自己的企图，并且不动声色地破坏了自己的图谋而感到恼火，同时不得不承认：王俊林越来越老练了。

当地道被炸塌的刹那间，余瑞祥眼帘依稀浮现出王俊林充满了讥讽的微笑，耳边依稀响起了王俊林非常刺耳的声音："有本事的话，你尽量放马过来。"

余瑞祥恨不得怒吼："你等着，我一定会把你的防线撕成碎片！"

但是，他不得不控制自己的情绪，尽快想出办法，击破守军的防守意志，迫使他们投降，减轻给民众带来的伤害。

既然攻城不易得手，最好的办法是运用远程火力加大震慑敌军的力度，并且继续向守军发动宣传攻势。余瑞祥向攻城司令提出新的建议：用炮火持续轰击敌人的阵地，派遣飞机持续轰炸敌人的目标并投宣传单，动摇守军的意志，用隐语给城里的旧部发出最新指示，造成城里守军与民众对战争的恐慌。利用炮火与飞机的掩护，部队轮番向敌人发动佯攻，迫使敌人疲于应付，最终崩溃。

炮兵首先对守军阵地进行猛烈轰击。紧接着，飞机再一次飞临武昌上空。

王俊林已经用机关枪组成一道道防空阵地，一旦飞机低空飞了过来，立即喷出一张缜密的火网，向飞机打去。飞机一面投弹，一面迅速向上攀升。一时间，炸弹犹如暴风骤雨，喧嚣不止，从敌人的阵地上腾起一缕缕浓烟，烟雾缭绕之中，红红绿绿的纸片布满天空，纷纷扬扬朝地面飘荡。

到了晚上，大炮继续发出雷鸣般的怒吼，部队被划分为几个波次，轮番向敌人发动骚扰性攻击。

一开始，守军反应快捷，竭力抵挡，可是，几天以后，慢慢地疲软下来。

守军是发觉了我军的佯攻企图，还是士气已经开始涣散了呢？为了弄清这一点，余瑞祥觉得，有必要对敌人发动一次更大规模的进攻，看看敌人的反应。

攻城司令无论资历还是声望，都远不如余瑞祥，一开始，无论余瑞祥提出什么建议，他总是言听计从。可是，接连使用许多办法都不能攻下武昌城，反而损兵折将无数，他对余瑞祥的信任与尊敬便大打折扣。余瑞祥提出运用远程火力轰击敌人，仅仅用少量兵力发动佯攻，考虑到此举不会造成太多人员伤亡，他愉快地接受了。余瑞祥竟然要他出动大部队强攻，他担心人马会付出惨重牺牲，立即以通过长久围困、迫使敌人完全崩溃为由，予以拒绝。

"这就是国民党人的特性！只知道保存实力，完全忘记了打击敌人才是第一位的。"余瑞祥心里说道。

好在共产党人手里掌握了一个独立团，他时常会去跟叶挺商讨攻城以及骚扰敌人的方略。独立团虽说在很多时候可以先斩后奏，但在是否攻城以及如何攻城上，还是必须服从大局。

这一天，余瑞祥再次来到独立团指挥部。

余瑞祥问道："叶团长，你是一员虎将，如果敌人的士气已经涣散，你是否能够带领独立团一举攻进城去？"

叶挺微微一笑，反问道："余主任已经弄清敌人士气涣散了吗？"

"如果军事指挥官不能从战斗的推演之中看出双方士气的变化，即使不是平庸之辈，也肯定不够格。"余瑞祥说道。

汉口、汉阳早已落到北伐大军手里，武昌守军拼死坚守下去，不是他们真的忠于吴佩孚，而是吴佩孚逃离汉口之前丢下话头：他一定会从北方重新集结力量打回武昌，联合孙传芳从东边打过来，共同对北伐大军实施钳形攻击。

吴佩孚部在北边仍然把守着武胜关。因为蒋介石要向东边展开攻击，围困武昌的部队，只有第四军与唐生智的第八军。蒋介石亲率大军，在江西战场上并没有取得战果，反而在南昌城下损兵折将，踌躇不前。虽说孙传芳跟吴佩孚都有各自的盘算，不会真心配合，一旦孙传芳觉得北伐大军向东边展开攻击的部队威胁到了他，一定会迅速出兵向西展开攻击。这样一来，蒋介石亲率的人马即使不是前途堪忧，也会遇到很多麻烦。如果吴佩孚从河南方向收集了足够的力量，然后向南展开攻击，围困武昌的北伐大军同样会麻烦。因而，余瑞祥觉得必须尽快攻下武昌城。

攻城司令虽说同意余瑞祥的分析，但觉得孙传芳与吴佩孚并不会真正联合起来，一同向武昌发展攻击。余瑞祥只有寄希望于叶挺了。

"哪怕敌人的士气已经涣散，只要刘玉春、王俊林一直愿意坚守下去，他们会有很多办法迫使兵士继续顽抗到底，因而，没有重型火炮支援，仅仅依靠独立团，决不可能攻进武昌城。为了破坏吴佩孚跟孙传芳之间有可能联合攻击武昌的企图，似乎应该以围困武昌为诱饵，其他方向上监视敌人的行动，伺机设伏歼灭攻击武昌之敌。"叶挺说道。

这不是一个方面可以决定得了的事情，蒋介石总司令不拍板，谁也不可能僭越。何况，自从南方大军出兵北伐以来，一直就是兵分两路，共同北伐的，现在怎么可能改变原定的策略？余瑞祥要的是以自己的力量尽快攻下武昌。

叶挺也意识到自己的提议没有实现的可能，不能不回到现实。

自从拒绝了余瑞祥出动地面部队大规模进攻的建议以后，攻城司令索性一不做二不休，基本上停止了小规模佯攻行动，除命令炮兵间歇性地朝城里展开炮火攻击之外，很少用地面部队攻城。这无疑会让敌人产生错觉。

余瑞祥和叶挺都觉得，可以采取稍大规模的佯攻，以取得敌人内部的详细情况，决定下一步行动方向。

两人计议一定，余瑞祥回到攻城指挥部，将计划提交给攻城司令。

"余主任，你知道，我们的任务是围困武昌，只要敌人不打开城门反攻，我们没有必要主动进攻。"攻城司令顿了一下，继续说，"不过，出动飞机轰炸，瓦解敌人的抵抗意志，迫使敌人早日投降，倒不失为一个好办法。"

于是，飞机又朝武昌城展开了猛烈轰炸。

根据飞行员的汇报，攻城司令确信敌人受到了很大的打击，非常高兴，对余瑞祥说道："敌人如果能早日开城投降，余主任当居首功。"

"仅仅凭借飞机轰炸，是不可能迫使敌人投降的。如果借这个机会，用飞机、大炮掩护，出动步兵强攻，管教敌人招架不住。"余瑞祥趁机再度抛出了自己的建议。

"他又来了！"攻城司令心里叫苦。

略一思索，攻城司令说道："余主任的想法很好。这样吧，为了减少伤亡，我们不必出动地面部队，用飞机和火炮给敌人造成持续的压力。"

"可是，我们不能仅仅只看到伤亡，还应该看到胜利嘛！"余瑞祥说道。

攻城司令曾经跟余瑞祥一样，为了胜利，可以不计伤亡。如今独当一面，他的态度发生了变化。蒋介石保存嫡系部队实力的做法，令他学会了如何保存自己的实力，以便在尔后谋求更大的前程。因而，他绝不希望自己的兵马受到损失。

余瑞祥如此固执，攻城司令实在不好再当场拒绝，说道："好吧，马上召开军事会议，大家一块讨论，看是否有必要继续攻城。"

围城部队团以上指挥官都参加了会议。这段时间，他们几乎没有出动人马作战，精神早已懈怠，而且为了保存实力，几乎没有谁愿意继续攻城。

叶挺坐不住了，挺身而出，慷慨激昂地说："如果不对武昌造成持续强大的军事压力，要想迫使敌人早点打开城门，是不现实的。既然诸位都担心攻城会受到损失，独立团愿意承担攻击任务。"

独立团虽说隶属第四军，但是共产党直接掌握的武装，拥有很大的自主权，连接受哪些人员进入该团充当指挥官，以及各位官长的职位晋升，都是独立团自己说了算，完事以后在军部备案即可。当时李济深愿意让独立团作为北伐先锋，正是因为该团不是他的嫡系人马，即使打光了，他也不心疼。

眼下，其他各路人马，一部分是第四军，攻城司令的嫡系人马，他当然舍不得牺牲；另一部分则是从唐生智第八军抽调出来的。

唐生智是一只老狐狸。北伐大军一打进湖南，他总是让其他部队在前面跟北洋军队展开激战，自己的人马则躲在一边看热闹。等待北洋军队抵挡不住了，他才命令自己的人马杀上战场，名义上是收拾残局，实质上是招降纳叛，把败军全部收为己有。如今，唐生智已经拥有十万兵力，大约占整个北伐大军的三分之一还多。

一个趁别人激战方酣的机会，恣意扩充自己实力的野心家，更不会冒险攻城。

叶挺所部愿意担任攻击任务，大家纷纷跷起大拇指，说了一番激励人心的话，心照不宣地把独立团推向战场。

当天晚上，叶挺独立团做好了准备，抽调一个连队的人马，准备了足够长的云梯以及足够的武器弹药，还有打湿的棉被，静静地等待着叶挺下达攻城的命令。

这时候，接到余瑞祥传递的消息，许天亮带着一批作战物资过来了。

两人分开已经好几年了，此时相见，都万分激动，紧紧地握着对方的手，好一会儿都不愿意松开。

许天亮早已知道余瑞祥是共产党人，很想把自己是怎么加入共产党，又是怎么带领一批昔日的兄弟参加了共产党和共产党的外围组织，在兵工厂里又是怎么发动工人运动，成立工会，自己已经是兵工厂工会委员长的事情，全部告诉余瑞祥，可是竟然千言万语堵在喉头，一句话也说不出来。

余瑞祥同样万分感慨。不过，戎马岁月，经历过无数次风浪，已经养成了他处变不惊的英雄本色。他松开手，用鼓舞的眼神含笑地看着许天亮，使他渐渐平静下来，能够敞开心怀把他的一切都告诉给他。

最后，许天亮遗憾地说道："我很少去看望嫂子，更没有照顾嫂子，真的觉得有点对不住你。"

能够从许天亮那儿得到夫人的一些消息，余瑞祥心里愈加高兴。

几年来，这是他第一次从亲近的人那儿了解到夫人的确切信息。夫人跟共产党组织曾经有过接触，余瑞祥感到欣慰；夫人至今没有加入共产党组织，余瑞祥觉得很遗憾；夫人并不知道自己是共产党人，但自己一有要求，夫人必定竭力实现，余瑞祥更是欣慰。还有女儿，在夫人和岳母的带领下，慢慢地长大了。

提到女儿，余瑞祥心里涌起一种暖暖的情愫。他希望从许天亮那儿知道有关女儿的更多情况，可是，许天亮所知有限，他不觉有些遗憾。下意识地朝北方眺望，他恨不得马上渡江去汉口亲眼看一看女儿，但理智使他不能不压抑这个冲动。

他非常清楚，更加记挂女儿的应该是赵璇滢。她本来可以跟女儿在一起的，但为了帮助自己，不得不与女儿分开，她一定更加思念孩子。为了夫人，也得尽快拿下武昌！

余瑞祥压下杂念，把注意力集中到即将展开的攻城战斗上来。

根据计划，这是一次佯攻，目的在于取得城里的情报。其他部队试图保存实力，独立团也绝不会浪费战士们的生命。为了减轻伤亡，达成目的，余瑞祥需要跟许天亮、叶挺等人一道研究一个新的战法，以便既能最大限度地保存自己，又能实施攻城作战，不让守敌看出这是一次佯攻。

子夜，四周一片寂静。夜里的空气显得有些潮湿，一阵阵微风从天际飘荡过来，卷走了白天的热气，天气变得凉爽了许多。此时，一个连的兵力已经准备完毕，一半人马顶起打湿的棉被，一半人马抬起了云梯。叶挺一声令下，他们像旋风一样朝城墙扑了过去。

守敌不断地用手灯、马灯、手电筒、火把朝城墙下面照射。一旦光亮照射过来，攻城部队便迅速趴倒在地；光亮转过去以后，他们迅速从地面跃起，朝前面一阵猛跑。

很快，他们越过护城河，到达了城墙边。云梯架设在城墙上，头顶湿棉被的兵士迅速组成一道宽阔的阵线，准备掩护奋勇队朝城墙上攀爬。还有一支队伍，停留在护城河边，将机关枪指向了城墙。

此时，奋勇队动作灵敏地纵身跃上云梯，开始攀爬了。

突然，一束光亮扫了过来，城墙下边的境况一下子暴露在敌人面前。敌人一声惊叫，立即引起连锁反应，手电筒、手灯、马灯、火把一齐照射过来，所有的枪支跟着响了起来，手榴弹、炸药包、桐油、火把再次朝城墙下面打去。扑通扑通，那些玩意一下去，响起了一片沉闷的声音，期待中的熊熊火光没有出现，火把反而无声无息地熄灭了。

"什么情况？"守军感到奇怪，纷纷扬扬地叫骂开来。

"不好，一定是老天爷暗中保佑他们！我们快跑吧！"响起一个尖利的叫声。众人一阵胆寒，慌乱之间，准备逃跑。

"老天爷不会保佑他们。砸！继续砸！"一个指挥官命令道。

指挥官枪毙了那个动摇军心的士兵，威逼其他兵士继续战斗。于是，手榴弹、炸药包、桐油、火把等物好像冰雹一样，凶狠地朝城墙下面砸。

敌人一动，叶挺立即命令炮兵开火。炮弹呼啸着奔向城墙，一声声巨响过后，城墙上都会掉下一些死伤的敌军，同时升起一缕缕硝烟，烟雾飘绕之下，城墙犹如飘浮在云端。

与此同时，从护城河边，密集的子弹嗖嗖喧嚣着，扑上了城墙。越来越多的敌人被打倒在地，更多的敌人一头栽下城墙。

这时候，奋勇队已经停止攀爬，正密切地留心地面上的情况。不一会儿，火把引燃了打湿的棉被，地面上已经燃起了一片熊熊大火，把周围照耀得犹如白昼。忽然，一个奋勇队员看到了铁制的小型盒子，赶紧奔了过去，一把抓起它，打开一看，里面藏有一张纸条。

王俊林接到报告，立即命令人马向城门增援。城墙上的敌人越来越多。

"撤！"不能恋战了，叶挺命令攻城部队在大炮的掩护下退回原阵地。

"余瑞祥，有我王俊林把守城门，你休想进来！"王俊林站在城墙上，借着仍在燃烧的火把，望了一眼不堪入目的战场，伸出一只手，指着北伐大军的营地，声嘶力竭地吼叫道。

此时，铁盒子已经交到叶挺手里，上面果然详细地写明了城里的现状。

叶挺高兴地把它交给余瑞祥，说道："余主任是一代人杰，竟然能隔着城墙与旧部心心相通，在战争史上，必然会留下一段佳话。"

"一同从战场上冲杀出来的人，彼此早已熟悉各自的性格，有了很好的默契，要做到这一点并不难。"余瑞祥一样非常高兴，笑道，"不过，更理解我的人应该是拙荆赵璇滢。我相信，是她首先破解宣传单的秘密。"

叶挺笑道："余主任夫妇共同创造了一段佳话，将是军事史上的奇迹。唔，这里写到了余瑞华。如果能从他身上打开缺口，我们理当很快进入武昌。"

余瑞祥摇了摇头，说道："我同样很希望从余瑞华身上打开缺口。我做的那些事情，其实大多是为了让他幡然醒悟，投靠北伐大军；不过，恐怕很难让他改变与我们对抗的意图。"

叶挺脑子里闪出一丝疑惑，说道："余主任如此熟悉余瑞华，莫非跟余瑞华有什么关系吗？"

余瑞祥露出了一丝苦笑，说道："是啊，他是我弟弟。辛亥首义当年，他只有十四五岁，曾经参加了学生军，后来迫于家父的严令，他再也没有帮助过民军。再往后，他还参加过五四运动，暗地里放跑过我们的同志。"

"这么说，应该不难动员他率部起义。"叶挺高兴地说道。

余瑞祥同样希望弟弟能够打开城门，率部起义。可是，把守通湘门的正是余瑞华。他如此死守，碍于王俊林的严令，或者受到王俊林的胁迫固然是一个重要原因，但是，如果他真想打开城门，王俊林怎么阻挡得住？所以，他似乎根本没有投靠北伐大军的打算，甚至比王俊林更加怨恨北伐大军。想劝说这样一个人倒戈，比王俊林难得多！

武昌城里早已陷入混乱。围城日久，老百姓已经吃了上顿没下顿，守军即将面临粮食不继的危险。谁能饿着肚子打仗？刘玉春下令守军将所有的粮店全部控制起来，作为军队的粮食补给，并命令兵士挨家挨户去搜寻粮食，抢走了老百姓仅余的一点口粮。

"老百姓也是人，拿走他们的粮食，他们也会死。"王俊林试图劝阻。

"我管不了他们的死活，兵士没有粮食，便无法守城。道理就是这么简单！"刘玉春一句话令王俊林闭了嘴。

兵士荷枪实弹，如狼似虎，老百姓哭号哀求都没有用，粮食全部被守军抢走了。为了活下去，老百姓只有吃树皮，吃野草，时间一长，树木全部被剥光了，整座城里几乎看不到野草，甚至饮水也很困难。

继续用独立团发起几次佯攻，获悉城里缺乏粮食，余瑞祥觉得可以围绕这个题目作一篇文章。

王俊林被刘玉春噎住之后，迅速转变态度，对他的部队在城里抢劫粮食不闻不问。全师只有余瑞华严令他的人马不准抢劫粮食。

有一个兵士不听命令，余瑞华集合人马，问道："我们都是爹生娘养的，都有父母，如果我们的父母挨饿的时候，被人抢走最后一粒粮食，我们的父母怎么办？"

现场一片沉默。

余瑞华威严地扫视了大家一遍，说道："为了我们的父母，我们可以饿死，绝不能做衣冠禽兽！"

"营长，我错了！"那个兵士跪倒在地，开枪自杀。

从此，余瑞华营再也没有一个兵士抢粮。

"他是余府的子孙，跟王俊林大不相同。"余瑞祥知道弟弟的所作所为以后，心里颇感欣慰。

队伍没有粮食，余瑞华会怎么做呢？他既然不愿意向老百姓下手，又不会坐以待毙，最好的出路是偷偷打开城门，出城抢夺粮食了。趁着守军出城的机会，不是可以派遣一批人马从城门冲进去吗？

这需要好好权衡。余瑞华出城抢粮，必然会做好充分的准备，一旦遭受的攻击，或者北伐大军要想趁机冲进城里去，守军准会猛烈反击。敌人会从哪一个城门出来抢粮？如何对付抢粮的敌人？遭到敌人的阻击又该怎么办？

跟叶挺商量了很久，拿出了一个初步计划，余瑞祥赶去面见攻城司令。

攻城司令思虑片刻，说道："守军非常担忧我军会攻进城门，决不敢出城抢粮。不必做这方面的准备，继续出动飞机轰炸敌人好了。"

余瑞祥大吃一惊：攻城司令是心存侥幸，还是试图保存实力，坐等城里更加混乱呢？不论什么原因，都得让他改变仅仅出动飞机去轰炸敌人的想法。可是，攻城司令再也不愿意听下去了。

"叶团长，一切只能靠独立团了。"余瑞祥无计可施，只有回去跟叶挺商量。

"余瑞华营驻守在通湘门一带，他出城抢粮，理应由独立团拦截。不过，我只有一个团的兵力，而且还要负责监视三个城门的敌人，前一段时间，曾经反复向敌人发起过佯攻，部队损失不小，如果没有其他的部队配合，要想趁敌人出城抢粮的机会攻进武昌，是一件无法完成的任务。"叶挺说道。

"我们必须尽最大的努力，达到最好的结果。"余瑞祥说道。

"最好的结果只能是打痛敌人，让敌人抢不到粮食。"叶挺说道。

"也许，我们还可以做得更好。"余瑞祥思虑着说。

"是不是可以派遣一些兵士，跟余瑞华的人马一块混进城？"叶挺思索道。

余瑞祥眼前一亮，说道："不错，你可以抽调几个非常精明的兵士，将守军的部署情况以及从城墙通向各处的道路一一交代清楚，混进去之后，趁余瑞华来不及清点队伍立马离开。"

接连两天，攻城司令都会派遣飞机前去武昌进行轰炸，而且投掷了许多宣传单。宣传单仍然由余瑞祥起草，在里面暗示他安插进去的旧部以及赵璇滢、王俊喜等人，准备接应混入城里的兵士。

给准备混入城里的兵士的密令是：跟赵璇滢、王俊喜以及昔日的旧部取得联系，相互配合，拉拢一切可以拉拢的人员，造成敌方军心的涣散以及军队的哗变。

第三天子夜，天幕犹如泼墨，只有稀稀落落的星斗调皮地眨着眼，试图刺探隐藏在夜幕之下的秘密。微风拂过树梢，露水打湿了地面。按照叶挺的命令，所有的人员已经进入指定位置，瞪大警惕的眼睛，注视着城门方向。在余瑞华知道的各处仓库周围，各埋伏了一个连的兵士，枪口对准了有可能出现的敌人。树梢的轻微扰动，更显四周的寂静。

埋伏在通湘门一带的兵士听到了一阵轻微的开门声，不由得血管贲张，抓紧了手里的枪，眼睛睁得更大。他们什么也看不见，只隐隐约约听到从城门方向传来一阵阵轻微的骚动声。

敌人已经出城。他们仿佛套了嚼子、裹了蹄子的牲口，一路上小心翼翼，没有弄出一点声响，鬼影子一样地朝仓库摸来。很快，一部分敌人摸到了仓库跟前，看了看仓库附近的情形，一跃而起，将守卫在仓库门口的兵士扑倒在地，一枪托砸了下去，然后朝后面发了一个信号。立即，全体出城的敌人迅速扑了过来，从行进间分裂成三路队形，从三个方向扑向仓库，还有一部分敌人沿仓库四周布列阵线，防范北伐大军得到消息以后前来攻击。

独立团早已在此埋伏了一个连的人马。连长一声令下，战士们掀掉了遮盖在身上的树枝、茅草，枪口对准敌人，子弹像滂沱大雨一样打了过去。借着激溅而起的亮光，战士们可以隐隐约约看到敌军像皮影一样在四处蹿动。

受到突如其来的打击，敌军有些惊慌。奉命阻击北伐大军的敌人立刻展开反扑，但北伐大军的子弹更加密集地飞了过来，更可怕的是，远处似乎出现了一条长龙似的火把，隐约可以看出是一支强大的军队冲了过来。北伐大军早有准备，敌人叫苦不迭。

率领队伍出城抢粮的果然是余瑞华。一遭到猛烈攻击，余瑞华马上意识到今晚的行动已经全部落入北伐大军掌握，既担心自己的人马会被全部消灭，又担心北伐大军趁机打着自己的旗号，叫开城门，冲进武昌城，顾不得把快要到手的粮食搬出来，火速下达了撤离的命令，并命令一支队伍断后，拖住对手，掩护主力部队进城。

冲破了北伐大军的阻拦，余瑞华率领主力一逃回城里，立即下令："关闭城门，一旦他们追过来，给我狠狠地打！"

城墙上一片嘈杂，很快布成阵势。

这时候，一支北伐大军追赶到城门边缘，发现城门已经关闭，从城墙上降下了一阵子弹和手榴弹交织而成的冰雹，不得不退了回去。

留下来拖住北伐大军的敌军有一个排的兵力，身上的肉香最招引子弹，不一会儿，倒下了一大半，携带的弹药也快打完了，军心已经动摇。此时，恰好吹来一阵微风，饭菜的香味顿时灌满被围兵士的鼻孔。兵士们腹中一阵咕咕叫唤，抵抗意志进一步涣散，纷纷叫着："只要给我们吃的，我们愿意投降。"

独立团将士停止射击，火把把周围照耀得犹如白昼。

守敌看到了摆放在一边的饭菜，眼放绿光，扔掉武器，叫花子一般奔了过去，手朝锅里一伸，烫得唧唧哇哇大叫不已。

"不要急,文明点,保证你们都能吃饱吃好。"连长说道,手顺势指向一边。

投降的兵士顺着他的手指望去,赫然发现那儿准备了许多碗筷,赶紧冲了过去,抢到了碗筷,盛完了饭菜,狼吞虎咽起来。

等他们吃饱喝足,一个人走到连长面前,说道:"我要见余瑞祥长官。"

很快,那人被送到余瑞祥面前。他是余瑞祥安插在王俊林身边的旧部,年纪已经不小了,俨然一个老兵油子,能说会道,所有兵士都喜欢跟他打交道。

他把城里的一切原原本本地告诉了余瑞祥,最后说道:"城里虽说已经严重缺粮,并且军心动摇,可是,守城主将刘玉春是吴佩孚的心腹,一心想等吴佩孚率领大军前来解救,决心死守到底,并派人对所有他觉得有可能投敌的人员进行严密监视。王俊林原先确实曾经想过准备投靠北伐大军,但因为他堂姐王芝英在第一次攻城的时候疯了,他怪罪北伐大军,收起了原先的打算。余瑞华因为一直对你心怀不满,知道你是围城部队的高级将领,同样不愿意向北伐大军投降。我跟嫂夫人、王俊喜有了联络,因为监视得很严厉,无法展开积极有效的行动。"

余瑞祥终于明白王俊林为什么明知不是北伐大军的对手,但仍然顽抗到底,不禁在心里责备王俊林:你堂姐曾经因为战争发过疯,难道你不能早做准备,在北伐大军攻城以前把她送到汉口租界去吗?你难道没有想到你自己应该负什么责任吗?不过,既然知道王俊林的心结所在,余瑞祥下决心详细了解王芝英现况,好打开王俊林的心结,让他不要负隅顽抗。

至于余瑞华,一时半刻是不可能让他明白自己当年为什么要跟家人完全断绝来往的,可以通过大哥余瑞光、夫人赵璇滢开导他。假以时日,如果能够把他引进共产党的大门,将会对共产党的事业大有帮助。

余瑞祥需要解救那些嗷嗷待哺的老百姓。听说街道上随处都是因饥饿而倒毙的老百姓,他差一点流下了眼泪。他不能任由老百姓活活饿死,也不可能撤出围困武昌的部队。怎么办呢?是不是可以依靠商会出面,加以解决?汉口商会会长是王俊财,武昌商会会长是余瑞光。他们都很有威望,只要分别跟守城司令和攻城司令协商好了,便可以共同搭建一条解救老百姓的通道。攻城司令这边,应该没有问题。守城司令刘玉春恐怕也不愿意承担活饿死老百姓的罪名,有了机会,放出一批老百姓,还可以减轻城里的负担,想必也会答应。

考虑周详以后,余瑞祥决定先向攻城司令报告。

汇报完所有的情况后,余瑞祥说道:"城里的情况远比我们想象的要严重得多。粮食严重匮乏，敌人必是会不断地派遣部队出城抢粮，我们务必要做好防范准备。"

敌人果真出城抢粮了，攻城司令后悔没有听从余瑞祥的建议。余瑞祥现在说什么，他都欣然接受。

"你觉得，下一次敌人最可能从什么方向出来抢粮呢？"攻城司令问道。

余瑞祥回答道："一直以来，我们对武胜门、忠孝门、宾阳门、通湘门、中和门发动的攻击最凶猛。敌人从通湘门出城抢粮的企图失败以后，不可能再从这几个方向出城，最有可能从望山门或者保安门出来，向鲶鱼套一带发动攻击。因而，在这一线，尤其需要加强戒备。"

攻城司令慎重地点了点头，感叹道："守军已经如此缺少粮食，还在做困兽之斗，真是意想不到的事情！"

余瑞祥说道："刘玉春一直在等待吴佩孚和孙传芳前来解救。一旦这两路人马都被我军挡住了，或者迟迟没有行动，刘玉春的指望化为泡影，准会进一步动摇守军坚守下去的决心。"

攻城司令鄙夷地笑了，说道："孙传芳目光短浅，根本看不到吴佩孚很快会被我们消灭，决不会大规模地出动部队向我展开攻击。吴佩孚要是能够收集到足够的人马，早打回来了。"

"话虽如此，因为我们仍然没有出兵孝感，刘玉春一定幻想吴佩孚可以打回汉口。如果我们立即出兵，控制整个湖北地区，并且夺占武胜关，不仅会让刘玉春感到失望，更会打击其他敌军的信心。"

这一下，提醒了攻城司令。他不能把目光仅仅注视在围困武昌的守敌上，还得向北部发展攻击，彻底毁灭敌人的幻想。于是，他立刻去了汉口，亲自跟唐生智商量，希望唐生智能出兵夺取武胜关。

攻克了汉口、汉阳以后，唐生智手下的人马已经前出到了孝感附近，因为蒋介石调整了部署，不得不把注意力调整到协助第四军围困武昌上来，但心里还是想着要一路朝北打去，好趁机多收编一些吴佩孚的残兵败将，多控制一些地盘，好有跟蒋介石分庭抗礼的资本，进而能够掌控南方政府，成为南方政府首屈一指的人物。

攻城司令的话正中唐生智的下怀。他立即率领第八军的大部分人马从汉口出发，顺利地攻克孝感，然后乘胜北上，很快控制了武胜关。

与此同时，蒋介石率领的部队在江西战场上虽说多次惨遭失败，也因为李宗仁、白崇禧的桂系人马拼死跟敌人作战，夺取了很大部分地面。孙传芳这时候要想出兵前来解围,蒋介石亲自指挥的人马就是一道难以逾越的障碍。

胜利的天平朝北伐大军进一步倾斜了,余瑞祥觉得是时候再次出动飞机,向守军投宣传单,动摇守军的信心。

他连夜思考着应该写一份什么样的宣传单,彻底摧毁敌人的心理防线。突然接到报告,敌人出动了两个营的人马,从望山门出城抢粮,到了鲶鱼套,向驻扎在那儿的北伐大军发动了猛烈的攻击。围城部队只有一个营的人马驻扎在鲶鱼套。他们哪里抵挡得了敌人的突然攻击?很快,防线完全崩溃了。

攻城司令急得跳脚,很想抽调兵力前去救援,但又害怕中了敌人的声东击西之计,难以下定决心,不得不派人请余瑞祥过去商讨解决办法。

余瑞祥心想:作为一军主将,首先要有大局观念和临机决断能力。即使担心守军会从其他城门出来抢粮,也可以在其他城门方向布设一些疑兵,打消敌人的企图,然后火速前去增援,把两个营的敌人消灭掉,或者把敌人打回去呀!怎能如此瞻前顾后,犹豫不决呢?

去了指挥部,余瑞祥立即要求攻城司令火速抽调人马前去救援。

攻城司令再也顾不得不让共产党人直接指挥大规模战斗的共识,任命余瑞祥为阻击敌人的总指挥官,全权负责从各个城门抽调人员前去打击敌人。

余瑞祥有条不紊地抽调人马次第赶往鲶鱼套,同时在各城门布设疑阵,严防敌人趁机出城。

紧接着,他带了几个参谋人员,心急火燎地奔向鲶鱼套。

激烈的枪战声传入了他的耳朵。余瑞祥抬眼一看,只见前面同时闪烁出一团一团耀眼的火光,借着火光,隐约可以看出敌人正疯狂地冲向北伐大军布设的阵地。

从守军阵地上传出的枪声越来越稀疏,冒出的火光越来越稀少。余瑞祥心头一紧,赶紧率领随从人员,疾速地奔了过去。

这时候,从保安门方向传来了一片杂沓的脚步声。一定是救援人员赶过来了!余瑞祥心想。他冲到守军阵地,挥动手枪,朝敌人一个个地点去。警卫人员情绪激愤,怀抱着机关枪,挡在余瑞祥前面,朝敌人猛烈地射去。

"阻击敌人!救兵快要到了!"余瑞祥简单地命令道。

守军已经抵挡不住了,突然来了生力军,而且是余瑞祥亲临战场。一个个精神大振,受伤的,没有受伤的,全都拿起武器,一同猛地朝敌人打去。

敌人猝不及防之下,人马倒下了一大片,正准备后撤,发现北伐军队的救兵不多,气焰再度嚣张起来，重新组成攻击队形，冲了过来。

余瑞祥隐约看到一个熟悉的人影。他拿起望远镜一望，正是王俊林！王俊林竟然亲自带领人马出城抢粮！

王俊林似乎也发现了余瑞祥，命令部队停止攻击。

战场上一片死寂，只有战火燃烧出来的光亮，随着一阵阵微风在交战双方官兵的脸上晃动着。

"余瑞祥，想不到，我们在这里见面了。"

"王俊林，武昌已经被我军围得像铜墙铁壁，如果不是严重缺粮，不是军心不稳，你不会亲自出马。与其作困兽之斗，为什么不悬崖勒马，向我军投诚？"

"只要有我在，你们任何时候都不可能攻破武昌！"

忽然听到侧面传来一片嘈杂声，王俊林心头一凛，本能地朝侧边一看，看到一片黑压压的人影宛如厚重的云彩一样压了过来，心中一阵恼火，暗自埋怨自己：既然知道余瑞祥已经来到面前，应该赶紧把他的人马消灭光，好夺取一些粮食才对，怎么倒跟他攀起交情了？难道不知道这次虎口抢食的行动要快，容不得半点拖沓？

埋怨已经没有用了。余瑞祥的救兵即将赶到，王俊林得想想应该如何应对。这时候，从其他各个方向相继传来了阵阵响动。王俊林飞快地朝四周掠一眼，赫然发现一队队兵士冲了过来，他们的实力远远超过自己。

看起来，绝对不可能抢到粮食了。

王俊林把心一横，一面挥动手枪打向余瑞祥，一面命令道："开火，把他们全部消灭光！"

一阵弹雨射到余瑞祥跟前。

余瑞祥深知王俊林的为人和秉性，一见王俊林停了下来，脸朝一边一扭，立刻知道将要发生什么，连忙趴在地上，喝令："开火，消灭敌人！"

第六章 破城

真的在战场上跟余瑞祥再度展开了面对面的交锋，王俊林万千滋味在心头，很长一段时间都控制不了自己。

他一向把余瑞祥当成兄弟，当成最好的朋友，哪怕在战场上绝不手下留情，哪怕余瑞祥同样一再置他于死地，都改变不了这一点。虽说打从围城一开始，他觉得对手可能是余瑞祥，可是，一直没有正面碰到过，便自我安慰绝不会在战场上跟余瑞祥狭路相逢。没想到，他亲率人马出城抢粮，竟然不期然地碰上了余瑞祥，而且两人还发生过激烈交火，叫他如何能够抑制自己？

本来，他们这一次可以不再成为对手，因为堂姐王芝英发疯，令王俊林把投靠北伐大军的念头硬生生地吞咽下去了。他从此跟北伐大军势不两立，一定得想尽办法保存自己，让北伐军队尝尽苦头。可是，城里的粮草越来越困难，令他感到非常不安。这时候，余瑞华向他提出了出城抢粮的计划，他二话不说，立刻同意了。随即，他跟余瑞华商量出一个自以为天衣无缝的绝妙计划，交由余瑞华实施。没想到，余瑞华一出城，还是落入了余瑞祥的掌握。

没抢到粮食，反而丢了许多人马，还很有可能让北伐大军掌握到城里的真实情况，真是偷鸡不成蚀把米。见到余瑞华的那一刻，王俊林心里非常恼火，情绪也很低沉，好半天都说不出话来。

突然，他哈哈大笑起来，说道："好！你的人马损失得好！这样，他们一定会把目光牢牢盯住通湘门。我可以趁此机会，从另一方向出城，带两个营的兵力，出去抢粮。"

余瑞华精神一抖，身板一挺，说道："我去吧。"

王俊林摇了摇头，说道："这次，我亲自率领部队，去试试北伐大军的斤两。我敢肯定，他们一定会把注意力全部放在通湘门一带，我却从望山门出城，向鲇鱼套发展攻击，打他一个措手不及，抢夺粮食。"

王俊林指挥人马突然发起进攻，果然一举突破了北伐大军的第一道防线。

为了顺利抢到粮食，王俊林把两个营的兵力分作抢粮队与攻击队：抢粮队负责抢夺粮食；攻击队担负攻击北伐军队防御阵地的任务，并拦截北伐大军的救援部队。

眼下，攻击北伐军队防御阵地的目标已经达成，抢粮队在攻击队的掩护和带领下，朝仓库方向迅猛地冲了过去。

驻守鲇鱼套的北伐军队完全反应过来之后，依托阵地，坚决阻击。抢粮队越接近仓库，遇到的阻击越发强劲，从北伐军队阵地上飞过来的子弹和手榴弹，宛如海啸一般，迎面撞击而来，把他们硬生生地吞没。

第六章 破城

"都给我过来,不停地猛攻,是块铁,也得把它咬碎!"王俊林命令道。

几乎把全部兵力都投入过来,连番猛攻,眼看就要彻底攻垮北伐大军的防线,关键时刻,余瑞祥竟然亲自率领人马前来救援,王俊林心里的恼怒可想而知。

"余瑞祥,难道你永远是我命中的克星吗?为什么每次我将要成功的时候,都坏在你手里?"王俊林心里很绝望。

王俊林把心一横,决计竭尽全力,给余瑞祥一些教训,让他知道,王俊林绝不会永远败在他的手下!他要消灭余瑞祥,哪怕这次抢不到粮食,下次一定会成功。

可是,余瑞祥竟然看透了王俊林的内心世界,不仅在王俊林下达命令以前便趴倒在地,而且抢先出手,一粒子弹差一点钻进王俊林的心脏。

王俊林恨得难以自已,今天晚上无论如何讨不到便宜,又不敢恋战,怕被消灭,不得不灰溜溜地带领人马撤回了武昌城。

怎么办?城里的粮食已经枯竭,每天都有数不清的老百姓饿死。天气炎热,城里到处弥漫着令人窒息的尸臭。更要命的是,军队一天吃不上一顿饭。难道守军要跟老百姓一样,活活地饿死在城里吗?一想到这里,王俊林心里禁不住微微颤抖。他实在不能想象,自己和手下的官兵会倒在地上,散发同样难闻的腐臭。

王俊林要活下去,苦苦思索还能有什么办法搞到粮食。出城抢粮这条路已经走不通了,城里也找不到粮食,还有什么办法可想呢?从其他守军那儿借粮吗?守城的每一支部队,处境跟他的师好不了多少。他们即使从老百姓手里抢到了一些粮食,转手便以十倍几十倍的价格卖掉了,手头的银子倒是比王俊林师多得多,粮食却是捉襟见肘。

王俊林一开始本来不愿意抢粮,但抢粮之风犹如瘟疫一样流行。他只好闭上眼睛,默许本师官兵参与抢粮,明确规定绝对不允许买卖。第一拨兵士偷偷卖出了一口袋粮食,他大开杀戒,一连杀了好几个兵士,甚至追究到官长头上,杀了好几个连长排长,遏制了倒卖粮食的风气。

唯一没有抢粮的是余瑞华营。他成功地把抢粮之风挡在本营之外以后,自己精打细算,每天维持最低的限额,勉强支撑到现在。

为了能够继续支撑下去,余瑞华想出了出城抢粮计划。

接连两次行动,粮食没抢到手,部队损失惨重。王俊林宛如割去了心头肉。不过,肉已经割了,伤心和懊恼都无济于事。王俊林只有自欺欺人地说道:"损失了,他们就不可能吃粮了,部队就可以多拖一天。"

不能依靠死人来拖过每一个难熬的日子。粮食仍然是部队的第一需要。王俊林绞尽脑汁，想不出更好的办法搞到粮食。

余瑞华又想出新花样，找他的麻烦来了。

余瑞华说道："师长，我们的粮食虽说很紧张，但一天一顿粥，勉强还可以支撑一段时间。可老百姓早已挺不住了，每天都有大批老百姓活活饿死。这样，城里不久将会发生瘟疫。我们谁也逃不过。为了避免这种后果，应该救济一下老百姓。"

王俊林凝视着余瑞华，半晌过后，有气无力地说："你是不是饿糊涂了？部队已经很长时间没有吃过一次饱饭，到哪里弄粮食去救济老百姓？"

"救济老百姓，其实就是救我们自己。"余瑞华说道。

王俊林挥了挥手，打断了余瑞华的话，说道："别给我说这个，我不是救苦救难的观世音菩萨。如果不是南方大军攻城，老百姓绝不会活活饿死。你要救他们，直接找南方大军要粮食去。"

余瑞华没有跟王俊林继续说下去，只好回去余府，跟余瑞光商量。

看到三弟脸色枯黄，形容憔悴，余瑞光心里有些生疼，说道："我听说城外的军队，是你二哥带领的，你为什么不打开城门投靠你二哥呢？"

"我不能原谅二哥，任何时候都不能。"余瑞华说道，"大哥，每天有成千上万的老百姓活活饿死。我希望你救救他们。"

余瑞光何尝不想救老百姓呢？为了帮助嗷嗷待哺的老百姓，他组织商会人员弄了一些粮食，很想开设一些施粥处。但刘玉春得到消息，逼迫他们把粮食全部交出来。要不是王俊林当着师长，恐怕余府上下都不可能逃离刘玉春的迫害。

"救老百姓最好的办法，是尽快打开城门，让北伐大军进来。"余瑞光说道。

"大哥，难道你不能想想其他办法吗？"

余瑞光想了想，说道："唯一的办法是让老百姓出城。"

这的确是一个好主意。可是，要让老百姓出城，仍然要打开城门，余瑞华还是决定不了。而且，老百姓出城以后，应该到哪里去？谁管他们？也很棘手。

正在余瑞华心绪不宁的当口，赵璇滢走进了余府。

她一直试图劝说余瑞华打开城门，每次都无功而返。她曾经按照宣传单的指示，联合王俊喜的人马和丈夫的旧部，破坏了守军的很多据点，并且趁北伐军队利用飞机、大炮攻击的机会，煽动守军投降，一样没有收到理想的效果。

城里每天都会有老百姓饿死，她动员了一些人员，组成一支掩埋队，专门掩埋死者。可是，人越死越多，掩埋队根本顾不过来。没办法，她只有找余瑞光，让余瑞光利用他在商会的号召力，动员商会人员参加掩埋队。从此以后，无论遇到什么事情，她都会来余府找余瑞光商量。

明白了余瑞华的心迹，赵璇滢说道："我已经跟你说过多次，你二哥并不是对家庭不负责任的人。他所做的一切都是为了国家。你不是曾经热血过，参加过保卫军政府的战斗，也参加过学生运动吗？你应该跟你二哥有共同之处。你二哥选定了一个目标，决不会退缩，也决不会受其他任何东西的影响。你也应该这样。吴佩孚早已逃跑了。武胜关已经落到了北伐大军手里，他不可能带兵从河南打回湖北。你们一样不能指望孙传芳。孙传芳根本无法从北伐大军手里走上几个回合。继续坚守下去，只会有更多无辜的老百姓活活饿死。你不愿意看到无辜的老百姓受到死亡的威胁，打开城门，这是唯一的选择。"

余瑞华心头受到了强烈的冲击。他无法反驳赵璇滢。真的要像二哥一样吗？真的只能投靠北伐大军吗？北伐大军难道真的就是解救中国的希望吗？他再次在心里问自己。

他曾经听大姐向他讲述过南方政府内部的事情。但是，这并没有让他感到南方政府就是民族的希望。因为他觉得在那儿一样发生了许多不愉快的事情，争权夺利、相互倾轧也在一天天上演。要说为了老百姓，他倒真的愿意打开城门。但他本能地意识到，王俊林决不会容许他们这么做。何况，他还要好好地想一想，北伐大军到底是怎么回事，到底值得不值得投靠。

心里烦闷之际，王俊林接到了刘玉春召见他的命令，赶紧前去晋见这位守城主将。

刘玉春说道："王师长应该知道，城里的局势一天天恶化下去，别说兵士，很多将领都对继续坚守下去发生了动摇。我可以明确告诉你，吴大帅和孙传芳将军一定会率领人马过来解救我们，我们一定要有继续坚守下去的决心。只是，我们不能不看到眼下的现实，粮食日渐萎缩，城里的局势不容乐观，你去外面抢粮，也铩羽而归。但我们还是要搞到粮食，要不然，纵使兵士不哗变，我们都得活活饿死。你久居武昌，熟悉情况，有没有更好的办法从北伐大军手里搞到粮食？"

这个老狐狸在说胡话吧？如果能够从北伐大军手里搞到粮食，自己犯不着孤注一掷打开城门出去抢粮。王俊林心里说道。他默不作声，冷冷地看着刘玉春，等他继续说下去。

深受吴佩孚信赖，作为守军主将，武昌安危在刘玉春心中的分量，是王俊林无法比拟的。城里的每一点变化，每一点情况，刘玉春都了如指掌。早已缺粮，导致军心不稳，出城抢粮没有成功。束手无策之际，他决定把余梅芳推出去，迫使余瑞祥给予守军一些粮食，以维系军心的稳定。但是，他不能不照顾王俊林的情绪，把王俊林找过来的目的，是希望引导王俊林主动提出这个办法。

王俊林竟然领会不了他的意思。刘玉春只有把自己的计策小心翼翼地说了出来，一边说，一边观察王俊林的反应。

刘玉春终于打上了余梅芳的主意！王俊林心头一阵紧缩。

自从跟北伐大军展开真枪真刀的战争以来，刘玉春跟陈嘉谟再也没有提及过余梅芳，王俊林差一点忘记了余梅芳的存在。现在，刘玉春竟然再一次翻出了这笔老账。

王俊林很理解刘玉春此时的处境。可是，要用余梅芳去做交易，又的确大违他的初衷。不说他从此以后会在各位亲戚朋友面前抬不起头来，变成千夫所指的罪人，余瑞祥也不可能因为余梅芳而真的给守军粮食。当年，为了指挥革命党人攻击清军，余瑞祥连父亲都不在乎，还会顾忌余梅芳吗？不可能！明知余瑞祥不会上钩，又因此得罪所有的亲戚，王俊林才不干这种傻事。又不能开罪刘玉春，明说不行，得拿出像样的理由来搪塞他。

刘玉春一直盯着王俊林，似乎看穿了他的内心，说道："我知道，余瑞祥也许不会拿余梅芳跟我们做交易。可是，我们都是濒临绝境的人，不能不抓住任何一根救命稻草。"

王俊林慢慢咀嚼着刘玉春的话，朝自己的指挥部走去。

他刚回到指挥部，余瑞华就过来了，询问刘玉春到底召他去干什么。

王俊林说出了刘玉春的打算，说道："我们接连抢了两次粮食，都没有成功。按说，刘玉春的提议，我们应该试一试。"

余瑞华心里腾地冒出了一团怒火，大骂道："哪怕明知道继续守城不明智，哪怕嫂子和大哥都劝我打开城门，我一直想坚守下去，但刘玉春竟然如此不知好歹！老子不跟他干了，马上打开城门，投靠北伐大军去。"

王俊林吓了一跳，一跃而起，大声吼道："难道你忘了我们的敌人是谁吗？"

余瑞华咬牙切齿地说道："刘玉春竟然敢动我姐姐的心思，分明不把我放在眼里，我为什么要替他守下去？"

王俊林在余瑞华肩头上拍打了几下，叹息一声，说道："他并没有这么做嘛，只是在征求我的意见。作为下属，我们要体谅他的难处。你不要莽撞。我们会想出一个好办法的。"

从此以后，余瑞华心里好像被人打进了一根钉子，时时隐隐作痛，再也不愿意继续为刘玉春坚守城池了。二嫂说得对，二哥即使对家人再无情无义，也是一条真正的男子汉，在关键时刻，心里仍然想着家人。刘玉春不一样，完全是畜生，不值得为他卖命。

得寻找机会，跟北伐大军取得联系。只要北伐大军真的能给予自己所希望的东西，马上投靠他们。余瑞华已经不再仅仅是冲动，他的心思完全变了。

不过，余瑞华深知王俊林跟他不是同路人，不能对王俊林说出自己的心思，得蒙蔽住王俊林。

不能用余梅芳向余瑞祥交换粮食，要不然余瑞华可能会因此投靠北伐大军，自己会众叛亲离，王俊林苦苦寻思，还有什么其他办法可以减轻部队的压力呢？

这时候，部队面临的压力不仅来源于缺少粮食，而且也因为饿死的老百姓太多，引发了部队对瘟疫的恐惧。老百姓无论死掉多少，王俊林都不会放在心上，一旦跟部队的士气挂钩了，王俊林不能不慎重对待了。

怎么能不让城里的老百姓饿死呢？不可能把仅有的一点粮食拿出来周济他们，难道要像余瑞光说的那样，打开城门，把老百姓放出去吗？这不是自己可以决定得了的，即使刘玉春，恐怕也会瞻前顾后，生怕打开城门以后，北伐大军趁机蜂拥而上。

北伐大军的飞机再次飞临武昌上空，城里又引起了极大的惊慌。不过这次飞机并没有投炸弹，只是投下了许多宣传单。

宣传单的大意是：鉴于城里缺粮的情况越来越严重，北伐军队可以允许老百姓出城，以此减少老百姓的损失。

刘玉春马上召集王俊林以及守城的各位将领，商量是不是可以放老百姓出城。商量了许久，还是委决不下。毕竟，放老百姓出城固然更有利于守城，但他们对北伐大军实在不放心，担心围城部队趁机入城。

这时候，余瑞光同样看到了宣传单的内容，来到王俊林的指挥部。

得知刘玉春和城里守军正为此犹豫不决，余瑞光说道："老百姓何时出城，怎么出城，出城以后到哪里去安置，的确需要有一个周详的计划。既然你们不便于直接商谈这些问题，我可以以武昌商会会长的名义，跟汉口商会会长王俊财取得联系，由他出面，先跟攻城部队沟通，如果他们有意愿，便邀请他们的将领和他一块进城，你们派遣一个代表，加上我，我们四个人坐下来，商量出一个让攻守双方都能接受的方案，确保你们不会趁机攻击对方。"

王俊林觉得这是一条很好的建议，马上向刘玉春报告。

这可解除了守军的后顾之忧。刘玉春一口答应下来："可以让余瑞光和王俊财自由出入城门！也可以让攻城部队的将领进入武昌，商谈放老百姓出城的具体细节。"

随即，余瑞光给汉口商会会长写了一封信，很快得到了王俊财的正面回应。

原来，汉口商会会长王俊财曾经经历战火，知道打仗和围城会对老百姓造成怎样的伤害，心里时常惦记武昌城里老百姓的安危。当城里老百姓的惨状传入他的耳朵以后，他一直在寻找机会跟城里取得联系，共同谋划救援老百姓的对策。一接到余瑞光的请求，王俊财立即过江，来到攻城司令部。

当第一次接到城里有老百姓饿死的消息时，攻城部队曾经试图空投一些粮食给嗷嗷待哺的民众，可是，一想到残暴的守军会全部据为己有，不能不打消这个念头。随即，余瑞祥想到了商会，希望利用商会穿针引线，在攻防双方做有效沟通，大家坐在一块共同努力，为老百姓打开一条生路。不过，因为要对付王俊林出城抢粮，余瑞祥把跟商会取得联系的事暂时放下来了。

眼下，王俊财主动来到了攻城司令部，余瑞祥一见之下，非常高兴。

王俊财深知，要想让一部分老百姓安全撤出武昌城，自己必须保持中立。不过，他中立不了。他想劝说王俊林不要再做无谓的抵抗。

姐姐王芝英一回到汉口，王俊财听说了王俊林在处理姐姐这件事上的态度，便知道他这一次是玩真的了，一定会和北伐大军对抗下去。

王俊财把姐姐再次送进了英国人开设的医院。因为王俊财和汉口商会暗中给北伐大军提供了很多帮助，汉口没有经过大的战争，就落入唐生智之手。王芝英在医院没有受到骚扰，也听不到激烈的枪炮声，丈夫赵承彦日夜陪伴在她身边，两个孩子一直在她的跟前，她的心情平静下来了，病情慢慢有了好转。

把这些情况告诉给余瑞祥以后，王俊财说道："王俊林是一个非常偏执的人，一旦他知道姐姐病情好转，心中对北伐大军的怨恨一定会有所减轻。我会慢慢劝说他打开城门，投靠北伐大军。"

余瑞祥说道："也许，入城以后，我不方便单独跟王俊林见面，请你告诉他，我任何时候，都会张开双臂，欢迎他。"

他们是从通湘门进入武昌的。王俊林、余瑞华、余瑞光都在城门口等待着王俊财和余瑞祥。他们的眼睛里既有一些欣慰，又有一些忧郁，同时伸出手，礼貌性地握了握，没有多余的话。

进了城，一眼看去，街道上犹如被人抛弃的墓地，到处见不到一个活人，躺下的尸体，剥光皮的树干，枯萎的树叶，无不阴森可怖。一阵风吹来，浓烈的尸臭扑进众人的鼻孔，人人忍不住想要呕吐。王俊财心里涌起了一种强烈的伤感。余瑞祥更加难过难过，暗问自己，这是哺育他长大成人的故乡吗？俨然已经变成了人间地狱。他痛心疾首。

第六章 破城

在守军的陪同或者说监视下，王俊财和他的随行人员以及余瑞祥，一道走进了刘玉春的指挥部。

刘玉春和余瑞祥握了一下手，随即迫不及待地开炮，把老百姓死亡的责任推向北伐大军。余瑞祥冷冷一笑，只几句话就让刘玉春陷入了尴尬的境地。刘玉春颇有些恼怒，把余瑞祥和王俊财此行的目的忘得干干净净，放肆地攻击余瑞祥跟北伐大军。

王俊财看不下去了，不得不打断刘玉春的话，说道："今天，我来到这里，是为了应攻守双方的邀请，和余会长一道商讨解救城里老百姓的办法。既然攻守双方都有意放老百姓出城，我们不必节外生枝，还是直接进入正题吧。要知道，每多耽搁一分钟，就有无数老百姓饿死。"

刘玉春趁机漫天要价，不仅要求北伐大军给守军提供粮食，甚至还要让北伐大军后退五十里以便保证守军的安全。

余瑞祥当场予以拒绝："既然刘将军对放老百姓出城毫无诚意，只不过是希望以此为名从北伐大军手里得到你想要的东西，以便最后对付我部，那么，我们无法谈下去了。"

王俊财和余瑞光一样非常恼火，一齐说道："刘将军，你应该正视现实。我们现在谈的是如何放老百姓出城，而不是守军应该得到多少粮食。整个江城，包括你们守军，都知道这一点。如果这次会谈因为刘将军的临时变卦而中断，一切后果应该由刘将军担负。"

听出了两位商会会长的威胁，也担心守军会发生哗变，刘玉春不得不低下头来，委托余瑞光、王俊林跟王俊财、余瑞祥就所有的细节展开商讨，很快对谈判的要点、要做的准备工作达成了一致。紧接着，王俊财寻思找一个名义单独会见王俊林，劝说他投靠北伐大军。可是，王俊喜竟然出现在他的面前。

一直困守在城里，王俊喜跟王府失去了联系，饶是不太把家里的事情放在心上，也很惦念着夫人和孩子，知道王俊财进城了，特意过来向他打听消息。

王府一切都好，王俊喜心里一块石头落了地。

紧接着，他听王俊财说道："既然姐姐正在康复，王俊林就不应该跟北伐大军继续作对。我得去劝一劝他。你也不要继续留在城里，和我一道回去汉口吧。"

眼看着王俊林一天天像无头苍蝇一样到处乱飞，稍微一点动静就会大为紧张，神经已经处在崩溃的边缘，王俊喜正设法做最后的努力，迫使王俊林彻底疯狂。哥哥竟然要劝说王俊林投靠北伐大军，王俊喜心里老大不乐意。

他质问道："哥哥难道忘掉了父亲是怎么死的吗？为什么要去救王俊林？"

王俊财说道："俊喜，只要王俊林打开城门，投靠北伐大军，城里的老百姓才会真正逃出死亡的威胁。这是何等重大的事情，你怎么能只顾自己？"

哥哥是不会听从自己的了，王俊喜心里很不乐意，更不会听从哥哥的意见放弃跟王俊林作对的念头。他决定命令收买人员更加严密地监视王俊林，一旦王俊林流露出投靠北伐大军的念头，立即向刘玉春举报，让刘玉春拧下王俊林的头颅。

就老百姓出城的时间、打开城门的时机、对老百姓的救助以及其他各项事宜，经过反复磋商，全部达成了协议。

刘玉春决定打开平湖门，一连三天，放老百姓出城。

听到消息，老百姓宛如垂死的人看到了复生的希望，一下子活跃起来了，家家户户扶老携幼，纷纷赶往平湖门。很快，那儿便挤得一塌糊涂。许多兵士挥动手里的枪支和皮带，把挤出队形的老百姓朝一块哄赶。随即，越来越多的老百姓加入这个队形，队伍从平湖门一直延伸到了长街。他们全都穿着发臭的衣服，经过烈日暴晒，臭烘烘的气味萦绕着整个天空。孩子的哭叫声，老人的呻吟，以及病人的痛苦叫声，夹杂在一起，沸反盈天。

城门一打开，排在城门口附近的老百姓使出最后一点力气，拼命地朝城门冲去，你挤我撞，把城门堵死了。兵士们挥舞着枪杆子，朝老百姓头上身上胡乱地打去，终于打开了通路。

看到停泊在码头上的船只，老百姓喜极而泣，不顾一切地朝船只挤去。又是一阵你挤我撞，很多人一头撞进了长江，淹死了，或者被船只撞死了。

如此乱哄哄地过了一天，城门口依旧堵塞着数不清的民众，朝后望去，老百姓的队形依旧一眼望不到尽头。

平湖门一打开，其他各城门的守军保持着高度戒备。但北伐大军那边并没有任何动静。

听到堂姐病情好转的消息，王俊林心情为之一振，非常希望快点回去汉口，亲眼看看堂姐。可是，他仍然是守城师长，肩负着守城的重任，无法擅自离开自己的阵地。

为什么当初要把一切责任都推到北伐大军头上呢？要是当初理智点，在接连打退了北伐大军两次大规模攻城行动以后，立即跟北伐大军联络，投靠他们，那么，武昌城早已落到了北伐大军手里，自己也会得到重用。现在能够投靠吗？拿什么去投靠？他们会怎么对待自己？一个败军之将，还能得到尊重吗？

老百姓全部出城以后，武昌将会变成一座空城，只有军队防守，北伐大军真的可以把守军全部饿死在城里。不能活活饿死在这里！王俊财还带来了母亲以及夫人的口信。母亲希望看到自己，夫人希望看到自己。自己怎么能死？不死，就得投降。大好的机会已经浪费了，现在投降，哪里还能得到什么好处呀。

脑子里翻江倒海，把王俊林的思绪拖向了无底的深潭。他非常苦恼，心里万分痛苦，又不能对任何人说。

赵璇滢呢？赵璇滢为什么不再来跟自己见面？要是赵璇滢来了，无论如何，也要向她做出一些试探，她准会把这些信息告诉给余瑞祥。要是余瑞祥欢迎自己打开城门，给予自己适合的位置，让自己依旧拥有一个师的人马，为什么不投靠他们呢？可惜的是，不希望看到赵璇滢的时候，赵璇滢总会幽灵一样地出现在自己面前，一旦希望看到她，她却宛如一片云彩一样消失不见了。

难道会彻底完蛋吗？不，要自己救自己！破釜沉舟，抓住刘玉春，拿刘玉春去见北伐大军，以此换取北伐大军的谅解。可是，刘玉春是一只老狐狸，根本不允许任何人靠近他的指挥部。出兵攻击他，又没有胜算。想到这些，王俊林越来越感到了一种末日将临的恐惧与无奈。

生死关头，王俊林希望赶紧抓住救命稻草。因此，他甚至希望余瑞华能够出城去跟余瑞祥联系。但是，余瑞华跟余瑞祥势不两立，不可能去见余瑞祥。他又不能离开城里，担心刘玉春得到消息之后，会在临死之前拉他垫背。

城门一打开，许多兵士看到了逃生的机会，也化装成老百姓，逃了出去。军队的士气进一步瓦解，军心不稳。这是可以利用的机会吗？王俊林分明看得到，刘玉春已经派出了监督队，密切地监视着各部队的行动。

在王俊林犹豫不决的当口，余瑞华作出了打开城门投靠北伐大军的决定。

这两天，他反复思考，觉得二嫂说得对，二哥是顶天立地男子汉，一直为达成理想去奋斗，万死不辞。而且，看看城里死去的老百姓，看看那些守军对老百姓残暴的行为，再看看北伐大军对待老百姓的态度，他深深地感到北伐大军果然能够承担起救国救民的责任。

一旦作出决定，余瑞华马上仔细筹划如何行动。

武昌有十个城门，每一道城门虽说由一个营的兵力把守，但在城里，刘玉春的嫡系人马正虎视眈眈，任何可疑的行动，都会遭到疯狂的打击。何况，还得提防王俊林。要想打开城门，顺利地放北伐大军进城，必须将王俊林和刘玉春的注意力转往其他方向。眼下，平湖门打开了，王俊林、刘玉春把注意力都放在监视各个城门的安全上，在如此严密的监视之下,绝不可能轻举妄动,应该等关闭城门的时刻,刘玉春觉得松一口气了,再打他一个措手不及。

有两个问题需要解决,一是跟余瑞祥或者其他北伐大军将领取得联系,让他们在自己打开城门的时候,能率领军队迅速冲进来;二是能够跟其他城门的守将联系起来,一块投靠北伐大军,以便更加容易消灭武昌守敌。

两个问题都不容易解决。城门虽然已经打开了,可以派遣人马化装成老百姓逃出武昌,暗中跟余瑞祥取得联系,但余瑞祥又能想什么办法把北伐大军何时进城、怎么进城、怎么跟自己联手攻击守军的消息告诉自己呢?即使自己约定在关闭城门的第二天晚上打开城门,万一那个时候刘玉春对各城门盯得很严,举动不了,又怎么办?跟其他城门的守军联络,一块投靠北伐大军,更加难以成功。

算了,还是自己单独干吧。赵璇滢曾经常常来跟自己见面,如果她再次出现该有多好呀。一个赵璇滢,起码抵得过一个团的兵力。

赵璇滢果然来到了余瑞华面前。余瑞华大喜过望,不等她开口说话,率先表示要投靠北伐大军,随即迫不及待地询问她究竟应该怎么与城外的北伐大军相互配合,一举攻克武昌城。

在赵璇滢看来,联络其他守军一块打开城门,或许不太容易,但可以利用老百姓出城的机会旁敲侧击,动摇他们的信心,迫使他们在余瑞华打开城门迎接北伐大军的时候不会抵抗;再说,城里的士气已经低落到了极点,只要余瑞华率先打开城门,其他城门的守军说不定会积极响应。因而,不必过于担心他们。倒是刘玉春的嫡系人马,是死硬的坚守派,一定要对他们采取必要的防备措施。因而,余瑞华在这两天里,必须把城里的军事部署全部了解清楚,制订出一个稳妥的方案,以便在打开城门以后,能带领北伐大军攻击顽固的敌人,一举消灭刘玉春。

余瑞华命令卫兵化装成老百姓,混出城门,进入汉口,辗转来到武昌南湖,把情报送到余瑞祥手里。

王俊喜依靠收买的人马,没能拿到王俊林的痛脚,却发现了赵璇滢跟余瑞华的行动,命令那些人马继续监视余瑞华跟赵璇滢,拿到他们跟北伐大军联系的铁证,全部转嫁到王俊林头上,借刘玉春的手砍掉王俊林的脑袋。

谁知王俊林越来越疑心重重,当身边人有异动的消息传入他的耳朵以后,他勃然大怒,命令心腹干将抓起被王俊喜收买的人,就是一阵恶狠狠的毒打。很快,他得到了全部内情。

第六章 破城

王俊林怒火冲天，心想：我一再容忍王俊喜，他竟然如此不知好歹，想要谋害我的性命，决不能再对他手下留情，一定要除掉他！

不过，一想起叔叔的死亡，王俊林不得不收回了干掉王俊喜的想法。但是，他决不能让王俊喜将这些消息泄露出去，要不然，不仅他确实会遇到很大的麻烦，连余瑞华、赵璇滢也难脱干系。

余瑞华、赵璇滢要跟北伐大军联系，让他们联系去吧。反正王俊林是准备投靠北伐大军的了。一旦余瑞华真的打开城门，王俊林立即出马，宣布全师同时投诚，把一切功劳全部算在自己头上，获取北伐大军的欢心。

思虑妥当，王俊林以那些被王俊喜收买的手下作诱饵，钓出了王俊喜，将他秘密关押起来，同时命令那些家伙继续刺探余瑞华跟赵璇滢联络的情报。

三天过后，城门关闭了。

刘玉春立马调整部署，命令忠于他的人马全部组成监督队，监视所有的城门，并且负责督促各城门的一切军事行动。

这天夜里，跟余瑞祥约定的时间快要到了，余瑞华亲自来到通湘门的城墙上，检查部队的防备情况。

命令已经下达了，全营的人马已经做好了准备，将监督队暗地里包围起来了，只等一声号令，冲上前去，消灭这些家伙，然后打开城门，迎接北伐大军进城。

望着城墙外面，余瑞华心里洋溢着一种难以说清的情愫。一直跟二哥为敌的状况，即将在今晚彻底结束，从此将跟二哥一块并肩作战，为了国家和民众，横扫一切军阀势力了。

约定的时间不知不觉来到了。

余瑞华精神振奋，立即准备下达消灭监督队、打开城门的命令。

王俊林突然出现在他的面前，命令道："各部立即行动，消灭监督队，打开城门，跟北伐大军会合，共同攻击蛇山阵地，消灭刘玉春。"

余瑞华大喜过望，赶紧重复了王俊林的命令。

埋伏的人马敏捷地扑向监督队，不一会儿，便将他们全部消灭，然后拿起火把，在城墙上接连不断地晃动着。顷刻之间，城墙外面犹如岩浆迸发，一下子冲过来无数人马，一齐打着火把，喊声震天。

余瑞华和王俊林隐约看到余瑞祥冲在前面，正迅速地向城墙靠近，激动万分，连忙奔下城墙。城门打开了，北伐大军如飞一般地冲进了城。余瑞华吩咐各路人马，在前面带路，率领北伐大军朝各方向迅猛地攻了过去。

"现在，我们又走到一块来了。"王俊林握着余瑞祥的手，兴高采烈地说道。

余瑞华已经率领一拨人马，不顾密集的炮弹在头上嗖嗖乱飞，向蛇山展开了猛烈的攻击。

叶挺指挥独立团迅速向城门四周卷击而去。

余瑞祥跟王俊林一起，随着兵士向城内前进。突然，从侧面闪出一个熟悉的人影，正兴奋地朝他跑来。余瑞祥心里一阵激荡，不知不觉停下脚步，眼睛跟随她的身影迅速转动，想呼唤她，可是，张了张嘴，没喊出声来。

"赵璇滢，我们在这里！"王俊林挥了一下手，喊道。

那个熟悉的身影停了下来，朝余瑞祥望了一眼，迅速张开双臂，鸟一样地飞了过来。余瑞祥再也按捺不住，迎着夫人快步走了过去。

第七章 利益与信仰

终于攻克武昌，跟亲人们团聚了，对王俊林师进行了改编，把它纳入第四军的旗下……所有这些，无不令余瑞祥心里充满了欢乐。

该师幸存下来的官长，仍然担任原职，因为死亡和受伤的空缺，由第四军抽调其他部队人员补齐。余瑞祥派遣了一些共产党人负责政治思想工作。

整个部队迅速恢复作战能力，而且面目一新，王俊林觉得这笔买卖实在太划算了，内心十分欢快。

经历了那么多事，终于跟二哥站在同一阵线，余瑞华真有一种凤凰涅槃的感觉。他原来对二哥有多仇视，现在就有多依恋，巴不得时时刻刻跟二哥在一起，向他诉说这些年自己走过的道路，自己的心思，以便得到二哥的教导。可是，二哥一直很忙，根本没有时间跟他见面，更别提说话了。

"也许，我早一点打开城门，情况会完全不同。"

当余瑞华第一个打开城门以后，遵照王俊林的命令，该师相继打开了中和门、保安门。随即，把守其他各城门的将领听到消息，纷纷效仿。只有刘玉春率领的一千余人盘踞在蛇山，负隅顽抗。些微兵马，立马陷入了北伐大军和倒戈部队的汪洋大海之中，不多久便被吞没。天快亮的时候，武昌全部落入北伐大军之手。督军陈嘉谟化装逃跑，没逃得过兵士们的火眼金睛，最终被生擒活捉；刘玉春躲到一个英国传教士的家里，同样没能逃脱被捉住的命运。

北伐大军风扫残云的威势，令余瑞华心情激荡，亢奋莫名。可是，率部向蛇山进攻的时候，看到沿途到处都是饿死的老百姓，他十分伤感。他真希望时光倒流，老天爷再给他一次机会，那么，北伐大军一打过来，他准会毫不犹豫地打开城门，投靠他们。然而，时光不可能倒流。好在他亲眼看到，北伐大军一入城，立即对没能出城的嗷嗷待哺的老百姓发放粮食，挽救了很多人的生命。

"他们确实跟陈嘉谟、刘玉春完全不一样！"余瑞华感叹道，"我为什么因为对二哥心怀不满，看不到北伐大军才是拯救民众拯救国家的希望呢？"

北伐大军占领武昌的日子是十月十日。这一天，汉口、汉阳的民众正在汉口华商跑马场举行欢庆集会。他们得到武昌解放的消息，无不欣慰雀跃。一时间，歌声、欢呼声、呐喊声，宛如惊雷，在天空中经久不息。喜悦的民众甚至翻箱倒柜，找出了仅有的一点钱，买来过年时节才会燃放的鞭炮，整整一天一夜，鞭炮声没有间断过，汉口的天空中淤积着浓烈的火药香味，久久不散。

王俊财立即过江，见到余瑞祥，感慨地说道："十五年前的十月十日，你率领革命党人攻下总督署，占领武昌，点燃全国革命党人起义的火焰；十五年后的今天，又是你率领北伐大军，攻下武昌。历史的轮回，值得回味。"

余瑞祥一直忙于军务，丝毫没有想到这一点。十五年一个轮回，他竟然在不知不觉中再度创造了历史。是的，是创造了历史，而不是历史的重复，因为历史任何时候都不可能重复。十五年的时间里，他走过了艰难曲折的道路，经历过家庭的悲欢离合，在探索救国救民道路的过程中，终于找到共产党，加入了共产党。他坚信，只有共产党才能救中国。

"真没想到，前后十五年间，我竟然在同一个日子里让不同的旗帜飘荡在武昌的上空。"余瑞祥顿了一下，说道，"我相信，从此以后，我们的旗帜将一直在武昌飘荡下去。"

这时，王俊林过来了。听了余瑞祥的话，他心里也是一阵翻江倒海，说道："是啊，十五年前，我们一块攻占了总督衙门，引起天下响应，终结了封建帝制；现在，我们又走到了一起。回顾这十五年来你我做的事情，我感到，还是你做得对。今后，无论你朝哪里走，我都跟随你走到底。"

跟他们相比，赵璇滢的心境完全不同。分别多年后，再次跟丈夫走到一块，她分外欣喜。想起召集昔日的妇女救护队的时候，绝大多数救护队员因为嫁人、生了孩子，再也不愿意经历战火，她萌发了不再上战场的想法，幻想从此以后跟丈夫甜甜蜜蜜地生活在一起，做一个小女人。可是，她生来不是做小女人的料。丈夫固然给她带来了精神上的满足，而且还告诉了她许多以前从未听说过，或者说虽然听说过却始终搞不明白的东西，比如北伐大军的主张，比如什么是共产党，国民党跟共产党的合作，共产党的最终目标。一下子令她抛弃了做小女人的梦想，决定跟随丈夫一道走下去。

想起北伐大军刚入城时亲眼看到的情景，赵璇滢心里隐隐涌起不祥的预感。

那时候，她离开刚刚见面的丈夫，正要带领昔日的几个旧部前去救护伤员，竟然遇到北伐将士抢夺平民财产。她对丈夫说道："依我看，北伐大军并没有真正做到军令统一。有的部队，实在不敢恭维。"

余瑞祥表情凝重，说道："现在是国民革命时期，按照总书记陈独秀的说法，我们共产党人只不过为国民党充当苦力。国民党的军队成员复杂，这是必然的。只能一步步加以解决。眼下，打倒列强除军阀，才是我们最重要的目标。"

赵璇滢说道："我希望拉起一支妇女队，为北伐大军做点事情。"

"还像首义时期一样吗？"余瑞祥问道。

"不！我希望拉起一支能上战场作战的妇女队，而不是救护队！"

"为什么？"余瑞祥问道。

"你们不是主张男女平等吗？男人能上战场打仗，女人为什么不能？"赵璇滢不等丈夫回答，马上添加一句，"何况，古代还有花木兰代父从军，上阵杀敌，现在的女人难道连花木兰都不如吗？"

余瑞祥一直希望扩大共产党的队伍，夫人提出组建妇女队，让他眼前一亮，不由自主地露出了微笑。

虽说自从出师以来，北伐大军几乎攻无不克，战无不胜，但余瑞祥很清楚，在北伐大军里面埋下了巨大的隐患。国民党右派不仅不希望共产党人在北伐大军里做出多大的事情，而且大肆攻击国民党左派，甚至连中派都成为国民党右派攻击的对象。共产党人为了顾全大局，一再忍让，根本没有指挥权。眼下，汉口、汉阳、武昌已经全部落入北伐大军手里，唐生智在极力扩充军队，其他北伐军队同样不遗余力扩充队伍。争权夺利的队伍不可能担当起北伐的使命，共产党人为了革命的前途，应该趁机扩充自己的武装，控制更多的部队，作为北伐的先锋。

为此，余瑞祥心里早有盘算：一定要在国民革命军整编之际，公开提出扩充共产党军队的计划。组建妇女队，应当成为其中最浓重的一部分。

为了适应形势的发展，南方政府将要搬迁到江城来，以便适时掌控整个北伐事业。黄埔军校政治科也将随之搬迁武昌。余瑞祥向共产党中央提出了派遣一些妇女进入黄埔军校政治科，以便尔后组建妇女队的建议，得到了批准。

余瑞祥询问赵璇滢："夫人，有多少妇女愿意跟你一起加入国民革命军？"

"是不是已经可以把她们组织起来了？"赵璇滢兴奋地反问道。

"可以把她们拉到我这里来。"余瑞祥说道，"我希望你挑选一些有文化的妇女，尔后进入黄埔军校政治科学习，为妇女队准备指挥人员。"

黄埔军校政治科正式迁移到武昌以后，不少妇女跟随赵璇滢一道，进入该校。

与此同时，各部正在进行整编，王俊林部仍然保留了一个师的编制。

其他各部都在将师扩大为军，自己却原地不动，王俊林不觉有些酸葡萄心理。毕竟刚刚投靠北伐大军，后娘养的孩子不受待见，是司空见惯的事，没处说理，他心里再不舒服，也只有忍耐，打算从其他方向找一点文章做。

没过多久，王俊林找到了可做的文章。

原来，北伐大军名义上是统一的，其实不仅分共产党与国民党的军队，而且还分黄埔军队与非黄埔军队。共产党的军队只有一个团，即名扬天下的独立团。独立团最具战斗力。其他哪一支部队都没有独立团的贡献大。但其他部队官长摇身一变，团长可以当师长甚至是军长，只有独立团团长叶挺，仅仅只是一个副师长；余瑞祥只不过是第四军负责政治宣传工作的政工人员。

原以为余瑞祥不是总司令，最起码也是副总司令，谁知竟然是这种角色。王俊林试图抱着替余瑞祥和共产党不值的态度，烧起一把火，从中谋取个人的好处。

私下里，王俊林对余瑞祥说道："依我看，这一次整编，分明有些欺负你们共产党。我本来是投诚过来的，没有扩编，心里还好受一些，你们不同，论战功，独立团最大，没有你出奇谋，武昌绝不可能轻易落入北伐大军之手。但是，你们什么都没有得到，我实在替你们感到不值。"

余瑞祥正色道："我希望你明白，不论是国民党，还是共产党，只有打倒列强除军阀一个共同目标。希望你不要做与目标不相适应的事情。"

王俊林颇有点悻悻然。但是，他不能就这样算了，依旧打定主意，只要时机成熟，一准会扩充自己的实力。眼下，北伐大军正在秣马厉兵，一旦继续北伐，打到河南去，他决计学习唐生智的榜样，打一路，发展一路，等待自己人马强壮了，看谁还敢不对他礼让三分！

他需要别人对他顶礼膜拜，这种感觉太好了。

自从打开武昌城门以来，汉口、汉阳、武昌三镇像煮沸的开水，仍在不断地添加柴火，不住地沸腾，到处洋溢着欢快的气息，到处都是一片欢腾的海洋。王俊财别出心裁，联合余瑞光、赵承博，为王俊林、余瑞华在关键时刻打开城门，解救武昌的老百姓于水火之中，举行了盛大的欢迎仪式。一时间，老百姓发自内心地为王俊林、余瑞华欢呼喝彩，各种各样的节目，无一不是颂扬他们的。这是自从王翔宇死后，王氏家族从来没有得到过的荣耀。王俊林陶醉了。他第一次看到夫人余雅芳对他露出了会心的笑意，也看到了母亲的笑脸。

在欢庆仪式上，余梅芳遇到了王俊林，问道："现在，你已经知道什么是南方政府什么是南方军队了吧？"

是的，他不仅知道，而且自己也成了其中的一员，心里乐滋滋的，笑而不语。

王俊林认识到民众的欢呼喝彩才是对他最高的褒奖。如果没有余瑞祥，他很难想象，平生怎么会有这样的礼遇。他很想加入共产党，成为像余瑞祥那样的人。他慎重地向余瑞祥提出了入党的要求。

其时，第四军代理军长已经担任方面军总司令。王俊林率部投入他的麾下，代理军长原来不曾借重他，现在却要笼络他抓住他。

方面军总司令派遣一个心腹，将王俊林请到他的下榻之处，先绕了很大一个圈子，然后说到主题，希望王俊林加入国民党。

王俊林从不受此人重视，现在此人竟然当面邀请他加入国民党，顿感抱上了一棵大树，心里非常高兴。不过，他准备先钓一钓此人的胃口，说道："容我想一想。你知道，我一向没有参加过任何组织，得有一个心理准备过程。"

转过头，王俊林希望余瑞祥早日吸收他加入共产党，把这些全部告诉了余瑞祥，问道："你说，我该怎么办？"

国共合作时期，一切都要以团结为重，更何况，根据共产党跟国民党达成的协议，共产党员要全部加入国民党，余瑞祥共产党员的身份早已公开，也是一个跨党党员。他说道："如果你愿意，你可以加入国民党。"

这不是王俊林希望的答案。他说道："可是，我很希望参加共产党。你知道，我们一直是很好的朋友，刚刚走到一起来了，难道又要分开？"

余瑞祥说道："你放心，我们不会分开。我现在也是国民党员嘛。"

从此以后，余瑞祥只要有时间，就跟王俊林谈共产党的信仰、共产党的主张、共产党的未来。

余瑞华跟他二哥一样，不在乎自己到底有什么样的前程，只在乎到底能够树立什么样的信仰。现在，更多地听到了有关二哥的传说，并且较多地跟二哥接触，他很想跟二哥一样，成为共产党人。

二哥一直很忙碌，余瑞华没法跟他说，决定向赵璇滢求教。

赵璇滢已经将孩子交给母亲，拉起了一支妇女队，编列在余瑞祥所在的那支队伍里。她也要加入共产党，原以为余瑞祥已经是共产党了，丈夫又是了解自己的，只要自己提出要求，马上会得到批准。

谁知余瑞祥却说："要想参加共产党，必须受到严格的考察。你虽说具有朴素的无产阶级感情，目前还不够加入共产党的标准。需要积极提高自己。"

紧接着，余瑞祥总会挤时间跟赵璇滢谈共产党的主张以及怎样才能成为一个真正的共产党人。所以赵璇滢对共产党的认识有了很大提高。

知道了余瑞华的心思，赵璇滢非常高兴，马上把丈夫对自己说过的话原原本本地告诉他，最后说道："我们现在都不是共产党人，但是，既然要做共产党人，就必须把这一切都了解清楚，为加入共产党创造条件。"

余瑞华眼前似乎出现了一片曙光。从此以后，几乎每天，他都会挤出时间，面见赵璇滢，从她那儿了解共产党。共产党的目标是实现全天下人一律平等，他觉得这似乎过于充满幻想，不切实际。毕竟，自古以来没有实现过社会平等，难道共产党能够开创出一个前所未有的历史吗？赵璇滢又不能给予他更多的东西，他踌躇不定，不知不觉收回了早日加入共产党的愿望。

这当口，余瑞光曾经来到余瑞华的军营，说起他的婚事。

作为余府的长子，在父母相继去世以后，余瑞光理所当然地挑起了家族的全部责任。三弟的婚姻，他不能不关心。在此之前，他曾经多次希望三弟早日成亲，但余瑞华一直婉拒。他知道三弟的病根，三弟不打消恐惧感，恐怕终其一生都不会亲近女人，更不会跟女人成亲。他费尽了心机，不仅自己跟三弟谈，还动员夫人以及妹妹。

余梅芳回到余府以后，听说了三弟的荒唐事，也曾经劝说过他。

余瑞华无法婉拒大姐的好意，只有使出缓兵之计："现在要跟北方军阀打仗，不是成亲的时候，等局势缓和了再来说。"

"你可要说话算话。"余梅芳深以为然。

余瑞光觉得三弟的想法比以前进步多了，满心欢喜，和家人在一块，商量着要为他选定成亲对象。

赵璇滢说："瑞华有自己的思想，我们不能替他做主。"

余瑞光一愣，眼帘浮现出当年自己跟赵璇滢成亲，到最后却劳燕分飞的情景，再也无话可说。

大家都觉得赵璇滢说得有理，可是，总不能一直让余瑞华拖下去。于是，余梅芳再度亲自出面，去征询余瑞华想找一个什么样的女人。余瑞华原是推脱，大姐一定要当真，他提不出什么条件，只能一切都交给大姐做主了。余梅芳果然替他物色了一个漂亮而又知书达理的女人。

虽说东边的战争仍然打得如火如荼，武昌落到北伐大军手里以后，江城方向的战事彻底告一段落，各路人马都没仗可打，悠闲自在地进入休整状态，并借机扩充军力。

城门刚打开那段时间，余瑞光一天到晚有应付不完的事情，忙得焦头烂额。当一切进入正常轨道以后，他想起了余瑞华的婚事。北伐大军迟早要打向河南，趁着休整的机会，把余瑞华的婚事办了，了却一个心愿，可以向九泉之下的母亲交代了。不过，他不能完全自作主张，向余瑞祥说起了自己的打算。

余瑞祥正在组织人员向社会各界宣传北伐大军的主张，宣传孙中山的三民主义，没有时间管这种事情。但哥哥一脸的期待，他不能泼凉水，说道："如果余瑞华同意成亲，眼下倒是一个好机会。一切有劳哥哥操心了。"

二弟一席话，坚定了余瑞光尽快让余瑞华成亲的决心。

看到大哥，余瑞华率先说道："大哥，你的纱厂拥有好几千工人。你觉得，那些财富是你自己创造的，还是工人创造的？"

余瑞光一怔，问道："你怎么说出这样的话来了？"

余瑞华一脸严肃地说道："按照共产党的逻辑，你剥削了工人的剩余劳动，是不劳而获的寄生虫。纱厂应该归全部工人共同所有，你跟工人应该是平等的。"

"我开设纱厂，固然需要雇佣工人，但是，本钱是我拿出来的，规划是我订出来的，厂子也是我在管理。工人付出了劳动，我付给他们工资，这是天经地义的。我没有亏待工人，工人等于是工厂的主人。如果工人不干，我不会勉强。相反，如果我不开设厂子，工人到哪里去弄钱养家糊口？"

听了大哥的话，余瑞华思维更加混乱了。竟然不知道还要问什么。

余瑞光对共产党的一些信仰持同情态度，但绝不是完全支持共产党；相反，国民党的主张更符合他心中的愿望。在他看来，人都是自私的，不是出现了一种什么样的理论，就可以让人变得高尚，或许只会导致虚伪与无耻。

不知道三弟的真实意图，余瑞光马上跳转话题："我今天找你，是想跟你商量，定下日子，准备让你成亲。"

余瑞华大吃一惊，瞪大眼睛看着大哥，好像不认识他似的。

余瑞光笑了笑，继续说："瞧你，怎么变成这个样子了？大姐征询你意见的时候，你不是说等局势缓和了，再成亲的吗？"

"我什么时候说过要成亲呀？再说，我还没有心仪的人，跟谁成亲去呀？"

余瑞光噎着了，同样瞪大眼睛，望着弟弟，半晌，说道："你当初不是答应过大姐吗？大姐已经替你物色好了姑娘呀！"

"啊哈，这下太好了，你终于要成亲了。"一个欢快的声音传了过来。

余瑞华抬头一看，只见赵承博兴致勃勃地走了进来。

赵承博煞有介事地打量着他，说道："瞧你的样子，似乎真的不打算成亲。何必呢？人都要成亲的。我原来也不打算成亲，可是一看到了柳彤萱，立马改变初衷，什么也不顾了，一心要跟她成亲。这是人生最大的喜事。成亲能够让你成为真正的男子汉，带给你想象不到的好处。"

余瑞光一听,心花怒放,赶紧趁热打铁,附和着赵承博,一句紧似一句,非要让弟弟点头成亲不可。

但余瑞华打定主意,一直不开口。尽管王俊林帮他克服了对女人的恐惧情绪,他心里仍然对女人很隔膜,除了府上的女人,他都退避三舍。大哥他们要他成亲,他可以拒绝,但不能拒绝大姐,想出了一个推脱的理由,谁知他们竟然当真了,把事情搞到了这一步。

眼见得余瑞华一直不答应成亲,赵承博理解似的说道:"我明白,你是没有找到真正令你心动、令你觉得离开她就活不了的女人。当年我也是这样,不管谁劝,都没用。后来,我遇到了柳彤萱,哪怕我母亲反对,哪怕所有的人都觉得我不能跟她成亲,我也一定要跟她成亲。谁也拿我没办法。最终,我真的跟她成了亲。"

余瑞华顺水推舟地说:"是呀,没有找到让我心动的女人,成亲岂不是太草率了吗?"

别看赵承博表面上无忧无虑,他的心里一样充满了痛苦,只不过他是一个容易忘记痛苦、容易自我满足的人。

父亲去世后,赵府几乎没有片刻安宁。嫂子发疯,哥哥他们被赶出赵府,王府跟赵府不再来往,他失去了许多朋友和亲人,一件件事情,如同沉重的石头,压在赵承博心头,令他非常痛苦。他渴望亲人和朋友,渴望释放自己。可是,面对不讲理的母亲,他注定得不到这一切。他唯一能够交往的只有余瑞华。但余瑞华身在军营,并不能经常跟他见面。北伐大军围困武昌以后,他完全失去了跟余瑞华见面的机会。嫂子在攻城之际发了疯,令他对攻守双方都极度厌烦。他很希望战争能够马上停下来,再也不愿意看到战争。可是,战争还在没完没了地打下去,为了让战争尽快结束,他曾经帮助过北伐大军,给他们提供过经济援助。他甚至很想进入武昌,告诉余瑞华,不要继续打下去了,快点结束战争吧,可他无法进入武昌。

得到嫂子再度发疯的消息,他立即去汉口探望,结果遇见了王俊林的母亲。王府上下一看到他,马上想到他母亲虐待王芝英和赵承彦的事情,谁都不给他好脸色看,冷冷地叫他以后不要再去看望王芝英了。赵承博感到非常狼狈,退回来不是,继续留在那儿也不是。

倒是王俊财对他仍然很友善,对他说了一些感激的话。看到他受到冷落,连忙把他引到一边去,向他道歉,礼貌地询问他母亲现在怎么样。赵承博大为感动,眼泪扑簌簌地流出来了。

赵承彦看到弟弟受到冷遇，心里一样非常难受，但装出一副什么都没有看到的样子。刘芳芳一直把赵承博当作一个善良的孩子，对他非常友好，令他找回了一些心理的平衡。他没有看到赵璇滢，也没有看到王俊喜，后来听说他们都困在武昌，心里想道，要是当初自己也在武昌就好了。

等武昌被北伐大军攻克以后，他怀着十分欢快的心情第一个冲进了武昌，看到了余瑞华、赵璇滢、王俊林、王俊喜。

王俊喜为没有能够在围城之时害死王俊林心里闷闷不乐，对谁都不理不睬。王俊林得意洋洋，带着夫人出席了各种各样的庆祝活动，俨然是他一手拯救了全城老百姓。

赵府的榨油坊，由赵承彦培养的得力助手在打理，赵承博仍然可以毫无顾忌地到处转悠。

柳彤萱嫁给赵承博以后，生活上衣食无忧，本该一心一意过日子，但是，一个喜欢唱戏的优伶，一旦不唱了，心里万般空虚，加之家里的空气越来越烦闷，顿感百无聊赖，不由得时时回味起过去那种被人瞩目受人热捧的场面，期待着再次置身那种鲜花与掌声交织的环境。李香香绝不允许她重温旧梦，她只有遗憾地把这愿望压在心底。

好在赵承博理解夫人的心情，武昌落入北伐大军手里之际，他带着柳彤萱出席了民众的聚会活动。她重新出现在舞台上，用她的歌喉撩起了人们的兴趣，以至于会场上到处疯狂地喊叫着："柳彤萱，柳彤萱！"声音把天空都能震塌。

赵承博坐在台下，心里十分欢快，迫不及待地说道："她就是我赵承博的夫人！"

当年，李香香不得不屈服于儿子的要求，答应把柳彤萱娶回来当儿媳的时候，曾经为柳彤萱量身定制了一条规矩：不能继续抛头露面，彻底断绝跟下九流的人来往。

柳彤萱遵守了这条规矩，李香香慢慢地接纳了她。只是有一个遗憾，儿媳一直没有开怀，为此，李香香想尽办法，想要儿媳快点替赵府生下后代。可是柳彤萱的肚子一直不争气，用尽了各种各样的办法，种下去的种子仍然不能发芽。没有孩子就没有孩子吧。柳彤萱后来彻底失去了生孩子的欲望。但李香香的期盼一日甚于一日，生怕赵承博无后，赵府会落到赵承彦手里，她开始要求儿子纳妾。赵承博可以寻花问柳，却担心父辈的恩怨会在自己身上重演，绝不会纳妾。李香香觉得是柳彤萱在背后捣鬼，开始不时地敲打她，咒骂她。柳彤萱可不是王芝英，李香香对她好时，她尊敬李香香，孝顺李香香。丈夫旧病复发，她一天到晚跟赵承博生气，现在李香香也来说她，甚至骂她，她便不舒服了，虽说不敢回骂，绝不会听任李香香骂她，眼睛一瞪，脚一跺，扭身就走，留下李香香一个人生闷气。

随后,柳彤萱不时地想起了昔日的风光,不时地希望有人能够给她一个机会,好重返舞台,去拥抱那些鲜花和掌声。作为赵府的少夫人,羁绊太多,她不能走出家门,一直闷在心里。

北伐大军攻克汉口、汉阳以后,举行了一系列宣传活动,特别是那些共产党人,竟然是天才的鼓动家,排起了许多节目,唱歌呀,唱戏呀,搞得火红。赵承博带她去看了一回,她的心马上动摇了。她要走出家门,要唱歌,要唱戏,要像共产党一样,赢得民众的真心欢呼。她支支吾吾地告诉了丈夫。赵承博费了很大的功夫,终于明白了她的心思。夫人想唱歌,不是上舞台,而是在大庭广众之下,有什么大不了的?她想唱,让她唱去呗。

赵承博点头应许,在北伐大军进入武昌的那天,华商跑马场举行的集会上,柳彤萱重出江湖,用嘹亮的歌喉,唤醒了民众对过去那个名伶的记忆。

柳彤萱重登舞台,北伐大军进入武昌,成为两件轰动武汉三镇的新闻。

名声再度打响了,柳彤萱兴奋莫名,赵承博觉得脸上有光,他母亲李香香却不愿意了,严令柳彤萱遵守约定不准再度登上舞台。

赵承博欣赏夫人的演技,也对母亲一向很反感,但这一次,母亲的话打动了他:"女人爱出风头,就经受不了男人的引诱,迟早会红杏出墙。"

是呀,柳彤萱当年多么牛气冲天,不管谁送她东西,她都接受,可决不接受人家任何非分要求,最终不是被自己娶回家了吗?可见人是有价码的,给足了价码,什么都可以出卖,别说肉体。他是男人,自己可以花天酒地,绝不能允许夫人招蜂引蝶,从此以后,再也不允许柳彤萱登场。

其实,柳彤萱稍稍满足了虚荣心,并没有再度登场的打算。不过,李香香越反对,她越发准备再度登场。这样一来,赵府闹得不可开交。

赵璇滢目睹了柳彤萱受万众瞩目的场面,倒也十分希望她能够给民众带来更多的欢快。得知李香香和赵承博不再允许柳彤萱登台演唱的消息时,她打算亲自去劝说他们。

"柳彤萱唱得太好了。"余瑞祥对夫人说道,"只可惜,再也看不到她的身影。"

赵璇滢问道:"你希望看到她复出吗?"

"现在,新市场已经改成血花剧场,我们的队伍正在那儿排练新的剧目,目的在于唤醒民众,为打倒军阀打倒列强出力,缺少像柳彤萱这样的知名角色。"余瑞祥说道。

本已打定主意要劝说李香香和赵承博让柳彤萱再度登上舞台,现在,丈夫也有这种心愿，赵璇滢再也不想等待了，挤出时间，去了一趟汉阳。

李香香看到赵璇滢，心里十分快活，对她问寒问暖，关怀备至。听说赵璇滢再次拉起了队伍，不是去救护伤员，而是像男人一样打仗，李香香吓得脸色苍白，连忙阻拦。

赵璇滢说："你一向都看不惯女人抛头露面做事情。可是，这是社会发展的大趋势。我母亲已经能看惯了，我相信，你也一定会看惯的。"

李香香讪讪一笑。柳彤萱跟赵璇滢一见面，赵璇滢立即对她的演技大加夸赞，随后询问她能不能抽出时间，排练一些新剧。李香香赶紧打断赵璇滢的话头。赵璇滢一向十分果决，自己想做什么事情，丝毫不受任何人的影响，几句话就把李香香逼入死角，做声不得。柳彤萱得以加盟血花剧社，加紧排练节目。

夫人不在身边，赵承博更加肆无忌惮地到处找乐子。他忽然想起了余瑞华，赶紧过江来找他，竟然碰上余瑞光在劝说余瑞华成亲。一向好事的赵承博岂能错过这个挥洒自己本领的机会？

余瑞光一听赵承博和余瑞华的对话，深知自己无论怎么劝说，都不可能让三弟回心转意了，叹息一声，离了开去。

大哥走了，余瑞华更觉轻松，想跟赵承博敞开心扉聊一聊，不料王俊喜来了。

没能害死王俊林，王俊喜一直觉得很遗憾，更加遗憾的是，他在王俊林身边收买和安插的人马，被识破了身份，转而再次投靠了王俊林，把自己的密谋全部告诉了王俊林，由此，他被王俊林下令抓起来关了一阵子，真的跟王俊林成了生死对头。他想来想去，准备以余雅芳只能在王府忍气吞声为借口逐步挑动余瑞华仇视王俊林，让余瑞华帮助自己共同对付王俊林。没想到，竟然碰上了赵承博。

王俊喜是带领赵承博逛妓院进赌场的人，如果不是姐姐王芝英被周莹莹、李香香逼疯了，他们至今还是好朋友。可惜的是，王芝英发疯的事情暴露以后，他因为怨恨李香香和周莹莹，连带着恨上了赵承博。现在，看到赵承博洋溢着欢乐的脸，他想起赵承博一样看不惯王俊林，为了对付王俊林，打算把过去的恩恩怨怨抛弃到一边，跟赵承博重续友谊。

他们谈天说地，丝毫不觉得一天的时间倏忽之间便过去了。临别之际，赵承博说道："我夫人为了帮助北伐大军，准备重返舞台。"

余瑞华、王俊喜说道："尊夫人登台之日，我们一定会去捧场。"

这时候，南方政府的局势正在发生微妙的变化。迁都江城一事，本来早已铁板钉钉，蒋介石一开始也极力赞同，因为武汉卫戍司令的桂冠不能落到他的嫡系将领头上，

第七章　利益与信仰

蒋介石率领一部分北伐大军，一路向东打去，费尽心机把南昌收入囊中之后，打起了新的算盘：南方政府果真迁都江城的话，那儿已经脱离了自己的势力范围，难以控制整个中央政府，一旦把中央政府迁移到南昌，处在自己的掌握中，必然可以予取予夺，号令天下。因而，在蒋介石的策划下，跟随他一路东下的北伐大军鼓噪起了定都南昌的呼声，并且蒋介石以北伐大军总司令的名义，将本来准备到江城落脚的中央政府大员引诱到了南昌，紧接着，抛出了建都南昌的提议。

蒋介石的提议立即遭到了大多数国民政府要人的反对。各位大员一怒之下，纷纷离开南昌，到达江城，决定在汉口南洋大楼设立中央政府，中央党部则进驻武昌红楼。

武昌、汉口、汉阳被长江和汉江切割成三个部分，一直没有统一的名号。国民政府进据江城，正式把它定名武汉。

余瑞祥深知蒋介石的秉性，反击蒋介石的态度最为坚决，奈何中共中央以及共产国际一再退让，让蒋介石一步步攫取了军事上的实权。共产党人在北伐大军里面，只能仰人鼻息。余瑞祥不以为意，一如既往地开展各种各样的宣传鼓动工作，把宣传工作搞得有声有色。听说了柳彤萱的名声以后，很多人希望能劝说她加入到由共产党人组织起来的血花剧社。最后，余瑞祥鼓动赵璇滢，说服了柳彤萱。

王俊喜早就知道柳彤萱的名声，也曾经对柳彤萱动过心思，试图将她勾引到手。柳彤萱刚开始的时候还刻意逢迎他，一旦听说他成了亲，立即拒绝跟他进一步交往，他只能眼睁睁地看着柳彤萱落到了赵承博手里。赵府跟王府关系疏远了，王俊喜不能亲近柳彤萱，也听不到她的歌声，看不到她的演技，又一直在向王俊林寻仇，不得不放弃了柳彤萱。

柳彤萱复出了，王俊喜心里再一次泛起了对她的迷恋和好感。面对赵承博，他不能不压抑自己的冲动，最后实在压抑不了，便在柳彤萱登台的时候，来到了现场。柳彤萱的唱功，柳彤萱的每一个眼神，每一个动作，都惹得他心里大冒欲火，怎么也遏制不了。他恨不得跑上台去，请求跟她共度良宵。但又本能地知道，她是赵承博的夫人，不能动。他实在控制不了自己，很想退出，免得身心备受煎熬，双脚又好像钉在地面上一样，一动不动，被她勾了魂。

她真是越来越有韵味了，比以前更加惹人爱怜。他在心里说道。眼帘闪现出自己的夫人和小妾，曾经玩过的无数女人，虽说当时在他的眼里，都是绝色佳人，现在都被柳彤萱比下去了。

柳彤萱表演完毕，王俊喜很想跟她说一说话，情不自禁地朝后台走去。

有几个军官正在前面，骂骂咧咧地说着什么。

王俊喜一向非常在意军官们的情绪，停下脚步认真谛听。说的是湖南的农民运动。说什么农民协会把他们当地主的父亲抓起来，游街，羞辱等等。

这不是你们南方政府做的事情吗？你们南方政府叫人家做了，你们又不满了！他在心里骂道，转身准备离开，那两个家伙竟然说要联络更多的军官，向唐生智将军施加压力，迫使他出面要求解散农民协会。

"真是见鬼，果然跟吴佩孚是一路货色，谁都不是好鸟！"王俊喜再也不愿意听下去了，赶紧离开，走向后台。

他忽然开了窍：是呀，联络更多的军官，跟王俊林闹，王俊林还能干出什么大事来？不只是让他干不出大事，还要置他于死地！他们不是还要北伐吗？收买那些军官，让他们不执行王俊林的命令，或者说在战场上结果了王俊林，不是比收买他的心腹更有效吗？

想到这里，王俊喜仿佛觉得王俊林已经是一个死人了，愈发精神振奋，脚步轻快了许多，人也畅快了许多，口里还不停地哼着柳彤萱唱的歌。

赵承博早早地在后台等候着，一看到王俊喜，喜悦地说道："王老哥，谢谢你前来捧场。"

柳彤萱笑嘻嘻地出现在他们面前，向丈夫抛了个媚眼，紧接着问王俊喜："你是行家，觉得我的戏路还没生疏吧？"

王俊喜笑道："柳彤萱就是一张金字招牌，任何时候都受欢迎。"

"这么说，你应该让嫂夫人也抛头露面，出来高歌一曲了。"赵璇滢突如其来地出现在他们的面前，笑嘻嘻地对王俊喜说。

"她要是有柳彤萱百分之一的魅力，我也愿意让她出来呀。"王俊喜说道。

第八章 风雷激荡

这段时间，余瑞祥实在忙极了。尽管跟夫人一别经年，现在重聚武昌，又有女儿余亚男承欢膝下，一见到他，女儿立马扑倒在他怀里撒着娇，摸着他的胡子，在他的脸上轻轻地拍打着，他享受到了从来没有的天伦之乐。但是，一天到晚有忙不完的公事，他无法沉浸在家庭的欢乐当中。

他这不是第一次看到女儿。其实，北伐大军围攻武昌的时候，岳母曾经带着孩子，到攻城指挥部寻过他。

周莹莹身居汉口租界，听到传言说指挥北伐大军攻城的人是女婿余瑞祥，因为女儿困在城里，担心女儿的安全，带着余亚男巴巴地赶到武昌城外，以为女婿能想到办法，快点把女儿救出来。

女婿确实是一块金字招牌，周莹莹只要说出自己与女婿的关系，并把外甥女往前一推，一路畅通无阻，很快出现在余瑞祥面前。孩子不认识父亲，乍一看到他，吓得只朝姥姥的背后躲去。周莹莹叫她喊父亲，她怯生生地望着余瑞祥，怎么都喊不出口。余瑞祥的心弦被轻轻地敲击了一下。他伸出手来，很想把孩子抱起来，孩子还是不敢到他的身边去，一头扑到了姥姥的怀抱。后来，在岳母的劝导下，孩子总算喊出了"父亲"两个字。

"为了亚男，你也得快点把我女儿救出来！"周莹莹说道。

"你放心，她不会有事。"余瑞祥说道，"不说别的，我女儿需要母亲，璇滢怎么可能有事呢？"

"我不听你瞎扯，我只要快点见到璇滢！亚男需要母亲！"

"母亲，你应该知道璇滢是什么人，也应该知道她现在不可能出城。"余瑞祥说道，"你回去吧，等她出来了，我们会一起到汉口看你和孩子。"

攻克武昌以后，余瑞祥和赵璇滢当天晚上抽出时间，到汉口探望周莹莹和孩子。女儿全须全尾地出现在自己面前，周莹莹大嘘一口气，完全轻松下来。余亚男一头扑进母亲怀抱，放声大哭，谁都劝阻不了。

随后，几乎每天，余瑞祥和赵璇滢都会到租界看望她们。慢慢地，孩子跟余瑞祥建立了感情，越来越喜欢他，爱他，接近他，让他感到十分快意。只要在家，余瑞祥总能变换花样，让孩子跟他一块高兴，一块玩耍，一块疯狂。夫人看到孩子对他恋恋不舍，心里甚至涌起了醋意。

余瑞祥更加珍惜对夫人的感情。要不是夫人冒着生命进入武昌，围城期间对余瑞华做了大量说服工作，北伐大军什么时候能攻克武昌城仍在未定之天。想到每当危急关头，夫人总会出现在他身边，带给他力量，给予他帮助，他的心里便流淌着一股暖流。他感到自己实在离不开夫人。因而，夫人说她想参加北伐大军，他想都不想一口答应下来。

这几年来，周莹莹一直跟女儿住在一起照料余亚男，母女关系越来越融洽。一听说女儿要离开家庭，再次走上战场，她说什么也不愿意。

"打仗能得到什么好处？宣统三年，你跟女婿一块上过战场，结果怎么样？"周莹莹见女儿瞪起了眼睛，只好转移了数落对象，"不说你了，只说女婿，他哪一年没有上过战场？打来打去，除了家庭支离破碎，骨肉分离之外，什么都没有得到！"

当年赵璇滢全然不顾余昌泰和赵嘉勋等人的反对，放着余府的少夫人不当，要去当兵上战场；现在一听自己的话头不对又瞪眼竖眉，她自知不可能阻拦女儿，只能泪水婆娑，可怜兮兮地望着女儿，希望女儿能够回心转意。

"母亲，这几年，我想做什么，你都没有反对。在这件事上，我希望你继续支持我。"赵璇滢心肠软下来了，态度依旧坚决。

"你有孩子。你走了，亚男怎么办？"周莹莹使出了最后一枚重磅炸弹。

"不是还有你吗？"赵璇滢笑道，"你是天下最好的母亲，把亚男交给你，我和瑞祥都很放心！"

周莹莹叹息一声，缓缓地起身，抱起余亚男，走进内室。

"母亲，我会好好照顾自己的！"赵璇滢心怀歉疚地进入了军营。

其时，赵璇滢已经动员了一些昔日的妇女救护队员，并让她们带动了许多有爱国情怀的女性，准备进入军营。她们被编入第四军，先进行军事操练。等黄埔军校政治科搬迁到武昌以后，从中抽出有文化有思想的队员，安排进去学习。

昔日张之洞创建的两湖书院，被确定为中央陆军军官学校政治科的基本校址，命名为中央军事政治学校。因为革命形势高涨，急需培养大量人才充实部队，政治科的招生规模远远超出当年的两湖书院，黄埔军校分校校园的面积随之扩大了好几倍。

当年黄埔军校草创阶段，余瑞祥以卓越的军事才干及其与孙中山良好的私人关系，成为黄埔军校校长候选人之一，锋芒远远盖过了蒋介石。要不是蒋介石有许多国民党大佬做靠山，还有掌握了经济命脉的财团支持，加之余瑞祥加入了共产党，是公开的共产党员，黄埔军校校长或许真的会花落余瑞祥头上。现在，黄埔军校政治科搬迁到武昌，虽说名义上由国民党左派的重量级人物邓演达担任校长一职，但邓演达身为北伐大军的总政治部主任，还有许多要事需要他亲自处理，不能住校处理日常事务。因此，邓演达把余瑞祥调往军校，全权委托他管理分校的一切事务。

邓演达如此信任余瑞祥，是因为他们的交情一向不错。而且，两人对时局的看法和国家未来等许多重大问题，都持相似的观点。

武昌首义时期，余瑞祥是革命党人的临时总指挥，黄兴担任民军总司令时期，余瑞祥又是黄兴的副手，这样的资历，在整个国民党内部，无人可以望其项脖。余瑞祥去广州投靠孙中山以后，邓演达、蒋介石等人都对他敬重有加，常常向他请教军事问题，要不是陈炯明长期追随孙中山先生，深得孙中山先生信任，余瑞祥甚至有取代陈炯明担任粤军司令的可能。为此，蒋介石一直把余瑞祥当作潜在对手，当作自己前进道路上的最大绊脚石，一心想除之而后快。如果余瑞祥不加入共产党，蒋介石即使再煞费苦心，也难以撼动余瑞祥的地位。

国民党人相互倾轧相互攻讦由来已久，余瑞祥对此深恶痛绝深感失望。他了解到中国先进的知识分子陈独秀、李大钊已经成立共产党组织，知道原来工人阶级的政党，并不一定要由工人阶级率先发起，恰恰是先进的知识分子，可以弄清共产党的理论，并按照共产党的理论成立政党，指导工人们展开行动。他非常佩服中国共产党的创始人，决计离开国民党，另外投靠共产党。

很快，机会来到了他的面前：在共产国际的指导与斡旋下，共产党人跟国民党人展开合作，以推动北伐大业。通过跟共产党人的交谈，他真正懂得了共产党的主张。他向李大钊提出了加入共产党的要求。李大钊已经和陈独秀一道介绍林伯渠加入了共产党。现在，国民党最有影响力的军事人物希望加入共产党，李大钊当然十分高兴，准备援引林伯渠的例子，让余瑞祥成为秘密党员。可是，余瑞祥不愿意。他觉得，国共合作了，国民党并没有禁止国民党员加入共产党，为什么要偷偷摸摸加入共产党呢？他希望公开加入共产党。

这也难怪。余瑞祥一开始并不是国民党人。历经挫折和痛苦，他来到广州，帮助孙中山进行军事斗争准备，受到孙中山的热烈欢迎，孙中山亲自要求他参加中国国民党。国民党是由辛亥革命以前出现的几个革命团体联合组成的，仍然充满矛盾和斗争，余瑞祥本来不愿意参加，盛情难却，只好勉为其难地加入，成为孙中山最信任的人之一。此后，他在广州辗转腾挪，为孙中山打出了一片天地，但深切地感受到了国民党内部的许多弊端足以致使这个政党难以达成革命目的。他向孙中山先生全面汇报了自己的看法，希望对这个政党进行一系列变革。无奈积重难返，许多事情，孙中山先生也无能为力。现在，既然已经认定共产党是拯救国家的希望，他一定要成为公开的共产党人。

他说:"我不希望在暗地里为共产党工作。我要成为公开的共产党人。至于孙中山先生那边,我会向他说明情况,我有理由相信,他会尊重我的选择。"

李大钊不能不尊重余瑞祥的意见。

余瑞祥正式参加共产党的那一天,孙中山深为惋惜,却也不得不正视现实。蒋介石心头一阵狂喜,躲回老家,暗中部署打倒余瑞祥的计划。

军校筹建班子,因为考虑到余瑞祥的威望与资历远远超过了蒋介石以及其他任何现役国民党高级将领,孙中山权衡许久,综合各方面意见,决定委派余瑞祥充当黄埔军校筹建委员会的顾问,负责指导一切工作。

仅仅给予余瑞祥一个虚衔,国民党内部有很多人感到不满。邓演达是其中之一。在他看来,既然军校是在苏联的帮助下建立起来的,是国共两党合作的产物,即使共产党人不能当校长,也应该在军校占有一席之地吧?他为余瑞祥打抱不平。结果,国民党内部一场唇枪舌剑,达成协议:共产党人可以在军校以及军中担任一定的实际职务,但仅限于做政治动员工作。

"共产党不是提倡发挥人的主观能动性吗?让他们去军校政治部当主任或副主任,这个岗位最适合他们。"国民党人为共产党人找到了位置。

然而,让余瑞祥到军校当政治部主任,在蒋介石手下委曲求全,似乎说不过去,还是让其他共产党人去当吧。于是,有了张申府作为共产党人,第一个进入黄埔军校当政治部副主任的先例。

军校筹建完毕以后,南方政府总算在军事委员会里,给余瑞祥留下了一把交椅。当南方大军誓师北伐的时候,余瑞祥决定到军队里去,可是,蒋介石对他猜忌甚重,并且已经在东征以后,从第一军和黄埔军校驱赶了共产党人,当然不会让余瑞祥进入总司令部,只让他去第四军当政治部主任。

攻克了武昌,实现了北伐大军制定的第一步战略目标。广州政府北迁武汉之初,黄埔军校政治科也随即搬到了武昌城,定名为黄埔军校武汉分校,随后又改为中央军事政治学校。名义上,邓演达全权负责处理该校的一切工作,可是,邓演达实在无力管理那一摊子人马,只能求助余瑞祥。

余瑞祥来到了武汉分校,全面负责军校的日常管理工作。政治科的主要目的是培养政治工作人才,最重要的任务是开展好宣传鼓动工作。余瑞祥决计趁分校正进一步扩建、南方政府迁都武汉的机会,广泛发动群众,向民众宣传北伐大军的主张,宣传救国的道理。

他将军校的学员们划分为若干小组,作为宣传队,全面铺开,到武汉三镇各大闹市区以及交通要道,展开宣传鼓动工作。

作为军校学员,赵璇滢成了宣传队的一员。在军校里,赵璇滢年纪最大,跟其他学员住在一块,深切地感受到军校跟原来的军队大不相同。在这里,到处是火热的革命气息,到处充满了革命歌声,到处充满了革命的激情,到处都是打倒军阀打倒列强的口号声。

"这里真是一片革命的天地,怪不得丈夫一到了广州,便觉得只有广州政府是中国的希望,最能给予民众需要的东西呢。"她心想,参加共产党的愿望更加迫切了。

利用熟悉武汉三镇的优势,又有着丰富的实战经验,每当宣传队出发以前,赵璇滢都能帮助队员们做出周密的计划。第一次展开演讲,她带领几个队员,来到人来人往的路口,支起摊子,贴上宣传画报,用手提话筒,宣传革命形式,革命未来。听她们演讲的民众越来越多,不一会儿,便把路口全部堵塞住了。她的声音瞬间传到了无数民众的心里,在民众当中引发了深深的共鸣。

"原来跟民众产生共鸣的感觉是如此奇妙!"这是赵璇滢从来没有过的感觉。在这里,她找到了新的方向,愈发乐此不疲地加入到各种各样的宣传活动当中。

当军校上课的时候,她听到了许多著名的共产党人和国民党左派人物对革命形势的分析,对未来前途的展望,更深入地了解到了革命的目的。周日,她把这些知识传播到民众的心间。

第一次成功地在民众面前宣传了革命的主张,赵璇滢情绪亢奋,兴高采烈地对丈夫说道:"真没想到,原来发动民众是一件很有意义的事情!共产党真是不一样。我一定要早日加入共产党。"

余瑞祥笑道:"只要你继续努力,你一定会成为一名合格的共产党员。"

"是呀,我丈夫是一名著名的共产党人,我要是不能加入共产党,岂不是你的过错吗?"赵璇滢笑道。

夫妇俩同时爆发一阵快意的笑。

余瑞祥不仅希望赵璇滢能够早日加入共产党,而且希望引导弟弟余瑞华成为共产党人。他了解自己的弟弟,知道弟弟跟王俊林截然不同,没有多少个人的盘算,非常具有正义感,只是一直混迹于军阀队伍,或多或少沾染了一些军阀队伍司空见惯的流氓习气,要改变他的毛病,不能一蹴而就,得进行长期的工作。为此,余瑞祥亲自跟余瑞华谈过很多次话。

第一次谈话发生在武昌攻克之后不久。那个时候,城里一切基本上恢复了正常,他和余瑞华接受余瑞光的邀请，回去余府与家人团聚。利用这个机会，他向余瑞华讲述了自己当年为什么要走一条艰苦的道路以及加入共产党组织以后自己人生信仰的改变。

余瑞华已经在心里原谅了二哥，并且渴望跟二哥见面，聆听二哥的教诲，只是没有机会。这一次，二哥亲口对他说了这么多，令他确实对共产党产生了兴趣。

已经成功地朝三弟心上打了一个洞眼，余瑞祥决定趁热打铁。可是，他有很多事情要处理，不可能经常跟三弟谈话，于是，很希望余瑞华去武汉分校听一听政治教官对革命形势的分析，也让赵璇滢对余瑞华施加影响。

接受了丈夫交代的任务，只要上街发动宣传演讲活动，赵璇滢必然要拉着余瑞华参加。置身万民齐声呐喊的火热环境，余瑞华觉得自己的心在进一步向共产党组织靠拢。不过，他的心结仍然没有完全打开，他仍然本能地排斥共产党人一切平等的主张。饶是如此，赵璇滢心里还是感到高兴，毕竟，通过切身体验，她知道，加入共产党组织不是一朝一夕之功，得通过自身的努力，一步步地向组织的大门靠拢，时机成熟了，才能登堂入室。

在余瑞祥决定全力对余瑞华进行教育，让他转变成共产党人的时候，王俊林却自动找上门来，向余瑞祥提出加入共产党的要求。

王俊林跟余瑞华不一样，更多的是投机，而不是信仰。

北伐部队扩军之际，王俊林一样希望扩充实力，愿望没有得到满足，他对国民党产生了强烈的不满。大体上摸清了南方政府以及北伐大军的内情，他准备在随后的战争中，学习唐生智的榜样，趁别人打仗之机，发展自己。

既然要学唐生智，王俊林开始多方收集信息，全面了解唐生智。这一了解，他赫然发现，南方政府内部其实有很多人在为唐生智说话。反观自己，孤家寡人一个，几乎没有一个人愿意为他说话。为了改变这一不利的局面，他需要在政府内部或者北伐大军内部寻找为他说话的人。找来找去，除了余瑞祥，谁都不可能为他说话，他只有求助于余瑞祥。余瑞祥虽说是共产党人，远离了南方政府以及北伐大军最高领导层，其影响力不容忽视。一直在争取让余瑞祥为自己说话，可二舅子总是不太热心。恐怕是策略问题。把自己的人马交给他，他还会这样吗？

王俊林觉得找到了打开余瑞祥心结的钥匙，又去找余瑞祥，说道："通过这段时间的接触，我更加了解你们共产党，我迫切地希望加入共产党。今后，我的人马只听共产党的指挥，你想让我做什么，我赴汤蹈火，在所不辞！"

余瑞祥略微一惊，望着王俊林，一时间搞不清楚他的真正用意。

他非常了解王俊林的为人，对他抱有深深的戒心，从来没有想过王俊林能成为共产党人，也从来不指望发展王俊林进入共产党组织。可是，王俊林不仅一再主动提出加入共产党的要求，而且表态会听从共产党的指挥，余瑞祥不能直接将他拒之门外，委婉地说道："我已经对你说过，你愿意加入共产党组织，我个人非常欢迎。共产党组织随时都会为任何希望加入的革命者敞开大门。不过，共产党组织有共产党组织的章程，要加入共产党必须具备一定的条件。你必须首先搞清共产党的主张以及加入共产党的条件，并且按照这些条件去身体力行。当条件成熟了，组织才会正式接纳你。"

国民党的大门好像一个菜园门，谁都可以进去，共产党的大门却要加上几道箍。王俊林心里有点不乐意，但又不能不加入共产党，只有希望余瑞祥多多帮助他，让他早日成为共产党人。

余瑞祥慎重地答应下来，很快开始对王俊林进行帮助和教育。

王俊林很诚恳，又非常愿意学习，一言一行，无不明确地透露出一种信息：他正在积极地向共产党组织靠拢。

余瑞祥饶是希望他能够成为真正的共产党人，但也不能不对他功利主义的态度仍然保持戒心。当王俊林一再询问他是不是可以加入共产党的时候，余瑞祥说："当初我加入共产党的时候，经过了将近一年的考察。你觉得，你现在具备加入共产党的条件吗？不过，你的情况特殊一些，也许用不了那么久。只要你树立了共产主义的信仰，踏踏实实地为共产党人的理想去奋斗，你准会早日加入共产党组织。"

其实，余瑞祥已经将王俊林要求加入共产党组织的事情向共产党中央委员会反映过。那个时候，唐生智也提出了同样的要求，说过同样的话。手里握有重兵的实权人物愿意加入共产党，的确是一件好事，但唐生智也好，王俊林也好，他们的经历如此复杂，他们的行为如此反复无常，不做更多的考察，组织不可能轻易相信他们。

考察王俊林的任务落到了余瑞祥头上。于是，他们之间的联系越来越密切了。

应王俊林的要求，余瑞祥从武汉分校选拔了一批德才兼备的人才，并从其他各部抽调一批共产党人，陆续进入了王俊林部，担任各式职务。

在余瑞华营，也有一个共产党人担任政治指导员。在指导员赴任之前，余瑞祥单独跟他谈了一席话，把余瑞华的个性、希望把余瑞华引进共产党的想法，详细地告诉了他。

在余瑞祥、赵璇滢等人的帮助下，余瑞华的思想变化越发明显。他非常赞赏共产党人所做的一切，不过，大哥跟他说过的那一席话，依旧成了横亘在他前进道路上的拦路虎，他怎么也绕不过去。因而，是不是要继续向共产党组织靠拢，是不是要加入共产党组织，一直困扰着他，让他徘徊不定。

为了早日加入共产党组织，王俊林竟然动员夫人余雅芳进入武汉分校，跟赵璇滢一样，成为女军人。可余雅芳天生柔弱，连家门都不愿意出，哪里是当兵的料？而且，母亲也是一道绕不过去的坎。

母亲一听他要儿媳去当兵，心头蹿出一团怒火，怒骂道："你真是越活越不像话了！王府的少夫人，要是去当兵，岂不是令祖宗蒙羞？"

余雅芳即使不愿意当兵吃苦，有赵璇滢在前面做例子，王俊林有的是办法让她乖乖听从自己的安排，但母亲一发怒，王俊林深知这件事谈不下去了，不能不打消这个念头。

夫人不去军营，那跟赵璇滢一样，上街演讲，不至于令祖宗蒙羞吧？王俊林只有退而求其次。

这只不过是为了亮出态度，表明自己是支持共产党的。夫人能否演讲，演讲能取得什么效果，王俊林是不太关心的。他只希望共产党能够相信自己。

看看王府上下，有谁愿意真心支持共产党，真心拥抱共产党？王俊财，掌控王氏家族的全部生意与财产，脑子里想的只是如何让家族的产业雪球越滚越大，虽说在武昌城被围时期，跟余瑞光联手，解救了许多老百姓，对他手下的工人也很友善，其最终目的是为了让工人更好地服务于他。他对余瑞祥也很好，很喜欢听余瑞祥说一些共产党的主张，也愿意按照余瑞祥的主张，减轻一些工人的负担，却绝对不会像共产党说的那样，把自己的产业全部交给社会。王俊喜更不用说，压根没有什么思想，要说有，也只是为了向自己报仇，但自己身为一师之长，手握一万兵马，岂是王俊喜谋害得了的吗？之所以容忍他，是因为他父母的确是因为自己而死，要不然，依照原来的脾气，早已把他丢进长江了。他们不能赞同共产党的主张，也不热心参加共产党主持的活动，余雅芳要是也不参加，王府在共产党面前说话能有多大的分量呢？

打定了主意，王俊林立即回府，跟余雅芳商量，希望夫人跟赵璇滢一道，出去见识一下。

当武汉三镇全部落入北伐大军的掌握以后，听说外面热闹非凡，余雅芳总是禁不住怦然心动，想走出王府，亲眼看看。但除了回娘家，一向没有走出过王府，此时纵使心里再想出去，也难以果决地走出家门。丈夫要求她去参军，想到能成为二嫂一样的人了，她心里高兴，其实已经答应了，只不过表面上想矜持一会儿。谁知一矜持，竟然一腔希望彻底破灭。眼下，丈夫又要她跟二嫂一样，上街展开宣传活动，余雅芳决定赶紧答应下来。

没想到，王刘氏听到他们的谈话，噼里啪啦又把儿子大骂了一顿："你这个不肖子！王家门风全被你败坏了！你要想在南方政府里得到更高的地位，需要钱，只要你说一声，哪怕把王家的产业全部变卖光，也都给你，却决不能让王家的女人到大街上去抛头露面。"

骂了儿子，王刘氏转而又说儿媳："我知道，你性子太软弱，自从嫁给王俊林以后，受了很多苦。他现在这样对待你，的确太不应该！你放心，有我在，他想让你做任何你不愿意做的事情，没门！"

余雅芳心里暗暗叫苦，又说不出来，只有听从了婆婆的吩咐，真的躲在家里，哪里也不去了。

大姐余梅芳在广州的时候，深受丈夫林英华的影响，只要自己喜欢做的事，绝不理睬世俗的眼光。南方政府迁都武汉，作为一名有声望的议员，林英华跟随众多同仁来到了武汉，与夫人团聚了。余梅芳在丈夫的感召下，按捺不住，走出家门帮助北伐大军做一些宣传鼓动工作。

这天，余梅芳来到王府，希望妹妹跟自己一道外出。

王刘氏本来非常欢迎亲家姐姐来到王府，一听余梅芳要她妹妹去做宣传，心里马上嘀咕起来："余昌泰一代名士，一世受人尊重，没想到余府的孩子总是背道而驰！"

丈夫喜欢拈花惹草，余雅芳心里本来很不舒服，倍感压抑。如今，连婆婆也要干涉她，余雅芳无法外出，心里更加痛苦，又不能对任何人说。

王俊林一直看不清自己，也看不清别人。好不容易想出来的办法都实施不了，母亲的一席话提醒了他：可以用王府的钱作为敲门砖，进入共产党组织。他喜滋滋地跑去找余瑞祥。

余瑞祥见王俊林满脸喜色，笑问道："怎么啦，是不是已经对共产党有了更新的认识呀？"

王俊林赶紧说道："是呀，我认真学习，已经了解共产党的一切。可是，你们一定要考察我。我虚心接受，准备一直等待你们认可我。不过，我想来想去，应该有一个东西可以加速敲开共产党组织的大门，是不是？"

见余瑞祥满脸狐疑，王俊林微微一笑，接着说道："你们共产党不是很缺资金吗？你知道，在武汉三镇，王府是数一数二的大富豪，有的是钱。我拿出王府一半的产业支持共产党。这样，我应该可以快点加入共产党了吧？"

把加入共产党组织当成了一桩交易！王俊林永远也改变不了他的个性。老实说，共产党组织目前的确缺乏资金，可是，决不能拿共产党的原则和共产党人的信仰来获取资金获取支持。余瑞祥越发对王俊林失望透顶。他冷冷地注视着王俊林，好一会儿都不作声。

话一出口，王俊林不再矜持，很是眉飞色舞，满目流光，注视着余瑞祥，观察他的反应，见他毫无表情，以为余瑞祥正在权衡这笔交易是不是值得呢，赶紧说道："你不需要考虑，这是一件对我们大家都有好处的事情。其实，对你们共产党的好处，比对我的好处还大一些。我不仅给共产党资金，而且带给共产党一个师的人马。我自己的要求，仅仅只是加入共产党，只有这么简单。"

余瑞祥打断了王俊林的话，神色颇是严肃，冷得像一座冰冷的雪山："你的意思我已经明白了。我可以明确地告诉你，共产党的原则绝不可能用任何东西来交换。你能够给组织提供帮助，组织十分欢迎。你要是向组织靠拢，只要条件成熟，组织一定会接纳你。可是，你别想用资金以及其他任何东西换取加入共产党组织。没有任何一个人可以用这样的方式加入组织。我希望你好好地思考一下，你究竟应该怎么在思想上向组织靠拢。"

王俊林的心掉进了万丈冰窟。他浑身冰凉，在心里骂道："共产党有什么了不起，要钱没钱，要人没人，要权没权，一副穷酸样，不值得老子加入！"

骂得痛快了，可是，一想到他那一个师的人马，自从有了共产党人的帮助，士气有了很大提高，部队的训练也搞得热火朝天，王俊林便隐约地意识到，一旦与共产党撕破脸皮，把自己的队伍打造成天下无敌的劲旅，注定是一场春梦。遭到拒绝冰凉下去的心，慢慢地被发展队伍这团熊熊燃烧的烈火烤热了，他再度投入到向共产党人学习的行列。

对王俊林来说，加入共产党只不过是一个姿态，并不是他真心拥护共产党。对共产党了解得越深入，他越发深切地感受到，共产党人要铲除一切不平等的社会现象，预示着共产党人一旦得势，王府便会失去让人敬仰的高度，落得跟其他平头百姓一样的命运，这是万万不可的！共产党太异想天开，没有看透人的本质，愣是不承认自私和欲望是推动社会向前发展的动力。国民党知道这一点，懂得人性，难怪他们要约束共产党，原因就在这里！

一连几天没有见到王俊林，余瑞祥心里清楚，他是一个无可救药的人，不准备在他身上浪费时间。殊不料几天以后，王俊林竟然来找他，不仅交给他一笔很大的资金，而且诚恳地承认了自己的错误。两人恢复了每天必须讨论共产党人的信仰以及共产党人的行为规范的功课。

这一天，他们正谈得十分投入。赵璇滢兴致勃勃地奔了进来，说道："真是太好了。通过宣传，每天都有很多老百姓拥护我们的主张，甚至还有一些外国人，也很重视我们的主张呢。"

余瑞祥望着夫人，说道："快说说看，怎么回事？"

原来，赵璇滢依旧像往常一样，每逢周日，都会组织人员前去热闹的地方向民众宣讲北伐的目的。这天，她去了汉口，在租界边扎起摊子，刚开始演讲的时候，人还不是很多，随着演讲的深入，人越围越多，甚至连洋人也露出了脑袋，专注地倾听。

"太好了！"王俊林说道，"我有一个提议，下次你们可以把演讲地点定在江汉关。那儿是汉口最热闹的地方，也是人口最集中的地方，四通八达，来来往往的人很多，洋人也多。只要你一演讲，必然会引起更多人的关注。"

赵璇滢原本担心那儿距租界太近，难免会跟外国人发生冲突，现在听了王俊林的话，心想：是呀，连王俊林都有这种胆略，自己为什么不到哪儿演讲呢？能让外国人亲耳听听南方政府的主张，听听北伐大军的动向，听听共产党的主张，有何不可？她马上点头赞同。

余瑞祥也觉得这个建议可行。元旦马上要到了，政府准备在江汉关一带举行规模宏大的焰火晚会，去江汉关一带的民众一定很多。选择在这期间组成演讲队去演讲，将会掀起怎样一种风潮呀。

他们决定了在元旦过后由赵璇滢带队，去江汉关附近一带展开演讲。

赵璇滢还给余瑞祥带来了另外一个消息：她在演讲完毕以后，碰上了许天亮。

许天亮是去汉口参加湖北省总工会组织的相关会议。赵璇滢演讲完毕，正要返回武昌，意外地跟许天亮相遇了。

随着湖北省工会及全国总工会相继在汉口成立，许天亮曾经以兵工厂工会领导人的身份，帮助北伐大军顺利攻占汉阳，赢得了上级党组织的高度赞扬，成为总工会的一面旗帜。想起当年自己只不过是一个四处流浪的漂泊汉，只要挣到钱，立马跑去妓院消遣，是遇到了余瑞祥，才让他看清自己，换了一个人，逐步成长为一名共产党员，并且是工人运动中的骨干力量，他十分感激余瑞祥，每每希望更多地听从余瑞祥的教诲，无奈工会里的事情太多，他挤不出时间。

偶然邂逅了，原先曾经希望介绍赵璇滢加入党组织的情景再次跳到了许天亮的眼帘。眼下的赵璇滢，恢复了昔日武昌首义时期一代妇女救护队队长的飒爽英姿，许天亮感到十分欣慰，说道："我们终于走进了同一个阵营。"

赵璇滢笑道："不，我现在还没有迈进共产党组织的大门。不过，我正在创造条件，争取早日加入中国共产党。"

许天亮笑了:"这么说,当初我对你说的那些话,你不会再反感了。"

赵璇滢脸色一红,说道:"谁也不是先知先觉,对任何事物,都有一个认识的过程嘛。"

许天亮说起了兵工厂工人的整体状况,说起了他听说过的有关北伐大军内部的情况,最后话锋一转,说道:"嫂子,我是一个粗人,没有读过书,自从跟着余大哥,眼界大开,知道了这个世界上还有一种人,他们一心为老百姓和国家着想,从来没有想过自己。我最后也参加了这样的组织,深以为荣。共产党制定的一切政策,我都是欢迎的,也积极执行。跟国民党合作,我们共产党人本着为人民利益着想的精神,牺牲自身的利益去委曲求全,以便北伐取得完全的胜利。这些,我都理解,也都支持。可是,不能太迁就国民党吧?迁就的结果,一定是人家会拿着刀子,从背后狠狠地捅向我们。"

赵璇滢心头一紧,本能地问道:"你到底想说什么?"

许天亮苦笑道:"嫂子热心宣传鼓动工作,难道丝毫没有察觉出周围的情况吗?哦,对了,嫂子出身高贵,对底层的事自然了解不多。我有许多码头工人朋友,他们告诉我,几乎每天,都会有许多从湖南过来的人,投靠他们在唐生智手下做官的儿子,全都怨声载道,说湖南的农民协会逼得他们没法活下去了。很多军官正在暗地里联络,准备向共产党人开刀。"

赵璇滢吃惊不小,赶紧追问许天亮还听到了什么消息。

知道的消息越多,她越对局势如何发展产生了深深的担忧。但是,她又本能地相信自己的丈夫,觉得丈夫的选择绝对不会错。丈夫一定会清楚共产党人的道路会怎么走下去吧。她这样对自己说,想一回到武汉分校就马上询问丈夫,没料到,王俊林竟然来找丈夫,他们俩在一块相谈甚欢,她不能不先按下说出这件事的冲动。

等王俊林离开以后,赵璇滢立即把许天亮告诉自己的消息以及自己的怀疑一五一十地告诉给丈夫,瞪大眼睛,等着他的回答。

余瑞祥表情凝重,注视着夫人,沉默了好一会儿,说道:"这些事情,其实不仅引起了国民党高层的注意,我们共产党高层一样非常重视。毛泽东同志已经回去湖南了,专门调查此事。他一定会得出一个正确的结论。我相信,不管毛泽东同志做出了什么样的结论,在北伐任务还没有完成以前,无论是国民党,还是共产党,都不愿意因为这件事情而造成分裂。即使如此,我们还是应该提高警惕,毕竟,国民党右派会趁机煽风点火,破坏国共合作。今后,你们在演讲过程中,应该更多地引导人们关注北伐大军的未来,强调国共之间的团结,警惕坏分子从中挑拨国共关系。"

第九章 租界怒涛

已经深冬，整座江城好像被关在冰窖一般，到处流淌冷飕飕的气息。一轮惨白的太阳，高高地挂在天空，宛如冰块，没有丝毫热度。从江面刮来一阵阵凛冽的寒风，好像皮鞭一样，没头没脑地抽打着行人，没能阻止行人的脚步，人们不约而同地走向汉江关附近的江滩。江滩的天空上腾起火热的气息，散发出令人向往的温暖，吸引了越来越多的人群。

赵璇滢带领宣传队员们抵达这儿的时候，已经接近三点钟的光景了。很快，一座小型平台屹立在江滩中央。

赵璇滢登上平台，朝四周一望，每个方向都是走动的人群。江面上，无数条船只梭子一样，有的顺江而下，有的逆流而上，还有的从江面横切过去，南来北往，络绎不绝。码头上已经停泊了许多船只，有的刚刚驶入码头。从轮船上陆续下来了许多游人，一面惊奇地向这边张望，一面迫不及待地走过来。

不远处就是英租界。此时，许多英国人正朝这边观望。码头上停泊着几艘英国人的军舰，上面站着许多水兵，同样在朝这边不住地张望。

赵璇滢可以感觉得到，对这座突然屹立在人海之中的平台，几乎所有的英国人都似乎煞是惊异煞是慌张。

几天前，另一拨宣传队员正在距离此处不远的地方向民众宣讲北伐大军的主张时，一些英国人和法国人急匆匆地奔过来，不由分说，提起宣传队员的物品便扔，抓住宣传队员便拳打脚踢，试图驱散他们。那时候，民众正听得如醉如痴，一见之下，人人怒火冲天，不需要动员，不需要领头，大家齐声发出愤怒的吼叫，一拥而上，把这些高鼻子蓝眼睛的外国人打得像野狗一样逃窜了。

听说了这件事，余瑞祥提醒过赵璇滢：应该注意租界势力的干预。

英国人会干预吗？英国人凭什么干预？是中国人在英国划定了租界，在英国的土地上宣传武汉政府北伐的主张吗？在中国自己的土地上，中国人想干什么就干什么，绝不要受英国人的干预！

想到这里，赵璇滢朝英国人投去鄙夷的微笑。她收回目光，再朝平台附近望去，试图看出几个熟悉的身影，可是，并没有看到他们。

她等待的人是王俊财、余瑞光、王俊喜、赵承博、柳彤萱、赵承彦。

赵璇滢决定在1月3日带领宣传队到江汉关附近演讲的时候，王俊财恰好来到武昌，准备跟余瑞光商量怎么进一步声援北伐大军。

一开始，对北伐大军以及南方政府抱有很大的期许，王俊财着实希望他们早点打过来，并在北伐大军攻入武昌以后，一直支持他们。后来，南方政府迁移到武汉，彼此没有距离了，美感顿时消失，亲眼看见、亲耳听说了南方政府内部存在诸多争权夺利的现象，以及对共产党的政策与许多做法有些不满，他的热情和期许大打折扣。饶是如此，历时十几年的动荡，已经给国家、民族、民众以及王氏家族带来深重的灾难和负担，王俊财希望国家安宁，只能继续支持这支具备革命精神的力量。

王俊财计划了很久，试图像当年一样，也组成一支商团，为北伐大军第二期北伐提供强有力的支援。不过，不能是原先那种商团的简单重复，应该联合武昌的余瑞光、汉阳的赵承博，组成一支更为强大的商团。思绪一定，他首先去了武昌，把自己的设想告诉了余瑞光。

当年，宣统皇帝被赶下龙庭，因为余府没有捐资支持过革命，革命党人心怀不满，差点使余府家破人亡的教训，一直铭刻在余瑞光的记忆里。眼下，北伐大军以及南方政府已经赢得了老百姓的普遍支持和信任，天下大势，潮流浩浩荡荡，余瑞光岂能不跟上时代的步伐？更重要的是，父亲早已仙逝，无法压制自己。王俊财一提出设想，余瑞光马上一口答应下来。

虽说赵承博仍是一介花花公子，在北伐大军攻击汉阳的时候，曾经提供过支持，余瑞光准备拉着王俊财一块去汉阳面见赵承博，邀请他加入其中。

王俊财早有此意，不过，他还有许多事情需要跟余瑞祥商量。

于是，余瑞光跟王俊财一块来到了武汉分校。赵璇滢正跟余瑞祥商谈如何在江汉关附近的江滩上展开演讲。

王俊财欣喜地说道："真是来得早不如来得巧，原来余夫人要去江汉关演讲。这是一件非常有意义的事情，我一定会带领王府上下前去捧场。"

赵璇滢高兴地说道："非常欢迎。你呢，届时愿意率领余府光临现场吗？"

显然，赵璇滢最后的问话是冲着余瑞光去的。

余瑞光回答道："弟媳去江汉关演讲，是一件大事，我当然会带领余府上下前去捧场。而且，我也会告诉大姐和大姐夫，我相信，他们也会全家出动。如果你没有时间，我还可以替你通知赵承博，让他带领赵府届时去江汉关碰头。"

他略作停顿，转换了口吻："不过，我觉得你们应该换一个更适合的地方，那儿离英租界太近了。我曾听说过，你们军校的宣传队在租界附近演讲，英国人出面干预过。"

王氏家族因为跟西洋人做生意，得以成为武汉商业界首屈一指的豪门大户。王俊财接管了王氏家族的产业以后，一面继续跟西洋人做生意，一面开设自己的工厂，并利用家族早年收购的地皮大兴土木，繁荣城市的建设。在同西洋人打交道的过程中，他受尽盘剥与欺凌，既愿意继续跟他们在商业上保持来往，又痛恨他们给自己带来的屈辱。

当中央军事政治学校组织宣传队开展演讲活动以来，深受老百姓的欢迎，吸引了大量老百姓的注意，不仅唤醒了老百姓对国家前途的关注和对民族未来的信心，而且唤起了民众的自尊心。在这种背景下，王俊财的民族自豪感与自尊心得到了空前的膨胀。

一听余瑞光的话，他马上激愤地说道："原先，国家太软弱，现在，这里是南方政府的天下，南方政府绝不会见了洋人就摇尾乞怜。只要政府明确了不畏惧任何列强的态度，区区一个英国，绝不可能在我们国家任意胡为！"

余瑞光说道："你们王家不是一直在跟英国人做生意吗？"

王俊财明白他的潜在意思，正色说道："生意是生意，国家是国家。王家原先并没有实业，可是，我改变了这种状况，不仅开设了面粉厂，而且还控制了一些码头。目的就在于要逐渐摆脱外国人的控制，做自己愿意做的事情。现在，再也不是原先那种见了洋人就点头哈腰的时代了，我们在自己的领土上做自己的事情，为什么要害怕外国人干预？"

赵璇滢鼓掌叫道："王世兄，你说得对极了！只要在我们中国的土地上，任何地方，我都可以去演讲，谁都管不了！"

余瑞祥吓了一跳：赵璇滢仍然是一个爱冲动的人，在华界，无论在哪里演讲都无可非议。可是，万一她脑子发热，去租界演讲，那可真的会引起跟外国人的矛盾了。北伐大军不惧怕任何恫吓，但也不能挑起矛盾。

"租界也是我们中国的领土。但时机不对，那儿绝对不能去！"余瑞祥说道。

赵璇滢的确萌发了径直去租界演讲的冲动，一听丈夫阻拦，不得不压下刚刚泛起的冲动，决计无论如何是不会进入租界了。

知道姐姐要去江汉关江滩一带开展演讲活动，赵承博心里十分欢喜，马上把消息告诉给夫人柳彤萱。

柳彤萱一直活跃在血花剧社的舞台上，用歌喉和戏剧来宣传北伐大军和南方政府的主张，从来没有到外面去宣传过。恰好这一天血花剧社没有安排她的演出活动，她和丈夫一道准备去汉口聆听赵璇滢的演讲。

在柳彤萱心目中，赵璇滢一直是她的恩人。

当初，一听说李香香不同意儿子娶一个名伶，赵璇滢不仅自己去赵府劝说李香香，而且还动员母亲周莹莹向李香香说情。李香香既拗不过儿子的坚持，又因周莹莹身为赵嘉勋的正室夫人，不得不接受了柳彤萱，只提出了不允许柳彤萱继续登上舞台演出的要求。

舞台生涯光芒万丈，其实背后尽是辛酸和血泪。柳彤萱一代名伶，同样遭遇了许多屈辱，一直希望脱离舞台这个苦海，一口答应了李香香的要求。

为此，能脱掉一身的虚华，跟赵承博结合，过甜甜蜜蜜的小日子，柳彤萱心满意足，打心眼里感激赵璇滢和周莹莹。她原以为从此以后生活会完全安宁下来，再也没有纷扰了，谁知不久之后，丈夫旧病复发，经常到外面花天酒地，在女人和赌马上寻求肉体和精神上的刺激。柳彤萱心里万分苦恼，知道婆婆不可能管得了赵承博，便向赵璇滢和周莹莹讲述了心里的痛苦。刚开始，赵璇滢和周莹莹还能让赵承博稍有收敛，日子一久，只要她们一开口，赵承博立即认错，她们一离开，他立刻回复原样，我行我素。事已至此，柳彤萱只能自叹红颜薄命。

一个人在家里待得无聊，柳彤萱脑子里会时时浮现出昔日在舞台上多姿多彩的样子，细细回味自己赢得的鲜花和掌声。

偶尔，她的脑海里也会浮现出丑陋的情景：一些风流成性的公子哥和年逾花甲的老色鬼对她垂涎三尺，常常对她说一些不三不四的话，甚至公开勾引她，在她的脸上胸部大腿上肆无忌惮地摸来摸去。

因为这个，柳彤萱没少流过眼泪，曾经多次暗暗下定决心，要脱离这个苦海。可是，一想起以后衣食无着，一想起班主对自己恩重如山，她狠不下心肠。

渐渐地，她悟出了一个道理，身为名伶，这就是她的宿命。要想摆脱这种宿命，唯一的办法是博得某个公子哥的垂青，真正地嫁给他做夫人。有了这样的盘算，她便开始留意那些为她倾倒的各路少年公子，在他们中间穿梭，游刃有余地施展自己的魅力与小伎俩。

成为赵承博夫人带给她的乐趣和幸福感，很快化作泡影，虽说她心里有所准备，没有料到这天来得如此之快。她感到茫然，感到懊恼，心思一直漂浮不定，无所归依。

一旦脑海里浮现出昔日的荣光，心马上骚动起来，她想："要是能继续登上舞台该有多好啊。那样一来，鲜花、掌声、各路男人的垂涎，一定从四面八方向我扑来，我再也不会寂寞，再也不会伤感。"

她竟然把过去迫切希望摆脱的生活当成了一种慰藉，幻想着自己能够重新在光辉灿烂的舞台上大放光彩。可是，她又清楚，她不可能再次登上舞台。她只有强烈地按捺住蠢蠢欲动的心绪，一天天在回味和憧憬、苦恼和失意中度过。

实在难以忍耐，她会情不自禁地在卧房里展露歌喉。开始是低声吟唱，后来，声音越来越大，越来越悠扬。她恍然不觉，赵府上上下下都被她的歌喉吸引了，众人都不知不觉地停止了手头的活，驻足聆听她的歌声。

悠扬的歌声穿透空气，穿透了墙壁，也钻进了李香香的耳朵。李香香又惊又怒，很想抬脚去教训不遵守约定的儿媳，声音竟然越来越悠扬，犹如一泓清水，骚动了她的心绪，让她慢慢地安宁下来，坐在椅子上，侧耳聆听这动人的旋律。

一曲过后，柳彤萱叹息一声，慢慢地走出卧房。那些如醉如痴地倾听她唱歌的下人这才恢复意识，赶紧作鸟兽散。柳彤萱出了庭院，仰望天空，流出了泪水。

担心李香香听见，她暗暗发誓，要强迫自己不再唱歌了。

但心绪已经紊乱了，柳彤萱再也回不到过去那种心如止水的境界。她时刻渴望发泄内心的情绪，时刻希望唱歌。她控制不了自己的情绪，又担心别人听见，只有轻轻吟唱。后来，声音还是越来越大，再次引起了赵府上下的关注。

一曲终了，她赫然看到李香香正一脸肃穆地站在面前，先是一惊，紧接着，镇定下来，心想：进入赵府，好像进入了鸟笼，没有一点自由，丈夫也不再是那个恩爱的丈夫了，还有什么可怕的？回去舞台，说不定才是最好的归宿。

李香香沉默了好一会儿，说道："我知道，博儿让你伤心了。他自幼如此，谁都拿他没办法。在家里，你感到空虚的话，想唱就唱吧。"

说完，李香香扭头走了。

眼泪哗啦啦地从柳彤萱眼窝里流出来，滚到了脸颊。

从此以后，柳彤萱把赵府当成舞台，再也不用压抑自己，几乎每天，都会放声尽情歌唱，甚至会施展一下身手。有全府上下默默聆听，她再也不感到寂寞。

有一天，赵璇滢来到赵府。一走进院落就听到柳彤萱的歌声，她心里说道：怪不得那么多男人都为她疯狂，她的歌声实在太美妙了！

赵璇滢欢快地奔向柳彤萱，说道："你竟有如此美妙的歌喉！赵承博真是暴殄天物，怎么能把你关在笼子里呢？应该放你出去，在广阔的世界飞翔！"

柳彤萱一脸微笑，说道："其实，我只有这点本事。女人的希望都很简单，只要有一个美好的家庭已经很满足了。"

赵璇滢知道柳彤萱言不由衷，连忙跑去见李香香，说道："姨，弟媳的歌喉真的很优美，你不能把她关在家里，应该让她出去，登上舞台，让她的歌声撒播到更多人的心里去。"

如果是别人对她说这些话，李香香准会破口大骂一顿，但赵璇滢不仅是周莹莹的女儿，而且是个天不怕地不怕的主，她不敢招惹。她强忍不快，瞥一眼柳彤萱，冷冷地说："如果她愿意登上舞台，她有脚，可以自己登上舞台。"

柳彤萱领会到李香香言语中暗含的威胁意味，饶是再希望重返舞台，也不得不暂时把这个念头压下去。赵璇滢很想为柳彤萱鼓气，可柳彤萱虽说渴望自由，却又留恋赵府少奶奶的生活，一时难以决绝地走出赵府，她只有无可奈何。虽说没能重返舞台，柳彤萱打心眼里越发敬重和喜欢赵璇滢，总是希望多接近她，听她说话，看她做事。

心弦已经被赵璇滢拨动起来了，她时刻热切地期盼自己重返舞台。婆婆李香香绝对不可能满足她的心愿，她希望得到丈夫的支持。

跟赵承博行过云雨之欢后，柳彤萱叹息道："早知道嫁给你以后，会一个人独守空房，还不如当初不嫁给你为好。"

赵承博说道："你如果想重新回到舞台上去，我没有意见。可是，你应该知道，舞台也不是你的归宿。有多少名伶想脱离舞台，还脱离不了呢。"

柳彤萱打了一个寒战，再也不敢说不下去了，心里从此多了一丝愁绪。

北伐大军占领汉口之后，赫然发现队伍里很多像她一样的女人抛头露面，搞宣传、搞演讲、搞舞台剧，她更加心动。丈夫赵承博看出了她的心思，满足了她的一次心愿，她心里舒服多了。

南方大军攻克武汉三镇以后，把汉口最著名的新市场改为血花剧社，准备在那里上演新剧目，进一步唤醒民众支持南方政府。负责血花剧社的是共产党人，听说了柳彤萱的名声，他们很希望她能够重返舞台，打听到柳彤萱跟余瑞祥之间的关系之后，欢喜异常，喜滋滋地跑去面见余瑞祥，把血花剧社目前准备上演新的剧目却找不到适合的女演员的事情告诉了他，希望他帮忙。余瑞祥并不熟悉演艺圈，自然无法帮他找寻女演员，共产党人便直接点了柳彤萱的名。

余瑞祥对柳彤萱毫无印象，更不知道如何去跟她打交道，说道："既然你们已经知道了这个人，可以直接去找她。哦，你们是希望我帮忙寻找，是吧？两天以内，我肯定会打听到她的消息。"

共产党人笑道："余主任，我已经找到她了。不过，听说她是赵府赵承博的夫人，在嫁给赵承博的时候，曾经立下誓约，决不再登上舞台。"

余瑞祥恍然大悟。既然柳彤萱是赵承博的夫人就好办了，夫人赵璇滢正是赵承博的姐姐，余瑞祥把这件事告诉了赵璇滢，希望夫人出面玉成。

赵璇滢去了汉阳赵府，先见了柳彤萱，直截了当地劝说她登上舞台，然后去见李香香，让她支持柳彤萱，支持北伐大军。

李香香不敢招惹赵璇滢，但也绝不能让她如愿地把柳彤萱拉出赵府，翻来覆去地说道："我赵府上下每个人都应该遵循祖宗的遗训，别做出令祖宗蒙羞的事情才好。"

赵璇滢按捺不住，怒火万分，正要发作，赵承博从外面回来了。她喝问赵承博："告诉我，你要不要你媳妇重登舞台？"

赵承博一愣，说道："我带她上过舞台呀。"

"好了，就这么定了，弟媳重返舞台！"赵璇滢一锤定音。

李香香生怕儿媳从此以后在舞台上下不来，只有缓和一步，重新给柳彤萱制定规则：只允许她因为支持北伐大军上舞台，绝不允许她永远待在台上，一旦北伐大军打到河南去了，她再也不准登台。

柳彤萱再次登台，重新赢得了民众的欢迎，也赢得了血花剧社的信任。共产党人很希望她参加北伐大军，她虽说很渴望掌声渴望鲜花，更渴望成为舆论的中心，却从来没有想到过要一直跟随北伐大军，婉拒了邀请。

听说赵璇滢要带着宣传队去江汉关一带的江滩演讲，正好血花剧社没有她的剧目，柳彤萱便决定和丈夫一块前去捧场。

这时候，赵璇滢又再次朝平台下面扫视一遍，举起喇叭，清了一下喉咙，还没开始，人群出现了一阵骚动，几个彪形大汉走在最前面。他们是汉帮成员，奉王俊喜之命，气势汹汹地把挡在前面的人拨开，很快开辟了一条狭窄的通路。紧随其后的是柳彤萱、余瑞光夫人、余梅芳、余雅芳、王俊财夫人、王俊喜夫人，她们后面是王俊财、王俊喜、赵承博、余瑞光等几个在武汉三镇有头有脸的人物。

他们果然悉数到场了！赵璇滢心里一喜，赶紧朝他们招手。不一时，他们来到了平台正下方。赵璇滢提起喇叭，面带微笑，以热烈的口吻，诉说北伐大军的主张。

"好！"赵承博大叫道，带头鼓起掌来。柳彤萱跟着附和。宛如拉开了蓄水的闸门，整个江滩掌声一片，彻底驱走了寒冷的空气，温度一个劲地攀升，一会儿便沸腾起来了。不知是谁喊起了口号，更加煽动了听众的情绪，口号声一阵接一阵，冲破弥漫在人们头上的云雾，在天空中久久回荡。

赵璇滢不得不停歇下来，朝四周望去。江滩上的人群一眼望不到头，隐约可以看出，有更多的人朝这边围拢过来。远处江面的一只只轮船上，也站立不少人，似乎正朝这边瞭望。汽笛不断地鸣响，似乎正在朝这边致敬。她偏转脑袋，赫然发现，人群已经接近英国租界，一种强烈的情绪在她的心间激荡不已。

第九章 租界怒涛

她突然意识到周围一片死寂，抬眼望去，只见一片黑压压的人群，全都昂着头，一句话也不说，似乎在虔诚地等她把最新的精神食粮赐予他们。她提起喇叭，重续被掌声和口号声打断的话题。

忽然，赵璇滢感到从租界方向传来了一阵异动声。她一边继续神采飞扬地宣讲南方政府的主张，一边朝租界方向望去。

一些英国水兵赫然出现在她的视野。赵璇滢隐约感觉到，他们在跟听众发生争论。听众似乎不愿意招惹那些英国水兵，朝平台方向围了过来，那些英国水兵幽灵一样消失无踪。赵璇滢悬着的心落地了。

她越发兴高采烈，声音越发高亢激昂，似乎一曲嘹亮的战歌，催动民众义无反顾地投入到北伐大军的洪流当中去，扫荡一切不平等的社会现象。

不一时，赵璇滢再次感到从租界方向传来一阵骚动声。是一大队英国水兵宛如毒蛇一样从军舰上游荡下来，个个凶神恶煞，径直朝租界方向奔去。他们手里除了枪以外，还拿着各种各样的东西，有的人甚至肩扛着各种什物。他们一冲上租界，立马起起伏伏，在那儿忙碌不休。

只要他们不冲到华界这边来，赵璇滢可以不去理睬他们，但心里对这些英国水兵的行为感到好笑。他们是害怕民众的力量吗？果真如此的话，应该让他们见识民众的力量到底有多么强大！

很快，演讲完毕了。听众们爆发了一阵接一阵热烈的掌声。随即，又是一阵阵惊涛骇浪般的口号声和欢呼声响了起来。

过了好一会儿，人群终于安静下来了。轮到另一位宣传队员登台演讲。

赵璇滢现在可以仔细地观察英国水兵的动静。在她的眼帘，隐约堆砌了一道巨大的墙壁，似乎有一张巨大的网络将租界跟华界完全断绝开来。

一挺机关枪已经架设在铁丝网的土堆边上。随后，出现了好几挺机关枪。

这些混蛋，难道是想对民众动武吗？赵璇滢怒火万丈，心里骂道。

她很想大声提醒民众注意英国水兵的动静，也很想派遣一个演讲队员把这里的情形告诉给附近的中国军队，让他们做好准备，但耳边响起了丈夫的声音："我们只是在华界宣传我们的主张，不要去挑衅英国人，虽说要对他们保持必要的警惕，但也不要过分地担心他们做出什么不理智的举动。"

赵璇滢打消了派遣人员回去告诉中国军队的念头。忽然一大群英国水兵翻过了铁丝网和那些土堆，端着枪朝华界冲了过来。

不好，他们要对付手无寸铁的民众了！赵璇滢心头一紧，暗叫道。

余瑞光和王俊财留心观察赵璇滢的一举一动。看到她一直在眺望租界，意识到她一定发现了什么，顿时脸色凝重起来，抬头望去，人群挡住了他们的视线。他们连忙挤出人群，看到英国水兵已经将防御阵地布设完毕，紧接着就有一群英国水兵翻过租界冲了过来。

"你们冲到华界来干什么？"王俊财会一口流利的英语，连忙喝问道。

英国水兵嚷叫道："为了保护大英帝国公民的安全，你们中国人应该离开这里！"

"岂有此理，中国人在华界集会，根本没有到租界去，凭什么要听从你们的命令？你们的领事呢？我跟你们的领事说话！"王俊财厉声说道。

王俊财语气强硬，英国水兵一听，不敢太放肆，动作轻柔了许多。

华人集会的规模未免太大了一些，而且人越来越多，一眼望去，何止万人？他们一旦冲入租界，将会像洪水一样，把英国人全部吞没。英国人心虚了，害怕了，非得驱散集会的人群不可。有王俊财出面阻拦，不便动用枪杆子，英国水兵一起进入华界，推动民众朝华界方向挤去。

"你们不能越过租界！"王俊财怒吼道。

"不，为了保卫大英帝国的侨民，我们可以去任何地方！"英国人横蛮地说道，不管不顾，继续推那些听众。

民众情绪正亢奋着呢，任凭英国水兵怎么推，他们纹丝不动。

"英国人感到不安全，情有可原，还是不要招惹他们吧。"余瑞光说道。

生怕僵持下去英国水兵会恼羞成怒，与民众发生更大冲突，王俊财和余瑞光只能极力劝说听众朝华界方向靠拢。民众认识他们，果真顺从地朝华界这边移了过来。

王俊财嘘了一口气，对余瑞光说道："看起来，不会出什么事情了。"

余瑞光点头说道："民众已经远离租界，应该不会出事了。这里听不见她们演讲，我们还是挤上前去吧。"

两人举步准备朝平台方向挤过去，突然听到了一连串整齐的脚步声。只见一大群英国水兵端着枪，再次越过他们布设的防御网，冲到这边来了。

英国人真是一群可怕的怪物！王俊财心里骂道，不敢怠慢，连忙和余瑞光迎着英国水兵走去，准备再度制止他们朝民众中间冲。但这一次，英国水兵开启了残暴的车轮，再也不会煞住，不由分说，抡起枪杆子，好像驱赶鸭子一样，把民众朝华界这边猛烈地推去。

"民众已经离租界很远了,为什么还要推他们?"王俊财喝问道。

没有一个英国水兵回答。他们更加卖力地把枪杆子连在一起,像一面墙壁一样地朝着民众推去。民众把持不住,纷纷朝前面倾倒。秩序立刻大乱起来。

站在最外围的是码头工人。他们是从各条船只上下来听宣传队员演讲的,见识了英国人的蛮横无理,倒也不想把事情闹大,说道:"你们怎么能这样呢?我们是在中国的土地上嘛!"

他们一面说,一面准备腾开身子,好从另一个方向朝华界方向靠拢一些。

英国水兵不耐烦了,竟然端起枪杆子,寒光一闪,恶狠狠地刺进一个码头工人的前胸。那人发出一声惨叫,一头倒在另一个工人的身上。

"他们竟敢杀人!"王俊财和余瑞光怒火万丈,赶紧扑了过去。

一个码头工人大声喊叫道:"英国人杀人了!"

"我们再也不能受洋人的欺凌了。打他们!"一个工人怒吼道,举起拳头,愤怒地朝一个英国水兵打了过去。但拳头被英国水兵用枪打折了。

民众怒火满腔,怒吼声犹如惊涛骇浪一般,在天空中炸响。愤怒的民众宛如开了闸的洪水,从四面八方,气势磅礴地冲了过来,很快把英国水兵全部包围起来了,抢夺他们的枪,挥舞拳头朝他们打去。

英国水兵淹没在民众的洪流之中,开不了枪,枪杆子也挥舞不起来了。把守在机关枪阵地边缘的另一拨英国水兵担心伤了自己人,同样不敢开枪,只能飞快地冲出租界,冲进民众阵营,试图帮助被合围在里面的英国水兵打开一道出口,逃出生天。

王俊财和余瑞光眼见得局势变得不可收拾,奋不顾身,加入战斗。两人还没有想到过要去攻占英国水兵的机关枪阵地,有人喊了一声:"进入租界,把英国人全部赶出去!"

民众势如奔雷一般冲向租界。几个人最先冲到机关枪阵地,一把抱起机关枪,准备朝英国水兵打去。然而,扣动扳机,竟然没有一颗子弹打出来,心下着急,左边拍打一会儿,右边拍打一会儿,还是不能开动机枪。

英国水兵被愤怒的民众打得晕头转向,突然发现合围圈自动打开了,放眼一望,中国人竟然冲上了机关枪阵地,正要朝他们展开扫射,赶紧一窝蜂地逃跑。中国人已经冲进租界,租界是回不去了的,他们惊慌失措,犹如丧家犬一样冲向停泊在码头上的船只,生怕中国人会冲到军舰上来,连忙起航,驶向了江心。

愤怒的民众已经冲进租界,再也刹不住势,气势磅礴地冲进巡捕房,冲进英国水兵的营地,宛如滚滚洪流,横扫一切。一时间,器物被砸的叮叮咚咚声,民众的叫骂声,震得四周的屋子哗啦啦作响。英国人纷纷关门闭窗，躲在屋子里，做了缩头乌龟。巡捕房里，更是一片狼藉。那些昔日对中国民众颐指气使惯了的英国巡捕，早已逃得没了踪迹。水兵的营房里，遍地都是扔掉的衣服，甚至还有一些来不及带走的枪支弹药。

民众扬眉吐气了，索性一不做二不休，准备冲进英国人的屋子，揪出英国人来狠狠殴打一顿。

一个人突然挡在他们的面前。

是赵璇滢，她提了喇叭，声嘶力竭地喊道："同胞们，我知道你们一直深受英国人的欺压，现在觉悟起来了，绝不允许英国人再度制造流血事件，很想报仇雪恨，可是，我们是礼仪之邦，要是像英国人一样，也去欺压他们的平民，英国人不是一样会怨恨我们吗？请你们冷静一点，仔细想一想，欺压我们的英国人，已经被我们赶到长江去了；这些没有欺压我们的英国人，我们怎么能去欺压他们呢？再说，有政府、有军队为你们做主，绝对不会让鲜血白流。请你们克制自己，把余下的事情交给南方政府来处理，好不好？"

众人仍然控制不了心里的怒火，继续朝英国人的屋子冲去。

王俊财和余瑞光一样异常激动，跟民众一块冲击了巡捕房，冲击了英国水兵的营地，一样想冲进英国人的屋子里去，将他们统统赶走。赵璇滢的话使他们马上醒悟过来：不能扩大事态，要不然，英国人定会挑起一场战争。

自从英国人用坚船利炮敲开中国的大门以来，中国军队在跟外国军队的战争中，从来没有打过胜仗，北伐大军能够打胜仗吗？他们不知道，也不敢知道，赶紧帮助赵璇滢劝说民众。

可是，民众的怒火已经点燃，岂是区区几句话可以浇熄的？

"我们受够了，一定要让英国人血债血还！"民众怒吼道。

赵承博经常听哥哥赵承彦说，因为洋人向中国大量输出各种产品，掠夺了中国大量资源，导致赵府的榨油坊难以支撑下去，早已对洋人恼火极了。现在，民众沸腾起来了，英国水兵夹着尾巴逃跑了，要是趁机把洋人全部驱走，赵府的榨油坊必定有救。他心情亢奋，抛弃了夫人，扔下那些女眷不管，不顾一切地冲了过来，试图撞进洋人的家里去，实现驱逐洋人的梦想。没想到，姐姐、王俊财、余瑞光竟然在这儿阻拦。

他气愤极了，吼叫道："你们不是说过，要让洋人看一看我们中国人也会挺起脊梁吗？为什么现在退却了？"

赵璇滢、余瑞光、王俊财不得不绞尽脑汁做了很多解释工作。

可是，无论他们说什么，赵承博准能从他们的话头里找出破绽，凌厉一击，往往让他们说不上话来。

众人越发精神抖擞，更想在赵承博的带领下打进洋人的家门。

这当口，又有一群人急急忙忙奔涌过来。他们是湖北省总工会的领导人，是接到了演讲队员的报告后，匆匆赶过来的。

原来，赵璇滢一看到英国水兵跟民众发生了冲突，马上想到要通知丈夫或者南方政府。随即，她本能地意识到，丈夫在武昌，远水救不了近火，不可能很快赶过来处理这里的情况；南方政府不久前从广州迁移过来，一切还没走上正轨，根本没有时间来处理这些事情。因而赶紧命令一个演讲队员火速奔向湖北省总工会，把情况告诉给总工会领导人，自己提了喇叭，赶紧从人群中挤过来。

其时，民众群情激昂，密集的队形犹如一道道波涛，向租界翻滚而去。

赵璇滢无论怎么喊叫，声音都被淹没在民众的怒吼声中，人也在民众的裹挟当中，宛如浮萍一样进入了租界。紧接着，民众分散开来，冲向了巡捕房以及英国水兵的营地。

千钧一发之际，湖北省总工会领导人赶了过来。

共产党组织正式成立之初，共产党人一直非常注重工人运动，在武汉地区接连发动过几次工人大罢工，建立了许多工会组织，在工人当中享有很高的威望。北伐大军攻克武汉三镇，各工会组织更是积极开展各种各样的工会活动，唤醒了工人的自觉意识。

冲击租界的民众，以码头工人为主。在许天亮的指导下，码头工人早已建起了严密的工会组织。眼下，一见总工会的领导人亲自出面，场面顿时安静下来，静静地聆听着总工会领导人的看法。

总工会完全站在民众一边，不过，也号召民众，不可随意破坏英国人的财产，更不可随意攻击外国人，总工会一定会代表民众，向英国政府提出严正的交涉，要求严惩凶手，赔偿损失。

民众的心情仍然难以平复，人人发出了愤怒的吼叫，但再也没有冲击英国人的举动。

英国领事本来吓得发抖，躲在屋子里，不敢出门。现在，民众的怒火虽然并没有完全熄灭，火焰已经失去了原先那种荡涤一切的骇人威势，顿时觉得可以利用中国官员，为英国人找回面子，便走出领事馆，傲慢地要求总工会领导人立即解散民众，向英国政府道歉并且赔偿损失。

赵璇滢按捺不住地冷笑道："领事先生，我们在自己的领土上举办演讲活动，英国水兵却冲过来打死打伤我多名工人，引发了我国民众的愤怒，直接导致我国民众冲击租界。你们既不赔礼道歉,又不赔偿损失,反而把责任推到我国民众身上。真是岂有此理!如果你不顺应中国民众的要求交出凶手,中国民众的怒火持续燃烧,你们绝不可能继续在租界待下去。"

她的话音还没有落地,民众又发出了一阵阵愤怒的吼叫,呼啦作响的火苗直朝英国领事身上喷,吓得英国领事心里又是一抖。不过,还没有等到总工会领导人的声音,英国领事依旧不甘心,望着他,等待着回答。

总工会领导人说道:"领事先生如果继续以原先的态度对待中国民众,一定会淹没在民众的怒吼声中。因为,民众已经觉醒,在这件事情上,政府跟民众态度是一致的:码头工人的鲜血不能白流!"

这时候,民国政府也得到了消息,派遣外交部长一行匆匆地赶到了现场。

感受到了民众的气势,外交部长同样豪情万丈,面对英国领事,义正词严地说道:"英国水兵擅自闯进华界,破坏我南方政府组织起来的宣传活动,打死打伤我国民众多人,是严重的犯罪行为。一定要严惩凶手,赔偿损失。否则,一切后果,全部由你们英国政府承担。"

民众情绪激昂,政府如此强硬,岂不是会更加引燃民众的怒火?英国领事生怕民众会再次冲击英国人的家庭,连忙要求中国政府派遣军队,保卫租界的安全。

于是,南方政府派遣了四个连队的兵力,连夜入驻租界。

第十章 收回英租界

民众大部分离开了租界，虽然还有一些人留在那儿，情绪已不再激动。

王俊财和余瑞光也没有离开。太阳早已下山，夜色朦胧之中，随处可见丢弃的衣物，在阵阵寒风的吹拂下，颓废地晃动着残布破片。曾经的喧哗，已经消失不见，虽说还有许多民众在来回走动，可是，跟原先相比，已经显得空荡荡的，宛如被人遗弃的墓地。两人一路走过，心里泛起了一阵阵波澜。

自从英国人1861年在汉口强行划出这块地面作为租界区以来，英国人在汉口制造了无数流血事件，给中国民众带来了难以估量的灾难。随后，俄国、德国、日本、法国，一只只豺狼虎豹先后来到汉口跑马圈地，开设他们的租界地。汉口民众遭受外国人的压榨和压迫，从此日甚一日。任何时候，只要华人跟外国人发生了冲突，哪怕全都是外国人主动挑起让华人蒙受惨重的经济损失甚至葬送性命，最后都是华人赔礼道歉赔偿损失。数十年来，何曾有过外国人正视华人利益的先例？

王俊财常常跟外国人做生意，给家族带来丰厚利益的同时，深切地感受到了遭盘剥之重，超出想象。一切规矩都是外国人制定的，他没有话语权，俨然一个跑腿的奴才。他心里时时感到隐隐作痛。他很想反抗，可是，国家衰弱，国威不振，他一旦反抗，失去了赖以生存的饭碗，家族的大厦将会瞬间倾倒。因而，他不能不匍匐在外国人的淫威之下，继续跟他们交往。

现在，民众已经觉醒，政府行动起来了，湖北省总工会更是站在民众一边，王俊财深受鼓舞，很希望借此机会，能够跟外国人周旋到底，一雪前耻。但是，他又非常清楚，没有实力，仅凭热情，无法跟英国人全面对抗。

余瑞光时常听到许多由外国人挑起的惨案，既痛恨外国人的强盗行径，又对此感到无能为力。如今，亲眼见到了英国水兵的暴行，他非常希望已经觉醒起来的民众能够以血还血，但又本能地意识到，不能跟英国人挑起更大的冲突，否则，谁都无法预料后果。

鉴于此，两人既希望武汉政府能够严惩英国水兵，又希望事态不要继续扩大。

明天，各大报纸都会长篇累牍地报道今天的事件，无疑会在全体民众心里点燃一团怒火，民众的情绪全部爆发出来的话，将会推动这件事向何处发展，王俊财和余瑞光无法预料。接下来，他们应该怎么做呢？

距他们身后不远处，赵承博一动不动地站在那儿，眼睛仿佛探照灯，在租借区照来照去。昔日灯火辉煌的租界区域，现在只有星星点点的灯光，宛如鬼火，照在人的脸上，影影绰绰，什么都看不清晰，一阵寒风吹来，显得格外瘆人。

"原来英国人也会感到害怕！"赵承博从心里发出了一声冷笑。

这次，赵承博绝不是抱着好玩的心情出头露面，推波助澜，鼓动民众把事情闹大，而是民族自豪感在潜意识里复苏，好像即将喷薄的火山一样，促使他决计向英国人讨还血债。没想到，在赵璇滢、王俊财、余瑞光、湖北省总工会以及武汉政府代表的劝阻下，民众像潮水一样慢慢消退了，赵承博心里涌出一股难以遏制的落寞。他不停地问自己：难道事情到此结束吗？难道还是跟过去一样，中国人挨打挨杀以后，武汉政府会不管不问，最终不了了之吗？

他不愿意看到这样的结果，也不愿意离开，想亲眼看看接下来会发生什么。

很快，中国军队开进了租界。他们似乎只是帮英国人看家护院，并没有向英国人讨还公道。赵承博心里愈发不痛快了，恨不得冲过去大声斥责他们。

这时候，他竟然看到了余瑞光和王俊财。

他正要朝他们走去，忽然，看到一个人影站在他们面前。他停了下来，定睛一看，那人竟然是英国领事。

"英国领事跟他们说什么？"赵承博想起只要自己鼓动民众闹事，余瑞光和王俊财便一个劲地帮助赵璇滢劝说民众不要冲击租界，顿时觉得这里面一定有名堂。

他们簇拥着英国领事，一起朝英国领事馆走去。

英国领事一定是想拉拢他们。得跟上去，看他们怎么说怎么做，伺机破坏他们的好事。赵承博心念一转，喊道："两位世兄，难道不想等等我吗？"

王俊财和余瑞光同时站住了，回转身来，赵承博已经站在他们面前。

英国领事认识赵承博，知道赵承博在汉阳商会是说话管用的人，立即邀请他一块进入了领事馆。

领事说道："王先生，你是了解大英帝国公民的。我们不想跟中国人发生任何冲突。那只是一场误会。希望王先生、余先生、赵先生能够向你们中国人好好解释一下，尽量不要扩大事态。这样，对我们大家都有好处。"

王俊财说道："可是，领事先生总得提出一个解决办法吧？"

"依我看来，领事先生肯定早有成算。"赵承博说道。

领事笑了："赵先生是一个痛快人。这是一场不应该发生的误会。你们中国人在租界边缘集会，大英帝国皇家水兵担心租界区域受到冲击，不得不出面阻止中国民众进一步靠近租界，因为言语不通，或者其他什么原因，导致双方发生冲突。贵国有人伤亡，我大英帝国皇家水兵也有不少人负伤。我保证不追究你们的责任，你们也无需追究我们的责任。我们翻过这一页，继续好好合作。"

余瑞光冷冷地看着英国领事，质问道："领事先生，我们中国人在华界举行聚会，超越界限，进入租界了吗？"

英国领事一愣，怔怔地看着他，不好回答。

余瑞光说道："没有嘛！你们在租界举行任何活动，我们有过干涉吗？也没有嘛！为什么你们搞活动，我们不认为是对我们的威胁；我们搞活动，你们就认为会威胁到你们呢？至于双方都有伤亡之说，首先得搞清一个问题，是我们中国人引起的，还是你们英国水兵引起的？如果说，我们的民众打死了你们的水兵，也来对你说一声类似的话，你答应吗？"

王俊财立即接上话头："领事先生，我国政府和全体民众对于你们出动水兵，屠杀我手无寸铁的工人，是极其愤怒的。你们却是咎由自取。这是两个不同性质的问题，你不能混为一谈。我国政府派遣外交部长，郑重向你提出的几点声明，是今后解决这一问题的基点。一切都应该以这个为前提来展开。"

赵承博朝王俊财投去了赞赏的目光，大声附和："不论是政府，还是商会、民众，我们的态度是一致的！"

领事打断了赵承博的话，注视着王俊财，说道："我想，王先生应该非常清楚，王府一直住在租界，处在我大英帝国的保护之下，而且，王府跟我们有着长期密切的合作关系。这一点，王先生难道不应该仔细掂量吗？"

这是赤裸裸的威胁。赵承博勃然大怒，腾身而起，准备破口大骂了。

王俊财摇了摇手，制止了他，说道："领事先生，汉口是中国人的汉口。而且生意归生意，国家归国家。你一定要把这两个东西扯在一起，我无话可说。不过，我提醒领事先生，不要轻举妄动，还是正视目前中国的民意吧。"

跟英国领事再也没法谈下去了，三个人一齐告辞而去。

"王世兄，你说得太好了，我敢肯定，领事今晚一定睡不着，整个租界里面的英国人，也一定都会惶恐不安。"赵承博钦佩地对王俊财说道，顺便也给余瑞光送上了一顶高帽子，"余世兄也不错。余世伯的儿子，都是虎将！"

王俊财和余瑞光心头沉甸甸的，一直沉默不语。赵承博讨了个没趣，还是兴致很高，继续口无遮拦地说下去。

终于，王俊财打破了沉默，开口说道："依我看，英国人一定觉得武汉政府一样软弱可欺。虽说外交部长已经向领事提出了严正抗议，同时提出了解决问题的几点意见，我觉得，英国人的想法未必毫无根据。"

余瑞光叹息一声，说道："是呀，这的确值得关注。我们应该跟社会各界联合起来，向武汉政府施加压力，迫使武汉政府不会屈从英国人的意志。"

赵承博立即响应："没说的，我坚决支持！"

发动过多次支持北伐大军的行动，他们轻车熟路，决定分别跟其他各界头面人物联系，向他们传达商界的意见，确定召开各界代表大会的时间地点以及议题，展开联合行动。可是，一涉及最关键的核心议题，他们都深感心有余而力不足。

"余世兄回去武昌以后，可以向我姐夫请教呀！"赵承博建议道。

"不错！他见识广博，深谋远虑，无人能及！"王俊财和余瑞光同时叫好。

这时候，他们已经走到王府的大门口。整个王府大院，一片灯火通明。从里面传出了一片激烈的说话声。大门口有两个兵士把守，竟然是王俊林的手下。

一个声音钻进了他们的耳朵："你们已经去过英国领事馆，是吗？"

三人不约而同地抬眼望去，只见王俊林已经从王府走了出来。

"你回来了？"王俊财问道。

王俊林朝他们脸上扫了一遍，说道："看你们的样子，是要去什么地方吗？不能进府一叙吗？"

正在处理公务的时候，王俊林接到消息：英国水兵与中国民众在江汉关江滩发生对抗，紧接着，中国民众冲击了英租界。他心里一阵紧缩，担心王府会受到牵连，马上带领几个卫兵从武昌回到了汉口。

此时，赵承彦和王芝英以及他们一大家子全都住在王府。

经过一个时期的治疗，王芝英的疯病渐渐得到控制，随后一天天好了起来，最后康复出了院。因为担心她回去武昌之后，会触景生情，再次引发疯病；而且，林英华作为南方政府的一个高级参议，跟赵承彦谈了一席话后，非常欣赏他的见识，更看重他的人品，极力向政府部门推荐了他，赵承彦便得以在汉口谋到一个职位。临时找不到合适的地方，赵承彦夫妇接受了邀请，和母亲一道带着两个孩子，先在王府落脚了。

赵璇滢准备在江汉关附近搞演讲，赵承彦接受了邀请，本来打算带着夫人和孩子一道前去捧场，担心发生意外，临了还是改变了主意。

当民众冲到租界的时候，从外面传来了巨大的嘈杂声，赵承彦担心夫人受到惊吓，什么都不敢告诉她，但血液在血管里加速流淌，催促他冲出王府，到外面去看看形势，帮助民众做一些事情；只是一看到夫人那张疑惑的脸，他不能付诸行动。

母亲看穿了儿子的内心，说道："妈知道你看不惯洋人欺压民众，一定想去帮助民众。你去吧,家里的事情,有我呢。"

王芝英嗜睡。如果没有受到打扰,一睡觉就雷打不动。等夫人入睡了,赵承彦马上跑去外面,看到许多民众热情高涨,在租界里走来走去,到处看不到一个洋人。他得知了事情的真相,义愤填膺之余湖北省总工会的态度,武汉政府的态度,使他觉得南方政府真是一个好政府。

王俊林同样没有看到民众冲击租界的一幕,也没有看到湖北省总工会以及武汉政府派出的外交部长在民众面前发出掷地有声的话语的场面,按照惯例,他认为所有中国政府都不敢得罪洋人。而且,王府住在租界,民众跟洋人对峙下去,王府第一个遭殃,不是恼羞成怒的洋人拿王府撒气,就是愤怒的民众会冲击王府。因此,他立刻放下手头的事务,从武昌赶回来。他回来的时候,骚动已经基本平息。他大嘘一口气,正在安慰家人的时候,赵承彦回来了。

一见到王俊林,赵承彦兴奋地说道:"南方政府的确跟北洋政府不同,是一个能挺直腰杆子的政府,我要竭尽全力为南方政府服务。"

王俊林说道:"任何政府,都不可能不害怕洋人。他们现在为了迎合民众,说了一些对民众有利的话,你就以为他们真的不害怕洋人了?不,他们根本拿不出任何东西跟洋人拼到底。所以,你要清醒,别做糊涂事。何况,王府拥有现在的地位,是因为跟英国人打交道的结果,我们不能忘恩负义。"

赵承彦反驳道:"亏你现在是北伐大军的一员,竟然如此不明是非!武汉政府不会害怕洋人,王府也不是因为洋人才有现在的地位!"

"空口说白话有什么用?你会看到事实的!"王俊林不耐烦了,大声吼道。

这时候,一个站岗的卫兵看到王俊财从英国领事馆出来了,赶紧跑进来向王俊林报告,使他们停止了争吵。

王俊林不仅生赵承彦的气,也生其他人的气,尤其生余瑞华的气。

那时候,一接到英国水兵刺伤中国工人的消息,余瑞华风一样冲进了王俊林的办公室,大声嚷嚷,要率领部队前去汉口赶走英国人!

真是癞蛤蟆打呵欠,好大的口气!凭你余瑞华区区一个营的兵力,能赶走英国人?即使王俊林拥有一个师的人马,也不可能把他们赶走。放下打不打得赢不说,惹得起英国水兵背后屹立着的强大日不落帝国吗?

王俊林的话还没有说完,余瑞华怒气冲冲地打断了他,说道:"你怕英国人,我不怕。我们不能在欺压面前永远忍气吞声。我带兵去赶走英国人。"

话音还没有落地,余瑞华举步朝外面奔去。

王俊林怒火万丈,把桌子一拍,声嘶力竭地叫道:"身为军人,一切行动必须服从命令听从指挥。你要继续蛮干下去,我关你的禁闭!"

余瑞华怨恨地瞥了王俊林一眼,怒气冲冲地跑出了他的办公室。

王俊林宛如挨了重重一击。虽说知道余瑞华从此以后再也不敢妄动率领军队前往汉口的念头,但他对余瑞华那道充满怨恨的目光产生了恐惧的感觉。

赵承彦在政府做事,深知政府害怕一切洋人,只要是洋人欺压中国人,哪怕洋人再理亏,政府从来雷声大雨点小,说一说吓唬人的话,然后大事化小小事化了,背地里又送给洋人许多好处,让事态彻底平息。现在赵承彦竟然跟余瑞华一样,鼓噪着要向英国人讨还血债,叫王俊林如何不生气!

王俊林无法说服赵承彦,只有求助王俊财了。

在王俊林看来,王俊财经常跟洋人打交道,深知王府是怎么得到今天的地位的。只要王俊财头脑不发热,一切都好办。没想到,王俊财竟然跟赵承博和余瑞光在一起。他们都认为武汉政府绝不会听凭中国民众继续受洋人欺压,他们甚至打算联合社会各界向武汉政府施压,迫使武汉政府不得不在英国人面前挺直腰杆。王俊林怒不可遏:"你们是一群糊涂虫!"

王俊财说道:"连外交部长都表明强硬的态度,你不要继续抱着老皇历不放,正视由北伐大军和武汉政府重新修订的律法。"

"那不过是一种姿态!"王俊林喊叫道,"洋人何曾在中国的领土上受到过今天这样的屈辱?洋人一定会报复的!洋人一报复,中国政府立马会弯腰,这是历史的经验,任何政府都是如此。他们现在所说的那些话,都是幌子,都是为了迎合民众,取悦民众。一旦洋人发威了,一切都会变样!"

赵承博说道:"即使如此,我们一定要向世人宣示:中国人绝不会永远被洋人凌辱!"

王俊林冷冷地说道:"你连自己是谁都搞不清楚,有什么资格胡说八道?"

"你搞清楚自己是谁了吗?我们彼此彼此。"赵承博兀自大笑起来了。

余瑞光问道:"王俊林,你一直都不肯认清现实吗?"

王俊财再也不愿意跟王俊林废话了,朝余瑞光和赵承博使了一个眼色,三人很快消失在夜幕里。

余瑞光连夜过江,回到武昌,很快联系上了武昌各界的头面人物,把自己跟王俊财、赵承博等人商议好的计划一说，立即得到了赞同。

回到余府，余瑞光坐在书房里，构想明天的计划。

夫人进来了，为他送来一碗银耳羹。

自从儿子余立出生以后，余瑞光对儿子关爱备至，爱屋及乌，渐渐对夫人也改变了态度，向夫人打开了心扉。

嫁给余瑞光以来，夫人发现了丈夫心里的秘密，一直倍感忧伤。丈夫终于从过去的阴影里走了出来，能够直接面对自己，关照自己，甚至呵护自己，令她感到了家庭的温暖，她对丈夫更加体贴备至。

跟随丈夫去江汉关听赵璇滢演讲，不料碰上英国水兵与中国民众之间发生冲突，在一片混乱当中，她和余梅芳、余雅芳一道逃离现场，去了余梅芳的家。

因为林英华在政府工作，林英华和余梅芳把家安在汉口，距离租界不是太远。

余雅芳非常担心王府，总想回去探探情况。眼帘一浮现那个可怕的场面，她顿时感到害怕，浑身发抖，连话也不敢说了。

余瑞光夫人一样惦记余府，更惦记丈夫的安危。丈夫竟然跟王俊财一道去了那个风暴的中心，到底会发生什么事情呢？一想到这些，她就坐立不安。她终于做出决定，回去租界，寻找丈夫。

大姐余梅芳无法制止她，只有和她一块回到现场。余雅芳虽说心里害怕，因为担心王府遭受不测，跟她们一块出去了。

租界里虽说仍然很混乱，民众的情绪早平复下来了，她们看到了王俊财、余瑞光、赵承博一个个完好无损，她们放了心。他们却还有事要做，让余瑞光夫人和余梅芳先把余雅芳送回王府，然后各回各家。

余瑞光夫人回到了武昌。她无法入睡，像往常一样，一直静静地等待丈夫归来。过了子夜，丈夫终于回府，闷声不响地去了书房。她知道丈夫一定在为怎么处理江滩上发生的事情犯愁，不便打扰，静静地等候了好一会儿，还是忍不住去了书房，看丈夫神情茫然，关切地问道："是不是还在想江滩上发生的事情？"

余瑞光点了点头，把他和王俊财、赵承博跟英国领事谈话的内容以及他们三人随后做出的决定全部告诉了夫人，最后说道："决心好下，可是，提不出适当的解决办法，一切等于零。"

"你们不是说好了，要请教二弟的吗？"夫人问道。

"你瞧我，真是糊涂透顶！怪不得心里好像总有一件事，原来如此！"余瑞光猛然醒悟，腾地站起身，准备去军校寻找二弟。夫人赶紧把银耳羹递到他手里。他接过来，一口气倒进嘴里，匆匆出了余府。

很快，余瑞光到了中央军事政治学校，进入校门，径直走向余瑞祥的住宿处。

屋子里仍然亮着灯，余瑞光伸手准备敲门，门打开了。

赵璇滢一脸惊喜地站在余瑞光的面前。一见来人竟然是前夫，她略略有些失望，问道："你来了？"

乍一看到赵璇滢惊喜的模样，余瑞光心里一阵荡漾，以为赵璇滢是来迎接自己的，各种滋味一齐涌上心头。听到赵璇滢的询问声，他从惊异中回过神来，知道弟媳打开大门不是为了迎接自己，而是迎接二弟的。

他说道："我是来看二弟的。他不在家吗？"

赵璇滢说道："你进来吧，告诉我租界那边怎么样了。"

民众陆续散去以后，她立马回到武昌，渴望见到丈夫，把今天发生的一切全部告诉他，听他分析，以便知道下一步究竟应该怎么对付那些英国人。不料，他竟然不在家，召集军校的要员开会研究对策去了。

打听到余瑞祥开会的确切地点，赵璇滢跑了过去，把事情的经过原原本本地说了一遍，点燃了大多数与会军官的怒火，一时间，很多军官要求余瑞祥尽快做出决定，发动宣传队，就此事进行广泛的反帝爱国宣传。可是，也有一些国民党人不愿意跟英国人发生正面冲突。

赵璇滢无权参加会议，只能在宿舍等候丈夫归来。

外面一有风吹草动，她都会打开大门，看看是不是丈夫回来了。失望了好几次，终于清晰地听出脚步声，她惊喜而又焦灼地打开门，谁知竟是余瑞光。

听完余瑞光的话，赵璇滢气得眉毛倒竖，愤怒地说道："英国人太卑鄙龌龊了！他们肯定不会甘心租界受到民众的冲击。不以此为契机发动民众迫使政府跟英国人交锋到底，说不定最后又是中国政府要向英国人赔礼道歉赔偿损失。王俊林一样可恨。这个软骨头，任何时候都是一条狗！"

"你在骂谁呢？"余瑞祥推开门，人还没有进来，声音就传进了屋子。

余瑞祥赫然发现夫人是在跟哥哥说话，很想跟哥哥打一声招呼。

赵璇滢没容他说话，嘴巴一张，犹如机关枪一般，突突突地把余瑞光的话说了出来，最后说道："你看，英国人就是这么无耻！"

余瑞祥说道："对待帝国主义，我们必须做好坚持斗争的准备；对那些对帝国主义仍然抱有幻想的人，我们一样要保持警惕。今天的会议，就是一个战场。大家最终达成了一致，要一块向武汉政府提出我们的方案：更加广泛地宣传民众，发动民众，对英国人持续保持强大的压力，直至取得最后的胜利。"

"理当如此！任何时候，像王俊林那样的人，都不可能知道民众的力量到底有多大。"赵璇滢说道。

"在南方政府以及南方军队里面，有许多王俊林式的人物。我们要想尽一切办法，让他们回到正确的路线上来。"余瑞祥顿了顿，说道，"我相信，今夜，不仅我们没法睡觉，武汉政府一定也在为这件事情召开会议，彻夜难眠。"

"只要能够把投降英国人的活动打下去，即使几天几夜不睡觉，又有什么关系？"赵璇滢说道。

余瑞祥说出了英国领事找他和王俊财、赵承博和你一道压制民众的热情的经过。

余瑞祥眉头紧蹙，严肃地说道："所以，制造持久的压力，打消英国人的幻想，迫在眉睫。"

"我们也是这么想的。"余瑞光说道，"我跟王俊财、赵承博已经商量好了，并且分头跟其他各界头面人物取得联系，准备明天召开各界代表会议，声明我们的主张，讨论下一步究竟应该怎么办。"

余瑞祥赞赏地说道："很好！只要社会各界全都行动起来了，可以造成一股强大的声威，让那些仍然准备投降英国人的家伙再也开不了口！"

"可是，我们还没有想出到底应该提出什么样的主张。"余瑞光说道。

余瑞祥一针见血地指出："这次行动，丝毫不能给英国人留下幻想的空间，也不能给予英国人拖延时间的借口，一定要把所有的后路都堵死！"

"干脆直接提出把英国人赶出租界的主张。"赵璇滢急切地切入话头。

"是呀，这一条非常重要，一定可以更好地唤醒民众。不过，你们要有礼有节，一开始，可以提出其他各项条件，把这一条当作最后通牒，一旦英国人不能按时答复，把它作为重磅炸弹抛出去，不达目的决不罢休。"余瑞祥说道。

这时候，天色已经大亮了。余瑞光赶紧起身告辞，联络上武昌的社会各界代表，一块搭乘轮船，过了长江，来到汉口商会。

已经有许多社会各界代表聚集在那儿了。他们神色激愤，被民众的热情点燃起来的烈火，在他们的胸膛熊熊燃烧。余瑞光感受到一种从来没有过的激情在胸腔激荡不已。

大会主持人王俊财宣布了议程。随即，余瑞光抛出了与弟弟和弟媳商讨出来的意见，引起了各位代表极大的关注。

经过激烈争论，他们终于达成一致：拟定了处理此事的八条意见，并且决定第二天下午二时开始，在济生三马路再一次召集民众大会，控诉英国人的暴行，宣扬各界代表大会做出的决定。

紧接着，大会公推王俊财和余瑞光两人为代表，分别将这份协定送往英国领事以及武汉政府。

王俊财郑重其事地向英国领事提出了武汉三镇各界代表大会的主张，并且将书面材料递给了领事，以不容置疑的口吻说道："希望阁下不要继续抱有幻想，只要在最后的期限里得不到答复，我们将自行采取措施。"

英国领事倒抽了一口凉气，说道："王先生，希望你明白，造成这次误会的责任并不完全在于大英帝国。但是，因为给贵国的工人造成了伤害，为了避免事态扩大，我可以代表大英帝国政府向你们道歉。可是，所谓赔偿损失，严惩凶手等条款，是大英帝国不可接受的。"

"那么，我们只能采取最后的行动，完全收回英租界！"王俊财斩钉截铁。

很快，英国人开始收拾行装，陆续逃到停泊在码头上的军舰上去了。汇丰银行以及其他商家，全都关门大吉。

与此同时，湖北省总工会正召集各行业工会的负责人开会，跟各界联合会取得了一致意见，决定动员民众在第二天下午赴会。

英国水兵屠杀中国码头工人事件不仅引起了武汉三镇民众抗议的热潮，引起了武汉政府以及社会各界的广泛关注与参与，而且让一向只知道经营余府产业，绝不关心政治的大哥余瑞光也投身到了发动抗议的热潮当中去。这是多么令人振奋的富有历史意义的大事啊！

余瑞祥已经做出决定，准备命令军校全体学员都分散下去，深入武汉三镇的每一个角落，展开控诉英国水兵新罪行、唤起民众一块抗争的活动。余瑞光他们要搞一场声势浩大的游行集会，正好可以借着军校学员去各地演讲的机会，把民众全部发动起来。那种不可遏制的伟大力量，必将令列强胆寒肝裂。

他对夫人说道："当这场游行活动开展起来以后，民众的爱国热情将更加高涨，也许会再次闯进租界。占领租界，是这场活动的目的所在，它是我们收回一切租界的先兆，更是中华民族从此不再受到洋人欺凌的先兆！"

"能够为推进这场游行活动做出一定的贡献，我感到非常光荣。我们参加过辛亥革命,参加过其后的多次战争,即使现在从事的北伐,无一例外,都是中国人内部的战争。只有驱赶洋人,打倒列强,才是最伟大的事业。我一定会更加努力发动民众,参与这场伟大的事业。"赵璇滢精神振奋,慷慨激昂。

余瑞祥豪情满怀地说道:"只要我们能够团结一心,和衷共济,内部不要发生分裂,说不定可以趁北伐之机,收回所有的英租界,然后再收回其他帝国主义国家在我们的领土上强行设立的所有租界!"

"只可惜,蒋介石这个人似乎并不见得有多正义。"赵璇滢说道。

"是呀,蒋介石企图控制中央政府的野心已经昭然若揭,相信中央委员们都会有所警觉。只要给蒋介石带上了笼头,限制了他的权力,他不可能兴风作浪,北伐大业仍然可期。"余瑞祥调换了话题,说道,"明天的集会,省总工会一定会做出全面部署。那些负责人都是富有经验的共产党人,决不会妥协。你在处理这个事情上,遇有问题首先向省总工会汇报。"

跟余瑞祥预料的一样,省总工会已经动员各级工会组织,按照跟各界代表大会约定的游行日期,动员了工人前去参加游行示威活动。

这天下午,阳光明媚,是冬天里难得的好天气。阵阵微风从天际飘过来,骚动了树上光秃秃的枝丫,发出一阵阵嗤嗤喳喳的响声,依稀雄壮铿锵的进军号角。人们从武昌、汉阳、汉口出发,归于汉口,然后一起走向济生三马路。脸上一律带着愤怒,带着热情,带着哀伤,带着即将爆发的情愫。

那儿,人群黑压压一片,看不到头尾,看不到空地。在正中间的位置,搭起了一个简易的小平台,略略高出成人的脑袋。平台上,已经站着十几个人。他们正是王俊财、余瑞光、赵璇滢、赵承博以及湖北省总工会负责人。

时间到了。王俊财主持会议,先请赵璇滢讲述江汉关惨案。她那动人心弦的描述,激起了民众的情绪,怒吼宛如惊雷一样在天空中炸响。紧接着,被英国水兵刺死刺伤的工人抬上了平台。民众的怒骂声,吼叫声,经久不绝。

最后,湖北省总工会负责人讲话了。那是激励人心的演说,是促动人们前进的鼓点。每个人的胸膛里,心脏在激烈地跳动,血液在加速旋转,情绪在快速膨胀,每个人都感觉到心里淤积着一团越来越强烈的火焰,要爆发,要燃烧。

终于,主持人王俊财发出了前进的号令。

宛如山洪暴发,宛如长江决堤,码头工人走在最前面,高喊着口号,挥动着拳头,以锐不可当之势,朝租界方向翻滚而去。三十余万人的队伍,犹如滔滔江水,一阵接一阵,一浪赶一浪,不断地朝租界猛扑。王俊财、余瑞光、赵璇滢以及省总工会负责人等组织者一直忙前忙后,维护队伍的秩序。

这时候,赵璇滢已经走到前头去了。隐隐约约可以望见租界了,赵璇滢眼帘跳动着昨天目睹的那幕情景,一股怒气在胸口乱窜,差点抑制不了自己。回身看去,码头工人脸上显出越来越激愤的色彩,她在心里打上了问号:这支已经激发出满腔怒火的队伍,一旦冲入租界,会演变成什么样呢?

想到英国人在接受了王俊财递交的哀的美敦书(英语ultimatum音译,意为最后通牒)后一片惊慌的情景,赵璇滢心里又坦然了。

那是怎样一种惊慌和混乱呀!那些傲慢的英国人无法接受向中国人赔礼道歉、赔偿损失、撤出水兵、严惩凶手等一系列要求,可是,从中国民众的愤怒中看出了一股暗藏在他们内心的足以焚烧一切的火焰,不敢待在租界,早已卷起行李,逃到军舰上去了,仅留下一些义勇队与巡捕在那儿装点门面。

距离租界越来越近了。那儿一片死寂。走在最前面的码头工人精神抖擞,口号声更加惊心动魄,宛如波浪一般,滚滚向前。

王俊林带领着他的卫兵,前来迎接游行队伍了。

亲眼看到社会各界全部行动起来了,武汉国民政府挺起腰杆,趾高气扬的英国人灰溜溜地逃出了租界,王俊林心里产生了强烈的震撼,自动地卷入支持民众收回英租界的洪流。

赵璇滢说道:"王俊林,你还想阻挡游行队伍进入租界吗?"

王俊林讪讪一笑,说道:"我是中国人,既然民众都站起来了,我为什么不挺起腰杆,做一个堂堂正正的中国人呢?"

"很好!那么,我们一块跨过英国人设置的沙包和铁丝网!"赵璇滢发现自己已经来到了英国水兵制造的障碍区,怒不可遏,一脚踢倒一个沙包,跨了过去。

王俊林浑身一震,跟着也踢倒了另一个沙包,在卫兵的护送下,进入了租界。

紧接着,码头工人冲了过来。昨天那副混战的情景在眼帘不断地浮现,码头工人血管贲张,气血飞扬,顷刻之间拆除了沙包和铁丝网,宛如打开了闸门的洪水,呼啸着冲进了租界。

巡捕以及义勇队早已听到风声,准备好了武器弹药,准备开枪射击。

码头工人势不可当地冲了过去,一齐爆发出惊天动地般的怒吼,旋风一样地将义勇队跟巡捕按倒在地,一阵拳打脚踢,打得他们像野狗一样哀叫不已。随后,民众捣毁了巡捕房，捣毁了义勇队的营地，紧接着，势如决堤的洪水，在租界横冲直撞，将米字旗全部扯落在地，肆意践踏。

一面青天白日满地红旗帜在巡捕房的屋顶上飘扬起来了。民众欢呼雷动，似惊涛如骇浪，直震得天空也发出了哗啦啦的响声。

三十余万人的队伍，顷刻之间，将租界连同江汉关全部淹没了。

另一面青天白日满地红旗帜在江汉关的大楼上升起来了。民众热情似火，高声欢呼。

早有人准备了焰火，点燃了篝火，围在一块，高兴地跳跃着歌唱着。

为了防范破坏分子趁机捣乱，省总工会组织了一支约三百人的工人纠察队，在整个英国租界地区维持秩序。

停泊在码头上的英国军舰上，那些威风扫地的英国人发出了一声声诅咒。生怕民众会冲向码头，军舰不得不朝江心方向退去。拉响了一声声汽笛，宛如临死之前发出的最后哀鸣。

第十一章 宁汉对立

中国民众收回汉口英租界以后，英帝国主义担心发生连锁反应，悍然出动军队，对武汉政府及中国民众大肆进行武力恫吓。武汉国民政府毫不退让，终于迫使英国人不得不低下头，将汉口英租界交还给中国。这是自从鸦片战争以来，中国人第一次依靠自己的力量收回被外国侵略者侵占的租界，极大地鼓舞了民心士气，武汉国民政府在民众心目中的地位日益提高。

事实上，收回英租界的行动并非一帆风顺，把王府、余府、赵府每一个主要成员的心态再次揭露得淋漓尽致。

余瑞华并没有因为王俊林的威胁而放弃参加。他命令一个营的兵力，全部换成便服，参加了1月5日的那场游行示威活动，并且跟在码头工人的身后，冲进了租界，捣毁了巡捕房。他亲眼看到英国人的军舰在第二天不得不离开长江，顺着长江向下游的上海驶去。

随后，余瑞华得到英国人进行武力恫吓的消息。一旦知道英国人的军舰驶向中国，他义愤填膺，坚决要求率兵前去抵抗。

这时候，王俊林有些惊慌失措，暗自责备自己为什么脑子发昏，会带领军队，参与那场要命的游行。英国人一定会注意到他，一旦英国军队重新开过来，王府绝不可能讨得一点好处。急急忙忙之中，王俊林跑去找王俊财，要求他寻找跟英国人接续关系的途径，确保王府不受侵害。

"事已至此，该来的总会来！"王俊财冷冷地说道。

王俊林不能说服王俊财，总觉得这次王府在劫难逃，像一头困兽一样，在屋子里走来走去。

"你害怕英国人吗？"余雅芳问道。

"谁不害怕英国人？"王俊林一愣，瞪大眼睛，说道。

"我不害怕他们。"余雅芳微微一笑，说道，"只要你能跟我二哥一样，我什么都不怕！"

"如果我一直跟你二哥一样，英国人会夺走王府的一切！"王俊林差一点冲口而出，看着夫人无瑕的眼睛，叹息一声，说道，"你什么都不懂！"

他不能面对夫人，打算立刻逃出王府。结果，碰上了赵承彦。

"其实，你不必担心英国人的恫吓。"赵承彦说道，"如今，已经不是清朝，也不是北洋政府。武汉政府一定会把英国人顶回去。"

"武汉政府有什么能耐把英国人顶回去？"王俊林没好气地问道。

赵承彦微微一笑，说道："这跟做生意一个道理。清朝、北洋政府顾虑太多，又得不到民众支持，英国人说什么是什么，他们无法讨价还价。如今，武汉政府刚刚成立，没有什么顾虑，又有民众支持，有足够的资本跟英国人讨价还价。英国人如果不想身陷泥潭，最后一定会让步。"

"你做生意去吧！"王俊林丢下一句话，走了。

王俊林回到武昌，急急忙忙去找余瑞祥，隐藏了担忧王府安危的心思，说道："坏事了，这下，如果英国人真的打过来了，我们拿什么抵挡？"

余瑞祥说道："我们有如此众多的民众，有如此众多的军队，有如此严整的声威，只要政府不被吓倒，英国人一定会收手！"

"英军的武器装备，我们注定抵挡不了。"王俊林说道。

"打仗主要靠人，不完全取决武器装备。"余瑞祥说道，"如果英国人发动鸦片战争的时候，清军能够抵抗到底，中国不一定能输掉这场战争。如果八国联军侵略中国的时候，所有的清军都浴血奋战，慈禧不会逃出紫禁城。"

王俊林将信将疑，度日如年，等待最后的结果。

最终，英国人果然收手了！王俊林万千滋味涌上心头：王俊财、赵承彦，甚至夫人余雅芳都看得出来，英国人只不过是恫吓，自己怎么想不到这一点呢？不过，王府不会受到英国人伤害，他还是挺高兴。

这时候，汪精卫结束了漂泊海外的生活，到达上海，先后跟共产党的领袖陈独秀、北伐大军总司令蒋介石见面，就国民政府的局势交换了意见，发表了《汪陈宣言》，随即在汉口南洋大楼就任国民政府主席。

与此同时，蒋介石在东线战场上，节节胜利。

一旦将上海这个中国最大的城市收入囊中，蒋介石立刻动起了摆脱武汉国民政府的控制、建立由自己主导的国民政府的念头。他依靠白崇禧出谋划策，先后跟留守广州的李济深、四川军阀杨森等人结成反共同盟，预备一同挥舞大刀，砍向中国共产党人的头颅。

四月十二日，蒋介石露出了狰狞的面目，共产党人的鲜血染红了上海滩、广州城。

消息传到武汉，国民政府的左派军政要员大惊失色，共产党人愤怒不已，民众满腔悲愤，谴责蒋介石、李济深背叛革命的声音迅速高涨。四月十八日，蒋介石在南京建立了新国民政府，推选胡汉民为国民政府主席，拉开了跟武汉国民政府公开对抗的大幕。

"什么国民政府！跟北洋政府没有两样，都操纵在一群争权夺利的小人手里！"王俊林心里说道。

在十几年的军旅生涯中,王俊林悟出了一个道理:越是混乱的当口,越是容易找到达成目的、成就梦想的机会与途径。现在,为了继续北伐也好,为了扫荡南京政府也罢,武汉国民政府必定会在今后大肆扩充军队。他不能错失这个良机,应该先做准备,让余瑞祥为他提供大批军官,不管他们是共产党人,还是国民党人。

王俊林立马去见余瑞祥,说道:"蒋介石已经公开背叛革命,为了讨伐蒋介石,武汉政府必须大量扩充军队,以便取得最后的胜利。这个时候,我越发希望早日加入共产党,得到更多的军校学生。"

当蒋介石已经露出准备跟共产党人彻底决裂的端倪时,余瑞祥敏锐地意识到这一点,提请中共中央领导人防备蒋介石屠杀共产党人,没有引起重视。现在,蒋介石反革命面目暴露无遗,他不能不认真思考哪些国民党人是共产党真正的朋友。

汪精卫一定可靠吗?余瑞祥在广州多年,对孙中山所倚重的几员大将全都了如指掌。汪精卫只不过是一个银样镴枪头,中看不中用。在蒋介石发动中山舰事件的时候,汪精卫无法应付当时的局势,丢开国民政府一走了之。你还能指望他有多大的作为?而且,汪精卫看似对共产党人很友善,但在他的内心深处,对共产党人依旧充满怀疑,充满猜忌。

更为忧虑的是,武汉国民政府所仰仗的军队只有两支:一支是第四军,许多军官是由李济深任命的,跟李济深有着千丝万缕的联系,虽说现在仍然支持武汉政府,也不能不对他们保持一定的警惕;另一支是唐生智的第八军。其中层以上军官基本上是湖南人。在毛泽东的带领和支持下,湖南的农民运动搞得最活跃。几乎每天都会有被农民运动所打倒的土豪劣绅从湖南逃到汉口,投靠他们已经在该部当上了军官的儿子,诉说农民运动对他们的迫害,引发了这些军官对共产党人的极端不满。这些,随时都有可能引爆成一场大灾难。

为此,余瑞祥再度向中共中央最高领导人陈独秀提出建议,应该趁机迅速组建共产党自己的军队。

军官来源有两个部分:余瑞祥实际掌管的中央军事政治学校里的四千多名军校学员;毛泽东举办的中央农民运动讲习所里还有几百名学员。至于兵员,仅从一万五千多人的工人纠察队中抽出一半人员,足以组建起一个师的军队。

这一建军计划虽说并没有得到批准,余瑞祥仍然没有放弃,准备在中国共产党第五次代表大会上提出来。

王俊林试图从余瑞祥手里挖走一些学员，扩充他的军队，余瑞祥心想：如果组建军队的设想最终无法付诸实现，可以帮助王俊林扩大军队，把王俊林部牢牢控制在共产党人手里。

　　余瑞祥笑道："你确实进步不小，放心吧，只要继续要求进步，条件成熟，我们会吸收你加入共产党。至于军校学员，等他们毕业的时候，会尽量满足你的要求。"

　　"你放心，我的部队就是你的部队。"王俊林开心地笑了。

　　武汉国民政府面临的局势越来越严峻。在武汉国民政府四周，只有远在陕西的冯玉祥部目前仍然支持它。武汉国民政府亟须这支军队壮大自己的声威，以此跟南京政府相抗衡。为此，武汉国民政府决定实施第二期北伐。

　　王俊林即将率领他的人马参加北伐了。临行之前，他又找余瑞祥要人。

　　余瑞祥说道："你似乎信不过我。我不是早已答应你了吗？只要你拥有足够的兵力，你要多少军校学员，我给你多少。"

　　这时候，赵璇滢急急忙忙赶了过来，一见余瑞祥，说道："北伐大军即将出发了，我已经向你提出了好几次申请，你一直拖着不答应。现在，你得给我一个准确的答复，我什么时候能够出发北伐？"

　　王俊林赞叹道："嫂子还是那种脾气。余世兄，我已经看出来了，你要是不让嫂子参加北伐，她会像上次一样，脱离你的。"

　　赵璇滢呵斥道："谁像你一样这么不正经？我在说北伐这件大事！"

　　余瑞祥正色说道："你是革命军人，应该知道革命军队的纪律。你的任务是学习，是履行我现在交给你的使命。你现在要做的事情，一样是为北伐服务。"

　　赵璇滢仍然为不能去河南战场杀敌感到遗憾，生了一肚子闷气。不过，她现在是军校学员，不得不守军校的纪律；而且，她再度怀有身孕，只有悻悻然作罢。

　　大军出发的那一天，赵璇滢和军校学员一道，欢送王俊林率部北伐。

　　她一眼认出了走在第一批队伍里的余瑞华，冲到他的跟前，迅速抱起他的肩头，狠狠地摇动着，说道："你一定要狠狠打击奉系军阀。只要你提了张学良的人头来见我，我会给你娶回一个好媳妇。"

　　周围爆发出一阵热烈的大笑。余瑞华很有些难为情了。

　　半年来，余瑞华尽管觉得共产党人的确在治军方面很有一套，也非常希望接近共产党，或者参加共产党，最后还是在共产党的大门外徘徊。

　　他本来觉得共产党的主张基本上很对自己的胃口，只是觉得人人平等未免难以实现，一直踌躇不定，跟王俊财谈了一席话后，加深了疑虑。所以，无论赵璇滢后来怎么指点他，他都没能继续靠近共产党。不久以后，听到很多传言，说湖南农民运动搞得怎么怎么过火，不管是不是儿子在北伐大军当军官，只要老子是地主，抓起来戴上高帽子游行示众，完了还要分掉人家的财产，他认为这是共产党在背后向北伐大军捅刀子，连带着怀疑共产党人实现人人平等的理想只不过是空谈。他也熟悉国民党的主张。国民党人的主张似乎比共产党人更理智，更合理。作为北伐大军成员，他已经参加了国民党，决定为国民党的大业冲锋陷阵，哪怕粉身碎骨，也在所不惜。可是，共产党人的信仰还是在他心里打下了烙印，让他难以一下子彻底抛弃它。他的心在国民党与共产党之间来回奔忙，一直无法找到落脚点。

蒋介石在上海屠杀共产党的消息传入他的耳朵，余瑞华恍然发现，国民党内部充满了危险。随即，武汉政府跟蒋介石划清了界限，他更加不知道自己究竟应该不应该抛弃国民党，投入到共产党的怀抱。

接到出征北伐的命令，他一下子从犹豫不决之中解脱出来。可以一门心思去战场上杀敌，他浑身上下充满力量。

"嫂子放心，即使我不能亲手砍下张学良的人头，也一定会杀得他人仰马翻，一听到我的名字，立刻闻风丧胆，落荒而逃。"

不等余瑞华的话音落地，从人群中又跳出一个人来，一巴掌拍打在余瑞华的肩头上，哈哈大笑道："你要是不把张学良的人头砍下来，我姐姐肯定不会为你娶媳妇呀。"

周围又爆发出一阵会心的大笑声，一个个前合后仰。

余瑞华抬头一看，竟然是赵承博。他心头一喜，连忙在赵承博肩头拍了一下，同样跟他开起玩笑了。

"喂，喂，喂，别顾着说话，不理我们。"又一个声音挤进余瑞华耳鼓。

余瑞华抬眼看去，看到王俊喜一脸笑意地跟赵承博站在一起，赵承博身边还站着夫人柳彤萱。大哥大嫂带着侄儿，跟他们在一起，都关切地注视着他。

"你们都来了？"余瑞华心头一阵激动，说道。

"是呀，都来了！"王俊喜兴头很高，立刻代表众人预祝余瑞华建功立业。

柳彤萱是参加了血花剧社为二期北伐举行的多次演出以后，特意和丈夫一道过江来为余瑞华送行的。她十分兴奋，美丽的眼睛盯着余瑞华，口若悬河，一连气地说了许多话，令余瑞华不敢正视她。

"上了战场，你要多多保重！"余瑞光说道。

走了，北伐大军都走了。跟余瑞光夫妇、赵承博、柳彤萱、王俊喜他们道别后，赵璇滢快快地回到了军校。

余瑞祥因为要参加中国共产党第五次全国代表大会，不在军校。赵璇滢一进入军校，一道热火朝天的风景线立即扑入眼帘，使她精神一振，浑身上下马上充满了力量，飞一般跑进了训练场。

原来，中央军事政治学校从战斗部队请来了许多军事教官，在偌大的操场上，教授学员军事知识以及杀敌本领。

赵璇滢曾经带领一批批妇女救护队员上过战场，后来曾经指挥人马打过仗。在军校，上政治课，她是学员；进行军事训练的时候，把女学生全部编列在一块，由赵璇滢负责训练。

中国共产党的第五次全国代表大会在武昌都府堤20号第一小学举行开幕仪式以后，转移到汉口济生三马路黄陂会馆继续开会。赵璇滢隐约预感到，这次会议一定会做出重大的决策。她期盼着丈夫快点归来，能够告诉自己具体消息。

终于，余瑞祥回来了。谁都看得出来，他的心情颇有点沉重，但他一直强打精神，在训练场上走来走去，亲自指导军校学员的训练，不肯单独面对赵璇滢，更别提告诉她任何消息。好不容易等夫妻二人单独相处了，他也犹如一个闷葫芦，一个字不肯说。

赵璇滢非常清楚，丈夫心里充满了难以言表的痛苦。只有默默地注视着丈夫，什么都不问。

余瑞祥的心情沉重得犹如压上了一座大山。本来，他已经编列了一个完整的建军计划，准备提交给大会讨论，谁知在私下再度向陈独秀汇报自己的设想时，陈独秀竟然一口拒绝："现在，国民党跟共产党的关系已经搞得很僵了，难道你还要让我们的关系进一步破裂吗？"

余瑞祥心里滚过了一阵疑惑：难道共产党最高领导人不知道自己手里有实力，才能保证合作不会破裂吗？一个讨饭的人，怎么可能跟一个大富豪合作！

他劝说道："蒋介石已经向我们下手了，我们固然希望武汉国民政府一直能保持国共合作态势，可是，我们之间的不和谐因素太多了。如果我们没有力量，谁也不能保证这种合作什么时候会彻底破裂。"

毛泽东不仅非常赞赏余瑞祥的计划，而且提出了自己的计划：共产党的力量应该转向农村，在那里发动土地革命，脱离武汉国民政府，自行寻找一条出路。

余瑞祥感到眼前一亮，毫无保留地赞成毛泽东的意见。陈独秀一样严词拒绝。

余瑞祥和毛泽东决定自行向各位代表提出自己的计划，让大家共同决定到底应该走什么样的路线。余瑞祥率先向大会提出了自己的设想。

陈独秀说道："这件事情到此为止，既不要展开讨论，也不需要继续说下去。我们已经和人家把关系搞僵了，难道还要继续僵下去吗？"

犹如一瓢冷水，把众人的热情浇灭了。现场出现了一片难堪的沉默。

这时候，毛泽东提出了自己的主张：共产党人应该到农村去发动农民运动，组建自己的政权。

一个余瑞祥，已经让陈独秀伤透了脑子，现在竟然又冒出了一个毛泽东。余瑞祥是辛亥革命的元勋，陈独秀可以对他礼貌一些；但毛泽东当年只不过是北大图书馆的管理员，在名义上还是陈独秀的学生。他不会对毛泽东那么客气，不等毛泽东说完，陈独秀粗暴地挥动着手臂，说道："此事不要继续说下去了。"

毛泽东先是大吃一惊，接着开始分辩。陈独秀一气之下，竟然将毛泽东赶出了会场。

余瑞祥的心从此跌入了谷底，暗问自己：陈独秀原来并不是这样的人啊，为什么如今一再迁就国民党呢？难道他不知道，软弱已经造成无数共产党人惨遭国民党杀害吗？还要多少共产党人用他们的鲜血和生命，洗清陈独秀的眼睛，恢复他的理智，让他清楚革命不是跟国民党妥协就能取得成功的呢？

好在会议还是取得了一些成效，这多少让余瑞祥感到了些许安慰。

会议期间，接到一个可靠的消息：仍然滞留在汉口的唐生智部下，正在密谋反共。如果这些人马真的发生了叛乱，究竟应该怎么应付？叛乱的队伍，将从何处下手？余瑞祥回到军校，一直在思考这些问题。

整个武汉三镇，有一万五千多人的工人纠察队；叶挺仍然留在武昌，他手下有两个团的新兵；还有军校的四千多名学生，以及农民运动讲习所的数百名学员。应该立即把他们组织起来，防患于未然。可是，他清楚，陈独秀绝不会同意。余瑞祥只有把全部心思花在训练军校学员上，一切从实战出发，来应对即将发生的危机。

"为了不让共产党人的鲜血白白流失，我们得做好准备。"余瑞祥终于说道。

"我能做什么？"赵璇滢问道。

收回英租界以后，赵璇滢因为表现突出，更加坚定共产主义信仰，已经被吸纳为共产党员。

"妇女队可能很快就会派上用场。"余瑞祥说道。

赵璇滢大喜过望，说道："任何时候，妇女队都不会让你失望。"

唐生智的手下并没有发动叛乱，另外一起叛乱却突如其来地发生了。叛军的头目是夏斗寅。他与四川军阀杨森勾结起来，率领一个师的人马，从恩施出发，一路上，如入无人之境，朝武汉方向攻了过来。

国民政府深感震惊。主力正在河南战场上跟奉系军阀展开激战，手头只有两个团的新兵，政府要员全然慌了手脚，根本不知道怎么应付危局。

叛军越来越逼近武汉，纷纷收拾行装逃离武汉的混乱景象，再度上演了。

武汉国民政府惊慌失措之际，余瑞祥提出了把中央军事政治学校学员、讲习所学员与两个团的人马合在一块，组成一个独立师，前出到纸坊一线，去抵挡叛军的攻击，进而彻底消灭叛军的计划。

犹如濒临绝境的人看到了救命的诺亚方舟，武汉国民政府当即批准了余瑞祥的计划，并准备任命余瑞祥为统帅，率领独立师前往纸坊迎击叛军。

余瑞祥说道："北伐以来，叶挺将军率领独立团攻无不克，战无不胜，已经打出了威风。作为主力的两个团都是独立团的班底，理当由叶挺将军负责指挥部队的行动，最能震慑敌人。我可以指挥军校学员，听从叶挺将军的命令。"

武汉国民政府深以为然，命令叶挺任独立师总指挥，率领人马迎敌。

这时候，叛军已经逼近纸坊。武汉三镇犹如山崩地裂一般，出逃的人更多。

叛军已经攻到武昌远郊，余瑞光分外着急，赶紧跑到中央军事政治学校打听情况。这时候，余瑞祥已经接受命令，返回军校，准备编列人马，开赴前线。

"这下好了，叶挺将军名声很大，由他率领部队迎战叛军，民众的情绪会马上安定下来，料想不会再有人打算出逃。"余瑞光大松了一口气。

余瑞祥说道："我没有时间跟你多说话了，也得上前线去。"

似乎没有想到二弟会走向战场平息叛乱，余瑞光一愣，说道："大哥在其他方面无法帮助你，如果你需要经济援助，我一定会不遗余力。"

"谢谢大哥。"余瑞祥感激地说道。

兄弟两人正要分别，赵璇滢焦急地冲了过来，见到丈夫，嚷叫道："难道国民政府还没有做出抵抗叛军的决策吗？"

这个弟媳，还是那么直率，那么急切。余瑞光感到一种说不出的滋味涌上心头。当年，要不是她执意投军，余府以及自己的命运绝不是这样。唉，赵璇滢不是自己的人，永远也不可能成为自己设想的人！余瑞光在心里叹息道。

赵璇滢仿佛这才看到前夫，对他点了一下头，等着丈夫回答。

余瑞祥说道："我知道，你一刻都停不下来，你快点准备。部队马上要开拔。到时候，有的是仗打。"

赵璇滢兴高采烈："我一定会打一场漂亮的胜仗给你看！"

"你想指挥人马打仗吗？这怎么成呢？你原来不过是救护伤员，没有打过仗呀。"余瑞光不能不关心她，说道。

"她今非昔比，我相信她能打胜仗！"余瑞祥笑道。

叶挺被任命为总指挥，克日率领人马前去镇压叛军的消息一传开，武汉三镇的民心马上为之一变。再也没有人出逃。武昌城里的老百姓欢欣鼓舞，为支援军队的行动做着积极的准备。汉口和汉阳那边，王俊财和赵承博趁机发动商会，源源不断地为北伐大军送来许多物品。

因为血花剧社跟着北伐大军上了河南前线，在李香香的严令下，柳彤萱回到了赵府。

对舞台没有多大的不舍，她把一个人放在心上了，这个人就是王俊喜。当年在新世界演绎剧目的时候，王俊喜时常向她大献殷勤，她的目标在于成为有钱人的夫人，不愿意轻易献身于他。她重出江湖，王俊喜不断地给她送花，陪她说话，骚动了她寂寞无聊的心。赵璇滢去江汉关演讲的那天，赵承博丢下她不管，王俊喜把她带到了一个安全的地方，她一头扑进了王俊喜的怀抱。从此，只要有机会，她准会跟王俊喜在一块厮混。

经常关在家里，柳彤萱思念着王俊喜，希望脱离丈夫和婆婆的视线，好去跟王俊喜幽会。但丈夫的视线好脱离，婆婆的视线怎么也脱离不了。现在，丈夫竟然支持叶挺率领人马去攻打叛军，而且，姐姐赵璇滢的妇女队也要上战场，赵承博当然要去送别。她感到王俊喜不会放过这次与自己幽会的机会，便跟随丈夫一道来到了武昌。果然不出所料，王俊喜也来为赵璇滢送行了。柳彤萱恨不得当场投入他的怀抱，又担心被人察觉，不能不抑制蠢蠢欲动的心。终于，他们趁大家都不注意的机会，二人私会去了。

有如此之多的人前来为自己的出征送行，赵璇滢心中充满了感激。

余瑞祥站在赵璇滢的身边，正跟赵承博、赵承彦、王俊财、余瑞光等人说话。忽然，一个高大的身影走了过来。老远喊道："余主任，你真是动作神速。我还以为可以到军校看到你，结果，你已经出发了。"

"毛泽东同志，谢谢你来为我送行。"余瑞祥感激地说道。

赵璇滢似乎有点不相信自己的耳朵，问道："这位就是毛泽东？"

毛泽东对她笑道："一直听说军校有一员女将，是辛亥革命时期的妇女救护队队长，历经枪林弹雨，救人无数，没受一点轻伤，想必就是你吧？"

"是呀，就是我！"赵璇滢说道。

毛泽东热烈地握着赵璇滢的手，笑道："这次，我相信，你在军校受过训练，亲自出马指挥妇女队，区区一个夏斗寅，哪里是你的对手？"

"你一定会看到我是怎么把夏斗寅打趴下的！"赵璇滢自豪地说道。

然而，赵璇滢很清楚，这是一场艰难的战斗，绝不会像自己说的那么轻松。讨伐部队几乎全都没有实战经验，一旦投入战斗，在枪林弹雨中，部队慌乱起来了应该怎么办？不仅赵璇滢忧心，余瑞祥忧心，叶挺一样忧心。

赵璇滢率领妇女队作为先头部队，最早接近纸坊。赵璇滢命令众人原地休息，带着两个妇女队员，前去火车站亲自勘察地形，了解敌情。

来到一个稍稍凸起来的小山包上，赵璇滢仔细察看，发现有数不清的敌人正在火车站附近集结待命。她意识到，敌人已经得到武汉国民政府派遣人马前来讨伐的消息，饶是驻扎下来，也采取了严密的防御措施。

看起来，得做好充足准备，选定敌人的薄弱之处下手，才能打痛敌人。

赵璇滢寻思了好一会儿，下定决心：只等攻击命令下达以后，亲自上阵，率领一支人马从左翼攻击敌人；另一路人马则从右翼展开进攻。

"有把握攻克火车站吗？"丈夫的声音传进了赵璇滢的耳朵。

赵璇滢侧头一看，余瑞祥正悄悄地趴在她的身边。

看到丈夫放下了望远镜，把头偏向了自己，她赶紧说道："我准备命令部队从两翼攻击敌人，火车站就是一块钢板，我也要把它咬碎。"

余瑞祥点了点头，说道："自古以来，慈不掌兵，战场上，不是胜利，就是失败。胜利了，才能保住武汉国民政府；失败了，武汉国民政府势必危如累卵。所以，你必须时刻注意第一次参战兵士的情况，关键时刻，应该拿出霹雳手段，去赢得胜利。"

一边说，丈夫一边用坚毅和鼓舞的眼神望着赵璇滢。

赵璇滢心头一凛，更感受到自己肩上沉甸甸的责任。沉默了好一会儿，她坚决地回答道："请你放心，我不会让任何一个敌人从这里冲向武昌。"

攻击的时刻到了。三发信号弹划破了寂静的天幕，嗖嗖叫着，在天空中划过了一道道弧线，往远处坠落。

赵璇滢挥起手枪，大喊一声"冲啊"，第一个从隐蔽地跳了出来，朝敌人冲去。紧接着，稀里哗啦，一阵阵细碎的声音在空中鸣响起来。空气中凝聚起来的紧张瞬时爆裂开来，一声声呐喊，贴着地皮奔泻而出，一个个妇女队员从地面上弹跳起来，开动汉阳造，朝火车站攻去。子弹从她们的枪膛里射了出去，漫无边际地打向了敌人的阵地。

赵璇滢心里感到些许安慰。不过，丈夫的声音仍然在耳边回响："你必须时刻注意第一次参战兵士的情况，关键时刻，应该拿出霹雳手段，去赢得胜利。"

她强烈地抑制了亲自冲锋陷阵的欲望，不断吆喝队员们朝敌人攻去。

很快，妇女队接近了敌人的阵地。突然，从敌人的阵地上射出瓢泼大雨般的子弹，浇在妇女队员身上。冲在最前面的妇女队员不断地朝地面上倒去，发出了凄厉的尖叫与痛苦的哀鸣。一些队员心惊胆战，扔掉枪支，就朝后面乱跑。

赵璇滢饶是已经做好了战前动员，也在训练当中教会了队员们怎样躲避敌人的子弹，怎样接近敌人，怎样利用有利地形的方法，但拼命喊叫，还是无法阻挡那些心惊胆落的妇女队员一路向后狂奔的步伐。

恐惧的心理宛如瘟疫一样，迅速传遍了全体队员，一个个再也顾不得朝前面攻击了，同样调转头来，朝着后面一阵猛跑。

"不准后退，攻击敌人！"赵璇滢愤怒吆喝道。

可是，竟然没有一个人响应。

赵璇滢心头涌起一种从来没有过的恐惧感。她禁不住浑身打了一个寒噤，抬眼向敌人那儿望去，只见敌人已经跳出了阵地，疯狂地扑了过来。

队伍继续这样后退下去，势必彻底完蛋。这里一完蛋，一定会带动整个战线全部完蛋。难道因为自己的无能，讨伐军注定会兵败纸坊吗？不，在出发之际，武汉国民政府和民众对讨伐大军寄予了多大的希望啊，怎么能够辜负他们呢？

她的耳边再一次响起了丈夫的声音："关键时刻，应该拿出霹雳手段，去赢得胜利。"

难道要亲手杀死自己的队员，才能制止她们退却的狂潮吗？她心里一颤，情不自禁地举起了手枪，命令她们掉过头来，一齐打击敌人。但敌人的子弹在她们头上嗖嗖飞翔，敌人的呐喊宛如惊雷一样在她们的头顶炸响。敌人越来越近了，要不了多久，便会冲进她们的阵形。

赵璇滢追上了退到最远处的妇女队员，愤怒地命令道："不准后退，回去，打击敌人。"

没有人理睬她，队员依旧在不断地狂逃。

赵璇滢愤怒极了，开动扳机。砰的一枪，冲在最前面的队员一声惨叫，重重地倒在地上。其他的队员愣了一下，不知道敌人怎么会从前面打过来了。

"回去，跟敌人血战到底！"赵璇滢喝叫道。

队员依旧刹不住狂退的热潮，哗啦啦地冲到了赵璇滢身边。赵璇滢再也不说话了，开动扳机，接连打了好几枪，几个队员相继扑倒在地。

"不准后退！后退者，杀无赦。"赵璇滢挥动着手枪，大声高叫道。

队员们愣住了，不由自主地停止了后退，一齐看着她。

"回过头去，消灭敌人！"赵璇滢命令道。

话音还没有落地，她提着手枪，从队员的身边迎着敌人冲了过去，一边冲，一边回过头来对队员们叫道："跟我冲，消灭敌人！"

子弹在赵璇滢的头顶上飞翔。她毫不畏惧，迎着敌人一边冲锋，一边开枪射击。冲在最前面的一个敌人倒下去了。赵璇滢趔趄了一下，顽强地挺直了，继续不断地冲向敌人。

妇女队员热血直往上涌，掉转头来，大叫一声，迅猛地冲向敌人。

叛军发觉对手全都是女人，脑子里转动着欲望，浑身腾起了烈火，一个个呐喊着，抬高枪口，对准天空，一路上不断地放空枪，追了过来。

没想到，妇女们竟然是逼急了的兔子，回头咬人了。敌人不做提防，瞬息之间，倒下了一大片。紧接着，妇女队冲进了叛军的队形，不停地挥舞枪杆子，纷纷朝对手打去。

赵璇滢脸色越来越苍白，仍顽强地支撑着身子，用手枪点击叛军脑袋。

叛军一腔邪火，很快被妇女队员扑灭了。她们哪是女人呀？完全是一群杀红了眼的女魔王，一个个如疯似狂，每一枪下去，不是子弹打向叛军的脑袋，便是枪杆子横扫叛军的全身。近距离格斗，难道也打不过女人吗？叛军不服气，只要看到妇女队员正在拼命地挥动枪杆子打向一边的同伙，立马冲上前去，从后面拦腰抱去，试图将她掀翻在地，但从另一个方向，冲过来了好几个妇女队员，拳头，牙齿，枪杆子，抢起什么是什么，劈头盖脸地朝叛军打去。叛军终于动摇了，不敢再打下去，扭头朝阵地上逃跑。

妇女队员紧追不舍，眼睛里冒出了仇恨的怒火，熊熊不灭。一跟叛军拉开了距离，她们随即开动手里的汉阳造，愤怒的子弹准确地钻进了敌人的后背。

前面的叛军已经进入了阵地，正要依托阵地再度组织起防御阵线，但妇女队员已经冲了过来。子弹在阵地上嗖嗖地咆哮，妇女队员尖厉的呐喊声宛如一道道催命符，不停地朝叛军耳朵里灌去。叛军早已吓坏了，赶紧又逃。妇女队员潮水一般地涌入了敌人的阵地。

另外一路妇女队员一旦接敌，胆子小的队员立刻在呼呼作响的子弹的鸣叫声面前吓破了胆，一样不顾一切地朝后面退却。

把守阵地的敌人同样展开了追击。敌预设阵地上再也没有多少防守力量。

赵璇滢指挥妇女队员猛勇地冲垮了敌人的第一道防线以后，再也没有敌人能够挡住她们了。很快，她们将火车站收入囊中。

另一路妇女队员没有攻过来，阵地上也没有敌人，赵璇滢明白是怎么回事了，命令一拨人马把守火车站，另一拨人马迅速沿着另一路妇女队员被攻击的方向追赶过去。

那路敌军快要追上妇女队员了，被突然从后面射来的子弹打倒了一大片。没死的人反应过来，心知火车站已经落到讨伐军手里，哪里还敢恋战，飞也似的逃跑了。

"火速报告余主任，我们已经夺取了火车站。"赵璇滢命令一个妇女队员道。话音越来越微弱，不等话音完全落地，她的身子一歪，人朝地上矮了下去。

妇女队员一阵惊呼，纷纷冲上前去。

最先抢到赵璇滢身边的几个妇女队员不约而同地抱住了她，只见她脸色苍白如纸，胸前一片血迹。

"队长！"队员声嘶力竭地喊叫道。

第十二章 逆流暗涌

赵璇滢受伤的时候，余瑞祥正率领中央军事政治学校的学生们，跟叛军进行激烈的战斗。

初一接战，看到敌人的子弹好像绵密的大雨，毫不留情地打过来，顷刻之间，把十几个同伴打倒在地，死了的毫无声息，没死的号啕大哭，毫无战斗经验的军校学生们惊慌失措，准备朝后面退却。

余瑞祥迅速冲上前去，一边开枪反击，一边扭住一个学生的衣领，怒喝道："叛军全是乌合之众，你们都是军中精英，怕什么？不准后退！都给我冲！"

"可是。"那个学生浑身哆嗦着，不敢行动。

"冲！"余瑞祥用枪顶住了他的脑袋，一边怒吼，一边猛力把他朝敌人的阵地方向推过去。

那个学生打了一个趔趄，差一点倒了地，回头一看，余瑞祥的手枪正指着自己。他把心一横，声嘶力竭地大叫一声，端着枪，发疯一样向敌人冲去，一边冲，一边扣动扳机。

"同学们，你不怕死，死亡便害怕你，躲着你，冲啊！"余瑞祥吼叫道。

"冲啊！"学生们见此情景，无不精神大振，哇哇大叫着，端起枪，扣动扳机，朝叛军阵地上攻了过去。

很快，学生军冲垮了叛军的防线，趁机朝叛军把守的中心地带攻去。

夏斗寅一路奔杀过来，行云流水一般顺畅，没想到在这里遭到了阻截，慌了手脚，连忙下达命令收拢队形，准备收缩战线，先挡住学生军的攻击再说。

屋漏偏逢连夜雨，接踵而至的消息更令夏斗寅魂飞魄散："师长，火车站失守！"

火车站落入妇女队手里。妇女队从侧翼对叛军造成了巨大的压力，夏斗寅不得不命令部队退却。

"要猛，要快，追击敌人，不让他们找到立足之地！"叶挺命令道。

敌人一退，士气顿消。讨伐大军以风扫残云般的威势，一直追到了咸宁，进而追到汀泗桥。

"不要停顿，继续追击！"叶挺简单地命令道。

夏斗寅试图在汀泗桥一线设防固守，无奈叶挺指挥的人马宛如催命判官，紧紧地咬住他不放，一口气冲入他的队形，毫不留情地左冲右杀。夏斗寅无法拉开防御阵势，不得不率领人马继续仓皇向湖南逃去。

叶挺率领部队，一鼓作气地追到了湖北跟湖南的边界。

这时候，湖南境内，已经发生了马日事变。许克祥率领一个团的人马，缴了工人纠察队的械，并正在长沙四处搜捕屠杀共产党人。叶挺再也不能率领人马向湖南境内推进，不得不命令队伍停止阻击，就地布防。

接到赵璇滢身受重伤的消息时，余瑞祥已经基本上控制了战争局面。他赶紧奔过去，只见赵璇滢的胸口上有一团血迹，不断地有鲜血从弹孔往外冒，她脸色苍白，气息奄奄，连眼睛也无法睁开。

叶挺得到消息，下达了追击命令以后，急急忙忙跑过来看望赵璇滢。见她伤势严重，叶挺心里涌起了一阵难以说清的痛苦。

武汉国民政府任命叶挺为总指挥的时候，他得知余瑞祥甘愿率领学生队伍，听从自己的命令，跟夏斗寅决战，心里大为感佩。余瑞祥是辛亥革命的元勋，论战功，论资历，论能力，纵观整个北伐大军，无人可出其右。孙中山先生在世之日，叶挺虽说是孙中山的警卫营长，余瑞祥已经是粤军副军长，叶挺岂能跟他相提并论？要不是国民党人排挤共产党，对共产党人心存猜忌，要不是余瑞祥最后投入了共产党的怀抱，余瑞祥的地位绝对比蒋介石要高出许多。他去找余瑞祥，很想说一些什么，临了一个字也没说。

余瑞祥在叶挺肩头重重地拍打了几下，说道："学生队伍这边，叶总指挥尽管放心，不会扯你的后腿。拿出你的军事才华，一定要把夏斗寅的嚣张气焰打下去！"

正是军校学生在余瑞祥的亲自率领下，首战攻破了敌人的阵线，不仅遏制了敌人继续向前推进的梦想，而且还把敌人从几个重要阵地上赶了出去，为攻克叛军立下了首功。其中最大的功臣赵璇滢在刚刚跟敌人接触的时候，即被子弹打中了要害，竟然不管不顾，带领妇女队一举攻克了火车站，歼灭了一个营的敌人。什么是战神？赵璇滢就是战神，真正的战神！

看到赵璇滢那张苍白如纸的脸，叶挺虎目流泪，伤感不已，向她行了一个标准的军礼，命令自己的卫兵，护送赵璇滢离开战场，去了武昌后方医院。

武汉国民政府得到纸坊大捷的消息，各位委员禁不住欣喜若狂。已经逃跑的民众欢欣鼓舞，携家带口，欢欢喜喜地回到了武汉；准备逃出武汉的老百姓，心里安定了，收拾起出逃的念头，载歌载舞，热烈欢庆讨伐军赢得了胜利。

马日事变之后，根据武汉国民政府的命令，叶挺率领两个团的人马继续留守在湘鄂交界地带，监视叛军的动向；余瑞祥率领学生队伍准备回武昌，继续他们未竟的学业。

"如果共产党人没有足够的武力，任何时候，都不可能阻止国民党右派对我们展开攻击。"余瑞祥离开之前，对叶挺说道。

"是呀，道理很简单，但党中央太迁就国民党了。"叶挺深有同感地说道。

"你的人马留在这里，远离武汉国民政府的控制，可以为共产党多做一些事情。我回去之后，也会向中央重申组建军队的建议。"余瑞祥说道。

"我们的力量强大了，国民党右派才不敢放肆攻击农民运动。"叶挺说道。

余瑞祥回到武昌，向陈独秀提出：迅速从遍布武汉三镇的工人纠察队当中抽调数千人员，编列成师团营连等各级军事单位，由中央军事政治学校学生充当指挥员，组成一支新的部队，有效地扼制国民党右派的攻击。

陈独秀老调重弹："我们已经跟人家搞僵了，难道你希望我们跟国民党之间的关系彻底破裂吗？"

余瑞祥想继续劝说下去。可是，陈独秀转移了话题，说道："余夫人还躺在医院，你应该去看看她。谢谢你和你夫人，你们不计个人名利，打出了威风，为我们共产党人赢得了荣誉！"

赵璇滢已经脱离了危险，不过她的脸色仍然很苍白，浑身还是软弱无力，依旧气息奄奄随时都会晕倒。

余瑞祥刚进入医院，见许多民众提着各种食物，簇拥在医院的各个角落，排成一条长龙，慢腾腾地朝赵璇滢的病房方向挪去。病房门口也围了很多人。他们听到脚步声，回头一看，见是余瑞祥，纷纷围拢过来。

他们正是余瑞光夫妇、王俊财夫妇、余梅芳、余雅芳、赵承彦、赵承博夫妇、王俊喜夫妇等人。

"瑞祥！""二哥！""世兄！"他们一齐喊道。

"谢谢你们惦记着她。"余瑞祥说道，"她还不能行动。你们回去吧。尔后少不了要麻烦你们。"

可是，没有人愿意离开。余瑞祥感激地向他们挥挥手，轻轻地推开门，进入病房，站在赵璇滢的病床前。她沉睡着，还没有苏醒。余瑞祥不知不觉俯下身，伸出手来，轻轻地握着她的一只手。

赵璇滢慢慢地睁开了眼睛，朦朦胧胧之中，依稀看出了丈夫的面容，问道："已经消灭叛军了吗？"

余瑞祥微微一笑，说道："武汉已经安如磐石了！"

赵璇滢挤出一丝笑容，说道："我真没用，很长时间没有上战场，生疏了，竟然一上去就被子弹咬一口，不能跟你一道把夏斗寅的人马全部消灭光。"

余瑞祥紧紧地握住夫人的手，说道："你是打垮夏斗寅的第一功臣！"

赵璇滢流露出了一丝微笑。这次受伤，给她的身体带来了很大的伤害，她总是感到体内会毫无缘故地阵阵疼痛。这种疼痛让她难以忍受，但为了早日出院，她硬是忍住了。

她不能跟人长谈，甚至跟任何人的谈话都不能超过五分钟，要不然，她准会昏厥。见到丈夫的喜悦，使得她把一切都忘记了，忘情地跟丈夫说了不知多长时间，突然感到体内一阵剧烈的疼痛，人一下子昏了过去。

"夫人，你怎么啦？"余瑞祥神情紧张，大声叫道。

门打开了，余瑞光等人冲了进来。

"怎么啦？"众人问道。一个个异常着急。

很快，医生来到了病房。一见病房里挤进了这么多人，他马上冷冷地把他们请出去了。仔细检查了赵璇滢的身体，医生告诉余瑞祥，她可能是因为激动造成的，希望余瑞祥不要跟夫人说话，要让夫人保持绝对的安静。

余瑞祥坐在病床上，轻轻地握着夫人的手，满腹心思，很想向她倾诉，可是，他得控制自己的情绪。他对时局越来越担忧了。

眼下，二期北伐虽说马上会见分晓，可是，在武汉国民政府内部，怨恨共产党的声音越来越大。国民政府处理"马日事变"的方式太过软弱。共产党为什么不能自己强硬起来，在山雨欲来的时候，培养出擎天大树，来保卫民众，保卫自己的信仰？他询问自己。

一旦二期北伐的大军从河南回到武汉，局势又会发生怎样的变化？余瑞祥暗问自己，一下子想起辛亥革命那阵子由于孙中山的软弱，给中华民国带来的灾难一直持续了十六年，直到现在还没有结束。

他需要在共产党组织内部找到同盟者，共同推进党中央实行战略观念的改变。一想到这里，他立马激昂起来了。

天色已经暗下来了。赵璇滢仍然保持着一副沉睡的样子。看着她那张苍白的脸，余瑞祥颇有些心疼，颇有点难过。他很想对她说点什么，可是，他不能说，也说不出来。

忽然，他想起了哥哥他们还在门外。他要跟哥哥说说话，询问这一段时间民众对政府的反应。他打开了病房门。余瑞光他们果然还坐在那儿。

"你恐怕得让余夫人再仔细检查一下，看有没有其他毛病。"王俊财说道，"这里的医疗条件，无论怎么说，都比不上汉口。我们商量了一下，准备把她弄去汉口洋人的医院。每天看到她这个样子，我们都很担心。"

"是呀，一个女人，怀有身孕，总是这样，怎么受得了！"柳彤萱说道。

余瑞祥说道："谢谢你们。不过，身为军人，我觉得，赵璇滢应该在这里医治。你们都有自己的事情，不能一天到晚陪着她。她很快会好起来的。等她好起来了，一定会亲自向你们表示感谢。"

众人当然不需要赵璇滢感谢他们。然而，余瑞祥已经亮出了态度，他们也没有什么好说的。于是，准备向余瑞祥道别。

余瑞祥留下王俊财、余瑞光、赵承彦，谈论社会各界对马日事变的态度。

"瑞祥，你本来是国民党人，后来为什么要参加共产党？你怎么能够跟他们混在一起呢？"余瑞光问道。

余瑞祥没有回答，等他们继续说下去。

"按理说，无论是国民党，还是共产党，只要实现了现阶段的目标，我们都支持。可是，共产党为什么要在背后搞这些小动作，把人家的父母和亲人都抓起来呢？这不引起人家的反感才怪呢！"王俊财说道。

"我仔细研究过共产党的主张，发觉共产党跟国民党最终绝不可能完全走到一块。"赵承彦说道，"蒋介石在南京另外建立中华民国，夏斗寅、许克祥对你们共产党人下手，主要原因在于你们的主张不同。今后，你们的裂痕会越来越大。也许，每打胜一场大的战争，你们之间的裂痕就会扩大一些。"

连三个生意人都认为共产党与国民党不可避免地会走向决裂，共产党的领袖却沉浸在继续委曲求全地跟国民党合作的梦幻里，余瑞祥不能不感到遗憾。

然而，王俊财、赵承彦跟余瑞光在对待共产党的态度上，仍然有一些不同。

赵承彦和王俊财家族所在地属于唐生智的势力范围。湖南军队极端痛恨共产党人，总是明里暗里限制共产党人的活动，使得他们的工厂里虽说组织起了工会，但工会的活动并不活跃，即使工人提出一些要求，也在他们能够接受的范围里，所以，他们跟工人之间并没有爆发更大的冲突，也没有产生很大的裂痕。

相较而言，赵家对工人甚至比王俊财更加友善。

赵府的榨油坊，虽说早已全部落到赵承博手里。可是，赵承博生性散漫，不愿意管理家族生意，最后还是赵承彦在暗地里打理。

赵承博一听工人提出了增加工资缩短工作时间之类的要求，总会对赵承彦说道："都是人，都想过好日子，他们要求什么，都给他们。"

他甚至亲自跑去工厂，明确地宣布满足工人的要求。如此轻易地得到了老板的批准，工人再也没有提出任何要求了。

赵承博沾沾自喜地对哥哥说道："人心都是肉长的，你对他们好，他们才会对你好。只要他们不闹事，能安心干活，就是最好的回报。"

王俊财开设的面粉厂，经过几年的低迷后，眼下又起死回生，不仅扩大了规模，而且引进了一些先进设备，面粉的销量不仅遍布整个湖北，而且还销往附近的几个省份，成为国内首屈一指的大面粉厂。王氏家族的地皮，这十几年也成为重要的资金来源。汉口城市的发展，带给王氏家族丰厚的利益，也使王氏家族名下的工人数目，多得连王俊财也无法统计出来。王家甚至还因为面粉销售的需要，扩大了码头，把生意扩展到了船运行业。

凭着这些产业，共产党搞农民协会，搞工人运动，鼓励农民和工人跟地主以及工厂主斗争的传言总是灌满了王俊财的耳朵。

老实说，共产党人在收回租界过程中所采取的策略和展现出来的非凡魄力，他是深感敬佩的，但掩盖不了他听到这些传言以后对共产党人生出更加强烈的戒心，或者说是隐隐的痛恨。他曾经好几次动过单独跟余瑞祥谈一谈的念头，一直没有找到合适的机会。

听说夏斗寅发动叛乱是共产党逼出来的，联想起亲耳听到的各种各样的传闻，亲眼看到的湖南乡绅流落到汉口的那副惨相，他便觉得共产党的确是造成这夏斗寅发动叛乱的原因。

赵璇滢受了伤，他来看望，来关心，重视王府与余府历代的交情固然是一个因素，还有一层原因，是希望见到余瑞祥，向余瑞祥说出自己的感想。

跟王俊财、赵承彦不同，余瑞光受到了工人运动的最直接冲击。

武昌是国民党中央党部所在地，共产党的许多机关也设在这里。他们将工人动员起来了，提出了许多有利于工人的口号和要求，开展了各种各样的工人运动。

其实，余瑞光一向跟纱厂里的工人保持有效互动的良好关系，只要纱厂赚到了钱，他准会提高工人的待遇。后来，共产党人在他的纱厂里搞起了工会，他也积极支持，并且愿意跟工人友好下去。王俊林破坏了他跟工人业已建立起来的信任关系，致使他跟工人的关系恶劣起来了。饶是如此，他还是花费了很大的时间和精力，缓和了他跟工人之间的矛盾，双方维持一种微妙的和谐。

北伐大军攻下武昌以后，共产党人的活动公开化，到处支持工人运动发动工人运动。难道自己手下的工人，自己不愿意让他们生活下去吗？难道自己不懂得要想马儿跑得快，必须喂给马儿草料的道理吗？余瑞光心里很不舒服。不过，他不能说，也不敢说。形势比人强，人在屋檐下不得不低头，欢迎工人运动，欢迎共产党，总比跟他们作对要好得多。更何况，自己一向对工人都很友善，提供给工人的待遇不低，共产党人不会对自己怎么样的。抱定了这样的信念，他不仅给共产党人提供了一些援助，而且再次主动改善了工人的待遇。

事情没有到此为止，在工会的组织下，工人们想起几年前余瑞光勾结王俊林镇压工人运动的往事，提出了更多的条件，那是任何一个厂主都不会答应的条件。余瑞光不便公开拒绝，也不能答应，只能耐着性子跟工人们商谈。结果，工会振臂一挥，人人响应，工厂不得不关门停产。有那么多订单要做，一旦在规定的时间里交不出货，赔钱事小，信誉受到打击，将永远不可能有翻身之日。他慌了手脚。他很想满足工人的要求，然而，其他厂子的工人也提出了许多条件，商会的头面人物都非常焦急，要求他赶紧召开会议，讨论如何应对。

会场上，恶毒咒骂共产党咒骂工人运动的声音，充斥了余瑞光的耳朵。他一样想咒骂一样想发泄，但不能不压抑住自己的情绪，试图把会议引导到共同答应工人提出的条件上来。

没人答应工人提出的条件，一个个叫嚷道："他们不是要闹吗？让他们闹好了。大不了关门歇业，我们还是可以吃上饭的。不出一个月，他们饿慌了，准会向我们投降！"

"可是，我们丧失了信誉，今后在商界很难立足啊。"余瑞光担忧地说道。

"所以，需要会长亲自出面，把武昌商会共同制定的政策，告诉给我们的客户，让他们知道我们的处境，争取他们的理解。实在不行，我们先赔偿一些违约损失。这样，我们的信誉不会受到任何影响。"

众人商议来商议去，据此达成了协议。

余瑞光非常不希望走到这一步。毕竟，厂主是人，工人也是人，都是为了获得更好的生活，为什么一定要把事情弄僵呢？但是，为了不得罪各位商人，他不得不这么做。

"要不是共产党人鼓动，我们不用这么麻烦，像原来，一支军队，就把他们给吓趴下了，谁还敢提什么罢工。"

余瑞光一决定遵循大家的意见，众人随即纷纷咒骂起共产党来了。

"还不如吴佩孚时期。硬是想逼我们家破人亡，拿我们的东西去喂饱那些苦哈哈的工人，亏他们想得出来！"

一声声叫骂，直冲余瑞光的耳鼓，他感到这些咒骂都是冲着他来的，内心万分难受。弟弟余瑞祥是共产党，弟媳赵璇滢也是共产党。他无法咒骂，更无法替弟弟和弟媳辩解，更加坚定了要劝说弟弟和弟媳退出共产党的决心。

随后，余瑞祥跟他们三个人谈起了工人运动。余瑞光、赵承彦、王俊财马上表现出强烈的不满。

余瑞祥说道："你们得到了巨额利益，就可以罔顾他人的劳动吗？不，你们想想你们的利益是从哪里来的，你们应该清楚，没有工人，你们什么都得不到。因为你们依靠从工人身上榨取剩余价值，获得你们所谓的利润。你们会说你们有资本，所以，你们理应得到这一切。你们有资本，得到了你们应该得到的东西，这没有问题。问题是，你们应该考虑工人的利益。你们不是一再说你们尊重工人，工人也是人吗？那么，请你们换个角度考虑一下，假如你们一无所有，假如你们处于工人的处境，你们还认为这样做是天经地义的吗？"

三个人想了好久，都不知道应该怎么回答他。

难道资本有罪吗？难道没有资本，可以凭空创建工厂吗？没有工厂，工人能活下去吗？他们脑子里仍然这样想，可再也不能公开地对余瑞祥说这些话了。

他们的态度已经很明朗，跟湖南那些军官并没有多大的差别。共产党继续留在国民政府里面，已经不可能有什么作为了，需要脱离国民政府，扛起自己的旗帜，去号召民众，进行武装斗争。余瑞祥脑子里闪现出这样的念头。

不能继续待在医院了。夫人知道了眼前的局势，也不会允许他浪费时间。他要去做自己应该做的事情，再次提出扩大军队以备不测的建议。不过，单独去见陈独秀，依旧不可能得到好结果，得寻找具有共同思想的伙伴，一块向陈独秀说明利害，真正撬动陈独秀的心。

毛泽东，余瑞祥脑海里闪现出毛泽东的身影。毛泽东的博学，毛泽东的气质，毛泽东的坚韧，毛泽东的睿智，都让余瑞祥觉得他是一个可以倚重的同伴。

余瑞祥一离开医院，马上去了农民运动讲习所。

毛泽东高兴地说道："听说了余主任在战场上的事迹，毛泽东深感佩服。余主任雄风依旧，是中国革命的幸事。嫂夫人女中丈夫，一样让我钦佩万分。余主任班师凯旋，毛泽东俗事缠身，未能前去迎接，在这里说一声抱歉。"

余瑞祥说道："你我不必如此客气。我来找你，是想跟你商量，我们不能因为总书记反对，便放弃自己的主张。河南战场上，北伐大军取得了胜利，跟冯玉祥会师郑州，但冯玉祥似乎并不像我们原先想象的一样，对武汉国民政府抱有多大的热情，对我们共产党人的态度，一定更成问题。自从参加北伐以来，我们共产党人只不过是替他人作嫁衣裳，一旦形势有变，肯定会遭到国民党右派的驱逐和屠杀。我们不能继续这样下去了，应该独立起来闹革命。"

毛泽东煞是兴奋："这么说，我们想到一起了嘛！"

原来，毛泽东、蔡和森等湖南籍共产党人在全面了解了湖南的情势以及武汉国民政府对马日事变的态度以后，深切地感受到，共产党人应该走自己的道路，先在两湖地区发动武装暴动，发动土地革命，唤醒民众，以期掌握革命的主动权，彻底打倒一切军阀势力，建立真正的人民民主共和国。

他们分析过时局：武汉国民政府的军队基本上参加了二期北伐，留守武汉三镇的部队中，武昌的两个团全部掌握在共产党人手里，中央军事政治学校的实际负责人余瑞祥是一个坚定的共产党人，遍布武汉三镇的工人纠察队也是一支不容忽视的力量。汉口、汉阳那边，唐生智留下的人马不足以对武昌构成太大的威胁。趁此机会，可以将这些力量集合起来，予以整合，先控制武昌，然后控制两湖，造成共产党单独革命的有利形势。

但他们刚一提出这个建议，陈独秀与共产国际的代表立刻否决了。

现在，余瑞祥提出了相似的主张，凭借余瑞祥的声望，毛泽东觉得只要他们联手，说服陈独秀和共产国际的希望大了许多。

万一建议不被陈独秀和共产国际采纳呢？有些事情，得自己先把它做起来。余瑞祥想起了王俊喜一直在王俊林身边安插暗探的往事，心想：共产党人一定要全面掌握国民党内部的情况，得收买更多的国民党人为共产党提供情报，得改组现有的军委会，赋予军委会更大的职能。

余瑞祥和毛泽东站在陈独秀和共产国际代表的面前，分析了当前的局势，提出了防止武汉国民政府向右转及采取相应措施的主张。

共产国际代表说道："我的口袋里还有草料，武汉国民政府是跑不了的。"

受到共产国际代表的影响，陈独秀一样对武汉国民政府心存幻想。不过，能够多了解武汉国民政府内部的情况，也是好事一件，陈独秀虽说不接受扩充军队准备独立革命的主张，默许余瑞祥着手刺探各派人物的态度，并且答应向武汉国民政府提出改组军委会的要求。

共产国际代表口袋里的草料——苏联以及共产国际给予的经济援助和武器弹药，绝大多数给了国民党，落到共产党手里的份额少得可怜。要刺探国民党内部的情况，不仅需要大量的人力，而且需要大量的资金来源。余瑞祥准备跟哥哥好好地谈一谈。

余瑞光已经按照商会的决定，关闭了余府的纱厂，拉开了跟工人对抗到底的大幕。他无事可做，一面在府上帮助夫人照顾儿子余立，一面焦急地等工人发出重新谈判的请求。

二弟一回到府上，余瑞光还以为他是因为自己关闭工厂的事来对自己施加压力的，禁不住问道："这个时候，你怎么回来了？"

余瑞祥直抒胸臆："不瞒大哥说，我很需要钱。希望大哥能够慷慨解囊。"

"如果是你自己需要用钱，无论你要多少，我都会给你。可是，你是为了共产党，为了工人，恕我直言，我没有钱给你了。"

"大哥！"余瑞祥说道。

余瑞光摇了摇手，说道："你们不是鼓动工人罢工吗？现在，我们已经同意了工人的要求，把工厂关闭了。我能做的只有这些。别的事情，我再也做不了。我的钱还要用来养活家人。"

余瑞祥倒抽了一口凉气。他们可真的阴损狠毒，居然想出了这样的招数！他们以为工人离开了他们的工厂，一定活不下去了，却不知道工人都是苦出身，到哪里都能养活自己。然而，真的要进行一场究竟是谁养活谁的较量吗？不能，到最后，受伤害的是所有中国人。

想到这里，余瑞祥冷冷地说道："如果你以为这样做能够解决问题的话，你们可以这么做。工人有的是办法来养活自己，但你们会破产，会造成整个社会的恐慌。国民政府绝不会允许你们这么做。除非你们永远别想再开设工厂了！"

余瑞光原以为自己先提出了关闭工厂的事情，准可以让二弟为了工人向自己求饶，谁知二弟竟然说出这样的话，不觉微微有点慌神。不过，事情已经到了这一步，他不能回头，只能看有没有转圜的余地。二弟伸手要钱，给他一些钱就是了，但是，必须要求二弟答应一些条件。

"你应该明白，这是整个商会做出的决定。要想回头，恐怕工人方面也需要做出一些让步。"

大哥在退让，并且已经抛出了诱饵，余瑞祥顿感自己已经夺得了主动权。余瑞祥不能一口吞下这个诱饵，得慢慢跟大哥周旋，让他失去信心，他才会彻底打消继续跟工人运动对抗下去的决心。

兄弟两人你来我往，各自施展出浑身解数，试图迫使对方做出最大的让步。

余瑞光提出了以改组工会为条件，换取所有的工厂全部恢复原状的主张。余瑞祥本能地意识到这是一个阴谋，担心以后的工人运动会由此彻底变调，自然不会答应。这样一来，兄弟二人的盘算和愿望都落了空。

余瑞祥深感未来的局势将会越来越险恶。回到军校，他一连起草了好几份报告，提交给中共中央，一面继续在暗地里培植一些为共产党人刺探情报的人员。在中央军事政治学校，余瑞祥通过考察，已经选派了一些骨干分子，通过与国民党要人的友好关系，深入到了国民政府的各级机关，成为他的眼线。

这一天，王俊喜忽然出现在余瑞祥面前。

他从最初的仅仅收买人员为自己提供消息开始，逐渐发展到成立了汉帮，苦心经营，把汉帮打造成威震武汉三镇的最大帮会，希望借此与王俊林抗衡。可是，帮会再大，毕竟难敌正规部队，他总是在跟王俊林的明争暗斗中败北。

当王俊林一次又一次逃过他的暗算，王俊喜谋害王俊林的心思越发急切了。他对自己为什么一直不能打败王俊林做了一些研究，明白过去采取的策略太过单一，并没有形成一个相互联系又相互隔离的网络。从此，他准备编织这种网络。通过一个时期的努力，他已经在王俊林身边及其周围布设了大量暗探。王俊林的任何动机，哪怕只是一个想法，都会很快传到他的耳朵里。

他听到了一个有趣的消息：王俊林想要参加共产党，但被余瑞祥拒绝了。

共产党是什么样的人，王俊喜即使不想知道，耳边也会响起那些穷苦人家对共产党的赞誉和富贵人家对共产党的仇恨。哈哈，有头有脸的人是不喜欢共产党的，只有那些下九流的货色，才喜欢共产党！

余瑞祥为什么是共产党？王俊喜想过，却没有想通，便不愿意继续想下去。他认识余瑞祥，而且关系非同一般，这就够了。他准备跟余瑞祥做一笔交易，让余瑞祥把王俊林吸收进入共产党组织，他可以为余瑞祥提供他需要的一切东西，让王俊林因此死于非命。不过，见余瑞祥，跟余瑞祥说这些话，需要等待时机，万一说不好，这条路会被彻底堵死。

王俊喜耐心地等下去，一直等到越来越多的头面人物都在齐声咒骂共产党，一直等到愈来愈多的人在反对乃至密谋屠杀共产党人。

这时候，王俊喜觉得不能继续等待下去了，必须在那些人动手以前让王俊林进入共产党组织，然后利用其他线索，让湖南军队把王俊林干掉。这样一来，王俊林做梦都不会想到他到底是死在谁的手里了。

王俊喜说道："余世兄，我听说你正在国民政府里面安插和收买人马。可是，这件事情并不简单。我给你提供足够的资金，并且把我的人马全部交给你，你只需帮我一个忙。怎么样？"

余瑞祥急剧地思考着他的用意，本能地问道："你要我帮你做什么？"

王俊喜说道："让王俊林加入共产党。"

余瑞祥心里一颤，生怕自己听错了，凝视着王俊喜。

王俊喜笑道："你没有听错，我唯一的条件，是你要让王俊林加入共产党。"

余瑞祥问道："你一向对政治不感兴趣，现在怎么反而替王俊林说话了？"

王俊喜说道："他一旦参加了共产党，必然离死不远。余世兄，你听我一句，赶快退出共产党。共产党已经成了过街老鼠，人人喊打，不出两个月，我敢说，蒋介石在上海干的事情，武汉一样会发生。"

余瑞祥神色肃穆，一动不动地盯着王俊喜，心想："难道说王俊喜使出了大手笔，在其他地方也安插有眼线吗？"

他这么猜测，是因为他已经从自己安插在武汉国民政府里的人员那儿得到了同样的说法。王俊喜告诉他这些，无疑为他佐证了国民政府随时都有可能跟共产党分道扬镳的事实。

余瑞祥把面孔一板，说道："王世兄，我希望你明白，共产党以拯救国家为己任，任何时候都不会做交易！"

话音还没有落地，余瑞祥起身准备送客。

王俊喜一脸的尴尬，分辩道："余世兄，我是看在王家跟余家几代世交的分上，才掏心窝子对你说这些的呀。你怎么能这样对我呢？"

"看在世交的分上，我提醒你，别动歪脑筋！"余瑞祥硬是把他赶出了门。

余瑞祥一屁股坐在沙发上，长长地嘘了一口气。他很想集中精力想想接下来该怎么办。忽然，门外传来一阵大叫声，还夹杂着孩子的哭闹。

是岳母和亚男！

他本能地举目望去，只见岳母周莹莹带着孩子闯了进来，后面跟着一脸尴尬的几个卫兵。

"余瑞祥，你把我的女儿交出来！"周莹莹眼睛里冒出了怒火，一边吼叫，一边扑向余瑞祥，但身手不灵，差一点跌倒在地。两个卫兵手疾眼快，一下子把她扶住了。孩子更加放声大哭起来。

余瑞祥赶紧站起身，奔了过去，搀扶着岳母，挥了挥手，让卫兵退了出去。

赵璇滢执意要进入军校，周莹莹无法阻挡，想到军校远离战场，到底比较安全，不得不默许了女儿的要求。谁知夏斗寅发动了叛变，军校学生也得上战场。为了女儿不上战场，周莹莹连忙带着孩子，过了长江，来到军校，逼迫赵璇滢脱下军装，被赵璇滢狠狠地顶撞了一顿，不得不垂头丧气地回去了，从此只要醒着，便在家烧香拜佛，希望女儿平平安安。

赵璇滢身受重伤，送回武昌治疗，并没有人告诉周莹莹。军校学生重新回到了武昌，她连忙带着孩子，来到军校，见到了余瑞祥，很想见女儿。余瑞祥告诉她，赵璇滢带领妇女队执行另外一项任务去了，过一阵子才会回来。女婿说得如此慎重，她不能不信。

终于听到了风声，说赵璇滢身负重伤，早就送回了武昌，现在不知是死是活，周莹莹眼前一黑，差一点昏厥，清醒过来以后，立马带着余亚男过江来了。

余瑞祥自知再无法瞒下去了，只有带着岳母和女儿一道来到医院。

赵璇滢仍然气息微弱，脸色苍白，一见到母亲和孩子，挣扎着想坐起来。周莹莹迅速扑过去，扑在女儿身上一阵痛快淋漓的大哭。

"哭什么？我不是活得好好的吗？"赵璇滢气息微弱地说道，欠身去看孩子，缓缓地伸出手，试图摸摸孩子的脸颊，孩子哪里认得出母亲，直朝后退。

余瑞祥蹲下身子，把孩子抱在怀里，说道："去，看看你的母亲。她是英雄。你长大了，也要像母亲一样。"

"胡说，孩子再也不能走璇滢的老路了。"周莹莹愤怒地扭头来，说道。

赵璇滢怜惜地望着孩子，脸上露出微笑，说道："孩子有孩子的选择，我们谁也不要替孩子做主。"

第十三章 山雨欲来

山雨欲来。为了不重蹈覆辙，余瑞祥接连几次提请陈独秀以及中共中央对汪精卫随时有可能叛变革命拿出应变办法。这时候，陈独秀以及其他共产党人也从嘈杂的气氛中嗅出了不祥之兆，可是，因为共产国际代表自信满满，以为他们口袋里的草料不会使武汉国民政府走上反共分共的道路，中共中央实际上没有对汪精卫即将发动分共真正地做出准备。

　　当蒋介石在南京抛出了另外一个国民政府以后，把武汉国民政府推向了四面受敌的境地：西线，杨森等四川军阀接受蒋介石的收买，支持南京政府；南边，李济深跟蒋介石采取协调一致的行动，大肆屠杀共产党人；东边更不用说，蒋介石更是屠杀共产党人的刽子手；北边，是奉系军阀的地盘。只有西北地区的冯玉祥，因为接受了苏联政府的援助，对共产党抱有好感，支持武汉国民政府。只是，因为中间隔着一个奉系军阀盘踞的河南，武汉国民政府不能直接沟通与冯玉祥部的联系。为了赢得冯玉祥的支持，增大对抗南京伪政权的本钱，武汉国民政府决定二期北伐，把冯玉祥及其率领的国民革命军第二集团军从偏居一隅的西北解救出来，形成一股合力，共同对付蒋介石。共产党人甚至还有更深层的考虑，北伐大军与冯玉祥的西北军会合以后，一旦武汉国民政府形势危急，可以转向西北，继续树立国民革命旗帜，直接得到苏联的支持和援助。

　　五月底，基本实现了二期北伐的目标：奉系军阀被驱逐出了河南，冯玉祥的国民革命军第二集团军从陕西进入河南，跟北伐大军会合了。

　　汪精卫率领武汉国民政府的一批军政要员，急匆匆地赶往郑州，跟冯玉祥会商共同讨伐蒋介石的对策。然而，此时的武汉国民政府经济上陷入困顿，实力上与蒋介石存在一定的差距，既不能给冯玉祥提供军需保障，又不能补充冯玉祥的兵员损失，跟冯玉祥联手对付蒋介石顿时变成了南柯一梦。

　　为了得到冯玉祥的支持，汪精卫把二期北伐伤亡了数万官兵才从奉系军阀手里夺取的河南地盘全部交给了他。冯玉祥笑纳了中原宝地，仍然不支持与南京政府抗衡，反而跟汪精卫在分共问题上达成了一致！与二期北伐的目的背道而驰。

　　凭空得到了河南地盘的冯玉祥调转头来，接受了蒋介石为他提供的两百万军饷，跟蒋介石达成协议，以宁汉调停者的姿态，呼吁宁汉双方不要分裂。

　　宁汉合流，那么，共产党怎么办？宁汉双方会怎么对付共产党？

　　汪精卫和冯玉祥在郑州达成的分共协议内容，准确地传到余瑞祥耳朵里。

　　果然如此，汪精卫马上要挥舞屠刀砍杀共产党人了！

　　中共中央不能不就此展开新的讨论。共产党人是立刻退出武汉国民政府，另外寻找出路，还是退出武汉国民政府以后，继续留在国民党里，以便发展自己？

很多共产党人觉醒了，觉得不脱离武汉国民政府独立革命，将会永远受制于人，任人宰割。有人提出了在武昌发动暴动的设想。

他们提出了在武昌发动暴动的有利条件：北伐大军仍然聚在河南，一旦发动暴动，他们不可能很快赶过来镇压。而武昌方向的军队基本上掌控在共产党人手里，加上工人纠察队以及中央军事政治学校的学员，实力更加雄壮，武昌将轻而易举地落在共产党人手里。

但是，何键、李品仙的部队都留在汉口、汉阳，对武昌是一个威胁。不过，因为有长江天险阻隔，没有万全的准备，这些极力反共的家伙绝不可能轻易冒险攻击武昌。

余瑞祥甚至认为，虽说何键、李品仙兵马众多，实力雄厚，可是，他们并不能完全控制局势，毕竟，在全国总工会的领导下，汉口、汉阳的工会组织得到了很大的发展，共产党人组织起来的工人纠察队，同样是一支不可忽视的力量，一旦武昌暴动成功，可以在工会组织以及工人纠察队的配合下，渡过长江和汉江，内外夹击，打垮敌人，相继夺取汉口、汉阳。

于是，他极力支持以武汉为中心发动暴动的想法，说道："如果中央下定决心，我愿意充当发起暴动的军事指挥官，和全体革命军人一道，攻取整个武汉三镇，在这里创造一个由共产党自己独立革命的高潮。"

可是，共产国际代表并不支持这个做法，也有一些中央委员觉得应该继续留在国民党里面发展共产党的力量。

双方相持不下之际，余瑞祥抛出了最后一枚炸弹。

"各位同志，我们幻想可以依靠蒋介石，蒋介石却向我们挥起了屠刀；我们幻想可以依靠冯玉祥，冯玉祥却跟汪精卫达成了分共协议；我们难道还能幻想继续留在武汉国民政府吗？"余瑞祥慷慨激昂地问道。

汪精卫如此之快地准备跟共产党人决裂，是大多数人没有想到的事情。他们目瞪口呆，纷纷发问："这是真的吗？"

"难道非得等汪精卫把刀架在你们脖子上，你们才会相信吗？"余瑞祥问道。

迟疑了一会儿，他们反应过来，没有立即响应余瑞祥解决火烧眉毛的暴动问题，反而探讨汪精卫为什么会分共的原因。

知道内幕的几个中央委员说道："一定是共产国际代表罗易把共产国际发给中央的电报给汪精卫看了，才促使汪精卫下定了分共的决心。"

"什么意思？共产国际的什么电报？"众人摸不着头脑，纷纷问道。

共产国际电报的大意是说共产党可以继续留在国民党内部展开活动，迫使国民政府同意共产党人发展几个军的军事力量，领导北伐战争。如此重要的文件，很多中央委员都不知道，罗易竟然拿给汪精卫看了！

余瑞祥拍案而起，大声说道："罗易的做法无异于出卖中国共产党！这是极大的犯罪！"

然而，事已至此，愤怒与咒骂都无济于事，必须为汪精卫会像蒋介石一样对共产党人下手预先做好积极的准备。

趁汪精卫还没有动手以前，迅速发动暴动，似乎是共产党人必然的选择。可是，共产国际在电报里并没有说明需要中国共产党来独立领导革命，仍然把革命寄托在国民党人身上，共产国际代表忠实地执行这一路线，不会从他的口袋里拿出一点草料支持共产党人在武汉地区发动暴动。

余瑞祥心情沉重地离开了。他不能不为共产党的未来感到担忧。

难道只能眼睁睁地看着轰轰烈烈的大革命因为国民党人的背叛而夭折吗？难道不能说服共产国际同意我们的正确主张吗？难道中国共产党人不能针对残酷的现实，尽快独立自主地做出理智的决策，大胆发动民众，举行武装暴动吗？很长一段时间里，他都没有从这种思维中走出来。

不过，历经了这么多大风大浪，余瑞祥能很好地控制自己的情绪，心想：既然中央仍然对留在国民党内发动共产党的力量抱有幻想，自己必须与安插在武汉国民政府党政军高层里面的人员加强联系，以便及时了解国民党高层的态度与动向，获取准确消息，还要为汪精卫随时都有可能叛变革命提前做好准备，以便让共产党人不会像蒋介石在上海发动反革命政变的时候一样毫无察觉，毫无办法。

安排完这些，他想起了正在医院养伤的夫人，心情更加沉重。

赵璇滢至今仍然不能离开病床。岳母带着女儿余亚男，一直在医院照料她，余瑞祥本来是可以放心的，但在这种风雨欲来急风暴雨将临的当口，他不能不担忧夫人的命运。

想起跟夫人成亲以来，一直没有给予她安宁的生活，总是夫妻分离，把她一个人扔在武汉，余瑞祥打从心里涌起一种内疚感。如今，夫妻二人好不容易团聚了，在他的影响下，夫人已经成为共产党人，正是一同为革命尽力的时候，谁知一次战斗，夫人身受重伤。迄今为止，夫人一直不能动弹，一旦汪精卫举起屠刀，夫人将会面临什么样的命

第十三章 山雨欲来

运？他不能想象，也想象不出来。

不能把夫人扔在医院，要把夫人送到一个安全的地方。整个武汉三镇，哪里最安全？他想来想去，只有租界区域。

英租界已经被收回来了。在此之前，俄国发生了十月革命，沙皇俄国强行在汉口设立的俄租界回到了中国的怀抱。在第一次世界大战当中，因为北洋政府受日本唆使宣布参战，跟德国成了敌对国，也收回了德租界。

眼下，整个租界区域，只有日租界和法租界。王氏家族跟西洋人的关系一向非常密切，王氏家族的住宅虽说主要分布在英租界，在法租界的产业也不少。余瑞祥决计请王俊财为夫人找个安全的地方。

见到了王俊财，余瑞祥直截了当地说道："眼下时局非常混乱，本来不想让王世兄陷入危险境地，可是，又找不到其他可以帮忙的人，希望王世兄帮赵璇滢寻一个安全的地方继续治疗。"

王俊财说道："能够帮助余世兄，是我的荣幸。不过，余兄弟，看在我们两家世交的情分上，我还是希望你脱离共产党。共产党依靠的是混混，是苦力，是没有受过教育的人。你跟他们不是一路人。"

"谢谢王世兄能够帮我照顾夫人，其他的事情，我们早已清楚彼此的立场，最好不要继续说下去了。"

王俊财叹了一口气，说道："没想到，我们竟然到了无话可说的地步。"

"我知道，你有太多的话要对我说，我也有太多的话对你说，可是，我们谁都没法说服对方，时间紧迫，只能留待日后有机会了好好细说。不过，你现在想听的话，我可以说几句。"余瑞祥说道，"你说共产党人所依靠的都是混混，是苦力，是没有受过教育的人，是的，你说的对。可是，不要忘了，如果这些混混，这些苦力，这些没有受过教育的人不能得到公平的社会地位和生活，这个国家就永远不会有希望！因为，正是你所说的这些混混，这些苦力，这些没有受过教育的人，收回了英租界。他们身上才蕴藏了能够推翻一切烧毁一切的能量。拯救世界的是他们，创造世界的也是他们！"

王俊财犹如挨了重重的一击，只能怔怔地看着余瑞祥，说不出一个字。

"如果王世兄感觉无话可说，我们是不是可以商量一下，什么时候、怎么把赵璇滢送往租界，送到租界的哪家医院？"余瑞祥问道。

"敬听尊命！"王俊财说道。

紧接着，余瑞祥回到了武昌，准备去医院把这件事情告诉赵璇滢。没想到，他突然

175

碰上了余瑞光、赵承博、赵承彦。

他们是感觉到国民党和共产党正在一步步走向决裂，前来劝说余瑞祥将赵璇滢送往租界去治疗的。他们已经领教了余瑞祥的执著，放弃了劝说他不再跟着共产党人走下去的意图，只是希望浑身伤痛的赵璇滢能够逃离这场混乱，安安静静地休养。

突如其来地碰上弟弟，余瑞光心里非常感慨，不由分说，把他连同赵氏兄弟一块请进余府，说道："事情到了这种地步，无论如何，得做一些准备。"

因为共产党人的鼓动，工人又是提出各种各样的要求，又是罢工，把他的工厂搞得一团糟，最后不得不歇菜。尽管这是他和商会成员共同做出的决定，但因为是迫于无奈，并非出于本心，余瑞光至今仍然很恼火。

最后，虽说武汉国民政府出面，工人和商会各让一步，工厂重新开张，余瑞光心里的疙瘩并没有消失。

当初，因为对北洋军阀的统治心存不满，他对北伐大军寄予了很大希望。特别是一听说二弟余瑞祥是围城的指挥员之一，他更加倾力支援北伐大军。不料，北伐大军攻克武昌以后，不仅没有给余氏纱厂带来进一步扩张的希望，也没有让他尝到其他任何甜头，反而是二弟所参加的共产党组织鼓动工人跟他对立，叫他心里如何舒服得了？

当数十万工人不顾一切地冲进英租界、占领英租界的时候，他看出工人身上蕴藏的力量是何等伟大，为此既感到高兴，又联想到自己的处境，心里凭空多了一份担忧，害怕工人会更频繁地发动针对他的攻势。果然，他的猜测很快应验了：工人提出了新的要求！

为了彻底摆脱这种困境，余瑞光希望二弟出面转圜。

余瑞祥却说道："工人阶级跟资本家阶级作斗争，是共产党人的必然选择。我是共产党人，当然会全力支持工人运动。作为厂主，你在许多方面或许做得都很好，但改变不了你是依靠剥削工人剩余价值换取优越生活的现实。"

"我一样付出了劳动。我在管理工厂，我在收集原料，我在为产品寻找销路。况且，是我出资的，我要是不开工厂，工人没地方做工，领不到薪水，怎么活下去？是我养活了他们。他们不能这样对待我！"余瑞光火冒三丈。

余瑞祥摇了摇头，说道："你的确为工厂出了力，丝毫不能掩盖你从工人身上榨取剩余价值的实质。你开设工厂的资金从哪里来，也是你残酷压榨工人和各界民众的血汗换来的嘛！难道不是吗？"

余瑞光狠狠地说道："照这样说来，共产党根本不允许资本家开设工厂嘛！没有了工厂，国家就有救了，就能发展了？你会说，你们共产党人可以自己开设工厂，是吗？你们自己开设了工厂以后，一定不会剥削工人吗？一样会剥削工人的，因为这就是资本的本质。是资本，总是要获得利益的嘛。"

余瑞祥说道："获利要是为了资本家本人，这是剥削，必须打倒，如果为了国家，为了全体民众，是我们共产党所支持的，也是我们的目标。"

因对待这个问题的态度相去甚远，兄弟两人从此以后很少见过面。

不能从弟弟那儿得到自己想要的东西，余瑞光心里实在很窝火，去了一趟汉口，找到了姐姐和姐夫，把工厂里的情形以及自己跟二弟的谈话内容详详细细地告诉了他们。

余梅芳感到吃惊："共产党竟然这样对资本家吗？"

林英华说道："不错，这确实是共产党的主张。他们试图彻底砸毁一个旧世界，建立一个崭新的世界。在他们的理念里，这个崭新的世界应该人人平等，每个人只要参加了劳动，都应该得到一样的报酬。不过，依我看来，这只能是一个虚幻的梦想。所以，当初余瑞祥要参加共产党的时候，我曾经劝说过他，不要一时冲动，被共产党人华丽的字眼迷惑了。他当时还深受孙中山先生的厚爱呢。但他不听，硬是参加了共产党。唉。如果他不是一个我行我素的人，何至于有今天！"

姐夫对余瑞祥的选择其实也是非常不满的。余瑞光只要心里感到憋闷感到痛苦，都会向姐夫倾诉。姐夫总能用最简洁最恰当的语言给予他一些安慰。随着共产党跟国民党分裂的势头越来越明显，林英华对共产党的攻击愈发肆无忌惮。余瑞光得到的安慰愈发大了许多。

林英华毕竟是武汉国民政府的高级参议，常常能得到更灵通的消息。前两天，他突然对余瑞光说道："你看好了，一旦汪精卫对共产党人动了手，共产党人的日子一准长不了。你的工厂，暂时让他们闹腾吧，要不了多久，一切都会按照你的希望恢复原状。"

余瑞光不由得为弟弟担心了，说道："瑞祥是不是会被汪精卫屠杀？"

"也许，汪精卫不会像蒋介石一样屠杀共产党人，然而，共产党人在武汉一定会待不下去了。"林英华说道。

即使汪精卫真的不会屠杀共产党人，余瑞光也不能不为弟弟的安全担心，不能不为前夫人的安全担心。林英华虽说对共产党人深怀不满，事情跟二舅子夫妇的性命攸关，也不能不关心，便出了主意，让余瑞光趁国民党跟共产党还没有完全分手以前，把赵璇滢转移到安全的地方。

"我听说，原来也有很多妇女受到枪伤，治疗过后很快康复了。可是，赵璇滢至今仍然躺在床上不能动弹，恐怕不光是因为怀有身孕，还有其他的问题。"两人谈话的当口，余梅芳插上话头。

原来王俊财也曾这么说过，并劝说余瑞祥把赵璇滢送去汉口租界洋人的医院做全面检查，被余瑞祥拒绝了。这次，情况特殊，余瑞光和林英华准备火速联系汉口租界里的医院，为赵璇滢做全身检查。

赵府上下也都对赵璇滢的身体状况深感担忧。

亲眼看到女儿躺在医院里，周莹莹心如刀割。经过一阵短时间的晕厥过后，她清醒过来，偏执地认为女儿久治不愈是这家医院故意陷害的，坚决要求把女儿换到其他医院医治。女婿劝慰她，医院劝慰她，共产党要人劝慰她，甚至国民政府高官纷至沓来劝慰她，总算没有让她再坚持。

看到总有许多老百姓怀着敬慕的心情前来看望女儿，周莹莹心里虽说不时会涌起一种自豪和感动，但很快，这种情绪会自动消失，换上了恶狠狠的咒骂："让你们受伤，躺在医院，不能动弹，试试看！"

女儿时不时会清醒过来，看到母亲一脸悲戚的神色，便会微微露出笑意，安慰母亲。余亚男经常跟在姥姥身边。只要姥姥难过，她就难过。母亲一直睡着，她会静静地守在母亲身边，什么话都不说。母亲慢慢地睁开眼睛，看到余亚男，慢慢地伸出手，去摸她的脸蛋，脸上浮现出柔柔的笑。

每当这个时候，周莹莹愈发伤感，决计让女儿脱掉军装，回到家里，尽一个母亲的责任，好好享受一下天伦之乐。可是，她知道女儿不会听从自己，便从女婿身上打主意，只要看到女婿，总是哗啦啦地流泪，说一些把人的肠子都能揉碎的话，希望女婿能够劝说女儿再也不要想着穿军装上战场，而是回去家里当一个贤妻良母。愣是女婿仿佛没有听见，她感到很失落。

李香香经常过江来看望赵璇滢，陪同周莹莹流了很多泪。

见了李香香，周莹莹又动起了把女儿送去别家医院的念头。周莹莹一说费用全部由赵府出，李香香的心立马疼得发抖。赵府的财产全部落到儿子手里，她怎么会为一个外人破财呢？赵璇滢是嫁出去的姑娘泼出去的水，哪有娘家负责给她治病的道理，又不能当面拒绝，只有挖空心思地推脱。

周莹莹一见李香香态度暧昧，很不高兴了，说道："我只有这么一个女儿，不能眼睁睁地看着她一直躺在医院。"

第十三章 山雨欲来

周莹莹毕竟是赵嘉勋的正室,李香香不能不答应。赵璇滢还是不愿意离开武昌。

赵承博、赵承彦一样很希望赵璇滢能够换一个环境。

夫人病情渐渐好转以后,赵承彦到武汉国民政府当差去了。对共产党与国民党之间的矛盾,他感觉很敏锐认识很深刻,深知共产党跟国民党总有一天会分裂,因而一直暗暗替赵璇滢担心。

武汉国民政府正在紧锣密鼓地暗中准备分共。虽说汪精卫一再表示要跟共产党和平分手,但蒋介石在上海大屠杀的殷鉴不远,赵承彦不相信这一点。赵璇滢是不是共产党,赵承彦不知道,但知道余瑞祥是共产党的中央委员。武汉国民政府一旦对共产党人开了杀戒,杀红了眼,难免会对赵璇滢动杀心。

原先,武汉国民政府还没有传出分共的风声,赵承彦对赵璇滢在武昌住院治疗并不感到担心,是以周莹莹张罗着要把赵璇滢送去汉口租界医治的时候,他并不热心;现在知道了这个内幕,他心热得发烫,巴不得马上把妹妹送到租界。不过,他仍旧在周莹莹面前说不上话,只能把这些事说给赵承博听。

"这是为什么呀?难道世道不能安宁一些吗?"赵承博愤愤不平地说道。

"目前最要紧的是,我们要趁共产党跟国民党分手之前,把璇滢转移到租界去。否则,谁都不知道会发生什么事情。"赵承彦冷静地说。

虽说他们并不跟租界打交道,但因为是汉阳商界的头面人物,并不担心能在租界为赵璇滢找个安全的位置。不过,他们知道余瑞光一定不会袖手旁观,决定先去余府,跟余瑞光商量,没承想,竟然碰上了余瑞祥。

赵承彦把自己知道的事情原原本本地告诉了余瑞祥,最后说道:"我们都知道,无论怎么劝说,都不可能让你改变心意,没想再劝说你了。可是,我妹妹枪伤未愈,你不能让她跟你一道冒险,那会害她丢掉性命。"

余瑞祥感激地说道:"其实,我已经把她托付给王俊财世兄了,她会很快被送到汉口租界。"

赵氏兄弟和余瑞光等人悬着的心终于落了地。

眼见得余瑞祥流露出一丝伤感,赵承博说道:"我真不知道,这个世界究竟抽的什么风!你们跟国民党合作得好好的,怎么一转眼就要成为敌人呢?其实,依我看,共产党也没有什么不好,工人运动也没有什么不好。工人无非想多得到一点工资,养家糊口嘛,谁都不嫌钱少。"

赵承彦赶紧说道:"我们没有参加过任何党派,不懂得党派之间的矛盾,不要管它，还是赶快去医院，把璇滢转到汉口租界去。"

一听哥哥后面的话，赵承博马上不作声了。于是，几个人一块赶往医院。

见到了周莹莹，赵承博说道："母亲，我们要把姐姐送去汉口。等一会儿王俊财世兄会把一切安排好，过来通知我们。"

周莹莹跟女儿生活的时间一长，心里发生变化，对王府充满了歉意。这些年，她很想修复跟王府的关系，却又抹不开面子。此时一听赵承博的话，心头一热，想起李香香对女儿的态度，轻轻地叹息了一声。

赵璇滢正在睡觉，被来人的说话声惊醒了。迷迷糊糊当中听见了赵承博对母亲说的话，她不觉心里有些生气了，想道："再三跟他们说，不必麻烦了，可是，他们仍然要把我送往汉口。有钱就能任性吗？"

她其实一直希望跟丈夫相处下去。在住院的日子里，丈夫每天都会抽出一定的时间，前来医院陪陪她，跟她说说话。她隐隐约约可以感觉到，丈夫身上背负了某种沉重的负担，很希望能够替丈夫分忧，又知道自己分不了丈夫的忧，只好装作什么都没有察觉，心头却在责怪自己为什么不能尽快好起来。

正要责备弟弟，赵璇滢忽然看到了丈夫，心头一凛，想道："这么说，是瑞祥同意我去汉口租界治病了！他为什么突然改变了主意？"

余瑞光、赵承彦、赵承博先问候她了一声，紧接着，把大家商量的结果告诉她，马上准备替她收拾行装。

赵璇滢看着余瑞祥，说道："你们都出去吧，我要先跟他说话。"

赵承彦、赵承博、余瑞光下意识地扫了余瑞祥一眼，慢慢地走出了病房。周莹莹也带着孩子一块走了出去。

"告诉我，到底发生了什么事？"赵璇滢问道。

在跟夏斗寅接战之前，她已经明白国民党排挤共产党的波涛暗涌。刚被送回武昌，住进医院的时候，武汉国民政府的高官显贵们，经常会过来看望她，慰问她。现在，除了共产党人仍然惦记着她，再也没有其他人记挂着她了。她敏锐地意识到，共产党人面临的危机很快会爆发。

余瑞祥说道："其实，没有什么大事。我希望把你送去汉口以后，可以静下心来做自己的事。"

赵璇滢一直望着丈夫，忍了很久，问道："是不是，汪精卫也要走蒋介石的后路了？"

第十三章 山雨欲来

宛如被人揭开了伤疤，余瑞祥心里隐隐作痛，轻描淡写地说道："形势还不至于太糟。所以，我要用全部的心血，去维持武汉国民政府的团结。"

果然是武汉国民政府出了问题！国民党要向共产党开火！赵璇滢饶是再希望马上从病床上跳下来，跟丈夫一块冲向战场，跟国民党人战斗到底，可是，身体不争气。她只有静静地看着丈夫，脑子里空空如也。

这时候，王俊财、余瑞光、赵承博、赵承彦、王俊喜等人一块走进来。

余瑞祥一离开，王俊财很快联系好了医院，准备来武昌亲自把赵璇滢送往设在租界的医院。王俊喜听到消息，跟随哥哥一道赶了过来。

对武汉国民政府内部的一举一动及其高官显贵的一言一行，王俊喜知道得比任何人都多。不过，他不会告诉任何人。他只希望能够从中挖掘出能帮助自己打垮王俊林的东西。

这几年，他一刻都忘不了除掉王俊林。他深陷其中，已经不能自拔，竟然病态到一厢情愿地希望倾尽一切让余瑞祥把王俊林吸收进共产党组织，以此利用武汉国民政府那些高官显要的手，除掉王俊林。结果，他遭到了余瑞祥的严词拒绝，被赶了出去，从此再也不愿意跟他打交道。他似乎觉得自己跟余瑞祥应该是天生的朋友，无论余瑞祥怎么对待他，他都可以接受，就是不希望余瑞祥不理睬他。他再也不提王俊林的事，依旧只要有消息，都会亲自告诉余瑞祥，并且关心余瑞祥的一切。赵璇滢转往租界，他怎能不出面相助？

还有一件事情令他癫狂，那就是跟柳彤萱偷情。

早在柳彤萱到新市场上演剧目的时候，他便对她动了心，想尽办法，向她大献殷勤，希望能把她压在自己的身下，行云雨之欢，但一直没能如愿。后来，柳彤萱竟然嫁给了赵承博。碍于赵、王两家的交情，他不敢再惦记她。

没能趁北伐大军攻击武昌之际，将王俊林彻底打倒，王俊喜心里空虚，又愤怒，需要发泄，武昌被攻下之日，他一头钻进妓院。拖着疲惫不堪的身体出来了，听说血花剧社正在上演新剧目，他来了兴致，跑去一看，结果，柳彤萱竟然再次出现在舞台上。好家伙，她比几年前更加有女人韵味了。王俊喜眼睛一盯在她身上，下面那玩意便情不自禁地一跃而起，杀气腾腾，试图不管不顾地杀上前去，与她大战三百回合。她是吸引男人的尤物，不把她压在身下真的心有不甘啊！可是，她是赵承博的夫人。赵家跟王家是世交，怎么能对赵承博的夫人动手呢？不，赵家跟王家已经没有关系了，两家早已断了往来，跟赵承博再也不是什么世兄世弟，赵承博的夫人，便是路人，只要能搞到手，有何挂碍？

搬开了心理障碍，王俊喜立即吩咐手下，监视柳彤萱的一举一动，准备寻找下手的机会。柳彤萱几乎从来不出赵府，过来汉口血花剧社的时候，赵承博总是跟她在一块，不可能找到机会。

"一个天生的尤物，只能看在眼里，不能压在身下，老天待我不公啊！"王俊喜仰天叹息道。

没想到，老天竟然垂青了他，把柳彤萱送到王俊喜的怀抱。

那一天，英国水兵跟中国码头工人的喊叫声打杀声一传过来，柳彤萱吓得变了脸色。赵承博竟然离开了她，冲进了那个混战的现场。柳彤萱一下子扑倒在王俊喜怀里。王俊喜的心怦怦地跳，扫了一眼四周，竟然没有看到赵承博的身影，连余瑞光和王俊财也不见了。余雅芳、余梅芳以及余瑞光的夫人吓得花容失色，抱在一块，眼睛哪里都不敢看。可逮着机会了，王俊喜心里一喜，连忙命令属下拨开一条出路，亲自扶着柳彤萱，出了重围，径直走进汉口大旅馆。

柳彤萱依旧惊魂不定。王俊喜宛如欣赏一头猎物，站在旁边，一直打量着她。她微微翘起眼睛，那不经意的一瞥，散发出勾魂夺魄的力量，令王俊喜心里一阵颤抖。他不由分说，一把将她抱在怀里。

"不！"柳彤萱本能地反抗道，在王俊喜怀抱里挣扎着。

王俊喜越抱越紧，越来越觉得体内喷薄着一种难以抗拒难以抵挡的激情。他急急忙忙把柳彤萱扔到床上，扑了过去，三下五除二，很快脱掉了她的上衣。一对坚挺的乳房在他眼前宛如两头白鹿一样跳跃着。他咽回差一点流出来的口水，把头轻轻地靠拢过去，张开嘴巴，将一头白鹿叼在嘴里，双手不停地在柳彤萱全身摸索着，脱去了她全身的衣服，然后重重地压在她身上。一腔激流飞快地射进了她的身体。两个人紧紧地抱在一起，久久不愿意松开。

柳彤萱用手指轻轻地抚摸着王俊喜的后背，呢喃道："我已经成了你的人，你不能丢下我不管。"

两人有了第一次肌肤之亲，再也没有任何顾忌了，总是寻找机会媾和。

当赵璇滢受伤的消息传到他耳朵，王俊喜赶紧跑到武昌来探望她，见赵璇滢连动弹一下也很困难，打从心底泛起一种渴望："要是王俊林在战场也受这么重的伤，该有多好。"

果真如此，王俊喜一定能够找到机会，在病房里神不知鬼不觉地干掉王俊林，制造

第十三章 山雨欲来

一件谁也查不出来的无头公案。

赵璇滢是冲到最前面才受的伤，王俊林决不会冲到最前面去。一想到这里，王俊喜心里不觉有点落寞。他很有点鄙视王俊林：一个大老爷们，打仗的时候不能冲在最前面，什么东西！如此一来，王俊喜越来越佩服她。

当王俊财要为赵璇滢寻找医院的时候，王俊喜说道："我虽说不是一个好人，但好人一定要好好活下去！"

于是，王俊喜帮助哥哥张罗起来，还跟哥哥一块来到了武昌。

赵璇滢终于搬进了汉口租界。其时，余雅芳、余梅芳、余瑞光的夫人、柳彤萱、王芝英都得到消息，在租界医院门口等候着她。一路颠簸，赵璇滢已经昏迷过去，不省人事，几个护士用担架把她抬进医院。

余瑞祥抱着女儿，与岳母紧跟在担架两边。

很快，一切都安排妥当。赵璇滢慢慢睁开眼睛，从嘴角挤出一丝笑意。随即，外国医生为赵璇滢做了初步检查，说枪伤并不严重，病人竟然一直不能动弹，一定是神经系统受到了重创，需要做进一步检查（王俊财权充翻译）。众人都很吃惊，一个个瞪大眼睛，你看看我，我看看你，愣是不知道赵璇滢体内到底有什么东西作怪。

周莹莹责备女儿道："叫你早一点到这里来，你不听。害你遭了多大的罪啊！"

余雅芳的眼泪扑簌簌地掉落下来。众人吃了一惊，一块看着她。余雅芳似乎意识到自己失态了，连忙说道："我知道，二嫂是希望一直能看到二哥，才不愿意来汉口的。要是我惦记的人，也像二哥一样，该多好呀！"

众人再也不忍心看她，大多把目光移到一边去了。

余梅芳抱住了妹妹的肩头，说道："不可能所有的人都跟你二哥一样。王俊林有王俊林的优点和好处。他有再多的不是，你不是一样惦记着他吗？"

没有早点同意夫人来这里住院治疗，余瑞祥心怀歉疚。

眼下，武汉国民政府准备分共的声音越来越强大，共产党中央已经正式决定选择适当时机举行武装暴动。虽说余瑞祥提出的在武汉周围实施暴动的计划因为参加二期北伐的队伍即将从河南撤回武汉三镇，已经没有实施的可能，不过，在混乱当口，共产党人一准能够找到最好的时机最恰当的地点举行暴动。余瑞祥要把全副身心投入到窥探暴动时机的过程当中去。而且，一旦汪精卫真的分共了，他必定要退出中央军事政治学校，在退出之前，需要做一些安排，为共产党人以后在战争中赢得主动，争取更大的成果埋下伏笔。

这是一条永远都不可能回头的道路，注定了他必须再次离开夫人、孩子和亲人们。什么时候才能见到夫人见到孩子见到亲人们，他自己也不知道，甚至连前面的道路有多么坎坷到底有多少风险，他一样不清楚。不过，自从加入共产党组织的那一天起，他已经把自己的一切全部交给了共产党，必然会为了共产党人的事业义无反顾地奋斗下去，至死方休。在即将跟夫人告别的最后一段时间里，他要陪陪夫人，要单独跟夫人说说话。

他用不着担心夫人的安危。因为赵璇滢并没有暴露共产党员身份，还有王俊财、赵承彦、余瑞光等人的照顾，赵璇滢又身在法租界，安全上没有顾虑。

看望赵璇滢的各位亲友相继离开了，周莹莹带着孩子吃饭去了，余瑞祥这才有机会单独陪伴着赵璇滢。他握住她的手，看着她苍白的脸庞日渐消瘦，心头滚过一阵阵难以割舍的情愫。

赵璇滢预感到丈夫一定有什么事瞒着自己。她很想询问，本能地知道丈夫不可能告诉她实情，索性不问了，一往情深地望着丈夫，说道：“我知道，你以后会越来越忙碌。你不用陪我，安心去做你应该做的事吧。在你需要的时候，我不能为你做一点什么，实在很遗憾。”

余瑞祥轻轻地抚摸着她的手，深情地说道：“你是为了打击叛军受伤的。你躺在这里，也是为了我们的事业。”

赵璇滢微笑道：“你去吧。我会好好地保护自己。任何人，都不可能让我改变信仰。等我身体康复以后，我一定会去找你。哪怕前面的道路再艰难，我也一定会伴随你走下去，永不分开。”

"说好了。任何艰难困苦都不可能让我们停止前进的步伐。"余瑞祥说道。

第十四章 血雨腥风

湖北省总工会发动武汉三镇的全体产业工人实施大罢工,欢迎二期北伐大军从河南班师回营。场面极其热闹,气氛异常活跃,置身其中,没有人不情绪激荡,热血沸腾。

王俊林本来打定主意,率部奔赴河南战场以后,学习唐生智的榜样,自己躲在后面,筑起高台看风景,任由人家跟奉系军阀的军队大打出手,等大局既定时,命令人马出来收拾残局,以便扩充自己的力量。可是,到了战场,完全不是那么回事!此次北伐军队的总指挥官唐生智不仅一再把第二方面军推向了跟奉军交战的最前沿,在第二方面军内部,张发奎也硬逼着王俊林的队伍打头阵,以至于一场战争打下来,王俊林的人马损失最惨重。他深切地感受到了寄人篱下的日子很不好过。然而,没有足够的实力跟人家相抗衡,他只有忍气吞声。

牺牲了数千人马,他最后仅仅得到了一点精神上的安慰:武汉国民政府颁发的一纸嘉奖通令。

狗屁,对于一支军队来说,要那种虚头巴脑的东西有什么用?擦屁股都嫌太糙!真正管用的还是实力,没有实力,谁都不会把你当一回事。但人马受到了损失,再也补不回来了。王俊林的心里非常郁闷。一回到武昌,他连军营也不愿意待了,立马跑回汉口,准备躲进王府,先疗养一个时期,然后静静地想想接下来究竟应该怎么办。

王氏家族张灯结彩,以欢迎英雄凯旋的架势,欢迎王俊林归来。

省总工会发动工人罢工,欢迎北伐大军回到武汉,是一件天大的事。王俊喜接到消息,知道王俊林手下人马死伤无数,心情一直不痛快,颇有些灰头土脸,他非常高兴,带了好几个帮众,试图在大庭广众之下看王俊林出丑。没料到,当王俊林带领人马进入汉口的时候,江城老百姓纷纷为他喝彩,为他敲锣打鼓,为他呼喊口号,为他燃放鞭炮,甚至很多人冲上前去,把早已准备的鸡蛋、饮水、烧饼,以及其他各种食物,硬塞到官兵手里。王俊林骑在马上,脸上流出自豪的微笑,一路走去,一路轻轻地挥着手臂,好像统帅检阅部属一样。

王俊喜心里腾地蹿出一团怒火,暗自骂道:"你这该死的混蛋!"

他恨不得当场拔出枪来,一枪结果了王俊林的性命。如今,回到家里,王俊林受到的礼遇有过之而无不及,王俊喜心里如何好受?

事实上,王俊林心里更不好受。他可以在外人面前装笑脸,在王府大可不必,一边挥手,一边说:"不值得为我搞这种欢迎仪式。我失去了很多兵力,已经变成别人手里的玩物了!"

"假谦虚,故作姿态!"王俊喜亲眼看到过王俊林眉飞色舞的样子,觉得他这是在故意向自己心口捅刀子，心里骂道。

王俊林母亲安慰道："俊林，你受到了国民政府的褒奖，受到了三镇民众的真心拥戴，这是王氏家族几世修到的福气呀，我们理应为你感到高兴。你失去了一些兵力，有什么要紧？可以再找回来呀！"

"是呀，打仗嘛，总是要死人的。"王俊财说道。

王俊林心里有一种难以言表的痛苦。不仅王俊财理解不了，母亲理解不了，一向跟自己作对的王俊喜也理解不了，心里愈发痛苦，简直痛不欲生。

余雅芳一直没有说话，心里却充满了欢喜和自豪。

因为王俊林火烧汉口，令无数人流离失所，家破人亡，虽说已经过去十几年了，老百姓每每提起这件事，仍然对王俊林充满仇恨。现在，完全倒过来了，民众如此真诚地欢迎和拥护王俊林，还有什么比这个更令她兴奋的呢？

王俊林母亲、王俊财以及王氏家族其他成员几乎都是这样想的。只有王俊喜与众不同。他一直想让王俊林臭名远扬，灰飞烟灭。

察言观色，王俊喜忽然发现王俊林说那种话不是向自己心口插刀子，也不是假清高，准备撩拨一下王俊林，探听他的口风，以便确定能不能找到陷害他的途径，说道："人都是这样，只要被众人捧上天，一准搞不清楚自己是谁。要是我，被民众当作英雄，也会跟大家想的不一样。"

王俊林冷冷地说道："如果你甘愿别人把你推向死亡的境地，最后侥幸活了下来，乐于接受一点虚名，却得不到任何实质好处，你尽管这样干吧！"

"他不全是因为人马损失惨重，而是军队里有人要置他于死地！"王俊喜禁不住心花怒放，马上决定派人调查清楚，究竟是谁试图向他动刀子，准备暗中鼓鼓劲，把刀子捅得更深一些。

王俊财终于意识到什么，说道："仗已经打完了，你不要继续想着那些事情。现在的任务是欢迎英雄回家。"

饶是心里仍然不够痛快，王俊林不能不接受王俊财的好意。在战场上丢失的东西，一定要在战场上找回来。下一次打仗，说什么也不能让人家给暗算了。

真的是让人家暗算了吗？似乎不全是。要不是余瑞华带领人马，一个劲地冲锋在前，王俊林本来可以找到理由和机会，把自己的队伍撤向后方，让张发奎的嫡系人马去送死。可是，偏偏余瑞华一看战局危殆，不经请示，立马率领一个营的人马冲了上去，把全师拖进跟奉军鏖战不休的深渊。

要不是共产党人领导那一个团打过来了，王俊林势必真的血战到底，全军覆没了。所有的人都希望他死，希望把他的人马推向深渊，唯有共产党在他濒临绝境的时候前来解救他，王俊林心生感激。为了救他，具有共产党身份的团长蒋先云竟然战死沙场，王俊林得到消息，亲自前去拜祭，痛苦地流出了眼泪。

蒋先云团长当年可是有名的黄埔三杰之首，蒋介石最信任的人。蒋介石在上海屠杀共产党人以前，蒋先云一直在蒋介石身边做事，是蒋介石着意培养的人才。蒋介石发动反革命政变以后，蒋先云立刻脱离蒋介石，回到武汉，在阅马场举行了一场声势浩大的反蒋运动，发表了催人泪下的演说，揭露蒋介石背叛革命的真实目的，令武汉国民政府以及全体军民更加认清了其反革命面目，征讨蒋介石的呼声一浪高过一浪。如今，蒋先云竟因为救他而死，王俊林心里说不出的难受。

家族的欢迎宴会持续了很长一段时间，王俊林不得不尽力控制自己，不要流露出哀伤的情绪，摆出一副沾沾自喜的样子，去迎合他们。

欢迎仪式终于画上了一个句号，王俊林带着浑身的伤痕，什么都不想说，什么都不想知道，准备一回到卧房，先好好地睡上一觉再说。可是，他睡不成。

丈夫终于成为万民敬仰的英雄，余雅芳心里充满了喜悦，可没有留意丈夫内心的悲伤，她欢乐如一只小鸟，总想叽叽喳喳地跟丈夫说话。她说不出情呀爱呀的，便说起了丈夫走后，武昌发生的事。

"你在前线打了胜仗，嫂子在纸坊也打了胜仗。不过，嫂子受了伤，一直住在医院里。"余雅芳说道。

王俊林饶是身心疲惫，立刻来了精神："武昌真的打过仗吗？"

余雅芳望着丈夫，点了点头。

王俊林说道："怪不得在前线听到了夏斗寅发动叛乱的传言，原来是真的！告诉我，赵璇滢是怎么受伤的？"

余雅芳把她听到过的传言连缀在一块，告诉了丈夫。

王俊林披上了衣服，对夫人说道："我们去医院看望二嫂吧。"

丈夫突然提出去医院看人，余雅芳感到很好奇。不过，丈夫是要去看望嫂子，她很乐意奉陪。

已经是晚上了，天空中飘下了毛毛细雨。天气非常炎热。阵阵微风，迎面扑来，吹弯了毛毛细雨的腰肢，并没有减轻大地的热度，反而更让人感到透不过气来。夫妇两人出了卧房，一个卫兵迅速跟了过来，一同穿过庭院，准备朝外走。王俊财从另外一间房子里走了出来。

王俊财向王俊林母亲交代了这段日子的账目，准备回家。他好奇地问道："你们这是要到哪儿去呀？"

"看我嫂子去。"余雅芳回答道。

"天这么晚，你们进得了医院吗？洋人的规矩严得很，到了晚上，不准人探望的。"王俊财说道。

"那是洋人的规矩，管不了我！"王俊林心头冒火，说道。

王俊财一愣，看着王俊林，心里想道：他分明在战场上受了很多屈辱，一定有话要对赵璇滢说，这关头，只怕谁都拦不住。

"好吧，我跟你们一块去。"王俊财说道。

路不远，不一会儿便到了。守门人可不管王俊林是不是将军，准备阻拦。王俊财闪身而出，对他说了几句。他打了一个电话，恭恭敬敬地请一群人进去。

其时，赵璇滢仍然没有入睡。

她接受了数不清的检查，知道自己的病情不仅仅是因为那枪伤，而是因为怀有身孕，枪伤带动了其他组织发生病变，短期难以恢复健康。

她不能无所作为，渴望知道外面的情形，但没人能告诉她。母亲每天都为她买来一些报纸，可是，从报纸上似乎看不到她希望看到的东西，只是知道北伐大军今天会回到武汉，不由自主地想起了余瑞华和王俊林。他们在战场上到底打得怎么样呢？有没有受伤？

王俊林一活蹦乱跳地出现在她的面前，赵璇滢便露出一抹微笑，说道："北伐英雄一回来，马上来看我，我真是受宠若惊！"

"嫂子！"余雅芳坐在病床边，轻轻地说道。

赵璇滢握着余雅芳的手，笑了笑，注视着王俊林，转换了语气，说道："我一直认为我比你强，没想到，你这个大英雄浑身上下没有一点伤，我却躺在医院里不能动弹了。"

王俊林叹息道："如果不是蒋先云团长，恐怕去见阎王的是我。"

赵璇滢心里一紧："这么说，蒋先云已经牺牲了？"

"是的，蒋团长是为了救我，才倒在战场上的。"王俊林激动地说道，"唐生智、张发奎都想要我死，你们共产党人却救了我。虽说共产党现在还没有接纳我，可是，我也认定，只有跟着你们共产党走，才是唯一的出路。"

赵璇滢说道："我也是这么想的。我们一块努力，争取早日加入共产党吧。"

她不是共产党！她也没有加入共产党。这么说，共产党不是不相信我，是因为共产党的确有那么一套规定。王俊林心想，更加觉得只有跟着共产党走，才是唯一的出路。他当然不知道，赵璇滢隐瞒了共产党员的身份。

王俊财心里一阵阵打鼓：王俊林怎么能如此糊涂呢？汪精卫全面部署分共，已经是公开的秘密，大街小巷，几乎无人不知无人不晓。共产党手里并没有掌握多少军队，爱惹是生非，又是发动农民造地主的反，又是发动工人造资本家的反，不把整个世界彻底搞乱绝不会罢手的劲头，已经引起了所有资本家和地主的反感。何键、李品仙还在河南战场上的时候，他们留守在汉口的人马，已经公然支持马日事变，公然喊出了要跟共产党决裂的口号。眼下何键、李品仙一回到汉口，马上发出反共宣言，岂是说着玩的？他们一定会向共产党人开刀！在这种时局下，无论怎么说，都得跟共产党保持距离。你王俊林即使在战场上遭了唐生智、张发奎暗算，那又怎么样呢？岂能成为投靠共产党的理由？

不过，当着赵璇滢的面，王俊财不能说出这些话，只能一言不发。

不知道从什么时候起，王俊喜悄悄地来到了医院，静静地站立在哥哥的身边。听着赵璇滢跟王俊林的对话，他的心里涌起了一阵阵快感。

他知道，汪精卫正在动员武汉国民政府的各路人马反共分共，何键、李品仙正在紧锣密鼓地展开部署，准备突如其来地向共产党人组织起来的总工会、工人纠察队、武汉各界协会等机构下手。

得到这些消息之后，王俊喜很想立刻告诉余瑞祥，提醒余瑞祥注意何键、李品仙的动向，以免在他们动手解除共产党人的武装之际措手不及。因为王俊林回到王府，他不能不暂时放下了面见余瑞祥的打算。

他没有来得及把这些消息告诉余瑞祥，但跟哥哥王俊财说过。作为生意人，王俊财需要比别人更了解政府的意图，以便及时洞察时局的发展变化，获取丰厚的利益。为此，王俊财支持王俊喜从武汉国民政府党政军各个系统挖掘各种资料，给他提供了大量资金。眼见得王俊林在共产党与国民党之间徘徊不定，首鼠两端，他便把自己掌握的情况透露给王俊林，免得堂弟走错了路跟错了人。

王俊喜心里非常清楚，对待王俊林的态度，哥哥与他截然不同。他决不能让哥哥破坏自己谋害王俊林的意图。王俊林在国民党跟共产党即将分裂的时候，试图靠向共产党，王俊喜决定助他一臂之力，让他向共产党靠得更近靠得更快。

"有一句话叫什么来着？沧海横流方显英雄本色。艰难时刻，你仍然想加入共产党，凭这种志向，我敬佩你！"王俊喜说道。

王俊财不能眼睁睁地看着王俊林掉进火坑，连忙说道："不要胡说！"

"余夫人，你觉得，我是胡说吗？"王俊喜面向赵璇滢，问道。

"人各有志，是不是胡说，得看你自己怎么想。"赵璇滢微微一笑，说道。

回到王府，王俊林意犹未尽，还想跟王俊财说一些什么，便让夫人先回了卧房。关键时刻到了，王俊喜再不想看到王俊林的脸，也不会离开，跟他们一块坐在院落里。

不等王俊林说话，王俊财率先开了口："我知道，你在战场上受到了很多委屈，很想投靠共产党。我可以明确地告诉你，这是极不明智的。"

王俊喜不等哥哥说完，立即打断了他的话："不，他不是现在才想投靠共产党，他早就想加入共产党，不是吗？这取决于个人的政治理念和抱负。一旦政治理念形成，没有人干涉得了的。"

不理睬哥哥制止的眼神，王俊喜滔滔不绝地说下去，说共产党人是怎么赢得了民众的拥护，共产党人是怎么有实力，最后加强了语气，说道："凭着区区一两个团的新兵，也可以打垮夏斗寅一个师的人马，共产党带领的队伍就是这么牛！共产党现在手里已经有了不止一个师，什么人能够挡得住他们前进的步伐？所以，跟着共产党，才会有前途！"

王俊财从口腔飞出一把锋利的剪刀，剪断了弟弟的话头，历数共产党人是怎么惹得各方面都有意见，汪精卫是怎么在打着分共的算盘，上海共产党人是怎么被蒋介石杀得血流成河，长沙的工人和农民是怎么被许克祥杀得无处容身，来说明共产党已经处在风雨飘摇之中，随时都有可能倾塌。

两个堂兄争论得越来越起劲，王俊林的心越发飘荡不定。

指望不上堂兄了，还是先见一见余瑞祥再说，他总比自己有办法。

天亮时分，王俊林告别夫人，离开了王府，过江来到武昌，去中央军事政治学校找到了余瑞祥。

此时，余瑞祥已经为随时离开中央军事政治学校做好了一切准备。

这个关头，汪精卫已经得到冯玉祥投靠了蒋介石，准备以调停人的身份促使宁汉合流的消息，深感武汉国民政府处在风雨飘摇的十字路口，决定发动东征战役，先彻底打垮蒋介石的武装，以解除武汉国民政府面临的危机。

面对新的时局，中共中央马上召集中央委员及中央候补委员商讨对策。

余瑞祥说道："我们既不能参加北伐，也不能参加东征。北伐也好，东征也好，无论取得了多大的胜利，我们都是两袖清风，为他人作嫁衣裳。我们要彻底改变这种处境，趁此机会，打出我们共产党人自己的旗帜，发动武装暴动。"

关键时刻再次听到武装暴动的建议，大多数中央委员及中央候补委员纷纷表示赞同，可是，陈独秀依旧拘泥于共产国际的指示，迟迟没有表态。

很快，汪精卫发出了东征的命令。何键、李品仙公开喊出了口号："东征之前，必须先分共。不分共，就不能东征。"

余瑞祥接到秘密报告，何键、李品仙已经决定解除汉口工人纠察队的武装。

为了避免损失，余瑞祥面见各位中央委员，提出新的建议："我们应该解散工人纠察队，将他们全部编入张发奎的部队，以作为我们党的一支力量。这样，何键、李品仙就没有办法挑起事变。"

形势非常危急，中央委员会拿不出更为妥当的策略，一致同意了这一建议。

不过，事情并没有向余瑞祥设定的轨道发展。工人纠察队一接到解散的消息，竟然将武器弹药全部扔了一地，一夜之间自动溃散了。

在决定解散工人纠察队的那次中央委员会上，余瑞祥接着说："我们仍然必须做好暴动的准备。汪精卫正在四处活动，鼓励各手握实权的国民党大员分共，而何键、李品仙等人又是死硬的反共派。唐生智一样靠不住。我们原来指望他能够妥善处理马日事变，但他一到湖南，竟然公开指责农民运动，离开湖南以后，湖南方面更是接连不断地发动了针对共产党的屠杀。我们如果继续采取暧昧的姿态，今后的道路将会越走越艰难。"

中国共产党人面对的局势越来越不利，陈独秀心里坚定起来了，支持了余瑞祥的意见。于是，发动暴动一事达成共识。

接下来，他们需要考虑究竟怎么暴动，以及在哪里举行暴动等重大问题。

余瑞祥认为，饶是何键、李品仙的实力比张发奎部大得多，可是，因为共产党人在张发奎的部队苦心经营多年，能够激励士气，充分发挥部队的战斗力，战斗力绝不在何键、李品仙之下，依靠张发奎部发动暴动，仍然有成功的把握。至于暴动时机，第二方面军即将举行悼念河南战场阵亡将士的聚会，趁此机会发起暴动，可以顺利地将第二方面军全部变成共产党的武装。

然而这一计划因共产国际代表和陈独秀的反对而胎死腹中。

眼见得危机越来越迫近，但共产党内部依旧不能就何时以及在什么地方举行武装暴动达成统一认识，余瑞祥实在感到有点厌烦了。

正是在这样的情况下，王俊林来到中央军事政治学校面见余瑞祥的。

王俊林先向余瑞祥抱怨了一通在自己河南战场常常为他人火中取栗的往事，然后话锋一转，说道："我知道，武汉国民政府内部的情形很不妙，你们共产党人的情形更加不妙。可是，因为共产党救了我，我肯定会跟共产党一条心。共产党指到哪里，我打到哪里，一切听从共产党的号令。"

余瑞祥当然希望王俊林能够跟着共产党走。在王俊林部队里，早就有了共产党人做宣传鼓动工作，是以王俊林师的战斗力跟以前相比，不可同日而语。一旦王俊林的队伍加入武装暴动的行列，成功的把握性更大。

他说道："目前，东征已是箭在弦上不得不发。你要服从命令，率领部队开拔。如果有什么事情，我会亲自或者派遣人员跟你联系。"

余瑞祥的确把他当成自己人了，王俊林感到万分高兴。不过，他仍然对张发奎、唐生智心怀不满。他现在不得不委曲求全，继续留在张发奎的部队里，但绝不会进一步为张发奎卖命。

回想起自从辛亥首义以来走过的道路，每次都是在迫不得已的情况下投靠了别人，没有人愿意真正地相信他，把他当成自己人，只有余瑞祥，是他的兄弟，是他的二舅子，王俊林不能不把自己的命运跟余瑞祥捆绑在一块。

跟王俊林不同，余瑞华在危机时刻，亲眼看到共产党人牺牲自己，把他的人马解救出来，心里十分感激。他曾经对共产党的疑虑和不满，慢慢消失，不再犹豫不决，准备跟共产党走下去。可是，回到武昌以后，还没有来得及去见二哥、二嫂，表达自己愿意跟他们一道走到底的决心，余瑞光竟然先找到了他。

三弟能够活着回来，余瑞光感到分外高兴；三弟成了武汉国民政府树立的英雄，余瑞光更觉得脸上有光。他要好好地向三弟表达自己的喜悦之情。从余瑞华的谈话里，他赫然听出原来一直对共产党心怀戒备的三弟现在竟然如此敬佩共产党人，心里宛如被铁锤狠狠地敲击了一下，原来的欢喜变成担忧。

他赶紧说道："三弟，共产党人在战场上值得你钦佩，这是你亲自体会出来的，我也同意。可是，共产党不应该是你的选择。你应该知道，大哥一向对工人很友善，共产党却鼓动工人经常跟我作对。蒋介石为什么在上海要屠杀共产党人，许克祥为什么要在湖南屠杀农民协会成员？夏斗寅为什么会叛变武汉国民政府？这些，都是共产党自己惹出来的啊。"

余瑞华知道大哥对共产党的看法比对国民党的看法还要好许多倍。现在，大哥竟然咒骂起共产党来了。难道共产党的主张真的不可能实现吗？难道共产党只不过是扰乱社会的根苗吗？余瑞华心情一落千丈。

他准备好好跟二哥谈一谈，询问二哥，共产党为什么要这样做。

见到了余瑞祥，他急切地把自己从大哥那儿听到的事情全部说了出来，最后说道："二哥，我本来一直对共产党有看法，在河南战场上看到了共产党人勇敢战斗的英雄壮举，我才觉得共产党人是伟大的，才决心向共产党靠拢。可是，共产党怎么能一直鼓动那些没有任何社会地位的人，去跟有钱人家作对呢？"

尽管曾经付出过很大的努力，为了应付即将到来的危机，能不能引导三弟成为共产党人，对于余瑞祥来说，已经不再重要。不过，三弟竟然主动前来找他，向他询问共产党的信仰，余瑞祥决定利用这个机会，再次启迪他的思想，即使一时半刻不能把他引进共产党的大门，能够让他同情共产党，也是好事一件。

接受东征的命令以后，唐生智的部队沿着江北东下，张发奎的人马沿着江南东下，叶挺所部从停驻在湖北湖南交界的位置出发，向江西一带移动。共产党人不愿意帮助武汉国民政府东征的意图，并没有实现。汪精卫仍然在就分共的事情，跟张发奎等人展开密切的联系。

这时候，共产国际接连给中共中央领导人发来了几份电报，批评中共中央领导人因为没有执行共产国际的命令，导致出现不可收拾的局势，同时又指示中国共产党人继续留在国民党里，从事反对国民党的工作。完全按照共产国际的指示做事，惹出了麻烦，共产国际竟然把一切责任都推到他头上，最新的指示更加令他陷入了左右为难的境地。陈独秀一气之下撂了挑子。

中国共产党人在共产国际的帮助下，立刻召开了中央委员会，选举出了临时中央政治局，全面负责中共的日常事务。他们达成了一致：继续打着国民革命的旗帜，迅速发动武装暴动；并且立即派出一名中央委员前去已经到达九江沿线的东征队伍里面，通知各路共产党人，做好暴动的准备。

余瑞祥接到了秘密报告：汪精卫即将正式分共。

他马上向共产党中央做了汇报。于是，一批批共产党人得以在汪精卫分共之前迅速离开危险之地。

七月十五日，汪精卫终于下达了分共的命令。何键和李品仙在汉口大肆屠杀共产党人以及工会成员。一时间，整个汉口陷入了一片血雨腥风之中。

第十四章 血雨腥风

王俊财虽说对共产党人鼓动工人运动直接触及了他的利益心怀不满，眼见得何键、李品仙如此残杀共产党人残杀工人领袖，心中滚过了一阵阵哀凉。堂弟王俊林已经决心要投靠共产党，王俊财不能不为堂弟的命运担心。

当国民党的屠刀再次挥向共产党人的头颅时，为王俊林即将走上一条不归路，王俊喜高兴得差点跳了起来。

王俊林母亲虽说并不知道儿子的选择，但也隐约知道儿子对唐生智、张发奎非常不满，如今，唐生智的人马已经在汉口对共产党人大开杀戒了，儿子那边怎么样了？她不知道，不能不深深地担忧。

余雅芳明显感觉到丈夫心里对唐生智充满了怨恨。唐生智手下的人如此残杀共产党人，丈夫会怎么样？她很害怕，很担心。她派人把王俊财找来，希望他去了解王俊林现在的处境。

王俊财虽说很担心王俊林，但也很清楚，王俊林手里握有一个师的人马，现在又远离何键、李品仙，一时半刻不至于遭受不测。他更担心的是余瑞祥。他准备趁这个机会去见一见余瑞祥，劝说他放弃共产党的信仰。

于是，王俊财过江来到了武昌。在中央军事政治学校里已经找不到余瑞祥的踪影。沿江的码头上，到处都是身着军装的人乘船东下，预备执行东征任务。王俊财看到了几个熟悉的面孔，他们都是余瑞祥的人，便走上前去向他们打听余瑞祥的下落，却没有人知道他现在去了哪里。

他去了余府，觉得或许可以从余瑞光那儿知道一点余瑞祥的消息。

余瑞光在得到了汪精卫正式发动分共的消息之后，喜忧参半。他想起了二弟，想起了弟媳。他很想去找余瑞祥，劝说他不要继续跟着共产党走。可是，一样找不到二弟的身影。

这时候，余梅芳、林英华夫妇来到了余府。

作为一名声名卓著的国会议员，林英华了解更多的内幕。分共令一下，不仅整个武汉国民政府的共产党人要全部离开，或者是脱离共产党，军队也是这样，共产党人不离开，也得放弃共产党人的信仰。唐生智早把他队伍里的共产党人送走了；张发奎一开始不愿意分共，汪精卫一直在劝说他，最终，张发奎答应下来，分共势所难免。

他也知道余瑞祥一定不会放弃共产党人的信仰，也一定不会束手待毙。

这种情形，跟辛亥首义之前一样，共产党人必定会铤而走险，发动暴动，以此实现他们的理想。余瑞祥能够在当年成为革命党人的临时总指挥，现在一定会成为共产党人发动暴动的总指挥。林英华敏锐地判断出了这一点。

林英华已经向汪精卫提出了余瑞祥有可能成为共产党人的总指挥并且悍然发动暴动的忠告。

汪精卫深知余瑞祥的名声，更清楚这个原革命党人身上蕴藏了难以估量的能量，因而，不希望余瑞祥继续跟着共产党走下去。在下定决心正式实施分共的前一天晚上，他特意去了中央军事政治学校，跟余瑞祥单独进行了一场谈话，说起了他们相识的经过，说起了彼此信仰的改变以及对时局的担忧。

最后，汪精卫说道："余兄弟，你我都是孙中山先生非常器重的人，我很希望你能跟我一道，将武汉国民政府支撑下去。为了实现孙中山先生的遗愿，我们应该走到一条道路上来。"

余瑞祥微微一笑，说道："汪先生，当年孙中山先生在世之日，我已经是共产党党员了。我决不会背弃我的信仰。如果汪先生不发动分共，我们可以继续合作下去；如果汪先生今天来到这里，是希望我和平地离开，我马上就走。"

从此，余瑞祥好像一条神龙一样，从军校里面消失不见了。

暗地里，汪精卫下达了密令：一旦发现了余瑞祥的踪迹，立即格杀勿论。他实在太害怕余瑞祥的名声了，更害怕余瑞祥会再度成为共产党人发动暴动的总指挥。林英华是一个人才，林英华的提醒，汪精卫不能不相信。

林英华为了效忠武汉国民政府，贡献了自己的智慧，同时等于是把余瑞祥置于非常危险的境地，他深知这一点。余瑞祥是自己敬仰的岳父的儿子，有才华，有能力，林英华不愿意余瑞祥死在汪精卫手里，便悄悄地携带夫人余梅芳，一块来到武昌，准备寻找余瑞祥，暗地里嘱咐他赶快离开，谁知已经不见了余瑞祥的踪迹，便去了余府。

余瑞光一见姐夫，马上询问姐夫有没有办法知道余瑞祥的行踪。

林英华非常清楚大舅子的目的，说道："你不要担心，余瑞祥不在中央军事政治学校，说明他已经安全了。"

"你为什么这样说？"余瑞光问道。

林英华便把自己如何向汪精卫进言，要控制余瑞祥的事情告诉了大舅子。

余瑞光瞪大眼睛，注视着姐夫，被这番话吓得不轻，脑子一嗡，一点意识也没有了。余梅芳也是第一次听到丈夫如此陷害二弟，不觉有点生气，不过，二弟已经安全了，丈夫说的话，她深信不疑，不能不原谅丈夫的立场。

王俊财进入余府的时候，余瑞光正被姐夫的当头一棒打得眼冒金花，脑子空空如也，根本不知道自己要干什么。王俊财的到来才使余瑞光回过神来。

一见林英华正在余府做客，王俊财就知道余瑞祥绝不会有事了，心想：林英华是武汉国民政府里颇具名望的高级幕僚，有举足轻重的地位，从他那儿打听一下东征军的消息，回去王府，也可以向王俊林母亲交代。

他问道："林家姐夫，依你看，共产党跟国民党分开了，东征军到底会怎么样？"

林英华说道："武汉国民政府既然已经在执行分共政策，军事系统一样不会例外。在何键、李品仙的部队里，根本没有接受过共产党人，唐生智的其他部队，虽说有过共产党人，但唐生智早在汪精卫发表分共宣言以前，将他们一一送出了军队。朱培德的第三军，也早已把共产党人送出了南昌。剩下的只有张发奎的第二方面军。这里面很麻烦。张发奎依靠共产党人，一路打到了武汉，又打到了河南战场，总是取得辉煌的胜利，所以，张发奎迟迟不愿意分共。但是，最终，张发奎还是要分共的。不过，他不会像唐生智一样，对共产党人采取不礼貌的行动。"

王俊林即使成了共产党人，张发奎也不会对他赶尽杀绝。对王俊财来说，这无疑是一个好消息。另一方面，国民党跟共产党的合作彻底完蛋，何键、李品仙大肆屠杀共产党人已经做出了榜样，共产党人到底会走向何方？他不知道。

林英华一眼看出了王俊财的意图，说道："王俊林只要把共产党人从他的队伍里清理出去，汪精卫绝不会对他怎么样。"

"难道不怕共产党会像当年武昌首义一样愤然起事吗？"王俊财问道。

"只要武汉国民政府做好了准备，共产党人起不了事。"林英华说道。

王俊财忽然感到有些悲哀，为了余瑞祥，为了那些共产党人。

分共以后，武汉国民政府会怎么样？王俊财心里涌出了这样的疑问。但是，他知道，林英华也回答不了这个问题。要是余瑞祥在，他一定可以从余瑞祥嘴里知道答案。可是，他再也不可能见到余瑞祥。

回到汉口之后，王俊财来到了租界医院。

赵璇滢依旧躺在病床上不能动弹。赵承彦、赵承博、柳彤萱、王芝英、余雅芳、王俊喜等人围在她身边。赵璇滢从他们的表情上嗅出了一丝不祥的预兆，然而，她没有问。自从丈夫把她送到这里，她已经明白共产党人前路漫漫，每一步都充满凶险。而且，昨天深夜，丈夫到医院偷偷见过她。

那时，她正在做梦，恍惚之中觉得有一个人待在身边，睁开眼睛，赫然看到了丈夫。她以为天快亮了，露出一抹微笑，询问丈夫为什么这么早来了。

余瑞祥握住了她的手，微笑道："我一直惦念你，想找机会过来看你。"

赵璇滢情意绵绵地望着丈夫，脸上浮现出醉人的笑意。夫妻两人谁也没有再说话，一个坐着，一个躺着，久久地注视着对方。终于，余瑞祥慢慢站起身，在她的脸上轻轻地抚摸了一下，风也似的刮出了病房。她失神地望着大门，很惊奇天色为什么还没有亮起来。

她心里一动，意识到外面一定发生了什么事情，要不然，丈夫不会无缘无故地深更半夜来到医院看望自己。

会发生什么事情呢？她暗问自己。

寻思了很久，赵璇滢做出了准确判断：汪精卫步了蒋介石的后尘，向共产党人开刀了！

她的心在流血。她告诉自己：不能继续躺在病床上，得站起来，出去帮助丈夫，是共产党人，就应该像牺牲的烈士一样去勇敢战斗！她起了床，脚还没有落地，便一头栽倒在地。

天亮了。母亲周莹莹带着孩子从住处过来了，一看到女儿躺倒在地，失声大叫，立刻惊动了医生，病房里一阵忙乱。

赵璇滢苏醒过来，接受了自己的身体情况，再也不做徒劳的挣扎，总是望着门外，望着丈夫离开的方向出神：什么时候才能再见到丈夫呢？自己什么时候才能像正常人一样下地，能为共产党的事业冲锋陷阵呢？

眼帘走来了一个个熟悉的身影，赵璇滢知道他们是来干什么的，更加相信丈夫现在已经离开了武汉。他们跟她说了什么话，她一句都听不进去，她也不想理睬他们，仍然保持那样一副姿态。

"你不用担心余世兄的安全。任何人都不可能找到他。"王俊喜说道。

赵璇滢眼睛一亮，头一偏，眼睛盯在王俊喜的脸上。

王俊喜说道："不错，是我帮助余世兄来到医院的，也是我帮助他离开武汉的。得到汪精卫要去中央军事政治学校会见余世兄的消息，我知道，汪精卫要跟余世兄摊牌了。我连忙赶往武昌，等汪精卫离开中央军事政治学校以后，立即把余世兄带到一个秘密地方，让他化了装，把他带到了这里，然后又送他登上船只，顺着江东去了。"

"怪不得丈夫好像跟原来有点不同。原来他是化过装了。"赵璇滢在心里说道，朝王俊喜投去了感激的一瞥，心里的一块石头终于落地了。

第十五章 霹雳一声暴动

根据中共中央临时常委会最初的意图，余瑞祥应该先去九江，与先期到达那儿的人员会合，了解各部的情况，通知各部共产党人准备在南昌举行暴动，并且，在与这些人员见面以后，立刻启程前往南昌，与朱德等人联系，详细了解南昌附近的军事形势以及地形地貌特点，制订详细的暴动计划，负责指挥全体暴动部队的行动。

不过，余瑞祥觉得，自己的目标太过明显，不宜在南昌担任总指挥。

中共中央虽说没有完全放弃让他全面负责指挥暴动的意图，但同时尊重他的提议，给予他考察各级指挥人员，确立谁是最可靠的总指挥的任务。

汪精卫去中央军事政治学校面见他以后，余瑞祥秘密跟中共中央临时负责人取得联系，决定按照原先的计划，前去九江。

他突然涌起了想去看看赵璇滢的冲动。恰好王俊喜出现了，在王俊喜的掩护和保护下，他来到了医院。

赵璇滢躺在病床上，一动不动，隆起的腹部异常醒目。

透过一丝亮光，看到赵璇滢那张苍白的日渐消瘦的脸庞，余瑞祥心里隐隐作痛。他本来打算看一眼她就立刻离开，但她并没有睡着，看到了他。他无法立刻离开，握着她的手，端详着她，心里荡漾着层层波澜。

自从跟赵璇滢成亲以来，夫妻两人很少在一起生活。为了澄清这个混乱的世界，寻找救国救民的途径，余瑞祥在夫人的掩护下，离开武昌，投奔南方政府，自此长期在外漂泊，与夫人天各一方，连女儿余亚男出世都没能在她身边，更没能照顾她。北伐大军攻克了武昌，他们得以团聚，其时，他们的女儿差不多快要十岁了。短暂的团聚之后，余瑞祥又要离开夫人，离开女儿，而且是在夫人身负重伤，肚子里又怀着孩子的情况下，离开她们母女的。他感到非常愧疚，心里有许多话要对夫人说，但一时间，竟然不知道从何说起。跟夫人相互注视了很久，他终于狠下心肠，毅然离开。

十六年前，他参与了一场推翻清朝统治的起事，现在，局势的发展把他推向了另外一次起事或者暴动的前沿。

带着神圣的使命，余瑞祥乘坐运兵船，顺江东下，抵达九江。很快，他跟中共中央事先派往九江联系工作的同志取得了联系，知道了每支部队的实际情况及其动向：由共产党人控制的几支部队，虽说分布的范围非常广阔，相互之间不易沟通联络，经过先期抵达九江的同志努力工作，各级指挥官明了当前的局势和任务，接到了命令以后，一定会在指定时间里分头赶往南昌。

其时，中共所能掌控的部队都是从独立团分化出来的，有五个团的兵力，一共八千多人。这些力量显然比当年革命党人发起武昌首义的力量要强大得多，可是，面临的敌人也强大得多，局势也复杂得多。事实上，能不能让这些部队全都参加行动，还是未知数。

因为不仅在共产党人控制的这些部队四周，密布着张发奎、唐生智的嫡系人马，而且，在这些部队内部，共产党员所占的比例并不太多，各级官长当中大多数没有加入共产党，兵士中间更是几乎没有一个共产党员。一旦张发奎执行汪精卫的命令，在第二方面军发动分共，把叶挺以及其他各位公开的共产党员礼送出去，兵无将不行，这五个团的兵力将难以参加暴动。

要确保这五个团的力量都能按时参加，必须先跟叶挺取得联系，一道商讨出一个妥当的对策。

叶挺驻扎在九江。他已经接到了秘密任务，知道共产党人要在南昌举行起义。一看到余瑞祥，叶挺马上认为他将担任南昌起义总指挥，再造一个推翻国民党统治的奇迹，心里大喜。

"余主任，有你指挥，南昌起义一定比当年武昌首义还要顺利！"叶挺说道。

"叶将军，你我不必说这些客套话了。"余瑞祥握着叶挺的手，说道，"而且，南昌起义不一定由我指挥。"

"哦！"叶挺说道，"那么，余主任此来是为了掌控部队的了。"

余瑞祥点头道："不错！为了让南昌起义能够顺利进行，军队必须控制在我们自己的手里。任何时候，都不可以交出军队。我今天来找你，是希望跟你在这个问题上商议出一个恰当的办法。"

二人都感觉到，要想把这些军队完全控制在共产党人手里，必须拖延向国民党交出指挥权，或者造成军队陷入混乱的假象，迫使张发奎不敢分共。不过，一旦张发奎在汪精卫的逼迫下，下了分共的决心，兵权立马都会被国民党人褫夺。因而，关键还是要抢在张发奎发布分共命令之前，把部队拉去南昌。

意识到了时间的紧迫性，余瑞祥嘱咐叶挺时刻留意局势的最新发展，说道："等待我去南昌做了实际考察以后，会尽快确定暴动的时间。"

"只要余主任下达命令，我愿意为了革命打头阵。"叶挺说道。

余瑞祥微笑道："你千万别这么说。指挥南昌暴动的人不是我，也许是周恩来，你是前敌总指挥。我们的这次行动能否成功，你负有很大的责任。"

叶挺感到肩上压下了沉甸甸的责任，说道："请余主任放心，我一定不辱使命！"

有叶挺这员智勇双全的猛将控制共产党人手里的部队，并且全盘指挥战斗行动，余瑞祥感到放心。为了能够让起义取得成功，必须尽可能多地动员一些同情共产党的力量参与其中，他把目光锁定在王俊林身上。

本来，对于像王俊林这样一个有奶就是娘的人，余瑞祥不会寄予太多希望。因而，哪怕王俊林一再坚持希望早日加入共产党，余瑞祥都没有相信他，而是继续考察他。二期北伐过后，王俊林因为跟张发奎的矛盾由来已久，更加强烈地表示愿意跟共产党走。值此紧要关头，余瑞祥决定去见一见王俊林，进一步试探他的态度，争取他率领部队加入南昌起义的行列。

不仅如此，南昌起义以后，军队到底向何处去，也是一个很大的问题。这同样需要实力说话。

虽说中共中央对此已经达成了初步共识：打回广州，在那儿建立革命政府，养成力量以后，再度举行北伐。可是，余瑞祥不能苟同。在他看来，广州尽管一直是国民革命的重要基地，可是，在蒋介石发动四一二反革命政变的时候，李济深在广州遥相呼应，大肆残害工农运动的积极分子，大肆屠杀共产党人，革命的基地已经遭到了极大的摧残。因而，起义队伍真要南下广州，第一，会有李济深部的竭力阻拦，第二，会有张发奎部的追赶不说，第三，即使到了广州，也不可能再有很好的革命基础。

是不是要在南昌站稳脚跟，在南昌附近发动农民革命和工人运动，余瑞祥迄今还没有勾勒出一个完整的轮廓。不过，他要在去南昌详细了解各方面的情况以后，再来提出一个详细的计划。而要达成在南昌一带建立革命政府的目的，显然，实力仍然是一个非常重要的因素。余瑞祥同样需要王俊林手下的人马。

很快，余瑞祥出现在王俊林面前。

王俊林一看到他，大吃一惊，说道："你可真是胆大包天，到处疯传张发奎已经下了决心，要把你们共产党人送出军队，你竟然跑到这里来了！"

"我来见见故人，有什么可怕的？"余瑞祥笑道。

王俊林说道："你任何时候到我这里来，都没有问题。而且，我对你说过，只要你发话，我一定会跟你一道走。"

听闻武汉国民政府已经公开发布了分共的命令，王俊林心里一直忐忑不安。

他虽说早已向余瑞祥提出了加入共产党的要求，并且从河南回到武汉以后，更加坚决地准备跟共产党走，但是，那不过是权宜之计，最初是为了投机，后来是因为对张发奎充满怨恨，需要发泄。他其实非常希望在共产党和张发奎中间走钢丝，以便能够继续生存下去。没想到，张发奎迫于汪精卫的压力，打算分共，在他面前划出了一道鸿沟，他要么站在沟的这一边，要么站在那一边，不可能再一脚跨两头。他到底何去何从？背弃对余瑞祥发下的誓言，收回加入共产党的念头，把共产党人从他的队伍里面全部驱赶出去，从此死心塌地地跟着张发奎干下去吗？想一想河南战场的情景，他便不寒而栗：张发奎只会拿他充当炮灰！按照跟余瑞祥的约定，投靠共产党人呢？共产党手里并没有真正掌握多少军队，即使叶挺手下那支队伍，名义上属于共产党领导，一旦张发奎将叶挺礼送出境，那支军队马上会更换主人，不是共产党的，而是张发奎的了。在这种情况下投靠共产党，岂不是拿自己的前途和性命开玩笑？反过来一想，他有一个师的人马，投靠了共产党，成了共产党唯一的军队，他在共产党人里面想怎么样就怎么样。可是，他一向过惯了丰衣足食的日子，忍受不了跟随共产党一道吃苦的可怕过程。何况，周围到处都是张发奎的军队，这么一个师的人马，即使长了翅膀，也难以飞出张发奎的手掌心。这么说，还是应该投靠张发奎，好死不如赖活着，活着就有机会，可机会确实非常渺茫啊！

他反复盘算不休，一直没有得出结论。现在好了，余瑞祥来了，王俊林不需要折磨自己，只要余瑞祥能够说服他，他愿意跟随共产党走下去。

余瑞祥对王俊林的盘算心知肚明，说道："目前的局势，已经到了非常危险的境地，作茧自缚，只有死路一条；拼却一死，说不定能够杀出一条出路。我这次来，准备像当年在武昌一样，再度起事。你曾经多次向我提出希望参加共产党的要求，现在愿意参加我们的行动吗？"

王俊林沉吟道："我非常愿意参加你们的行动。可是，仅仅只有一个师的人马，恐怕难以起事。"

余瑞祥仰天哈哈大笑，说道："你难道忘掉了当年武昌首义的情景吗？当初，你我何曾想过，革命党人竟然会拥有如此巨大的力量，能够一夜之间，攻下总督署呢？"

一提到昔日辉煌的历程，王俊林眼睛里马上流露出一抹亮光。不过，这团亮光转瞬之间熄灭了。他清楚地记得，当清军从北方打到汉口的时候，革命党人即使已经发展到拥有数万人马，最后也被清军打得节节败退，先后丢了汉口和汉阳，要不是袁世凯为了逼使革命党人将政权全部交付给他，武昌恐怕很快也会落到清军手里。关键时刻，他王俊林正是投靠了清军，当上了清军的协统，带领队伍，把余瑞祥率领的革命军赶回武昌的。那个时候，革命军的战时总指挥还是鼎鼎大名的黄兴呢！

实力，军事上凭借的是实力，没有实力，即使搞一次突然袭击式的暴动，当时成功了,最后还是会惨遭失败。王俊林心里泛出这样的念头,不禁打了一个寒战。他望着余瑞祥,说不出话来。

余瑞祥双眼如炬,一下子看穿了王俊林的内心。他把当年孙中山怎么在广州惨淡经营,以至于发展成今天的局面详细地告诉了王俊林,最后说道:"孙中山先生能够在短短几年里取得巨大的成就,是因为有了我们共产党人的帮助和苏联的支援。我们共产党人的目标是建立一个人民当家做主的政权,必将吸引所有的劳苦大众,参加到我们的队伍里来。不出几年,所取得的成就将远远超过孙中山先生。"

王俊林眼帘再次飘荡着胜利的前景,心情逐渐好了许多。不过,他还是不能完全相信共产主义具有那么大的魔力。只是,他在张发奎那儿受了太多的委屈,继续追随张发奎,前途一样难以预测。如今,余瑞祥起码为他勾画出了一个美好的前景,他不觉心动,决定暂时跟着共产党走。

余瑞祥太了解王俊林的个性了,他不能掉以轻心。为了防备王俊林在关键时刻退出南昌暴动的行列,他还得做一些必要的工作:一是单独秘密会见了安置在王俊林师的每一个共产党人,让他们在接受了开赴南昌的命令以后,鼓动王俊林师的全体人员参加南昌暴动;二是将叶挺的部队拉到王俊林师的附近,裹挟王俊林师跟着共产党人走到底。

余瑞祥更不会忘记余瑞华。

余瑞华手下虽说只有一个营的兵力,但这一个营是王俊林师的绝对主力,而且余瑞华又是王俊林最信任的人。尽管他们之间会时不时发生一些摩擦,一些误会,或者争论,可是,余瑞华有什么主意,王俊林一般都会听从;余瑞华选择了怎么做,往往可以迫使王俊林不得不率领全师人马跟着余瑞华一道冲锋陷阵。

上了河南战场,余瑞华一接到命令,便不管不顾,跟奉军血战到底。王俊林本来不愿意跟奉军作战致使自己军力大伤,因为余瑞华深陷重围,他不能不率领全师人马一股脑地扑向奉军,跟奉军展开血战,结果损失惨重。就是王俊林和余瑞华关系的最好证明。

战后,王俊林狠狠地痛骂余瑞华:"你真是一个败家子!这样下去,我的一点血本会被你败光的!难道你没有看到,张发奎、唐生智总是把我们推向第一线,等我们打得精疲力竭了,他们才出面收拾残局,俘虏敌人,壮大他们自己吗?你却甘愿充当傻瓜,为他们火中取栗!"

余瑞华冷冷地瞥了他一眼,说道:"我只知道,我是一个军人,一旦上了战场,必然有进无退,有我无敌,你不再属于北洋军队,而是北伐大军的一员。拥兵自重,见了敌人就躲，绝不是北伐大军的行为！"

王俊林气得翻白眼，大骂余瑞华完全看不透世道险恶，是一个十足的傻瓜。余瑞华竟然转身就走，让他站在那儿，一口气上不来，差点晕倒在地。

事实上，王俊林的痛骂起了一些作用。余瑞华从此开始观察北伐大军内部的情况，赫然发现：唐生智的军队根本不愿意跟敌人正面接战，一旦敌人注定要战败，他们马上会跑出来抓俘虏、抢战功、夺物资；在张发奎的军队里有共产党人，情况稍微好一些，共产党人总会动员兵士鼓足勇气，跟敌人作殊死的战斗；而那些完全由共产党人控制的军队，人人奋不顾身，冒着密集的子弹，勇猛冲锋，前面的倒下了，后面的继续一往无前，不冲破敌人的阵地，决不罢休。

尤其令余瑞华难以忘记的是，王俊林师陷入重围，蒋先云率领人马拼死冲杀，把他们解救出来，自己却壮烈牺牲。从此，他发自肺腑地钦佩共产党人。

"也许，我一直寻求的理想，在共产党人这里可以实现。"余瑞华心想。

他曾经试图向共产党靠拢，多方面了解过共产党人的主张，明白共产党人的信念在某些方面，跟自己寻找的理想之间存在着差异，难下加入共产党的决心。蒋先云的鲜血，洗清了他的眼睛，他准备从此真心拥抱共产党，加入共产党。可是，关键时刻，大哥找到他，用余记纱厂出现的种种情况，令他的思想再一次动摇。饶是如此，余瑞华仍然对共产党人充满了好感。

汪精卫已经公然下达了分共的命令。没有了共产党人，余瑞华真不知道自己的队伍以后究竟应该怎么走下去。他不会驱赶自己营的共产党人，他一直向共产党人保证，自己可以和共产党人同甘共苦。

二哥突如其来地出现在自己面前，余瑞华大吃一惊。他知道，二哥一定是被汪精卫赶出了军校。

余瑞祥微微一笑，说道："任何时候，有信仰的人，为了信仰不惜牺牲一切的人，虽说总会受到一些不公平的待遇，但一定能够成功。"

二哥的话在余瑞华心里引起了共鸣。他尽管仍然没有完全接受共产党的主张，在心里越来越同情共产党人。他说道："如果我没有猜错，二哥在这个时候来到九江，肯定不是为了避难，而是为了积极寻求应付危局的措施。我手下兵力不多，只要二哥需要，我愿意听从你的指挥。"

余瑞祥心里涌起暖暖的情意，说道："三弟是一个信守承诺的人，我相信你会做到这一点。"

这时候，一个卫兵忽然进来报告：师长过来了。

余瑞华很担心王俊林会做出不利于二哥的行动，一见二哥竟然神闲气定，明白二哥不是跟王俊林见过面，就是心中早有成算，顿时放下心来。

"我希望，有三弟背后推动，我们能够从此走到一块。"余瑞祥笑道。

近二十年的行伍生涯，王俊林懂得了手中握有实际兵权的重要性。好不容易有了一个师的人马，他拥有现在的地位，绝不愿意因为走错了路而丧失一切。可是，他已经站在悬崖边缘，跟随张发奎，张发奎会收编他的部队；真的跟着共产党举行起义，一样前景莫测。尽管余瑞祥朝他的体内输送了一些信心，可随着余瑞祥的离去，这种信心一点点消失。

还有另外一条道路吗？他陷入了冥思苦想。

蒋介石！王俊林的记忆深处突然跳出了这个名字。他顿时感到兴奋莫名。

是呀，蒋介石在武昌城头，曾经在他王俊林面前碰得头破血流，一定对他记忆犹新，要是投靠了蒋介石，蒋介石一定会把他当成不可多得的人才加以重用，岂不比在这里受张发奎的气更好一些？可是，怎么去投靠蒋介石？江西如今属于武汉国民政府的地盘，他插翅也难以飞越过去。

而且，蒋介石是重用他，还是砍掉他的脑袋，王俊林把握不了。

现实如此可怕，无论如何，他必须做出选择。他难以把握，想征求别人的意见。不是任何人向他提出了意见，他都能接受。他只信任余瑞华，本来可以把余瑞华找到他面前来，想起王俊喜在他身边安插了无数密探，便以查看军营的名义，去各营巡视。

到了余瑞华的营地，不料，竟然看到了余瑞祥。

王俊林不用想，也知道余瑞祥找余瑞华干什么。一旦余瑞华决定跟着余瑞祥干，王俊林纵使仍然首鼠两端，也不得不横下一条心，跟着共产党走下去了。他高兴地说道："没想到，余主任来了这里，真是太好了。我本来想把你告诉给我的那些话转告给余瑞华，既然你在这里，用不着我废话了。瑞华，我想，你一定不会反对吧？"

其实，心里对余瑞祥跑来见余瑞华还是涌出了一种酸酸的味道。可是，人家是亲兄弟，见一见面，也是人之常情，自己怎么好说三道四呢？

"是的。二哥刚才确实告诉了我一些事情。"余瑞华说道。

"好啦，我们一起谈一谈吧。虽说大的盘子已经敲定下来了，细节上面的问题，还是需要悉心解决。"余瑞祥说道。

王俊林赶紧按照余瑞祥击打的节拍跳舞，说道："我已经接到了消息，汪精卫准备陪同张发奎一块上庐山。他们一定是来分共的。一定要赶在分共以前，把我们的队伍拖出去。"

余瑞祥当然清楚这一点，可是，因为具体的暴动日期还没有确定，他不能过早地调集和运动部队，否则，准会暴露起义的意图。

他向王俊林和余瑞华交代好，立刻带领卫兵，火速启程去南昌，对南昌的地形和部署在南昌城及其附近的各路军事力量做了深入的了解，越发觉得在南昌发动起义，可以很快取得成功。他赶紧拟定计划，迅速调集各路人马汇聚南昌，以便尽快举行起义，彻底打乱汪精卫在庐山分共的企图。

中央陆续派遣一些要员来到南昌，其中有按照余瑞祥的提议，中共中央指定的南昌起义总指挥周恩来，还有早已埋伏在那儿的朱德以及其他一些著名的共产党人。他们的到来，预示着起义的领导班子已经搭建起来了，余瑞祥感到格外兴奋。他准备立刻向已经预先打好了招呼的部队发出通知，命令他们立即按照原先确立的路线，前来南昌会合。

关键时刻，共产国际派遣罗明纳兹前来汉口接替鲍罗廷，负责传达共产国际的最新指示，指导中国共产党人的行动。共产国际的意见是中国共产党人应立即停止南昌起义。

留在武汉的中央委员迅速开会讨论这一问题，派遣张国焘前来南昌了解情况。临行前，张国焘向余瑞祥等人发来电报，说中央另外有安排，发动暴动的事情，等待他来了以后再商量。

一时间，聚集在南昌的共产党要人愤怒不已。

"箭在弦上，不得不发。"余瑞祥说道，"立即发出命令，各部队继续向南昌方向开进。"

余瑞祥的果决感染了每一个人，迅速向各路人马发出了集结南昌的命令。

真的拉着队伍，以移防的名义开往南昌吗？到处都是武汉国民政府所辖的队伍，人马还没有达到南昌，说不定会被他们消灭了。王俊林依然踌躇不定，迟迟不敢下达命令，也不敢把这个消息告诉给其他任何人。

余瑞华就是一根筋，每天都会跑来询问命令到了没有。形势日益危急，汪精卫已经到了庐山，张发奎发出了所有第二方面军师以上官长前往庐山开会的通知。哪里是开会呀，分明是想要趁机控制共产党人嘛！

他催促道："即使没有命令，我们也应该快点离开这个鬼地方。"

王俊林何尝不知道张发奎的阴谋，可他实在不知道到底哪种选择对自己最有利。不过，他不能让余瑞华知道自己的心思，说道："你参加过很多战斗，难道不知道没有命令，将会造成什么样的后果吗？"

现在，王俊林已经接到了命令，仍然下不了决心。

突然，余瑞华冲了进来，说道："听说二哥已经发出了集结的命令，你为什么还不带领部队开拔？"

王俊林一惊，问道："他什么时候发出集结命令的，我怎么没有接到？"

余瑞华冷笑道："你又在瞻前顾后了！如果你不愿意去南昌，随便你，我要去。我会在南昌看着你是怎么被张发奎吃掉的！"

话音还没有落地，余瑞华一转身，准备离开。

"这个愣头青，真是不知死活！"王俊林气得差点破口大骂了，赶紧说道，"你慌什么？关键时刻，不能轻举妄动，只要走错一步，将会陷入万劫不复。难道我不应该好好掂量一下吗？"

余瑞华心知王俊林是在敷衍自己。不过，王俊林既然已经缓和了语气，他收回了脚步，转过身来，说道："拉起一支部队不容易，何去何从是需要慎重。可是，已经做出了决定，现在又耽误不得，你得快点下达命令，集合部队离开，要不然，我们真的走不了。"

忽然听到外面响起了喧闹声，余瑞华大吃一惊，说道："完了，张发奎已经动手了。"

他再也顾不得王俊林在打什么主意，飞快地往外面跑去。

王俊林心里也是一惊，跟着也朝外面跑去。这时候，一个军官慌慌张张地跑了进来，一下子撞在余瑞华身上。两个人都没注意，都把持不住，一块跌倒在地。王俊林在后面也刹不住势，被余瑞华绊倒了。

"师长，不好了！共产党已经把兵士集合起来了。他们准备开拔。"跌倒在地的军官是一个团长，也是王俊林的亲信，焦急地汇报道。

"什么？"王俊林大吃一惊。

余瑞华同样很吃惊。他是从叶挺部队里得到消息，知道部队马上准备开拔，立刻跑过来动员王俊林一块拉起队伍前往南昌，谁知队伍里面的共产党人竟然动手了！

他不由得眼睛里冒出怒火，心想："我一向对共产党人不错，让他们在我的一亩三分地里想干什么就干什么，官长基本上可以参与指挥，并没有让他们完全彻底地带领这支部队呀。部队是什么时候让共产党人拉过去的?他们竟背后下刀子,岂有此理!"

余瑞华心里一边骂,一边奋力爬起身,急急忙忙朝外面跑去,果然看到几乎全师人马都严严整整地站立在那儿,黑压压一片,没有任何嘈杂声。

"你们这是干什么?没有命令,你们怎么集合了?"余瑞华头一个就看到了自己营的人马,正全副武装,雄赳赳气昂昂地站在那儿,不觉有些愤怒了,喝叫道。

王俊林赶了过来,呵斥道:"胡闹,没有命令,部队集合干什么呀?"

"师长,我们不愿意被张发奎缴械,跟着共产党到南昌去打下一片江山吧。"全师官兵一块吼叫道,声音宛如一道道惊雷,在夜空里炸响。

王俊林不禁浑身吓出了冷汗。这还了得,共产党人真的要把自己的人马拉走!他想继续呵斥,忽然,从遥远的地方,传来了隐隐的喧闹声,紧接着嘈杂声连成一片,分明朝着这边冲了过来。

"师长,我得到可靠消息,张发奎要把我们全部打散,分派到其他部队去!"一个军官跑了出来,报告道。

"谁告诉你的?"王俊林问道。

"我一个军校同学,是张发奎的亲信,他亲口告诉我的。"那个军官回答道。

听到这突如其来的嘈杂声,余瑞华同样感到震惊,举目望去,只见前面一片亮光,隐约奔腾着无数人马,正风驰电掣一般朝这边奔了过来。

余瑞华心怀疑虑,问道:"他为什么要告诉你?"

"他许诺我只要把你们全部留下来,可以给我一个团长的名分。"军官回答道,"我深受师长厚恩,绝不会背叛师长。"

"这么说,一准是张发奎派人来重新收编我们了。"余瑞华心里想道,连忙向王俊林提出建议,"师长,队伍已经集合起来了,你赶快率领他们去火车站,朝南昌方向运动,我留下来断后。如果张发奎追赶过来,我坚决挡住他!"

王俊林再也没有时间盘算得失了,马上下达了命令:兵分三路,互成犄角之势,摸黑朝火车站方向迅速前进。

余瑞华率领一个营的兵力,赶紧抢占险要地形,埋伏下来,子弹上膛,手榴弹也拧开了盖子,密切地注意着那团越来越逼近的亮光。

回首望去,王俊林率领的主力已经消失在一片黑夜里,余瑞华心情放松了许多,暗自叹息道:"如果张发奎的军队来得快一些,整个师的人马恐怕难以摆脱被收编的命运。"

眼见得那团火光的前锋越发逼近埋伏圈了,余瑞华浑身的血液加快了流动,发狠地说道:"今天,老子要让你张发奎亲眼看一看余瑞华的厉害!"

那支火光的前段即将进入埋伏阵地。余瑞华迫不及待地命令部队做好战斗准备。他发现那支队伍有条长长的尾巴,甩到了遥远的天边,根本无法判断到底有多少人马赶了过来。

他在心里骂道:"张发奎呀张发奎,你为了区区一个师的人马,竟然出动了如此之多的兵力,你总算看得起王俊林,看得起余瑞华了。余瑞华即使死在这里,也要让你亲眼看看王俊林师到底什么样的狠角色!"

那支队伍的前锋已经进入了埋伏圈。余瑞华正要命令部队展开攻击,眼帘浮现了一个极为熟悉的身影,不得不收回即将发出的命令。

是叶挺!叶挺不是共产党人吗?为什么要来阻拦自己?不,叶挺肯定不是来阻拦自己的,是朝南昌方向运动。原来怎么没有想到这一点呢?余瑞华暗自庆幸没有下达攻击的命令,马上跳了出来,直扑叶挺。

"叶将军,你带领人马,是要赶往南昌的吗?"余瑞华欢快地问道。

"骚扰了贵部,实在抱歉得很。"叶挺说道,并没有正面回答他。

余瑞华说道:"叶将军请不要误会,王师长已经率领部队赶往火车站去了。我留在这里,是为了防止张发奎派兵追赶主力部队。"

叶挺大喜,说道:"王师长能够参加起义,是我们共产党的朋友。不过,我们是秘密行动,张发奎现在应该不可能知道。等待他知道的时候,我们早已乘坐火车,到达了南昌,他也只有徒唤奈何。"

余瑞华赶紧集合队伍,赶在叶挺部的前面,朝火车站方向飞快地追了过去。

王俊林已经指挥全师人马登上了几列火车。余瑞华率领人马赶在火车开动以前,到达了火车站,迅速登上火车。把部队安顿完毕,余瑞华径直地跑去王俊林所在的车厢,汇报断后遇到的情况。

王俊林心里滚过了一阵疑惑:"叶挺接到了命令,为什么会在自己的部队后面,制造出那么大的声音呢?"

他觉得,这是共产党人把自己逼上了暴动的战车,不由得万分恼火。不过,既然已经登上了战车,他身不由己,只能向前进发。他打定主意,万一情形不对,只要看准机会,马上离开。共产党人万一打出一片天下,就继续待下去。

王俊林怀着复杂的心情,终于到达了南昌。

余瑞祥亲自前来迎接,握着王俊林的手,微笑道:"王师长果然是一个有信之人。

有你的队伍参加起义,我们何愁不能成功!"

王俊林差一点气破了肚皮,心里说道:"要不是你故意欺骗我,王某会在这个时候来到南昌吗?还谈什么信人!"

然而,事实已经造成,王俊林只能赔着笑脸,说道:"你放心,我已经带领部队来到南昌,就是你们共产党的一分子了。无论交给我什么任务,我都会不折不扣地完成。"

余瑞祥向王俊林详细介绍了整个南昌的守军情况,说道:"现在,距离起义时间已经很近了。你要命令人马抓紧熟悉当面之敌的情况,利用一切可以利用的办法,减少在战斗当中的损失。"

已经登上了共产党的战船,无论如何,也得跟共产党人一道打下南昌。王俊林心里又盘算开来:"这一仗下去,一定要打出王俊林师的威风,让共产党人不能不倚重自己。"

当然,首先要考虑的是他能够得到什么样的地位。当然不可能跟余瑞祥相比,也不能跟叶挺相比,能够成为仅次于叶挺的人物,也不错。于是,王俊林装作不经意地询问余瑞祥,攻击南昌城的部队一共有多少人马,具体部署是怎样的。

原来贺龙带领部队来了南昌,成为共产党倚重的力量,是前线总指挥。贺龙名声赫然,王俊林自愧不如,预感自己在共产党里面的地位有可能不会太高。

很快,他的预感变成了现实,因为余瑞祥还告诉他许多名声显赫的人物都来到了南昌,他们都是他难以逾越的雷池。王俊林心里的小算盘拨得噼里啪啦响,决定先躲在后面,让其他队伍去打仗,自己趁机收编一些敌军,扩充实力,养成气候,今后无论是继续跟着共产党,还是在其他地方,都会拥有无可争议的权威。

中共中央特派代表张国焘来到南昌,传达了共产国际做出的停止南昌起义的最新决定。

余瑞祥愤然说道:"别人已经把刀架在我们脖子上了,我们凭什么还要听共产国际的命令!共产国际一直不知道我们的真实处境,总是盲目下达不切实际的命令,导致我们一次又一次地错失良机。现在,我们决不能继续听从共产国际的命令了。要不然,集合在南昌附近的所有部队,定会遭受意想不到的损失。"

张国焘瞪大眼睛,凝视着余瑞祥。

他着实有点对这个当年武昌首义的元勋发憷。可是,共产国际的命令是不容置疑的。当年自己不愿意听从共产国际的命令,极力反对国共合作,导致被排挤出中央领导层。这个教训很深刻。此后，他经过不懈努力，才重新赢得了同志们的信任，得到重新进入中共中央领导核心的机会。如果在执行共产国际的命令时发生偏差，他很难想象自己会承担什么后果。

要是其他的人如此蔑视共产国际，张国焘一定会给他扣上一顶大帽子。可是，余瑞祥的声望，以及余瑞祥加入共产党后对提升共产党人的威望产生的巨大作用，都让他不敢大肆对余瑞祥进行攻击。不过，他会记住余瑞祥说过的话。像余瑞祥这种人，一辈子都不可能进入决策圈。

他冷冷地对余瑞祥说道："余主任，你是武昌首义的元勋，老前辈，你不应该忽视共产国际对我们共产党的影响。"

"按照你的意思，难道我们只能坐失良机？"一个中央委员愤怒地喝问道。

张国焘对其他任何一个人都不会发憷，脸孔一板，严肃地说道："我是奉了中央的命令，来到这里传达共产国际指示的。共产国际的指示，在任何时候，我们都不能违抗！"

"你不要一口一个共产国际了，你首先需要看看眼前的现实！"余瑞祥打断了张国焘的话，语气愈发严厉了，"共产国际即使是太上皇，我们是将军，《孙子兵法》也说过，将在外君命有所不受嘛！"

这一下，更加激起了众人的情绪。大家纷纷指责张国焘假传圣旨，冒用共产国际的名义，捏造共产国际的指示，阻挡南昌暴动。

事情到了这一步，显然是没有办法说服他们的了。张国焘无计可施，只有在众人的胁迫下，赞同了举行起义的意见。

一九二七年八月一日，南昌起义终于爆发了。

参加起义的队伍，由于事先计划周详，部署周密，对敌情的了解非常熟悉，几乎没有进行大的战斗，一夜之间便夺取了整个南昌，并且立即成立了由共产党人和国民党左派参加的政府机构。

余瑞祥在详细分析了南昌周围面临的敌情以后，提出了应该在南昌开展农民运动，发动工人和农民，保卫南昌政权的主张，得不到响应。

三天以后，按照起事之前的计划，中共中央大多数成员都觉得难以立足南昌，只有打回广州，在那里发动民众，再造广州革命政府，才能确保革命的胜利，率领起义部队离开南昌，踏上了挺进广州的路途。

第十六章 王俊林重返武汉

冬天即将来临的时候，王俊林终于率领他那一个师的人马回到了武汉。

这几个月来，他首先尝到了胜利的滋味，紧接着品尝了逃亡的苦难，成败几乎在一念之间快速转换，给他以腾云驾雾直飞天堂，然后直接坠入地狱之感。真是跳得越高，摔得越重。他差点真的永堕阿鼻地狱，再也无法获得新生。一想起这段历程，他都会纠结不已，甚至不寒而栗。

不知是哪支部队打出了南昌暴动的第一声枪响以后，王俊林指挥所属人马，跟其他各部一道，经过一个晚上的战斗，基本上控制了整个南昌。

随即，成立了全由共产党人和国民党左派组成的临时政府，许多知名人物，构成了这个政府的核心。王俊林列于其中，脸上时刻挂着满意的笑容。

很快，他接到消息：主动放弃南昌，向广州进发。

没费多大的事打下了南昌，说明敌人实力有限。南昌周围，再也没有多少敌人，更不用担心。如果是担心敌人会调集人马，前来进攻，那需要花费很长时间，起义部队完全可以在敌人来攻以前，做好妥善的准备嘛。怎么就要走呢？到了广州，会打出一片什么样的天地？王俊林百思不得其解，便去问余瑞祥。

余瑞祥这段时间非常忙碌。

他提出了暴动队伍应该立足南昌，向周围扩展，放手发动农民运动和工人运动的计划，但几乎每个中央委员都希望按照原定计划，放弃南昌，打回广州，却又被很多事情缠住了，并没有为打回广州做好充分的准备。

余瑞祥决心为这支军队选择一条可以顺利到达广州的路线。

王俊林前来找他，询问军队能不能不离开南昌，就地坚持。

余瑞祥摇了摇头："这是中央早已定下的决策，岂能更改！你好好准备一下吧。我在制定前往广州的计划时，会考虑到你部的特殊性，把你部放在中间的位置。这样，你部遇到的危险会比别的部队少一些。"

其实，把王俊林部放在中间位置，是为了防范王俊林在前进道路上会率领人马逃跑。余瑞祥很清楚，一路上将会遇上敌人的围追堵截，部队要想轻松抵达广州，是不可能的。一旦打仗，王俊林很有可能在见势不妙的情况下，带领队伍投靠敌人，重演当年辛亥首义时期的一幕。

王俊林实在不愿意把部队开到广州去。无论是汪精卫，还是蒋介石，恐怕都会派遣人马围追堵截，即使起义部队杀出一条血路，到了广州，陈济棠以逸待劳，张网以待，起义部队岂不是自投罗网？

第十六章　王俊林重返武汉

余瑞祥说把他的部队放在中间位置，真的可以确保安全吗？王俊林想到河南战场上，奉军似乎专拣自己的人马打，便不敢过分奢望。

三天后，暴动部队接到了指令，编成出发队形，一路向南进发。

王俊林恍惚置身于梦境之中。不知走了多久，他接到消息：前面已经有敌人设下了埋伏。

如果前面的部队打不开出路，自己不可避免地要和敌人交战。想到这里，王俊林心里冷到了极点。他不停地抱怨余瑞祥当初为什么要把他拉过来参加暴动，也不停地怨恨自己为什么听从余瑞祥的建议，真的率部来参加暴动了。

回头再想想拉部队前往南昌的细节。王俊林越发觉得叶挺当初率部大张旗鼓地展开行动，是为了逼迫他参加暴动，心里更加怨恨余瑞祥，决定一旦找到机会，马上离开这支队伍，另谋出路。

王俊林又想起了在武昌城头让蒋介石和他的嫡系部队大吃苦头的情景。如果去投靠蒋介石，是不是比跟着共产党走向未知世界要好得多？蒋介石不仅占有上海、南京以及长江下游一带的富庶之地，而且还得到了冯玉祥的支持。

蒋介石会怎么对待自己呢？王俊林不能不正视这个问题。他既不了解蒋介石，又不知道蒋介石到底在南京国民政府是怎么回事，本能地认为，自己有人有枪，又有才干，蒋介石要打天下，一定会收留有用之才，起码不会将他拒之门外。如果运气好，他甚至有可能从此平步青云。

定下了投靠蒋介石的决心，还得跟部下商量。部队里面有共产党人，不能让更多的人知道，首先必须征求余瑞华的意见，只要说服余瑞华同意脱离共产党，一切都好办了。

一次露营的时候，王俊林派遣一个卫兵把余瑞华叫到他面前，在四周暗地里保持警戒，问余瑞华道："对于这次向广州进军，你有什么看法？"

余瑞华说道："我总觉得他们舍近求远，到头来很可能一事无成。"

王俊林心里暗喜，问道："你觉得，我们需要把自己的命运跟共产党人继续捆绑在一起吗？"

"老实说，共产党人是一群充满了理想，愿意为了理想不惜牺牲一切的人。我很佩服他们。但是，我仍然不能确定，他们的理想能不能实现。"

"我们跟着共产党人已经有一些时日了，你却还是不能接受他们的理想，说明你的志趣并不在此。我们似乎应该寻找新的机会。"

余瑞华眼睛一亮，问道："到哪里可以找到新的机会？"

王俊林竖起手指，朝东北方向一指："投靠蒋介石！"

余瑞华研究过蒋介石。在余瑞华看来，蒋介石是一个有理想的人，只不过蒋介石的理想跟共产党人的理想完全不同罢了。既然在共产党人这里无法找到认同感，说不定改换门径，在蒋介石那里，真的可以找到理想的寄托。

不过，余瑞华不是一个轻易可以改变自己的人。他得好好想想，是不是真的要离开共产党，是不是真的要投靠蒋介石，而且，怎么投靠蒋介石，依靠谁牵线去投靠蒋介石，蒋介石会不会接纳他们，万一迎接他们的是屠刀该怎么办。

这时候，余瑞祥来到了王俊林的师部。

余瑞祥还是不太放心王俊林，要为他打气，让王俊林率领他的人马能够跟共产党走到底。

王俊林掩饰了自己真实想法，对部队一路上并没有遇到任何危险，向余瑞祥表示衷心的感谢，随即话锋一转，问道："你觉得，我们能抵达广州吗？"

"无论如何，我们要拿出破釜沉舟的勇气，杀开一条血路，进入广州！"

"我们是不是遇到了很大的麻烦？"

"是的！"余瑞祥毫不掩饰地说道，"根据可靠消息，国民党已经调集了大量人马，在前面设下了埋伏，试图把我们全部消灭掉。"

"谁的部队？"王俊林问道。

余瑞祥说了一个名字，说道："你认识他。"

王俊林跟那人有过一些交往，不仅认识他，而且比较熟悉他。那人虽说仍属武汉国民政府领导，但跟王俊林一样，是个见势不妙便会改头换面的主，自知武汉国民政府无法跟南京国民政府相对抗，正跟蒋介石暗通款曲。

听到这个名字，王俊林不禁暗喜，心里说道："一旦自己投靠了那人，岂不是可以通过那人投靠蒋介石吗？"

不过，王俊林不能露出准备投靠蒋介石的蛛丝马迹，说道："我既然已经参加了起义，一定听从你们共产党的号令。如果要打仗，请不要让我们在一边看热闹。我们也希望出出心中的闷气。"

余瑞祥满意地笑了，说道："到了需要使用你部的时候，我不会忘记你。"

送走了余瑞祥，王俊林立刻准备部署人马，去投靠那支国民党军，继而投入到蒋介石麾下。他找来余瑞华，说出了这个打算。

这几天，余瑞华把方方面面的事情都考虑清楚了。他觉得，自己跟共产党终究不是一路人，得尽快离开他们。

他爽快地接受了王俊林分派的任务，跟那名国民党指挥官谈妥了投靠国民党的条件，回来对王俊林说道："人家要我们跟他们内应外合，共同消灭共产党。我没有同意，只同意把队伍拉出去，投靠他们。"

"前后都是共产党的队伍，我们怎么把部队拉走？"王俊林问道。

"用一个营的人马监视全师周围的情况，天黑以后以接到机密使命的名义秘密动员部队，不准任何人跟外面接触，让中间的人马先走，然后依次令前后的队伍离开。监视情况的那个营留下来断后，应该不会出现多大问题。"

"你有勇有谋，把你的营留下来，我最放心。"王俊林说道。

王俊林立即命令余瑞华率领一个营的兵力，监视师部周围的情况，不要让任何人跟外面发生联系，并且保持跟国民党军队联系的通道，随即召集各团团长，向他们下达了部队立刻脱离共产党，去投靠国民党的指令。

天黑时分，全师进行了秘密动员以后，人马悄悄出发，按照余瑞华跟国民党商谈的路线，很快脱离了共产党的队形。

跑了大半个晚上，队伍筋疲力尽人仰马翻，后面似乎仍然没有发现共产党人追赶过来的迹象，王俊林放下心来，命令部队就地休息一阵，准备召集营以上军官商议对付仍然留在队伍里的共产党人的办法。

突然，从后面传来一阵急促的马蹄声。王俊林心知是共产党人追赶过来了，火速命令余瑞华做好战斗准备，准备集合其他部队即刻动身，脱离追赶部队。

共产党的队伍来得很快。休息的人马还没有完全列成队形，那条打着火把的长龙越来越近，几乎可以看清楚他们肩上的步枪。

王俊林眼睛好使，隐约看出最前面的人赫然正是余瑞祥。他略微放下心来，自己挺身而出，站在一块石头上，高声喊道："是余瑞祥吗？你不要过来！你再过来一步，我就要开枪了！"

余瑞祥勒住战马，喊道："王俊林，你要走，只要向我打一声招呼，我决不拦你。可是，你为什么要不辞而别？"

王俊林看到余瑞祥的后面再也没有其他部队，更加放心了。他说道："我本来是要跟你道别的。可是，我很担心我的手下会做出一些不文明的举动，只有不辞而别。你放心，你的人马，我现在全部交还给你。"

说完，他命令余瑞华把那些共产党人全部带过来，放他们回去。

余瑞祥很懊悔为什么明知道王俊林反复无常，还是没有保持足够的戒心，让他溜走了。不过，人各有志，不能勉强，既然共产党人已经平安地回来了，他要走，让他走吧。

想到这里，余瑞祥说道："王俊林，无论你以后做什么事，都要想想你为这个民族为这个国家为这个国家的老百姓能留下一些什么。"

余瑞华流出了眼泪，说道："二哥，虽说我们信仰不同，不能不分手。但是，请你放心，我永远不会做对不起民族对不起国家对不起民众的事情。"

那名国民党军队指挥官并没有完全遵守跟余瑞华的约定，逼迫王俊林不得不率领人马，跟前往广州的共产党军队进行过一次大的战斗。结果，余瑞祥率领暴动部队把他的人马打得七零八落，差点让他全军覆没。王俊林痛苦万分，可是，已经没有回头路可走了，他只能咬紧牙关，继续走下去。

紧接着，王俊林接到了西征的命令，在李宗仁、白崇禧的麾下，率领人马打垮了唐生智的部队，致使武汉国民政府的军事力量分崩离析，加速了武汉国民政府跟南京国民政府合二为一的进程。王俊林由此得到了重新返回武汉的机会。

惜别武汉几个月以后，能够重返故土，他真有恍如隔世之感。

自从汪精卫下达了分共的指令以后，汉口方面进行了一系列针对共产党人的大屠杀，共产党人辛辛苦苦建立起来的各种机构被捣毁，共产党人被屠杀殆尽。武昌和汉阳两地，南昌暴动以后，国民党人一样到处搜捕和屠杀共产党人，甚至连小孩子都不放过。武汉三镇完全笼罩在血雨腥风之中，北伐大军攻克武汉三镇之后常常可以看到的那种激动人心的场景再也看不到了。

王俊林忽然想起了余瑞祥。他早就听到了传言说南昌暴动的军队，已经全部被消灭了，没几个人活下来。余瑞祥怕是凶多吉少。

另外一个人，他一定要找到她并且保护她。这个人就是赵璇滢。尽管已经接到了命令，宁可错杀一千，不能放过一个可疑人物。可是，对赵璇滢，他还是下不了手，不仅不能下手，而且还要保护她。说是补偿欠下余瑞祥的良心债也好，说其他任何东西也好，反正王俊林决定这么做。

把队伍安置妥当过后，王俊林过江去了汉口，先回了一趟王府。

母亲早已得到了他即将率领人马返回武汉的消息，甚至知道了他返回武昌的确切日期，已经派遣王俊财和王俊喜兄弟前去迎接他。

第十六章　王俊林重返武汉

共产党人被杀得血流成河，王俊财很愤怒，又很无奈。尽管他痛恨共产党鼓动工人罢工，鼓动工人跟资本家作对，决不希望看到有人死有人伤，更不愿意看到血流成河的惨剧。

何键、李品仙在汉口向共产党人挥出第一刀后，竟然让一队兵士提着共产党人的脑袋，来到了汉口商会。他们把人头往桌子上一扔，说道："王会长，各位商会会员，一直以来，共产党鼓动工人闹事，跟你们作对。现在，他们被全部解决了。不过你们可以好好地做你们的生意了。我们呢，不得到一点什么，也说不过去吧？这样，不为难你们了，只需要你们拿出一百万元作为军饷，此事立马翻篇。"

这可真是狮子大开口！王俊财和商会成员都感到异常恼怒。别说他们一时拿不出来，即使拿得出来，也不能给。谁也没有叫这些家伙杀共产党人。可是，何键、李品仙已经杀红了眼，公开拒绝之后，谁也不知道会发生什么事情。

掂量了好一会儿，王俊财说道："我们实在拿不出这么多钱。等我们慢慢筹集好了，定当亲自送到军长手上。"

何键、李品仙眼睛一瞪，说道："如果两天内不将钱送来，我们只好拿筛子过细筛一筛，看你们当中是不是有共产党。"

留下血淋淋的人头，两个屠夫带领队伍扬长而去。

商会成员气破了肚皮。最终，他们谁都不敢硬顶，不敢拖延，只有在给定的期限里，如数交出银圆。

王俊林率部参加了南昌暴动，王氏家族成为国民党人的眼中钉肉中刺。没有一个国民党人不找借口到王府来敲诈勒索。王俊财不知道费了多大一笔银子，总算勉强让王府度过了劫难。

为了不让王府上下受惊，王俊财本想瞒着王俊林母亲和一家老小。王俊喜看到替父母出气的机会来临，如何肯放过？只要回到王府，总是抱怨王俊林不该投靠了共产党，害得王府濒临倒闭。王俊林母亲吓得不轻，当场病倒了。

王俊喜暗自高兴，加倍拿王俊林投靠共产党人的事情来刺激她。

"你不能这样，她是你伯母！"王俊财母亲为人厚道，暗地里劝说道。

"我没有这样的伯母！我要替父母报仇！"王俊喜说道。

"放下她是长辈不说，她是一个女人。你好歹是一个帮主，欺负女人，是你们的帮规吗？"王俊财母亲质问道。

王俊喜一愣，不得不收敛了许多。

但是，王俊林母亲的病情并没有因此减轻，反而越来越重。迷迷糊糊之中，她一直喃喃自语，要见儿子。

这时候，王俊林已经投靠了南京国民政府，受到代理总统李宗仁的奖励。

得到消息，她精神大振，病一天天地好起来了。

王俊财不仅要为家族的安全与存续担心，而且还要为赵璇滢的安全担心。

赵璇滢住在法租界医院里。洋大夫查出了她久治不愈的根源，接连动了两次大手术，身体才慢慢地有所好转。

国民党人查出了赵璇滢的去向之后，跟租界当局取得联系，很想把她引渡出来加以杀害。王俊财凭着跟洋人的交情，又熟悉洋人的法律，还暗地里送给洋人一笔很大的资金，得到了赵璇滢绝对安全的保证。

赵承博、赵承彦一样为赵璇滢的安全担心，拿出了不少资产，交给王俊财去租界打点。通过这件事，赵府跟王府的关系重新密切起来了。

余瑞光一样很担心弟媳的安全。

汪精卫刚刚发动分共的那阵子，武昌并没有发生过屠杀事件。借此机会，余瑞光重新物色了一批人，成立工会改组委员会，以便指导工人运动。

他对工人说道："我一向待你们不薄。虽说你们听信了共产党的蛊惑，跟我闹过别扭，我不会计较。今后，改组委员会全力维护你们的利益。"

工会改组委员会到底应该怎么运作，余瑞光是不管的，只要不再让工人闹事，对他来说，就是最好不过的事情。没想到，他的幻想很快破灭了。

改组委员会头目竟然活活打死了几个工人。工人们义愤填膺，找准机会，将那家伙暗地里解决了。为此，他和工人之间的关系再度严重对立起来了。

工厂里的事情让他恼火，赵璇滢的安危让他牵挂。可是，因为余瑞祥、赵璇滢、余瑞华的关系，余府受到了国民党的监视。他是泥菩萨过河自身难保，根本帮不上忙。所幸的是，王俊财、赵承彦、赵承博能够给予赵璇滢相当大的关照，这让余瑞光宽心了许多。

听说王俊林率领军队重新回到武昌，余瑞光欣喜若狂，感到自己窝在家里当缩头乌龟的日子一去不复返了。

王俊林回到王府，母亲高兴过度，一口气没有喘过来，死了。王俊林非常悲伤，在王俊财的劝导和主持下，为母亲办了丧事。赵府和余府都派人前来吊唁。

接到王俊林母亲的死讯，王俊喜恨不得跳起来，大叫一声万岁。不过，王俊林一直心情低沉，王俊喜不能造次，强压着心里的高兴，表面上装出一副伤心欲绝的样子，接待各方面来的客人。

一眼看到柳彤萱，王俊喜两眼放光，向她传达了一个暧昧的笑意。

从军营里来了很多人，都是王俊林手下的团长、营长。余瑞华也来了，一身军装，气宇轩昂，一出现在那个场合，顿时成为很多女眷瞩目的对象。

王俊喜找到机会，跟柳彤萱聊得欢快极了，发现余瑞华一走过来，柳彤萱的眼睛里马上放射出了爱慕的光。王俊喜不高兴了，心里骂道：真是个骚货，不知道余瑞华年纪还小吗？但又不能骂出口。

年轻人再次坐在一块，谈起了最感兴趣的事。他们很想知道南昌起义到底是怎么回事。虽说从报纸和各种传闻里，他们都知道了一个大概，但余瑞华是亲自参加过起义的人，从他这里得到的消息如假包换。

因为汉阳发生了一系列事件，使得赵承博对这些事情的兴趣尤其浓厚。

当共产党人在南昌举行起义的消息传到汉阳以后，第二天，许天亮便鼓动汉阳兵工厂的工人，发动了罢工。很快，武汉国民政府派兵前来镇压。许天亮被当场抓住。国民党人逼迫他下令复工，遭到了严词拒绝，罢工一直持续了半个多月。后来，许天亮被砍首示众。

赵承博很佩服许天亮和共产党人的骨气，决定暗地里掩埋他们。

通过余瑞祥，王俊喜早就认识许天亮。两人的经历虽说不同，但是，王俊喜认定余瑞祥相信的人，都值得他相信。因此，他亲自带了几个帮众，准备为许天亮收尸，不期然碰上了赵承博。

两人有着一样的打算，便携手合作，把许天亮的尸体偷偷运出来埋葬了。

听说王俊林竟然背叛了共产党，赵承博十分不齿王俊林的行为。王俊林母亲死了，两家关系转暖，他必须前来吊唁。

赵承博从来没有想过余瑞华会背叛共产党，亲耳听到余瑞华讲述他背叛的经过，说道："余瑞华，你真是了不起！没有跟共产党一块送死，现在仍然是营长，仍然杀回了武昌。我素来佩服我姐夫，现在再也不可能佩服他了，他完全不识时务嘛！"

余瑞华微微一笑，说道："我可以放心地告诉大家，我跟我二哥一样，都是为了理想献身的人。我二哥把他的理想根植在共产党的身上，他当然会为实现共产党人提出的主张去奋斗，死，是他的本分。我也在寻找理想。我虽说在某种程度上同情共产党的主张，但并不完全赞同。现在，为了追随南京国民政府，我一样可以死。"

赵承博赶紧鼓掌道："你找到了可以为之献身的理想，真不错！你让多少共产党人流尽了鲜血？我想你自己也计算不出来吧？从此以后，你更不会对任何共产党人手下留情，哪怕我姐夫落到了你手里，你也不会留情！"

现场一片安静，人人都把目光聚集在余瑞华的身上。

柳彤萱很想知道余瑞华怎么回答，被王俊喜关切的目光一照，她心头一阵荡漾，马上低了头，跟着他悄无声息走了出去。

"我想，你应该去问余瑞祥，我落到他手里以后，他会不会对我手下留情。"余瑞华笑道。

从外面突然传进了阵阵唢呐声，人们的注意力立刻被吸引过去了。趁此机会，余瑞华离开了这个令人难堪的现场。

余瑞华本来以为可以把自己的理想放在南京国民政府身上，但赵承博的话宛如凭空打下的一根棒子，把他打晕了。自己真的找到了理想吗？南京国民政府真的有希望吗？为了理想，真的要大肆屠杀共产党人吗？他暗暗问自己。

他的眼帘浮现出自己正高举起一把锋利无比的屠刀，砍向一个跪倒在地的共产党人。在刀锋快要挨上那人脖颈的时候，他微微地抬了一下头，从嘴角露出了一抹微笑。哐当一声，余瑞华手里的屠刀掉落在地。

"不，不可能，不是你，我要杀的人不是你！"余瑞华疯狂地大叫道，揪着自己的头发，浑身不住地颤抖。

"来吧，捡起屠刀。杀了我。"余瑞祥的声音宛如一道魔咒，钻进了余瑞华的耳朵，"你不是要杀共产党人吗？我就是共产党人。还犹豫什么呢？杀了我！你在颤抖！颤抖什么呢？是为你的选择感到后悔吗？"

余瑞华仿佛中了魔，顺从地捡起了屠刀，高举起来，眼睛一闭，猛地砍了下去，一颗血淋淋的头颅滚落地在，一腔热血冲上了天空，下了一阵血雨。他睁开眼睛，赫然发现那颗熟悉的头颅依旧在望着他，眼睛里流出了微笑。

"不，二哥，我不想杀你！"余瑞华大叫道。

余瑞华打了一个激灵，人很快清醒过来，知道自己只不过做了一个梦。这个梦太真实了，难道是因为赵承博的话勾起了自己对二哥的思念吗？

自从离开共产党的队伍以来，余瑞华再也没有遇见过二哥，只听说二哥已经死了，在率领起义队伍打回广州的路上，被国民党人消灭了。他从来没想过自己是不是屠杀二哥的凶手。

这种梦境让他清醒：二哥是他屠杀的！不！他马上反驳，二哥是被其他人杀掉的，他还没有见过二哥呢，怎么可能杀死二哥？

可是，另一个声音在他耳边叫道："是你杀死了你二哥。如果你不同意王俊林带兵退出共产党的队伍，共产党多了一个师的人马，不会败得如此惨烈。你二哥一定会幸存下来。"

他不愿意再面对任何人，得一个人躲起来，好好想想到底是怎么回事。

他朝一个极为安静的地方走去。听不到其他声音了，也看不到任何人了。他坐在一棵大树下面，怔怔地望着南方，又想到了二哥。

忽然，竟然听到一阵浪笑声。他情不自禁地浑身一抖，眼帘马上浮现出了当年在妓院里跟海棠交合的往事。

的确是那种声音，还夹杂着男人粗重的喘息声。

他不由自主站起身，迈开脚步，朝声音传来的方向走去。

在一个角落，他赫然看到两个人紧紧地搂抱在一块，靠着一棵树，在那儿不停地揉来揉去。

感觉有人来了，那两个人一阵惊慌，马上分开来。看到来人竟是余瑞华，两人吃惊不小，慌忙将铺在树兜上的衣服往身上套去。

是王俊喜和柳彤萱。余瑞华脑子一昏，暗问自己：这是为什么？人却站在那儿，一动不动。

很快，王俊喜穿好了衣服，若无其事地站在余瑞华面前，柳彤萱却溜走了。

"男人跟女人，其实就是这么回事。只要看着合适，两个人都愿意，在哪里干都行。"王俊喜嬉皮笑脸地说道。

"你混蛋！"余瑞华骂道，"柳彤萱是赵承博的夫人，难道你不知道吗？"

"可是，柳彤萱是女人。"王俊喜笑道。

见余瑞华还是气鼓鼓的，王俊喜连忙伸出手，准备在他肩头上亲昵地拍打几下，以便拉近两个人的关系。余瑞华厌恶地后退了一步，让王俊喜扑了一个空。

王俊喜并不觉得尴尬，说道："老实说，余瑞华，我真的看不起你。你既然已经跟着你二哥参加了南昌起义，为什么不一直跟着他走下去，反而跟着王俊林背叛了他呢？难道你认为王俊林的品行比你二哥要好吗？"

余瑞华冷冷地说道："这是我自己的选择。"

王俊喜点了点头，说道："听说余世兄已经死了，对待他的遗孀赵璇滢，你怎么办呢？是不是也要杀掉她？"

余瑞华犹如被一只无形的巨臂拧起来，扔进了一片云海。

他一片慌乱，到处找到可供他抓住的东西，心里不停地暗叫：不，二哥不是我杀死的，我也不可能去杀二嫂。

他的眼帘刹那间出现了自己和王俊林一块受到武汉卫戍司令接见的情景。

卫戍司令劈头第一句，便说赵璇滢是共产党要犯，原来一直住在租界医院，没有办法逮住她。现在她早已出院了，健康了恢复，瞒过了所有的密探，不知道躲到了什么地方。

随即，卫戍司令盯着余瑞华，说道："赵璇滢是你二嫂。你一定非常清楚她的为人和活动方式。我希望你能够抓住她，为党国立功。"

除了在战场上，余瑞华一直没有杀过共产党人，也决不会杀共产党人。他有自己的底线，他是军人，只能在战场上跟共产党人血战到底，哪怕杀了再多的共产党人，他都不会心软，但决不会在战场之外屠杀任何共产党人。

王俊林一眼看出了余瑞华的心思，生怕他的如实回答触怒了司令官，连忙说道："请司令放心，我们已经投靠南京国民政府，一定不会徇私情。"

余瑞华仍然要坚守底线，他决不会追杀赵璇滢，甚至，他还想到过要去保护赵璇滢，希望跟她说一点什么。

说什么呢？说自己为什么要离开二哥，为什么要跟二哥做出不一样的选择，还是说二哥并不是死在自己手上，自己甚至连二哥的面都没有见到过？他不知道，只是，心里强烈地涌起了想见赵璇滢的冲动。

"我知道，你很想找赵璇滢，王俊林也很想找她。你们都希望找到她，把她送到警备司令那儿去，好求得封赏。"王俊喜似乎看穿了他的心思，主动说道，"你不是可以为了理想不惜一切的吗？我要是告诉了你赵璇滢现在躲在什么地方，你是不是马上会把她抓过来？"

余瑞华心里暗喜，连忙正眼看着王俊喜。

王俊喜笑了："我猜着了，你一直对赵璇滢的下落很感兴趣！即使我知道她藏在哪儿，也绝不会告诉你！"

说完，他扭头就走，把余瑞华晾在那儿。

余瑞华受了一场辱，不仅没有生气，心里反而涌起了解脱的感觉。

好不容易平静下来了，准备去灵堂，看到一个人跑过来了，他索性站住，等待那人走近，认出了是赵承博。

赵承博依旧很热情，似乎不久前对余瑞华的大肆挖苦和攻击，并没有影响他们之间的感情，先是抱怨余瑞华不理睬他，便一个人离开了，接着说要不是王俊喜看见余瑞华往这边走过来，他还不知道余瑞华来了这里。

余瑞华眼前翻滚着王俊喜跟柳彤萱在树下的一幕，很想告诉赵承博，任何女人都是毒蛇，话刚到嘴边，他狠狠地咽了回去。

"告诉我，我二嫂到底在什么地方？"余瑞华突如其来地说道。

赵承博先是一愣，继而哈哈一笑，说道："到处都在抓她，她还敢跟我联系吗？你问我，还不如直接去问她。"

忽然听到了一阵阵唢呐声，两人心头同时浮出了一样的疑问：又来了什么重要的客人？

两人对视一眼，一块飞奔了过去。唢呐声仍然没有停歇，他们已经可以看出不远处簇拥着一大群人，遮挡了他们的视线，看不清楚到底是什么人到了王府。他们加快步伐，挤了过去。可是，来人已经进入了灵堂，正在亡人的灵前叩头跪拜。他们赫然发觉所有的人脸上都呈现出一片惊异之色。

余瑞华和赵承博伸出双手，分开堵在前面的人群，眼睛一下子落在一个女人的背影上，心里一动，再也没有动作了。

那个女人站了起来，对守在灵前的王俊林说道："节哀顺变。"

王俊林眼睛一直没有离开她，人木讷讷的，犹如一段呆木头。

那个女人说道："王师长，余瑞祥已经去了，我替他送伯母一程。"

王俊林说道："赵璇滢，谢谢你！"

赵璇滢径直走向惊呆了的余雅芳、王芝英、王俊财夫人、王俊喜夫人。余雅芳回过神来，一头扑进赵璇滢的怀抱里，大哭起来。赵璇滢轻轻地拍打着她的肩头。很快，下人为赵璇滢送来了孝衣。赵璇滢穿上了，跟女眷们一块，守在王俊林母亲的棺材前。

"姐姐！"

"二嫂！"

赵承博、余瑞华一同发出了惊天动地一般的喊叫声，准备飞身扑到她的跟前去，但忽然意识到时机不对，硬生生地停在那儿。

赵璇滢偏过头，看着他们。她消瘦了许多，也憔悴了许多，不过，精神似乎比以前更好了一些。向他们投去了不经意的微笑，赵璇滢又同女眷们说起了话。

这就是赵璇滢！这就是二嫂！她永远都不会被打倒！她永远都不会甘当隐形人！余瑞华心里说道，下意识地朝王俊林看去，试图从王俊林身上看出一点暗示，王俊林什么表情也没有。

他准备偷偷地溜出去，安排人手前来暗地里保护赵璇滢。

王俊林似乎察觉了他的行动，说道："余营长，你最好不要离开。"

余瑞华明白过来了：赵璇滢露面的消息肯定已经传到了卫戍司令的耳朵，自己只要稍有举动，都会受到牵连。而赵璇滢能够来到这里，一定已经做好了万全准备，即使没有做好准备，到时候，暗中帮忙，也能安全离开。

第二天是下葬日。天刚亮，在无尽无止的爆竹和唢呐声中，王俊林母亲的棺木被八条大汉抬了起来，在送葬人群的护送下，缓步走向逝者的最后归宿。

当最后一锹土堆到了王俊林母亲的坟头，爆竹声戛然而止，唢呐声停歇了，人的哭叫声也没有了。

透过燃放爆竹引起的烟雾，人们赫然看到，王俊林已经落到了赵璇滢手里。

赵璇滢的声音传入了每一个人的耳朵："王师长，赵璇滢甘愿落入鹰犬手里，也要代替亡夫前来为伯母送行，你不会不把我送到安全的地方吧？"

从送葬的队伍里立刻闪出了几条大汉，举枪朝赵璇滢跟前逼了过去。

"王师长，他们要在伯母面前动粗，你更有责任帮我离开这里。"赵璇滢对王俊林说道，一步一步朝墓地外面走去。

一条大汉冷冷一笑道："王师长，你为南京国民政府尽忠的时刻到了。"

那条大汉一面说着，一面扣动扳机。

突然，一阵惊天动地的爆炸声响了起来。紧接着，众人的面前升腾起一团浓烈的烟雾，把那几个大汉送上了云天，发出一阵阵令人心悸的惨叫。人群一片惊慌，哭喊着到处乱窜。

烟雾散尽以后，地面上一片狼藉。这时候，赵璇滢连影子都看不见了。

第十七章 赵璇滢隐姓埋名

在法租界医院治疗了好几个月，赵璇滢不仅顺利生下了一个儿子，而且恢复了健康。

住院期间，她虽说不知道外面到底发生了什么事，凭借女人的直觉，她隐约感到，有一张无形的大网已经在暗中朝她撒了过来，试图网住她，把她带往无法预测的世界。

终于，从一张法文报纸上，赵璇滢看到了十几名共产党人被国民党砍头的画面。一定是武汉国民政府步了蒋介石的后尘！她从心里冒出了怒火，浑然不顾个人安危，准备马上出院，寻找丈夫，寻找组织，投入战斗。在院方、母亲、王俊财、王俊喜、余瑞光、赵承彦、赵承博等人的保证与劝说下，她不得不继续在医院接受进一步治疗。

她迫切希望看到自己的同志，但再也没有一个共产党人前来看望她。她不知道，中央军事政治学校的学生们已经听从余瑞祥的命令，暗地里集结起来，离开了武汉，准备前往南昌参加暴动，最后没有赶上暴动队伍，开去了广州。

生完孩子后，赵璇滢的身体一天一天地康复起来。赵承彦和赵承博兄弟觉得她出院的时候快要到了，跟她秘密商量，出院以后到什么地方去谋生。

赵璇滢一直都在思考这个问题。

她知道丈夫参与了南昌暴动。暴动队伍已经转移到广州去了。赵璇滢决计一出院，把孩子交给母亲，立即起程，秘密踏上去广州的路程。

赵承彦和赵承博很清楚，共产党的部队早已被消灭了，余瑞祥也死在去广东的途中。可是，他们不能告诉赵璇滢实情。她要去广州，无论如何，他们得坚决阻止。

赵承彦说道："依我看，你应该先去武昌，在国民党人意想不到的地方住下来，养好身体，跟广州那边取得了联系，再动身不迟。"

思虑再三，赵璇滢认为哥哥说得很有道理，只有拜托哥哥在武昌为她寻找住处。

不过，怎么摆脱密探的跟踪，是一件很麻烦的事。赵氏兄弟想破脑壳，都没有想到好办法，最后不得不跟余瑞光、王俊财、王俊喜等人商量。王俊喜鬼心眼多，提出了李代桃僵、移花接木的计划：赵璇滢出院的时候，找个人化装成她，吸引密探，赵璇滢化装成男人，趁机离开。

由谁化装成赵璇滢，又让大家犯了难。毕竟，把无关的女人拖进不可预测的深渊，他们做不出来。王府、余府、赵府都受到密探的监视，无论哪个女人出面，都会受到牵连。

"赵府不怕受牵连。让我夫人装扮成姐姐吧。"赵承博说道。

"不！她现在是余府的人，余府得扛起这副担子！"余瑞光连忙反对。

"现在，余府、赵府、王府是拴在一根绳子上的蚂蚱，谁也跑不了。我们一起行动吧。"王俊喜说道。

"理当如此！"王俊财立即支持道。

把余府、王府、赵府的年轻女人合计了一遍，他们定下方案：余雅芳天生胆小，不能做这种事情；余梅芳见过世面，能从容自如地跟各种人物打交道；柳彤萱一代名伶，擅长化装，脑子转弯又快。让她们相互配合，把余梅芳装扮成赵璇滢，先去原先租住的地方住上一段时间，以便赵璇滢顺利地化装成男人，秘密回到武昌。

这一天，一大堆人来到了医院，迎接赵璇滢出院。队伍浩浩荡荡，一块进入了王府。周莹莹牵着余亚男，柳彤萱抱着新生儿余明亮，笑容盎然。

四周的密探果然把注意力全部放在赵璇滢曾住过的地方。

这时候，赵璇滢装扮成风度翩翩的男人，在王俊喜手下的护送下，搭乘黄包车，离开医院，一路朝码头进发，很快登上渡船，去了武昌。

此时，武昌正在到处拆除城墙和城楼，城里面一直乱糟糟的，到处灰尘飘扬。

赵璇滢视若无睹，在护送人员的陪同下，奔向赵承彦为她寻找的距离余府很近的住处。

还没有到达目的地，赵璇滢看到有报童正挥舞着报纸，在大肆叫卖。长时间没有看到过有中国文字的报纸，她连忙买了一份，顾不得细看，跟随护送人员进入了屋子。

这处屋子，原属一个大户人家，不幸家道中落，不得不变卖。赵承博得到消息，立即以别人的名义买下来，让赵璇滢成为它的新主人。屋子里有两个女人，一个是丫鬟，一个是帮佣，都是赵承博花钱雇来服侍赵璇滢的。

刚出院，受了奔波，又惦念孩子，赵璇滢感到身体有些不适，躺在床上，眼睛无意中瞟到那份报纸，下意识地把它拿过来，赫然看到上面刊载着共产党人在广州发动起义最终遭到失败的消息，另一拨共产党人在湖南发动的起义也同样遭到了失败。

去广州的幻想完全破灭了，她一下子坐了起来，万千思绪涌上心头，一时间竟然不知道自己该怎么办。过了很久，她理清杂乱的思绪，决定首先了解清楚共产党人现在的大致情况，丈夫和他率领的部队到底怎么样了，是谁发动了湖南起义以及起义队伍目前的遭遇等等一系列问题。困在一间小屋子里，没有其他渠道获取这些信息，她只能从报纸上查证。

她不能出去，连忙差遣帮佣出去将所有的报纸一样买一份回来。

护送人员吓了一大跳，赶紧劝阻："这种时候，谁会什么报纸都要呀！引起了密探的注意，夫人可就麻烦了！"

"是啊！"赵璇滢拍了一下前额，说道。

放弃了派人买回报纸的打算，赵璇滢还是平静不了，脑子里煮开水一样翻滚各种问题，共产党发起的暴动都失败了，下一步会怎么做？丈夫怎样了？自己究竟应该到哪里去寻找丈夫？哪里还有共产党的机关？怎么跟党组织取得联系？

可是，她实在回答不了。她只知道，共产党人一定不会全部离开武汉三镇，在武汉三镇，一定还存在党的秘密组织。怎么跟他们接上关系呢？没人引荐，又不知道暗语，恐怕很麻烦。不过，不要紧，凭借余瑞祥夫人这块招牌，共产党秘密组织会相信自己的。首先需要确定他们在哪里。这得广泛搜集情报。赵璇滢一个人无法完成这一任务。她想到了王俊喜。

王俊喜耳目甚多，虽说并不完全值得信任，但可以从他那儿得到一些线索。

于是，赵璇滢迫切地希望跟王俊喜单独见面，让他为自己提供一些情况。但王俊喜不可能很快出现在她面前，赵承博、赵承彦、王俊财、余瑞光一样不可能很快出现在她面前，即使母亲和两个孩子，也必须暂时在王府住下来。

突然，她的脑子里闪现出一个主意：共产党人最喜欢发动工人运动，哪里有工人运动，在那里必然可以找到共产党人。

赵璇滢开始把工人运动最活跃的地方当成寻找共产党组织的最佳途径。从报纸上，她发现在余瑞光的纱厂里，发生了一件很重大的事情。

余瑞光解散了工会组织以后，成立一个改组委员会，全盘负责工人运动。改组委员会的头目，是工人当中的败类，是充当余瑞光打手的流氓。这家伙仗着受余瑞光信任，撕毁了原先的工会组织跟余瑞光签订的合约，帮助余瑞光对工人实施更加残酷的压榨。

国民党的报纸刊载这个消息，显然是在为余瑞光成立改组委员会来盘剥工人的方法叫好。

赵璇滢心想："工会组织虽说已经被迫解散，但是，工人受到了共产党的教育，思想上仍然倾向共产党向往共产党。或许，仍然有共产党人在工会里面隐藏下来了，他们一定不会屈服于余瑞光和改组委员会的迫害，会奋起反击的。自己得跟他们取得联络，先帮助他们跟余瑞光好好斗一斗，让余瑞光知道，工人的权益绝不允许随意践踏，共产党人永远不会逃避引导工人走上抗争道路的责任。"

为了不引起密探注意，赵璇滢不能随意出入屋子。她决定发动一些可靠的人帮她与工人取得联系。

帮佣是一个中年女人，衣着打扮显示她出身寒微，浑身上下透露着精明。没人可用，也许，她能差强人意，赵璇滢心想，不过兹事体大，她得了解帮佣的家世与思想，才好做出最终决定。

一连几天，赵璇滢都会问她一些问题，并逐渐问到她对外面的事情了解多少。

帮佣竟然有一个妹妹在余瑞光的纱厂当工人。这可是一个天大的好消息，赵璇滢不露声色地谈到了余记纱厂工人的待遇问题。

帮佣很机警地说道："按理说，余老板住在隔壁，我不应该说他的坏话。他也的确曾经善待工人，可是，工人要想得到更好的待遇，他马上变了卦。共产党还在这里公开活动的时候，他不敢放一个屁；共产党一走，他立即成立了一个改组委员会，逼得工人没有活路了。大家都在酝酿，是不是应该给他点颜色看看。"

"这个想法很好。"赵璇滢说道，"不过，在发动之前，要把一切都考虑周到，才能成功，要不然，余瑞光率先采取防范措施，一准不好应付。"

帮佣宛如找到了知心人，打开话匣子，把改组委员会是怎么逼死工人，让工人抬不起头的事情一五一十地告诉了赵璇滢，完了，犹自愤愤不平地说道："你瞧，这些狼心狗肺的东西都干了些什么呀！"

赵璇滢大吃一惊，心想："如此可恶的改组委员会，要它做什么？应该把改组委员会连同改组委员会的头目一块清除掉！"

作为计划的第一步，赵璇滢嘱咐帮佣把她妹妹带过来，她要跟她好好谈一谈。

帮佣的妹妹也是个非常精干的女人，已经接受过共产党人的宣传，初步具有了共产党人的某些特质。

接触了一个时期，赵璇滢开始指点她怎样鼓动工人除掉改组委员会头目。

几天以后，除掉改组委员会头目的呼声，宛如一股涌动的岩浆，在全体工人心目中暗涌。时机已经成熟，赵璇滢制订了诱使那个改组委员会头目落入工人们设置的圈套，当着余瑞光的面，把他活活打死的计划。

这期间，余瑞光找了一个借口，来到赵璇滢的家。

赵璇滢很想质问他为什么出尔反尔，在共产党人走了以后立即大肆压迫工人，可是，一想到这样一来会令余瑞光采取更加强硬的措施监视工人，只能强烈地抑制住自己的情绪。

见赵璇滢脸色很难堪，余瑞光以为弟媳是因为二弟遭到国民党杀害感到难过引起的，心里一阵痛惜，说道："你能够留在武汉，真是幸运。"

赵璇滢已经从报纸上看到了丈夫被国民党杀害的消息。可是，她绝不会相信这是真的。在她心里，丈夫永远都不可能死，一定在等着自己。她明白了余瑞光的用意，冷冷地望着他，没有作声。

余瑞光继续说道："我知道，你在怪我不应该隐瞒二弟的消息。可是，你在住院，告诉你有什么用呢？你有两个孩子，你要为孩子着想，再也不要冒险了，那样，只会害了你自己，害了孩子。你目前的状况已经很困难了，继续制造困难无异于自寻死路。"

赵璇滢冷冷地问道："难道你从来没有想过，你应该为你二弟做些什么吗？"

余瑞光怎么没有想过要为余瑞祥做一些事情呢？他不仅想了，而且做了，甚至还做了很多，最后得到了什么？得到了二弟的同志鼓动工人，给他制造了极大的麻烦，差一点让他的纱厂开不下去。这且不说，余瑞祥逃出武汉，需要经费，需要得到掩护，他哪一点没有为他做到呢？

啊，赵璇滢指的是他不应该压迫工人。可是，他一样有苦衷。他根本不同意共产党的主张，只不过他是余瑞祥的大哥，才造成了目前的困境。纱厂要支撑下去，他能不听从当局的话吗？要不然，当局准会把他逼向绝路。

王府没有这种忧虑。虽说王俊林跟余瑞祥一样参加过南昌暴动，但王俊林很快投靠了国民党，得到了南京国民政府的信任。赵府也不存在这种问题，因为赵璇滢毕竟不是公开的共产党，跟赵府早已断绝了关系，这是尽人皆知的事实。只有余府，出了一个余瑞祥，还有一个余瑞华。余瑞华幡然悔悟了，小小一个营长，没人把他当回事，余瑞祥是一个大人物，却一心要跟共产党人走到底。多亏林英华帮他周旋，帮他想出了要取得当局的信任，必须彻底跟共产党人划清界限的办法。

他心里不痛苦吗？痛苦的，每天晚上，他都独自在庭院里，望着天空发呆，不知不觉流出眼泪。不过，他不能向任何人诉说内心的痛苦，特别是不能跟赵璇滢说。失去了的总是最珍贵的。在赵璇滢面前，他不能再像原先一样唯唯诺诺，一定树立起高大的形象。

余瑞光说道："我知道，你一定在责怪我没有想办法寻找二弟的下落。事实上，我已经派了很多人出去寻找二弟了，姐夫也请人去打探确实消息了，可是，我们一直没有得到他的消息。"

说得多么委婉！找到余瑞祥的下落，找到余瑞祥的消息，为什么不公开说想找到他的尸体呢？路途遥远，到哪里去找他的尸体？何况，她从来没有想到过要找到丈夫的尸体，也从来不相信余瑞祥真的会死。很多时候，余瑞祥都化险为夷。这次，她同样相信余瑞祥绝不会轻易死掉。她在静静地等待时机，跟共产党人取得联系以后，只要探出了丈夫的下落，立刻前去寻找丈夫，跟丈夫一块战斗到底。

余瑞光似乎还想说下去，但赵璇滢越听心里越烦躁，打断了他的话头，说道："如果你真的一直顾念兄弟之情，你应该好好想一想，应该怎么实现余瑞祥对你说过的理想。"

又绕回到对待工人的态度上去了。余瑞光终于意识到，跟弟媳再也谈不下去了，不得不住口，慢慢地起身，准备回余府。

赵璇滢说道："虽说我们共产党的境况现在确实不妙，可是，我希望你不要成为落井下石的小人。"

余瑞光痛苦地摇了一下头，走了回去。

帮佣的妹妹几乎每天会来找赵璇滢，跟她谈纱厂里发生的事。

赵璇滢这才知道，南昌起义的第二天，在许天亮的领导下，汉阳各界以兵工厂的工人为主，发动了大规模罢工。罢工斗争一直持续了半个月。国民党接连使用拉拢分化镇压等各种手段，都没能让罢工停止下来，便抓捕了许天亮，进行严刑拷打，要他下达复工的命令，遭到了许天亮的断然拒绝。此时，为了响应汉阳各界发起的罢工运动，纱厂里的共产党人也在秘密运动工人，进行罢工。为了镇压纱厂工人的罢工，国民党军警将许天亮拉到纱厂门口，集合起所有的工人，当场将许天亮砍头示众。

"余瑞光，他也在那儿？"赵璇滢的心提到了嗓子眼上，问道。

"他当然站在那儿呀。他还一脸笑容地对军警歌功颂德。因为这个，工人越发痛恨他。真是一个蛇蝎心肠的小人！"帮佣的妹妹痛恨地骂道。

"余瑞光！"赵璇滢在心里痛骂道，"你真的变成了国民党的走狗了！难道你不知道许天亮跟余瑞祥的关系吗？难道许天亮当年在纱厂工作的时候，没有殚精竭虑地为你服务吗？"

由此，赵璇滢更加觉得应该尽快将余瑞光的改组委员会头目杀掉，以此振奋工人的精神，吸引共产党人的注意。

两天以后，机会出现了。

在赵璇滢的部署下，几个女工以改组委员会头目调戏女工的名义，揪住他不放，吵吵嚷嚷，要他交代罪行。立刻，许多工人围拢过来了，得知端倪，蕴藏在工人们心里的怒火噗的一声点燃了，众人不由分说，一起动手，拳脚和棍棒狂风暴雨一样打在那个家伙身上。

余瑞光赶过来的时候，改组委员会头目已经死了，工人的愤怒仍然没有平息。

工人们群情激动，质问余瑞光："为什么要让这种侮辱工人的败类担任改组委员会头目？你安的什么心？"

"这……"余瑞光无法回答。

紧接着，工人提出要求："必须解散改组委员会，重新恢复工会，让我们自己决定自己的命运！"

余瑞光一想到工会给纱厂带来的厄运便不寒而栗，岂肯答应，只有一个劲地搪塞。搪塞不过去了，他打了电话，希望军警出面干预。

不一会儿，军警气势汹汹地冲了过来。见了工人，他们好像豺狼见了绵羊，凶狠地扑上去，抡起枪杆子，劈头盖脸地一阵猛打。工人更加怒火万丈，不顾一切地冲上前去，抢夺军警的枪支，跟他们对打起来了。军警人数有限，不一会儿，被打得丢盔卸甲，落荒而逃。

为了避免流血事件，余瑞光答应了工人的要求：恢复工会活动。

很快，一大队持枪荷弹的军警如狼似虎地赶了过来。他们哗啦啦地拉动枪栓，准备对工人大动干戈。

余瑞光连忙说道："事情已经平息了，千万不要再挑起事端。"

但军警已经来了，哪里肯听余瑞光的话？

这时候，纱厂工人打死改组委员会头目以及军警正在大肆搜捕纱厂工人的消息传遍了整个武昌，各路工人纷纷发动罢工，声援纱厂工人的行动。

军警见势不妙，不得不停止了对纱厂工人的搜捕，灰溜溜地溜回巢穴。

失去了改组委员会，不知道工人还会折腾成什么样子，余瑞光垂头丧气，却又无可奈何。王俊财、赵承彦得到消息，过江来看望余瑞光。

"真没有想到，共产党已经在工人心目中播撒了无形的火种，随时都能让它点燃起熊熊烈火。哪怕工人运动遭到了镇压，我的工厂也被他们闹得鸡犬不宁。"余瑞光叹息道。

"时局到底会怎样变化，谁都看不清楚。为了不让工人一天天闹下去，我们还是应该做出一些牺牲。"王俊财和赵承彦一同说道。

"我已经做出了很大的让步，可是，工人还是不依不饶。我想，在我的纱厂里，一定隐藏着共产党。"

果真如此的话，在余瑞光成立改组委员会的时候，共产党人就应该及时出面制止，以免养成后患。他们为什么没有这样做呢？难道说，是因为赵璇滢的出现吗？王俊财、赵承彦对视了一眼，心头泛起了一样的疑问。

纱厂工人的胜利，引起了各界的密切关注。暗地里活动的共产党人果然把目光投注到纱厂来了，派遣人员，暗地里跟工人取得联系，知道了赵璇滢在幕后策划了这件事情，便通过帮佣的妹妹，希望跟赵璇滢见面。

终于跟共产党组织接上了头，可是，她仍然没有得到丈夫的确切消息。不过，她已经确切地知道：南昌暴动的队伍并没有完全被国民党打垮，还有一部分力量，仍然在坚持战斗。负责指挥南昌暴动的领导人，大多回到了设立在上海的中共中央机关，领受了新的任务，到各地发动暴动去了。

赵璇滢更加觉得丈夫没有死。现在，她要干出一番事业，让丈夫知道，她在任何时候都不会给共产党丢脸。

她眼下干不了别的，可以把她这里当成一个联络点。

党组织在全面考察了她的居住环境以后，同意在她的家里开设联络站，不过，要有可靠的掩护，指示她进入余记纱厂当工人，同时肩负着继续秘密领导工人运动的使命。

当余瑞光再次过来探望她的时候，她提出了去纱厂当工人的要求。

余瑞光说道："有我们在，你不用做任何事，可以生活得很好，为什么一定要去做事呢？一旦你的行踪泄露出去了，肯定会惹来很大的麻烦。"

赵璇滢说道："我一直闭门不出，难道不会引起军警的怀疑吗？何况，我闷在家里，会思念孩子。你的纱厂，应该是最安全的地方。当年，余瑞祥曾经在你的厂子里隐身了很久。"

进入纱厂，很快，她通过帮佣的妹妹，认识了几位非常活跃的女工。

不久，武昌区委负责人告诉赵璇滢，中山大学等许多单位都支持工人运动，应该趁此机会，把工人运动的声势搞得更大一些。

恰在这时，王俊林和余瑞华率领队伍回到了武昌。这两个家伙在向广州进军途中，不仅当了逃兵，而且反过来追杀南昌暴动队伍，赵璇滢心里早已积满怒火。如今，听到消息，她异常愤怒，决计亲自惩治他们，把鼓动工人运动的事情暂时放在一边，关注起他们的行动来了。

王俊林和余瑞华是跟着李宗仁的亲信一块回到武昌的。李宗仁的亲信担任武汉卫戍司令，一上任就对共产党人进行了更加残酷的镇压。王俊林却有一种死里逃生的感觉，一回到武昌，立马回去看望母亲，结果导致母亲死亡。

赵璇滢决计去王府吊唁，以便对王俊林、余瑞华这些叛徒做出必要的惩处。不过，为了安全，她委托余瑞光把王俊喜找过来，希望王俊喜能够给她提供帮助。

知道她要去王府吊丧，王俊喜马上识破了她的心思，欣喜若狂，心想："这是很好的机会。哪怕不能让王俊林死在她母亲的坟头，闹闹王俊林母亲的丧事，也不错。谁叫那个老女人一直提防我，不把我当人看呢？父亲母亲，也是因为这个老女人而死的。更可气的是，听说这老女人在临死之前，早已立了遗嘱，害怕王俊财会让我插手王府的产业，要把我赶出王府。她不想让我好好活下去，她死了，我也不能让她安宁！"

究竟怎么闹呢？按照王俊喜的意思，在灵堂里闹最好，可是，赵璇滢不愿意直接骚扰了亡灵，只同意在王俊林母亲入土为安的时候，抓住他。

"这也不错！"王俊喜在心里凶狠地说道，"我要炸掉她的坟墓！"

"畜生！这是人干的事吗？"王俊喜忽然听到了一声怒喝，看到父亲怒容满面地站在面前。

"父亲！"王俊喜喊道。

"不要叫我父亲，你这个畜生！"

"父亲！孩儿是为了替父亲报仇啊！"

"我的死，跟你伯母没有关系，跟王俊林也没有关系，都是你惹出来的！你这个畜生！你胆敢心生歹念，老子不会放过你！"

父亲怒气冲冲地从眼前消失不见了。王俊喜怔了半晌，一时间也不知道父亲到底死在谁手里。难道真的要放弃这个计划吗？他踌躇了很久，想起王俊林以及他母亲对自己的种种不好，心肠一硬，还是决定炸墓。

经过一番部署，王俊喜以帮佣的名义，把赵璇滢带回了王府。他手下虽说帮众甚多，心腹不少，可他还是决定亲自跟赵璇滢联系，向她汇报王府丧事的安排，听从她的分析和指挥，观察王府每个人的动向，趁机将炸药埋进了王俊林母亲的墓地。

有父亲现身阻止，王俊喜很清楚，把炸药埋进王俊林母亲坟地，是一件人神共愤的事情。他不能向赵璇滢透露半点口风。要不然，赵璇滢准会马上收回跟他合作的念头，他再也不可能找到报仇雪恨的机会。

当赵璇滢把一切都计划好了，突然出现在丧礼上，引起了一阵轰动和关注的时候，王俊喜已经秘密安排了许多人手，在暗地保护她。

抓住了王俊林，赵璇滢准备对着众人斥责王俊林背信弃义的行径时，没想到，竟然响起了一阵剧烈的爆炸声。她大吃一惊，以为是王俊林设下埋伏要来谋害自己，十分着恼，暗骂一声"畜生"，抓住王俊林，趁一团混乱的机会，在王俊喜人马的保护下，急急忙忙出了墓地，来到一个安全所在。

"王俊林，你想过，我们会以这样的方式见面吗？"赵璇滢冷冷地问道。

"赵璇滢，我一向很敬重你，你竟然骚扰了我母亲的安宁。"王俊林眼睛里充满了怨恨，吼叫道。

赵璇滢并没有做出这样的安排，本来以为是王俊林试图谋害自己，不择手段，连他母亲的亡灵都敢惊扰。一听王俊林的口气，她恍然大悟，心知这事一定是王俊喜干的。可是，她不能出卖王俊喜。

她仰天叹息一声，说道："王俊林，你走吧。"

"你在忏悔，你也觉得自己太过分了吗？"王俊林咆哮道，"我不接受你的忏悔。我一直没有想过要真正地对付你，从现在开始，我会紧紧地缠着你不放。你最好离开武汉，否则，你一天也不会得到安宁！"

赵璇滢微微一笑，说道："你愿意怎么样，尽管放马过来，我随时奉陪！"

拐过了许多道弯，经过了几次化装，在王俊喜的人马和共产党人的帮助下，赵璇滢成功地摆脱了军警的跟踪，回到了武昌。

赵璇滢一下子倒在床上，脑子里急剧地思考着：这两天都干了些什么？为什么要如此相信王俊喜？为什么抓住了王俊林以后没有惩处他却又放掉了他？为什么在那种场合下，自己还能够轻易离开？真的是自己部署得天衣无缝吗？不是，好像有一个神秘人在暗中保护自己。

是谁？她想起了进入王府的时候，曾经亲眼见到过余瑞华，但之后似乎很少看到他。一定是余瑞华在暗中保护自己。换句话说，自己的行动已经全部落入余瑞华的掌握，他一定会跟踪自己，来到这里！

怎么办？难道要离开吗？可是，这里是共产党人的交通站，轻易离开不得。不离开，岂不是会危及整个共产党秘密组织的运作吗？她真后悔自己一念之差，造成了如此恶劣的后果。

忽然，帮佣进来报告：有一个年轻军官到访。

赵璇滢心里一惊：他来得好快！好吧，既然已经找上门来了，见一见又有何妨？她让帮佣请军官进来。

"二嫂。"余瑞华站在赵璇滢面前，恭恭敬敬地叫道。

赵璇滢冷冷地望着他。

余瑞华继续站在那儿,辩解似的说道:"我听了二哥的话,的确参加了南昌暴动。可是,我一直没有完全接受共产党的主张,绝不可能跟着共产党走下去。早晚得离开。至于二哥最后兵败广东,是不是真的已经死掉了,我确实不知道。我感到很遗憾。希望二嫂能够体谅我。"

赵璇滢继续冷冷地注视着他,沉默不语。

余瑞华恳切地说道:"二嫂,这里不安全。我希望二嫂去另外一个地方居住。"

赵璇滢冷冷地说道:"成为你的囚徒,是吗?"

余瑞华一阵心塞,连忙说道:"不!二嫂,你把我看成什么人了?我只不过是想为你提供一个绝对安全的住所,你想干什么就可以干什么。没有人拦你。"

征得了党组织的同意,赵璇滢真的搬去了余瑞华的军营。

虽说余瑞光同意在纱厂里恢复工会组织,把工人的各项待遇恢复到国共合作时期的水平,可是,那不过是权宜之计,一旦工人罢工的事态得到了控制,并没有真正予以落实。纱厂工人在赵璇滢的暗中指挥下,展开了公开斗争。

消息传扬开去,立即得到了中山大学师生的支持。中山大学组织一支庞大的师生队伍,开到纱厂,声援工人运动。

风声立刻传入武汉卫戍司令的耳朵,他立即命令王俊林选派人马,前去镇压。

母亲不只是受到惊扰,被炸得尸骨无存,天下奇耻大辱之事莫过如此,王俊林实在愤怒至极。他痛骂赵璇滢,怨恨赵璇滢,把赵璇滢当成了不共戴天的仇人,时刻想要对付赵璇滢。于是,一回到自己的队伍,他立刻派出许多兵力,秘密调查赵璇滢的去向。

初回武汉,尽管不知道赵璇滢为什么能够躲过国民党人的搜捕,但他清楚王府、赵府、余府之间盘根错节的关系肯定为赵璇滢提供了极好的掩护,自己稍一不慎,准会走漏风声,想抓住她,绝对痴心妄想。于是,王俊林绕开余瑞华、王俊喜、赵承彦等人的眼线,秘密部署人马,对赵璇滢展开了调查和搜捕。至于抓住了赵璇滢以后究竟应该对付她,他现在想不了那么多。

接到武汉卫戍司令要他派兵前去镇压余府纱厂工人闹事的命令,王俊林把主要目标放在赵璇滢身上,打算派遣余瑞华率队前去镇压。可是,因为余瑞华曾经放跑过共产党人,得敲打敲打这个小舅子。

向余瑞华交代完任务之后,王俊林板着脸说道:"我不希望过去的事情重演。你应该知道,要是失去了李宗仁代理总统的信任,天下之大,我们真的没有容身之地。"

余瑞华说道:"请师长放心,我绝不会再偏离自己的理想。"

他早已打定主意，是军人，只能在战场上跟共产党人做拼死的较量。可是，他很清楚，自己不接受命令，准会有别人接受命令，说不定由此给共产党人带来更严重的伤害。他只能接受这个任务。

怀着不得已的心情，余瑞华率领一个营的人马，迅速赶到了纱厂。

此时，纱厂四周已经围满了不少人。不仅整个纱厂的工人全部聚集在那儿，情绪激愤，高喊着口号，跟余瑞光对话，还有从中山大学过来的学生和老师，都在高声呐喊。

余瑞华眼帘马上跳出了当年自己参加五四运动的情景：也是一样的人人热血沸腾，也是一样的跟当局对话，最后却被王俊林率领的队伍阻拦和镇压。

昔日的一幕重演了！只是，昔日的对话者是当局，今天的对话者变成了余瑞光；当年的五四运动是为了反抗当局的卖国行为，今日的工人运动是为了工人自身的利益；昔日是王俊林率领人马前来扼杀学生运动，今天换上了余瑞华。

一想到这些，余瑞华的心不禁慌乱起来，他不知不觉地停住了脚步，再也不知道是继续前进，还是后退。

此时，众人赫然看到竟然开来了一支军队，胸中的怒火越发熊熊燃烧。不知道是谁大喊一声："他们派来了军队，不想让我们活下去了，跟他们拼了！"

哗啦啦，人群像打开闸门的洪水一样冲向了已经停止前进的队伍。

兵士一团慌乱，耳朵里除了工人和学生的呐喊声，其他什么声音都听不见，更不知道余瑞华是不是下达了命令，本能地一齐动手，枪杆子朝着已经逼到跟前的人群猛地打了过去。

冲到兵士跟前的人群发出了阵阵痛苦的哀叫，丝毫没有让紧随其后的工人和学生们退缩。众人气势磅礴地冲了过来，很快，他们把余瑞华的队伍全部包围起来了，拼命地抢夺兵士手里的武器。

陷入工人和学生们的包围之中了，余瑞华的人马开不了枪，挥动不了枪杆子，左冲右突，难以冲出包围圈。

余瑞华身上接连挨了好几下打，终于回过神来，面对愤怒的人群和被打得叫苦连天的兵士，心里痛苦万分。他下意识地抽出了手枪，想扣动扳机，又颤抖着把手枪收了回去。

眼帘浮现出年初那些愤怒的苦力奋勇冲进英国水兵的阵形，跟英国水兵展开激烈战斗的情景，余瑞光心里一阵感喟，暗暗说道："愤怒的工人和学生会把三弟撕成碎片的，得赶紧请求王俊林派遣军队，前来营救。"

他赶紧离开现场，跑去办公室，向军警和王俊林分别打去了求救电话。

很快，王俊林率领一个团的人马冲了过来。这些如狼似虎的兵士挥舞着枪杆子，旋风一样地冲进一团混乱的队形，只要看到不穿军装的人，不由分说，一阵乱打。很快，民众被打得毫无还手之力。

忽然，一个熟悉的身影跃入了他的眼帘。王俊林迟疑了一下，想进一步确认那个人是不是赵璇滢，她已经淹没在人群当中了。他拔出了手枪，朝天放了一枪，喝令工人和学生赶紧向两边分开，一定要把那个人找出来。

虽说还不能最后确定那个人是谁，王俊林心里认定她就是赵璇滢，她就是鼓动工人闹事的元凶。

亏她想得出来，在余瑞光的纱厂里隐藏下来，干出这么一手！王俊林情不自禁地在心里喝彩道。这就是她的手法，她对王俊林母亲做出了那件事情，现在竟然把目标对准了她的前夫。王俊林绝不会饶恕她。

王俊林赶紧命令人马将人群分成几堆，以便追问带头人以及赵璇滢的下落。

余瑞华被工人打晕在地，隐约听到了王俊林的声音，强烈地支撑着自己的身体，爬起来，一眼看到了赵璇滢。

他差点不敢相信自己的眼睛，也终于明白大哥的纱厂为什么会一再发生工人闹事。不过，他不能恨她，也不会恨她，担心王俊林会抓住她，余瑞华赶紧抢上前去，挡在了赵璇滢的面前。

"放过他们，是我看不惯余瑞光的行为，才带领大家一块来到纱厂，向余瑞光讨一个说法的。"一个教授模样的人出现在王俊林面前，大声说道。

"教授！"余瑞华又是一呆，惊讶地叫道。

余瑞华真是做梦都没有想到昔日的恩师会以这样的方式出现在自己的面前。

"你干的好事！"教授朝余瑞华投去了愤怒的一瞥，说道，"你不是要搜捕和屠杀带头人吗？是我带领他们来的，你抓我吧，你杀我吧！"

"你放心，你们一个都跑不了！"王俊林狞笑一声，命令兵士把教授抓住了。

王俊林再朝周围看时，已经没了赵璇滢的身影，只有余瑞华像一堵墙壁一样挺立在他的面前，冷冷地注视着他。

第十八章 白色恐怖

王俊林不仅疯狂镇压了纱厂的工人运动，把工人运动中的积极分子全部抓起来严刑拷打，予以杀害，而且大肆搜捕前往纱厂声援的老师和学生，甚至在遇到反抗时一连气枪杀了好几个师生。赵璇滢满腔怒火，责备自己为什么一念之仁，在抓住他的时候，没有一枪毙掉这个屠夫。

　　更让赵璇滢愤怒的是，王俊林竟然在向卫戍司令报告了他镇压工人运动的经过以后，提出了永久性封闭中山大学的建议，并且得到了嗜血成性的卫戍司令的批准。随即，王俊林命令余瑞华带领人马闯入中山大学，驱离了在校师生，到处贴上封条，派兵把守，严禁任何人进入。于是，一夜之间，一所负有盛名的大学，从此再也听不到读书声，更看不到一个人的踪迹。

　　"他已经疯了！他不是人，已经成了一条疯狗！"赵璇滢在心里痛骂道。

　　她仍然回到了余瑞华给她提供的秘密住处。这段时间，王俊林一直没有放松搜捕和监视曾经在工人运动中表现活跃的人，试图以此为突破口，把留在武汉三镇的共产党人一网打尽，并且找到赵璇滢。街道上都是来回穿梭的军警，他们到处抓人打人伤人杀人，致使武汉三镇的每个角落都充满了恐怖的气息。

　　为了打击敌人的嚣张气焰，鼓舞民众的斗志，或者让民众看到希望，她仍然不能停止发动工人运动的步伐。不过，她必须更加仔细谋划，再也不能犯下任何错误，否则，会导致更大的灾难。首先，还是要跟上级党组织取得联系，听从上级党组织的安排。可是，她不能随意活动。一直想不到好办法，只有在屋子里来回走动。

　　余瑞华进来了。他哭丧着脸，一屁股坐在椅子上，抱着头，十分痛苦。

　　赵璇滢强烈地抑制心中怒火，讥笑道："你们干了好事，还会心怀不安吗？"

　　"我没有想到会是这个样子！我的恩师，竟然被王俊林活活打死了！"余瑞华哆嗦着说道，不敢看她的眼睛。

　　"你们杀了那么多人，还在乎一个老师吗？"赵璇滢讥笑道。

　　余瑞华再也说不出话来，心里好像有一团火在熊熊燃烧，深深地灼痛他的心。

　　他之所以隔了很久才来到赵璇滢面前，是因为王俊林逼迫他带领队伍，把中山大学里面的学生和老师全部赶出了学校，然后封锁了学校的大门。他真的宁愿死，也不愿意做这个千夫所指的事情，可是，他深知违抗命令会招致什么样的后果，嘴上虽说没有下达驱赶师生封闭学校的命令，事实上，还是在他挥了一下手以后，师生不可避免地遭到驱逐，学校不可避免地遭到封闭。

　　余瑞华的眼帘闪现出昔日在这所学校读书的情景。那时候，学校还叫高等师范学校，他曾经在老师的激励下，在北京五四运动的影响下，怀着一腔热血，领导过学生运动，与王俊林率领的军队进行过多次斗争。而现在，他不仅带领人马镇压学生运动，而且，是他亲自率领军队来驱散自己的老师和校友，封闭昔日的学校。难道人长大了，或者变老了，便会变得冷血，便会背弃当年的初心吗？

他的血并没有完全冷却，看到他当年最崇敬的老师被王俊林当场杀害的时候。他脑袋一嗡，什么都不想了，扑倒在老师的尸体上，大声痛哭起来。

王俊林一把提起他的衣领，厉声骂道："你给我振作起来。他不是你的老师，是共产党，是鼓动工人向你大哥的纱厂发动闹事的危险分子。像这样的人，你必须见一个杀一个！"

说完，王俊林硬拖着余瑞华，让几个卫兵押解着，率领一大队人马，去了中山大学，上演了将学校解散的惨剧。

"中国人向来崇敬读书人，封闭学校，枪杀师生，会受万世唾骂的！"余瑞华实在难以想象，王俊林为什么会做出这样的事情，自己为什么没有反抗。

"也许，他已经不是人了！我也不是人，我充其量不过是一具行尸走肉。"余瑞华心里说道。

他都不知道自己是怎么离开校园的，更不知道自己要到哪里去。他可以在战场上跟任何对手展开血战，而且一定会血战到底，但绝不是像现在，屠杀手无寸铁的工人屠杀只会读书的学生屠杀为人师表的老师。当年，北洋政府的军队够凶恶的吧？他们没有如此屠杀学生和老师，更没有把全校师生统统赶走，完全封闭一所学校！

这一刻，余瑞华对国民党的忠诚已经走到了动摇的边缘。他不停地问自己：难道真的到处都是共产党吗？难道工人提出一点正常的要求，都会被认为是共产党在里面捣鬼吗？即使没有共产党，工人就不需要提高待遇，就不要有好的生活吗？

不知不觉，他走到赵璇滢的住处来了，是想从赵璇滢这里得到安慰，还是想从赵璇滢这里寻求一种答案？他自己也不知道。

"我不想这样啊！"他说道。

赵璇滢冷笑道："当你脱离共产党人的队伍时，你应该清楚，这样的事情一定会发生，而且一定会反复发生。这就是你的理想！原来你的理想是要毁灭一切美好的东西，毁灭追求美好事物美好生活的人！"

"不！我没有。"他无力地说道。

从此，他不打算理睬王俊林。至于赵璇滢是不是这次工人运动的主使人，是不是她鼓动工人跟大哥作对,他不会管,也不会过问,他有责任保护好赵璇滢。无论如何,他得为她做一些什么,以弥补心里对她的愧疚之情。

封闭了中山大学以后,王俊林几乎出动了所有人马,在整个武汉三镇,继续到处寻找赵璇滢的下落。

他是被赵璇滢放掉以后,回到王府,才从下人嘴里知道母亲尸骨无存的,一时气结,当场昏厥过去。

苏醒过来,他发疯似的跑去母亲的坟地。王俊财和王俊喜兄弟带了一大帮人仍在到处拾掇散落的棺木、死者的遗骨。坟地被炸出了很深的坑,仍然充满硝烟的味道。他跪倒在地,凄厉地大叫道:"母亲!"

他又昏了过去。再次苏醒过来以后,他哭了很久,怒骂道:"赵璇滢,你这个蛇蝎心肠的女人!有本事,你冲我来,怎么能侮辱我母亲?"

打从这一刻起,王俊林发誓一定要抓住赵璇滢,绝不轻饶。他不仅要抓住赵璇滢,而且还要挖出隐藏在她背后的人。他怀疑是王俊喜把赵璇滢隐藏在王府的,旁敲侧击地询问王俊喜,不能得到任何有用信息。他不能就这么算了,调集人马,对赵府、余府、王府,全都进行严密监视。

丈夫如此暴戾,余雅芳很担心嫂子的安全。她深知二嫂的为人,一直觉得二嫂绝不会利用王俊林母亲的尸体做文章,很想劝说丈夫不要怀疑二嫂,每当接触到丈夫那双狼一样凶狠的眼睛,她浑身一阵战栗,不敢说一个字。

王俊林绝不会理睬夫人的感受。他现在全部的心愿是要把赵璇滢挖出来,把共产党人赶尽杀绝。一直没有找到赵璇滢的下落,他心里充满了焦虑。当中山大学的师生卷入余瑞光纱厂的工人闹事之中,他立马怀疑,一定是共产党参与进去了,里面有没有赵璇滢,他不敢肯定,但可以肯定能从中找出一些共产党。没想到,竟然真的在纱厂发现了赵璇滢的踪迹。

赵璇滢竟然隐身在余瑞光的纱厂!一定是余瑞光把赵璇滢隐藏在那儿的。余瑞光呀余瑞光,你把赵璇滢隐藏在纱厂,使得工人在她的带领下闹事,并且还跟学生勾结起来了。这就是你余瑞光隐藏她的下场!不管你余瑞光是不是大舅子,得好好地教训你。

王俊林把中山大学一封闭,腾出空来,迫不及待地奔向了纱厂,想在那儿找到余瑞光,教训余瑞光。可纱厂一团混乱,也没有了余瑞光的踪迹。王俊林懊恨不已,抽身去了余府。余瑞光正跟王俊财、赵承彦坐在客厅里商量着什么。

一看到余瑞光,王俊林心头的火气噌噌地直往脑门上冲,扯开喉咙吼叫道:"告诉

第十八章 白色恐怖

我,是不是你把赵璇滢隐藏在纱厂的?"

纱厂工人闹事,演变成了一场血腥镇压,好几个学生和工人被当场枪杀,甚至连余瑞华的老师也被王俊林亲手打死了,更多的人受了伤,遭到逮捕,余瑞光的心里冰凉到了极点。他不敢继续留在那个现场,生怕看到赵璇滢被王俊林抓住的一幕,更怕亲眼看到赵璇滢死在自己的面前。他知道,在王俊林恼羞成怒的时候,一旦赵璇滢被抓住了,任凭自己说什么,也不可能动摇王俊林杀掉她的决心。扪心自问,如果有人敢向自己父母的遗骸下此毒手,他也会赶尽杀绝。不过,他不相信赵璇滢会做出这样的事情。

他一直替赵璇滢担心,不知不觉回到了余府。他仍然没有想到赵璇滢是纱厂工人闹事的幕后指使人,准确地说,是根本没有朝这方面想。

不一会儿,赵承彦和王俊财听说了余记纱厂闹事的消息,过江探听动静。他们刚到,还没有跟余瑞光说上几句话,王俊林便冲进来了。王俊林没头没脑的话让他们把心都提到嗓子眼上来了。

余瑞光犹如醍醐灌顶,猛然醒悟:在赵璇滢进入纱厂之前,工人虽说闹过一些事,自己毕竟还控制得住。自从赵璇滢进入了纱厂,自己无论再说什么,工人根本不买账。这不正好说明她即使不是幕后指使人,在工人闹事过程中也一定起了很大的作用。

"说呀,你为什么要隐藏赵璇滢?难道你不知道,赵璇滢是我要抓的人吗?"王俊林站在余瑞光面前,怒视着他,逼问道。

余瑞光脑子里很混乱,没有回答。

"你应该明白,赵璇滢是余府少夫人,不能因为你要抓她,余府上下就不管她的死活。"王俊财冷冷地说道。

王俊林说道:"是的,她是你们的亲戚,也是我的亲戚,但是,她更是我的敌人。我不要求你们帮我除掉她,最好不要再让我看到你们在帮助她。"

说完,王俊林怒气冲冲地跑出了余府。

看着他消失的背影,王俊财心情沉重地说道:"想不到,王俊林竟然变成了一个恶魔。"

"他的确成了一个恶魔。我们刚才进入武昌的时候,不是听说过了吗?王俊林已经带兵把所有的学生和老师都从中山大学驱赶出来了,还派兵把守校园,不准任何人再进去。"赵承彦说道。

余瑞光喃喃地说道:"王俊林再不是个东西,也应该知道学校是干什么的。他这是在干什么?"

赵承彦瞥了他一眼，心里说道：王俊林怎么能知道学校是干什么的？王氏家族从祖上开始，一直是做生意出身，可不像余昌泰世伯和自己的父亲一样，依靠读书换得了功名，知道读书的妙趣和乐趣。可是，眼睛下意识地滑到了王俊财的身上以后，他不得不把刚要冲口而出的话吞了回去，闭上了嘴。

王俊财叹息一声，说道："家门不幸，迭遭羞辱。唉，祖宗在天之灵，一定不得安宁了！"

余瑞光、赵承彦一起望着他，心情更加低沉，谁也不接他的话头。

堂屋里陷入一片沉默，三个人心里都充满了难以言表的痛苦。不言而喻，王俊财心里的痛苦远远超过了余瑞光和赵承彦。

王俊林无论做什么事情，王俊财都可以原谅。但王俊林竟然连学校也敢封，他实在难以想象。

这是一件令祖宗蒙羞的事情！王氏家族从此以后，在世人面前，谁还抬得起头来？王俊财很希望自己可以跟余瑞光联合起来，共同提出恢复大学的建议，以此跟王俊林划清界限，让王氏家族不至于世代留下骂名。可是，王俊林刚刚封了学校，他一旦这么做了，王俊林岂不是要把一切矛头都对准他吗？已经按照王俊林母亲的遗嘱，把王俊喜从王府驱逐出去了，难道还要再上演一次兄弟相残的惨剧吗？不，不能这样！先默默地承受着这个骂名吧，自己躲在后面做一些修补，好歹不要让王氏家族的名声跌到谷底。

唉，自从国民党跟共产党分裂以来，局势变幻莫测，动荡不安，今天有人喊打，明天有人喊杀，早知如此，当初，国民党跟共产党就不要合作了，更不要北伐了才好。北伐的结果是什么？没有打垮北洋军阀，国民党跟共产党反而相互成了最大的敌人！共产党提倡的工人运动农民运动，让工人农民以及所有的无产者，都拥有跟资产阶级一样的权力和地位，固然不对；国民党这样对待共产党对待学生对待老师对待有过激思想的人士，就对了吗？

王俊财的思维毫无头绪，一会儿拖向这样的深渊，一会儿又拖向那样的深渊。他由不了自己，只有听凭思绪不停地飞旋。

思绪一转到王俊喜身上，王俊财猛然醒悟：赵璇滢不是一个不择手段的人，何况，她和余瑞祥一直以来跟王俊林既是敌人，也是朋友，从来没有真正置对方于死地，赵璇滢怎么会对故去的老人家的遗骸不敬呢？要说不敬，只有王俊喜。王俊喜一直对王俊林母亲剥夺了他管理王氏家族产业的权力感到不满；更把父亲和他母亲的死，怪罪到王俊林母亲的头上；而且，王俊喜还不知道从哪里挖出了确切消息，知道王俊林母亲立下了

第十八章　白色恐怖

遗嘱，要在她死后将王俊喜驱逐出王府。因而，炸毁王俊林母亲坟墓的事情应该是王俊喜干的。

他要迅速找到王俊喜，询问他其中的原委。

"余世兄，我突然想起一件事，得快回去。"王俊财说道。

"走吧，王世兄和赵世兄都走吧。"余瑞光无力地说道。

一回到汉口，王俊财急忙派人去寻找王俊喜，却没有找到他。

王俊财猜得不错，炸毁王俊林母亲的墓地，的确是王俊喜干的。哪怕刚刚闪出这个念头的时候，王俊喜的眼前突如其来地闪现出父亲的身影，被父亲严厉斥责，他曾经犹豫过，但是，复仇的怒火，还是促使他动了手。

他指令帮众弄来了一批炸药，趁雇佣工人修建墓地的机会，秘密将炸药埋进了墓地。按照跟赵璇滢的约定，在王俊林母亲入土之后，王俊喜必须立即引开众人的注意，让赵璇滢安全脱身。那一刻到来之际，趁着燃放的鞭炮把墓地四周弄得烟雾缭绕的机会，他暗地里点燃了导火索，谁也没有发觉。他溜到了安全地带，一声惊天动地的爆炸，果然将王俊林母亲的墓地炸上了天。

王俊喜心里暗自高兴，所有的恨意，似乎在这一刻都得到了释放。至于是不是会被赶出王府，他并不放在心上。毕竟，他手头掌握了庞大的密探体系，已经成立了汉帮，跟妓院、跑马场、赌场有着千丝万缕的联系，不愁干不出一番事情。

他心情荡漾，忍不住一头钻进了妓院，在好几个不同的女人身上翻来覆去打着滚。在她们的身上，他不能体会到趴在柳彤萱身上那种飘飘欲仙的感觉，顿时萌发了前去赵府的冲动。可是，李香香眼睛毒得很，不经意地瞄人一眼，便可以看出别人的动机。他不敢去赵府，又实在控制不了自己，隔了几天，终于去了赵府。

见到了柳彤萱，王俊喜极力地控制住不安分的情绪，没有当场表现出对她的思念，一旦只有她跟他两个人了，他迫不及待地把她抱起来，在她身上一阵摸索，但还是不敢进入她的肉体。毕竟，李香香的眼睛在他的周身飘荡。饶是如此，他也感到了快慰，一颗淫荡的心得到了一些满足。一直挨到了下午，还是找不到机会交媾，他只有回到了汉口。

这时候，王俊林母亲的遗嘱已经公布出来了。王俊喜不得不离开王府，带着夫人和孩子，另外过自己的日子。

王俊林母亲并没有把事情做绝，不仅在租界为王俊喜买了一幢房子，而且还给予了他一笔丰厚的财产。王俊喜决定利用这笔财产和业已收买过的人手，招兵买马，一步步控制整个汉口的妓院、赌场以及鸦片地下交易网，让汉帮成为武汉三镇最大的帮会，以便长期跟王俊林斗下去。

听说哥哥正在寻找自己，王俊喜以为他会暗地里再给自己一部分产业，便赶紧喜滋滋地去见哥哥。

"告诉我，伯母墓地里发生的爆炸到底是怎么回事？"王俊财的话仿佛一把锋利的匕首，刺进了王俊喜的心，让王俊喜一阵阵发抖。

不过，王俊喜很会控制自己，马上克服害怕的感觉，强作笑脸，说道："哥，不是你叫军警前来调查过吗？你应该知道是怎么回事呀，怎么问起我来了？"

王俊财说："整个事情是你暗中部署的，并不是赵璇滢。她不是这样的人！"

王俊喜差点跳起来了，说道："哥，你怎么会怀疑我？王俊林母亲即使对我再苛刻再无情，也毕竟是伯母呀，我怎么会对伯母的遗骸不恭不敬呢？再说，我敢惹王俊林吗？"

不用再问了，从王俊喜的表情上，王俊财已经非常清楚地看出来，这事的确是王俊喜干的。王俊财的心一下沉到了谷底，预感变成了现实，现实竟然是如此的不堪！王俊喜做下坏事，引发了日后一连串的灾难：王俊林疯狂地向赵璇滢和共产党报仇，杀人抓人，封了中山大学，以至于整个武汉三镇，现在没有一所可以为世人称道的大学了！原先，民众一向十分痛恨北洋政府，痛恨北洋军阀，现在，王俊林不是比北洋军阀还要恶毒吗？导致这一切的罪魁祸首竟然是王俊喜，而不是共产党，更不是赵璇滢。

王俊财能把这件事情透露出去吗？不能，一想到王俊林凶狠的模样，一想到有可能从此真正上演一曲兄弟相残的悲剧，他不寒而栗，不能不压抑着准备把这一切告诉王俊林的冲动。

责怪了王俊喜，王俊财又在心里责怪赵璇滢。王俊喜是一个什么样的人，你赵璇滢应该很清楚，为什么要跟他联系，为什么不来找我呢？难道我考虑问题不比王俊喜更周到一些，更加能为你提供安全方面的保障吗？

可是，事情已经发生了，无论责怪谁，都没有用了。承受这件事情的后果，并且等待时机，去弥补王俊林造下的罪孽吧。王俊财想到这里，冷冷地注视着王俊喜，还想说一些什么，踌躇了好一会儿，终于说不出口，挥了挥手，试图让同父异母的弟弟从眼前消失。

王俊喜却以为王俊财已经相信了自己，心里一阵轻松，问道："哥找我来，难道只为了这件事情吗？"

王俊财眼睛里又射出一道令人不敢逼视的亮光，直刺王俊喜的心。

第十八章 白色恐怖

王俊喜浑身又是一抖。他的地下王国目前充其量只不过刚刚起步，还没有变成现实，目前还无力跟王俊林一较高低。他不得不尽量委屈自己，把嫌疑推干净，说道："哥，你不应该怀疑我。"

"是不是你干的，你很清楚，我也清楚。你去吧，别再找我了。"王俊财冷冷地说道。

看着王俊喜的身影从眼前消失了，王俊财叹息一声，双手抱着头，陷入了沉思。应该怎么化解王俊林心中的戾气呢？他怎么也想不到好的办法。还是去见一见王俊林吧，无论怎么说，也得跟王俊林好好谈一谈，劝说他不要再做人神共愤的事情。

王俊财再次出现在王俊林面前，说道："很多事情，已经过去了，就让它过去吧。我们还是要生活在现实的世界里。"

王俊林说道："我也很想让它过去，可是，我的耳边一直回荡着那声爆炸，我的眼帘一直浮现着那个惨烈的场面。亡母尸骨无存，这是何等的奇耻大辱！这一切，都是赵璇滢干的。我一定要抓住她，将她碎尸万段！"

"难道你不能替你夫人想一想吗？自从出了这件事以后，她一直很为难。"

王俊林当然能够想象得到夫人现在的心情以及夫人现在会变成什么样子。所以，他一直不敢面对她。赵璇滢跟夫人的关系再好，他也不能看在夫人的面子上原谅赵璇滢。不抓住赵璇滢，不为母亲报仇，王俊林决不会再去见夫人。

不可能让王俊林一下子从仇恨里面解脱出来，也一定要让王俊林不随意牵扯其他人。王俊财继续说："如果你一定要向赵璇滢实施报复，随便你吧。可是，你今后无论做什么事情，无论怎么做，都要好好考虑一下，不要牵连其他人，更不能封闭学校。"

"我知道，封闭学校，已经让所有的人都在咒骂我是破坏文明的元凶。来吧，无论他们怎么咒骂，我都可以接受。"王俊林顿了一顿，说道，"但是，我真的不想封闭学校，我有苦衷。"

虽说仇恨的怒火已经烧毁了王俊林的思维，让他不顾一切地对共产党人实施疯狂的屠杀和报复，可是，他的确不是真的愿意封闭中山大学，只不过是想借机令共产党人无处可躲。

他在纱厂门前杀掉学生，杀掉余瑞华的老师，丝毫不顾忌余瑞华的感受和想法，为的是要让余瑞华知道，他们已经跟共产党人脱离了关系，不能继续对共产党仁慈，一定要彻底地把共产党当做仇人。也是为了让赵璇滢看一看，王俊林会在她的身上实施怎样的报复。当他把发生的事情向卫戍司令汇报，并且提出了暂时封闭中山大学的建议以后，卫戍司令竟然修订了他的建议，命令他火速率领队伍永久性封闭学校。

"王师长，我对你够重视的吧？"卫戍司令说道。

"谢谢司令信任！"王俊林明白他是要把自己推向与所有人为敌的深渊，顾不得许多，连忙回答道。

亲眼看到母亲坟墓的惨状时，王俊林便认为是赵璇滢干的。警察的结论是此事早有预谋，不是多人勾结在一起，绝不可能做得如此天衣无缝恰到好处。他怀疑过王俊喜，可是，从王俊喜那儿查不到任何疑点。他不能不认定这是赵璇滢以及共产党干的，开始疯狂地搜捕赵璇滢，要向她讨回这笔血债。

定下决心之后，他什么都不顾了，哪怕夫人试图劝说他，他也毫不理睬。不过，一看到夫人楚楚可怜的样子，他还是忍不住心里不安，最后索性连她的面都不敢见，生怕一看到她，心肠会真的软下来。就这样，他一天天地狂暴起来，似乎只有沉浸在狂暴之中，才能得到一点慰藉。

这期间，他曾经得到了一个可靠消息：共产党人已经在黄安、麻城一带发起了暴动，数千农军打下了黄安县城，建立了政权。虽说最后这个政权被镇压下去了，但共产党人点燃起来的火焰仍然没有熄灭。

为了防备共产党人继续到处播撒暴动的火焰，他接到了命令：对共产党人宁可错杀一千，绝不可放过一人。

在这种对共产党人及其支持者大肆搜捕和杀戮的过程之中，他找到了为母亲报仇的快感。可是，杀戮过后，一个人待着的时候，仰望天空，他的心里总是情不自禁地一阵阵发抖，他总是问自己：为什么要杀戮，难道真是为了替母亲报仇吗？难道真是要逼迫赵璇滢现身吗？如果赵璇滢真的出现在自己的面前，自己到底应该怎么对付她？真的会杀掉她吗？

结果，他也不知道自己想要什么，更不知道自己是否真的会杀掉赵璇滢。

原来封闭学校并非出自堂弟的本意，王俊财心里多少有些宽慰。他说道："做千夫所指的事情，必定要付出代价，你好自为之。"

赵璇滢仍然只能每天都待在余瑞华为她提供的屋子里，哪里都不能去。

每当余瑞华来看望她，赵璇滢总是冷嘲热讽："国民党给予了你实现理想的机会。原来你的理想就是屠杀工人，屠杀学生，屠杀你的老师。"

余瑞华开始的时候很惭愧，不敢回答，但听多了，渐渐开始反击："难道你们的理想，是拿工人、学生、老师的性命去为你们牺牲吗？难道你不觉得这样做，表明你们是懦夫吗？"

赵璇滢冷笑道："我们为了实现理想，哪怕死也不要紧。但是，现在，我还不能死，我要为你二哥，为实现我们的理想，继续活下去。"

余瑞华虽说仍然对王俊林大肆杀戮无辜者感到不满，时间一长，似乎渐渐能够理解王俊林的行为。

"你也认为是我炸毁了王俊林母亲的墓地吗？"赵璇滢问道。

从感情上，余瑞华当然不相信二嫂会做出这件事情，可是，事情分明做得天衣无缝，每一步都配合得恰到好处，不是二嫂又是谁呢？面对二嫂的询问，他不能回答，也不愿意回答。

赵璇滢说道："你们可以制造各种各样的理由，掩饰你们的罪行。你们认为我干过也好，没有干过也好，你们总是要屠杀民众的。这就是你们的理想！"

"不，二嫂，不是这样的。我不想杀人。"余瑞华分辩道。

"你不想杀人，可是，你们杀了那么多人，如果你想杀人，是不是这个世界上不可能有人逃过你们的杀害？"赵璇滢质问道。

"二嫂！你不要指责我！你为什么不想一想，你们做了什么？"

"我们所做的事情，是要建立一个人人平等的没有剥削没有压迫的社会，早已明告天下，这是天下最伟大的事业。在大革命的时候，国民党知道我们的理想，还可以跟我们合作，不正好说明这一点吗？"赵璇滢接着说下去，"国民党个人盘算太多，害怕民众的力量，害怕民众觉醒会触及他们的私利，开始疯狂地镇压共产党，屠杀工人，屠杀农民，屠杀所有觉醒起来的民众！不要说你不想杀人，你背叛革命，追随国民党，是一定要杀人的。难道你会逃过这种宿命吗？"

余瑞华无言以对，但是，他不可能因此有多少改变。赵璇滢心知这一点，觉得自己继续留在这里，尽管安全不成问题，但是，她不能在这里恢复地下交通站。她必须出去，为党的事业拼到底。

她叹了一口气，说道："我说服不了你，你也不会不屠杀共产党。我继续待在这里毫无意义，还是走吧。"

"二嫂，外面不安全。"余瑞华说道。

"整个中国，还有一个地方是安全的吗？我与其在这里闷死，不如出去让你们的人抓住杀死。这样，我的生命才有意义。"

二嫂一定要走，余瑞华无法阻挡，只能满足她的心愿。他担心她的安全，思索了一会儿,为她找来一身男装,让她装扮成男人,以昔日同学的名义,亲自带着他,离开了武昌。

"遇到危险,随时来找我。"余瑞华说道。

"在你那儿,我会更危险。"赵璇滢冷笑道。

与余瑞华分开以后,赵璇滢去了租界,根据原先与地下共产党人约定的接头暗号和接头地点,试图跟组织恢复联系。可是,共产党机关已经遭到了彻底的破坏。很显然,王俊林已经查出了共产党人的活动情况,率先把这里破坏了。

"余瑞华为什么没有告诉自己这些?是王俊林瞒着余瑞华干的,还是余瑞华故意不告诉自己?"她暗问自己。

赵璇滢意识到,有一双眼睛已经盯上了她。

一定是敌人捣毁了共产党秘密机关以后,布设了密探,监视所有到这里来的人。赵璇滢心里想道。她本来想去第二个接头地点,但不能去了,得先甩脱那双眼睛。她依仗着熟悉这里的地形,不停地穿街走巷,却怎么也无法摆脱他。忽然,她看到王俊喜正向一家妓院走去,马上跟着王俊喜,进了妓院。

王俊喜认出了赵璇滢,惊讶地瞪大眼睛,很想打招呼。赵璇滢一脸严肃,眼睛不停地朝四处乱瞟。王俊喜马上会过意来:赵璇滢遭到了密探跟踪。

他很快有了主意,使了一个眼色,跟赵璇滢分别进入两个相邻的房间。

有客人上门,妓女殷勤之极。赵璇滢跟她虚与委蛇,打情骂俏一番,忽然说她很想穿穿妓女的衣服,体验一下当女人的感觉。妓女从没见过如此癖好的嫖客,连忙找出一套光胸露背的衣服,准备帮赵璇滢穿上。

赵璇滢拿过了衣服,在身上比画了一下,对她说道:"你躺在床上去,不准偷看,等我叫你的时候,你才可以起来。"

妓女果然顺从地躺在床上,闭上眼睛,寻思着赵璇滢到底会变成一副什么样子。一直没有听到赵璇滢的声音,她实在忍耐不住,偷偷地睁开眼睛一看,屋子里竟然没有人影。她非常吃惊,惊叫一声,翻身坐了起来。

这时候,门被人粗暴地撞开了,闯进来一群凶神恶煞的家伙,不由分说,朝床边冲去,掀开被子,只有那个妓女坐在床上瑟瑟发抖,便凶狠地询问她嫖客的下落。妓女害怕得要命,颤颤抖抖地说了好一会儿,也没有人听得清她到底说了什么。闯进来的家伙搜遍了屋子,都没有看到赵璇滢的踪迹,便闯进了王俊喜的房子。一声惊讶的大叫,妓女一下子钻进了被子,在里面瑟瑟发抖。

王俊喜起身骂道："瞎了你们的狗眼，不认得这是老子的地盘吗？"

那些人为了抓获有共产党嫌疑的人，确实忘了这是王俊喜的地盘。他们平素得了王俊喜不少好处，眼下王俊喜又正在招兵买马，扩充实力，谁敢惹他？马上唯唯诺诺地退出去了。

王俊喜跳下床，穿好衣服。被子掀开了，里面除了那个妓女，还有赵璇滢。

原来，王俊喜鬼心眼多，一见赵璇滢的架势，便知道她的行踪已经暴露，继续身着男装，一定会被密探抓住，暗示她换上妓女的衣服，来到自己这边。

这家妓院已经成了王俊喜的产业。他不改初衷，喜欢跟妓女温存。赵璇滢有难，他得想办法帮忙。赵璇滢穿着妓女的衣服过来了，他不觉感到分外有趣。听到外面纷纷乱乱的声音，他赶紧让赵璇滢和妓女一块躺在床上，自己也爬上床。

王俊喜斥退了密探，对赵璇滢说道："你的胆子真大，这个时候，还敢露面。"

赵璇滢笑道："我为什么不敢露面？即使王俊林抓住了我，我只要告诉他我没有害他的母亲，他一定会相信我。"

王俊喜说道："这是一笔糊涂账，说不清楚。得想办法，把你安全弄出去。"

"有王世兄在，用不着我操心。"赵璇滢笑道。

那些密探已经注意上了赵璇滢，在妓院里没有搜到她，一定会在暗地里布设人马，监视妓院的一举一动。不知道密探是看出了赵璇滢的身份，还是把赵璇滢当成了另外一个共产党。要是没有看出赵璇滢是女的，可以让赵璇滢装成妓女，把她带到另外一处住所。反正当年依靠从王氏家族偷偷谋夺过来的财产，置办过好几套别院，里面住有各种各样的女人，不仅王俊喜自己去取乐，那些被收买的人物，为他立下了大功，他也会带着他们去取乐。要不然，怎么能够收买得了这么多人当自己的眼线呢？王俊喜对赵璇滢说出了自己的打算。

"你觉得，他们会看出我是一个女人吗？"赵璇滢问道。

"他们恐怕只是监视所有去你们那个秘密机关的人。"王俊喜说道，"不过，为了安全起见，我先打听清楚了再说。"

很快，王俊喜确信，密探并不知道他们监视的人是女人。

于是，赵璇滢经过精心装扮，跟着王俊喜一块出了妓院。他们骗过了那些留在妓院附近的密探，安全地到达了王俊喜的一个别院。

这个别院依旧在租界，距离王府其实并不远。里面常年住着几个年轻标致的女人，打扮得花枝招展，跟王俊喜随时都有可能带过来的男人狂欢。王俊喜再带进一个女人，谁都不会觉得诧异，也不会询问什么。

王俊喜将赵璇滢安顿下来以后，说道："这一次，又是我救了你。"

"不，你是在救你自己。"赵璇滢毫不领情，说道，"我知道你一直想置王俊林于死地，一直在王俊林身边安插眼线，没想到，你竟然对王俊林母亲做出了这样骇人的事情。你真是王府的少爷！"

"他们都该死！"王俊喜说道，"我没能让她死在我手里，已经很不错了。"

"你不可理喻！"赵璇滢愤怒地说道。

"我就是这样一个人，你才知道吗？"王俊喜说到这里，马上转换了口吻，说道，"好啦，你还在水里面呢，管那么多干什么？不要再提它了。说说你自己吧。老实告诉我，你需要我为你做些什么。只要是为了打垮王俊林，无论你需要我为你做什么，我一定办到。"

赵璇滢顿了一下，叹息道："王俊林已经把我们的人杀光捕光了，甚至封了中山大学，我已经没有可以联系得上的人了，可以借用一下你的密探吗？"

王俊喜问道："你是想把我的全部家当都掌握在你的手里吗？"

赵璇滢对王俊喜的家当根本不感兴趣。只不过，在王俊喜收买密探的时候，余瑞祥曾经花费了一番心思，考察过那些密探，把其中的一个名叫宁致远的富有正义感的人拉过来了，当北伐大军攻进武昌以后，还把他发展成了共产党员，赵璇滢要见的人是宁致远。可是，仅仅只跟他见面，一定会引起王俊喜的怀疑。把王俊喜的密探全部掌握在手，时时跟任何一个密探取得联系，王俊喜就不可能知道谁是共产党了。这样的话，赵璇滢可以让宁致远帮助她跟湖北省委取得联系，寻求下一步的行动计划，并且，在适当的时候，把这里发展成交通站。

"他们并没有为你打探到多少有用的消息，你花费了无数精力，花费了无数资金，至今，不是还没有把王俊林放倒吗？我指挥妇女队跟清军打过仗，也跟夏斗寅的叛军打过仗，知道如何利用密探，一眼可以看出他们是不是真心为你服务，甚至还能让他们不断地为你提供准确消息，难道不对你更加有利吗？"

王俊喜觉得赵璇滢说的句句有理。何况，他现在正招兵买马，力图把汉帮打造成武汉三镇第一大帮会，也需要赵璇滢帮助他训练那些人马。于是，他答应陆续把密探引过来，介绍给赵璇滢。

"王俊林，你等着瞧，我要在你的心脏里埋上一颗威力无比的炸弹，只要组织一声令下，立马把你炸得粉身碎骨！"赵璇滢心里说道。

第十九章 地下交通站

赵璇滢终于在王俊喜的别院重新建起了地下交通站。

此时，中共湖北省委已经遭到了极大破坏。好不容易在一个敌人意想不到的地方建立了新地下交通站，赵璇滢不能不更加小心谨慎，生怕出现任何一点纰漏。她自己每次外出，也吸取了教训，完全改变了形态，让任何人难以认出她。

母亲仍然带着孩子住在租界。大姐余梅芳装扮成她回到住处以后，过了几天，林英华前来探望，把大姐带回去了。密探早已查知她不在这里，因为王俊财跟租界各方面关系密切，不敢进入威胁老人和孩子。一旦有了闲暇时间，她准会想起儿子，心里隐隐作痛，眼泪情不自禁地往下掉落。

"天下还有像我这样做母亲的吗？儿子满月不久，怎么能狠心抛弃他！"她在心里这么责备自己。

立刻，另一个声音从心里响了起来："你没有错，错的是国民党，是蒋介石、汪精卫！如果不是他们相继背叛革命，屠杀共产党人，儿子一定会在你身边！"

为了儿子，她也得跟国民党战斗下去。

因为党组织不断被破坏，共产党人不断遭到搜捕与屠杀，省委决定铲除王俊林，在全面考虑到了赵璇滢的家世背景以后，把这一任务交给了她。

经过自己暗中指导，如今，汉帮成员多多少少有一些是非观念，加上王俊喜一心想置王俊林于死地，赵璇滢觉得，一旦把他们完全训练好了，可以让他们除掉王俊林。

这天，王俊喜又来探望赵璇滢。

赵璇滢说道："我已经把你的人马训练好了。希望你我联手，想出一个好计策，除掉王俊林，为你的人马出关壮威。"

王俊喜喜不自胜。他知道，赵璇滢最想知道有关王俊林的详细情报，马上把自己安插在王俊林身边的暗探全部告诉给她，希望赵璇滢能够尽快想出除掉王俊林的具体计划。

果然，王俊喜只不过是在王俊林的外围收买了一些不太中用的家伙。

看起来，王俊林自从发觉了王俊喜一心想要对付他的企图以后，加强了对自身的保护措施，对人员的选拔和监视更加严厉了。赵璇滢只能利用他们探听一些表面上的情况，能够探听详细情报的人，应该是余瑞华。

王俊喜善于察言观色，知道赵璇滢对自己收买的人马不甚满意，露出了一丝苦笑："我没有办法在王俊林身边收买更好的人选，有了这些人马，最起码可以探听出一些消息。以你的才能和已经训练成型的队伍，只要有一点机会，一定可以把他除掉！"

赵璇滢说道:"王俊林如此狡猾,手里又掌握了一个师的军队,不把他的活动规律了解清楚,恐怕连靠近他的机会都找不到。"

王俊喜提醒似的说道:"我曾经想过要在余瑞华身上打主意,可是,最后还是放弃了。我实在没有把握余瑞华会不会对付王俊林。"

"他不可能直接对付王俊林。"赵璇滢说道。

"我们再也找不到别人了。"王俊喜叹息了一声,说道,"我真想拉起人马,直接冲进军营,杀掉他!"

"余瑞华虽说不可能直接向王俊林下手,应该可以通过他了解王俊林的动向。"赵璇滢想了想,说道,"你的人多,让他们留意王府,只要余瑞华去王府看望余雅芳,你就去跟他见面,把他带过来见我。"

一批又一批赤手空拳的共产党人倒在自己面前,这可完全超出了自己的底线,余瑞华心里很纠结。有时候,他实在不忍心看到如此残酷的杀戮,很想操起枪,将那些执行命令搜捕共产党人屠杀共产党人的家伙全部杀死。可是,一想起自己与共产党是两股道上奔跑的马车,只要撞在一起,准是你死我活的拼杀,他不能不压下了这种冲动。

难道要实现理想,真的必须依靠屠杀那些共产党人吗?难道不能对共产党人网开一面吗?难道不能只是在战场才跟敌人刀枪相向吗?他不时地问自己。

当王俊林命令人马疯狂地搜捕赵璇滢,把矛头完全对准赵璇滢的时候,余瑞华更加心寒。从一开始,他便把赵璇滢保护起来了。好几次,王俊林命令他带领人马搜捕赵璇滢,他都当面拒绝了。后来,赵璇滢感觉跟他无话可说,执意离开他的保护。为了得到赵璇滢的确切消息,并且暗中保护她,在王俊林的软硬兼施之下,他带领人马前去搜捕赵璇滢。至今都没有找到她的下落,他仿佛得到解脱,一种舒心的感觉袭遍了全身。

他有满腹心思,准备找一个人倾诉。他很想向大哥余瑞光倾诉,但大哥此时跟余瑞华一样,也是万分矛盾万分纠结。

一方面,对工人在余记纱厂里闹事,余瑞光感到难以理解。亲眼看见赵璇滢是鼓动余记纱厂工人闹事的幕后指使者,他心里更加沉甸甸的。他不知道自己到底是不是应该恨赵璇滢。另一方面,王俊林大肆屠杀共产党人以及闹事的工人,余瑞光感到痛心疾首。由此导致了学校被封闭,他更是撕心裂肺!

闹事工人被王俊林使用强力手腕镇压下去了,纱厂似乎恢复了平静,恢复了秩序。但是,余瑞光跟工人之间的关系,从此更加疏远了。他很希望重新培养跟工人之间的关系,但是,工人丝毫不理睬他。他可以从工人沉默的心情和愤怒的目光上,看出他们都是一座座火山，说不定什么时候会爆炸。他不能把这事告诉王俊林，生怕王俊林会再次带兵过来对付工人们。

他压抑不了内心的伤感，去了一次汉口，想找王俊财，看看他能有什么办法化解自己跟工人之间的矛盾。

谁知王俊财一样陷入苦恼，甚至比余瑞光还要苦恼。毕竟，自从王俊林母亲死后，一切都乱套了，王俊喜被赶出王氏家族，伯母的坟墓被炸了，整个王氏家族因为王俊林封闭中山大学的举动已经成了千夫所指的罪人。事事件件，都是泼天大事。前两件仅仅是家族的事，可以抛开不论，后一件更加要命。尽管王俊林曾经说过他不是真的希望封闭中山大学，然而，封闭学校之举毕竟是因他而起，王俊财怎么都摆脱不了罪恶感。他还不能把这个消息告诉其他人，尤其不能让余雅芳知道。余雅芳一向温顺软弱，似乎除了王俊林，世上再没有其他男人，对王俊林的感情比山高比海深。一旦她知道出了这么一回事，怎么受得了！

因而，余瑞光告诉了他纱厂的情形，王俊财也提不出摆脱麻烦的建议。何况，他自己的工厂，一样遇到了这种情形，只不过，并没有像余记纱厂的工人一样把事情闹得不可收拾。饶是如此，王俊林也曾经在听到了风声之后，带领军队前去镇压过，令工人更加仇视王府。王俊财很费了一些心思，无法扭转乾坤。

"世事如此，余世兄，你我只能各自尽力。"王俊财叹息道。

无法从王俊财那儿得到安慰和启示，余瑞光只有怀着不可名状的悲伤，回到了武昌。

这时候，三弟余瑞华回到了余府。

看到哥哥心情低沉，余瑞华本来有很多话要说，现在竟然感到无话可说了。兄弟两人有一搭没一搭地谈了一会儿，余瑞华感到空气越来越稀薄，几乎令人窒息，赶紧逃了出去。

能到哪里去安慰受伤的心灵呢？他忽然想起了二姐。当今，几乎没有一个人不在痛骂王俊林，也没有人不在痛骂余瑞华。依二姐的个性，听到自己的亲人遭到全社会唾骂，心情是一定不好受的了。二姐可不像大姐一样的刚强，更不像二嫂一样敢作敢为，心里难受，找不到人倾诉，一直在王府闷下去，会闷坏的，得去劝劝二姐。

他准备马上过江，去汉口王府。刚到码头，正好赶上渡船起锚。一步之差，难道要等下一班渡船吗？他慌了，连忙叫喊船只等等自己。

渡船上的人一见是余瑞华，催促道："快走，快走，不要让这个恶魔上来！"

渡船飞快地驶到了江心，扔下他一个人站在码头上，宛如冰封了的木偶，一点意识都没有。

余瑞华不知道自己究竟上了哪班渡船，是怎么在汉口码头上下了渡船，进而走向了租界的。不过，脚一踏上租界的路面，他立即提醒自己，要振作起来，不能让二姐看出自己心虚，更不能让二姐为此背上沉重的负担。

很快，余瑞华坐在二姐对面。

饶是王府上下没有把王俊林的所作所为告诉她，余雅芳依旧深深地感到了刺痛。她的眼帘不时地浮现出丈夫被赵璇滢捉住的情景。虽说事发突然，她相信二嫂不会为难丈夫，很快镇定下来。谁知紧接着一声剧烈的爆炸，王俊林母亲的尸骨从墓地飞射出来，洒落一地。她吓晕了，眼睛一闭，什么都不知道了。等她睁开眼睛，没有看到二嫂和丈夫，面前一片狼藉，许多前来送葬的人伤的伤死的死，到处是呼天嚎地的惨叫。她的第一个念头是丈夫和二嫂都已经死了，她一阵晕眩，又昏了过去。从此以后，余雅芳一直处在昏昏沉沉之中。

终于看到了丈夫，也从丈夫那儿知道是二嫂炸毁了婆婆的坟地，她感到不可思议。她不相信二嫂会做出这样的事情，本能地要为二嫂辩解。可是，王俊林眼里露出的凶光，让她一个激灵，无法辩解。后来，丈夫发疯地寻找二嫂，发疯地屠杀共产党人，她心情郁闷，无法排遣，一天天地消瘦下去。

大姐余梅芳早深知妹妹个性柔弱，一听说王府发生的事情，便跑过来看望她，安慰她。

"姐姐，你说，二嫂能做出那种事吗？"余雅芳问道。

"你应该了解你二嫂。"余梅芳回答道。

"我觉得二嫂不会那么做，可是，他们都认为是她做的。"

"事情发生了，是谁做的已经不重要了。"余梅芳叹了一口气，说道，"也许，我们一辈子都弄不清楚这是怎么回事。你相信你二嫂也好，不相信你二嫂也好，取决于你自己。"

在姐姐的劝导下，余雅芳没有像王芝英当年一样走火入魔。

现在，三弟坐在面前，余雅芳一直盯着他看，看得他心里有些发毛。余瑞华竟然把原先想好的说辞全部抛到了一边。

"你姐夫还好吗？"余雅芳的声音好像从天际漂流过来的。

余瑞华浑身一震，意识到自己不能继续沉浸在怨艾之中了，说道："他很好。他最近公务很多，特意差遣我到王府来看看二姐。"

"他还在为二嫂的事情伤心吗？"

余瑞华一怔，说道："伤痛不可能一下子消除得了。不过，姐夫是一个拿得起放得下的人，他不会有事。他嘱咐我，请姐姐一定要保重自己。"

余雅芳再也没有话可说了。

他心里涌起一种哀凉，饶是还有很多话要对二姐说，一时间，竟然声道堵塞，什么都说不出来，只有起身，告别了二姐，准备回去武昌，亲口告诉王俊林，二姐现在变成了什么样子，希望姐夫不要继续沉浸在血腥的杀戮之中。

可是，他一走出王府，只见王俊喜正站在一棵树下，似乎专门在等他。

"我知道，你的心里很痛苦，我有一种办法，可以减轻你的痛苦，甚至能够让你从此以后再不痛苦。"王俊喜笑道。

余瑞华眼帘刹那间闪现出赵承博拉着自己第一次去妓院的情景。那个时候，赵承博也是说为了减轻余瑞华心里的烦恼，带他去一个好地方的。难道说王俊喜也是要让自己去那样一个地方吗？他冷冷地注视着王俊喜。

王俊喜说道："跟我去一个地方，我保证你会从痛苦中解脱出来。"

余瑞华越发确信王俊喜是要带自己去妓院了，不由得十分恼火，脖子一挺，手一甩，准备离开。

王俊喜连忙说道："我向你保证，你只要见了那个人，一定会很高兴的。"

余瑞华收住脚步，凝视着王俊喜，见他一派成竹在胸的模样，心里一动，听从了他的安排，跟随他在租界转了一圈，便进入距离王府其实非常近的一栋屋子。他再次想起了众人的传言，说是王俊喜接连在外面购买了好几处屋子，专门养着一些女人，又起了疑心，不想进去。

王俊喜不由分说，一把抓住他的手，把他拉了进去。

几个女人听到了王俊喜的声音，从屋子里跑出来，纷纷拥上前去，准备对余瑞华动手动脚。余瑞华愤怒地瞪大眼睛，身子一阵阵战栗。王俊喜赶紧挥手，将女人们都驱散开来，领着余瑞华，径直进入另外一间屋子。

里面是一张标致的脸庞。余瑞华大吃一惊，记忆深处马上跳出了一个熟悉的人影：赵璇滢！

赵璇滢说道："看你的表情，一定很奇怪我为什么会变成这副样子。"

余瑞华心里一抖，瞪大眼睛，死死地盯着她，越发感到她身上每处都流露出赵璇滢特有的气质。没错，她就是赵璇滢，就是二嫂。

"二嫂！"余瑞华一阵狂喜，大声喊道。

"你总算还记得我这个二嫂。"赵璇滢笑道，"我真的应该感到高兴。"

"二嫂，你很安全，真是太好了！"余瑞华说道。

"如果你不愿意替你二嫂做一些事情，她即使住在这里，也安全不了。你知道，王俊林无孔不入。"王俊喜说道。

"二嫂需要我做什么？"余瑞华问道。

王俊喜冷笑道："老弟，你是一个聪明人，难道不知道，只要王俊林不死，你二嫂就一定不会安全吗？"

余瑞华心里一抖，眼睛里充满了复杂的感情，望着赵璇滢，不再作声。

"别看你二嫂！她知道你下不了手，没打算让你亲自动手。"王俊喜说道，"她只是希望你提供王俊林的活动规律。"

"我知道，你绝不愿意王俊林死。为了雅芳，我也不想他死。可是，他亲手枪杀了我们许多同志，甚至连你的老师都不放过，我不会让他们的鲜血白流！"赵璇滢说。

余瑞华万分纠结，王俊林固然罪该万死，赵璇滢难道没有责任吗？

赵璇滢看透了他的心思，说道："我不想为以前的事情做解释。王俊林摧残共产党人，摧残工人，摧残学生，摧残老师，这一笔笔血债，我们都可以先记下来，以后再跟他算。但他封闭学校，已经惹得天怒人怨了。这笔账，必须马上跟他算清楚。你难道愿意看到你的母校永远被封闭吗？"

余瑞华心头一震。他为此一直陷入深深的痛苦之中，如果赵璇滢能够让学校恢复起来，可就真的替他解除了痛苦。可是，只要想起二姐，他觉得令王俊林受到伤害的事情都很残忍。

赵璇滢双眼如刀，把他的心里世界剜出来，暴露在光天化日之下。她说道："学校不恢复，雅芳跟着王俊林，也会世代受到世人的痛骂。"

余瑞华接连不断地受到轰炸，神经麻木，意识全无，根本不知道自己是不是答应过她什么，也不知道自己是怎么走出那间屋子的，更不知道自己是怎么来到王俊林身边的。

这时候，蒋介石要向李宗仁、白崇禧的人马开战了。

王俊林投靠南京政府的时候，蒋介石已经下野，李宗仁成了代理总统。王俊林这才知道李宗仁跟蒋介石之间竟然存在很深的矛盾。不过他才不管这些事情呢，蒋介石没有权利了，李宗仁是代理总统，桂系人马俨然是最大的赢家，他一向信奉实力和权力最有说服力，便卖力地讨好李宗仁和他的桂系人马。因而，卫戍司令一向对王俊林很放心。

余瑞华原以为南京政府内部一定会团结一致，除了对付共产党人，还能把北伐事业进行到底，谁知蒋介石竟然跟李宗仁矛盾重重，宁汉合流后，虽说在对付共产党这个问题上，国民党人没有争议，但在其他很多问题上，一直争争吵吵，说不到一块去。余瑞华顿觉理想的王国遭到沉重的打击，心里充满了痛苦。

南京政府钩心斗角的事情太多太烂，半年过后，李宗仁无法掌控南京政府，不得不请求蒋介石重新出山，自己拱手交出了代理总统的宝座。蒋介石整合了冯玉祥、阎锡山的力量后，终于开始了第二次北伐。很快，他们横扫了北洋军阀，奉系少帅张学良东北易帜，初步完成了统一大业。

国家已经全部统一在三民主义旗帜之下，实在没有必要继续保留过多的军队，裁军已是大势所趋。为了消除李宗仁、阎锡山、冯玉祥有可能对自己的统治构成的威胁，蒋介石决定趁着裁撤军队的机会，将他们的人马压缩到无法跟自己相抗衡的地步。这样一来，引起了他们的强烈不满，尤其是李宗仁已经摆出了誓死不从的架势。一时间，战争之弦又要拉紧了。

事情到了这个地步，王俊林不能不认真对待。李宗仁跟蒋介石成了对头，他一旦跟错人站错队，将会坠入万丈深渊。他不得不暂时放松了搜捕赵璇滢的心思，思考到底如何在蒋介石和李宗仁之间周旋，或者最后到底投靠哪一方。

武汉卫戍司令一个电话，把王俊林召集过去，明确告诉他必须做好把军队拉出去跟蒋介石作战的准备。

王俊林不能不当面应承下来，一回到师部，马上打电话给余瑞华，试图把他找过来，问问他意见。余瑞华去了汉口王府刚回来。

刹那间，王俊林眼帘浮现出了夫人的身影。夫人哀怨的神态，楚楚可怜的模样，引发了王俊林内心的伤感。

唉，半年来，他把夫人完全抛掷脑后了。夫人内心的伤痛绝不会比自己小。可是，能够放弃搜捕赵璇滢吗？不能，以前无论赵璇滢对他做了什么，他都可以原谅，但她竟然炸毁了母亲的坟地，他是绝对不能原谅她的。一直没有搜捕到赵璇滢，王俊林的心里不知道是安慰，还是遗憾。他几乎控制不了自己，一面命令各路人马继续搜捕赵璇滢和其他共产党人以及可疑分子，一面对赵璇滢没有落到自己手里稍感安慰。

余瑞华曾经多次劝说过他应该放弃报复，把心思用到军人应该用的地方。王俊林难道不想在战场上跟敌人针锋相对吗？可是，战场上要死人，而且要死很多人，没有足够的人马和武器弹药,没有强大的心理承受能力,很难面对。对付手无寸铁的人,再破烂的枪支,也比烧火棍要强得多,很容易建功立业,余瑞华怎么不理解这一点呢?

王俊林冷冷地问道:"你去王府看望你姐姐了?"

"是的。"余瑞华回答道。

"她现在还好吗?"王俊林又问。

"你以为她能好吗?"余瑞华回答。

王俊林竭力控制着自己的情绪,说道:"这次找你过来,是想跟你商量,桂系部队马上要跟蒋介石的人马打起来了。你说,我们应该怎么办?"

余瑞华脑子一嗡,差点不相信自己的耳朵。他无法拥护共产党人发动民众打烂一切旧有秩序的做法,从起义部队出逃,投靠了南京国民政府,一直幻想把自己的理想扎下根来。尽管南京政府出现了很多不和谐因素,使他的理想找不到着陆点,但他还是苦苦坚持,希望重现昔日北伐大军以及南方政府的风采。没想到,现实竟然越来越不堪了。

难道他们只会争权夺利,不能像共产党一样开诚布公吗?余瑞华暗问自己。他随时准备为南京政府出生入死的理想在这一刻差点崩塌。

随即,余瑞华脑际闪出另外一件事情:王俊林追杀赵璇滢以及赵璇滢希望为她提供王俊林的活动规律。他固然不希望王俊林杀掉赵璇滢,但一样不希望赵璇滢杀掉王俊林。走上战场,或许是让王俊林跟赵璇滢暂时放下恩怨,同时让王俊林彻底停止杀戮的唯一途径。

是跟随李宗仁消灭蒋介石,还是帮助蒋介石消灭李宗仁,是一个很大的问题。既然他们是为了争权夺利,应该先观风向,再定行止。

"看起来,这次你我想法一致。"王俊林说道。

"师长计议已定,为何还要问我?"余瑞华问道。

"卫戍司令已经传达了李宗仁的命令,要我们随时做好开赴战场的准备。我需要考虑的是如何行动。"

"不能抗命,便慢慢开往战场,总能找到机会和借口逃避直接交锋。"

"是啊!行军有的时候还会走错路,出现再多事故都在所难免。"王俊林点了点头,继续说道,"从今天起,我们按照命令,开始做上战场的准备吧。"

这一些日子,再也没有听说王俊林疯狂搜捕和屠杀共产党人了,赵璇滢深感纳闷:难道这是王俊林为了引诱自己露面所采取的策略吗?管他呢,好不容易建立了一个隐蔽的交通联络站,她再也不会意气用事,导致交通联络站再次遭到王俊林的毒手。

很快,她接到了一个可靠的消息:蒋介石跟李宗仁马上要大打出手了!

当王俊喜告诉她这个消息的时候,赵璇滢心想:怪不得王俊林没有继续大肆搜捕共产党人,原来他是要去跟蒋介石拼命。一旦王俊林离开武汉,自己便可以趁机在这里广泛地组建一系列的交通联络站,编织成一个巨大的网络,让敌人的任何行动,都落入到自己的眼窝。

省委负责人也根据新的形势提出了新任务:放手发动民众,遍地实施暴动。

"人和武器呢?没有人,没有武器装备,怎么实施暴动?"赵璇滢见到了省委负责人,赶紧问。

省委负责人也没有现成的,人手也好,武器装备也好,应该由每一个地方的同志自己负责,去放手发动工人,想尽一切办法武装工人。

赵璇滢还想说出自己的疑虑,省委负责人看出了她的心思,说道:"利用蒋介石跟李宗仁之间的战争,可以很快号召民众起来跟他们斗争,并且取得最后胜利。"

省委负责人的语气决绝,赵璇滢心知,无论自己再怎么解释,都没有用。

她本是满腔热情而去,现在却是浑身冰凉而归。她不知道这到底是怎么回事。因为自己的行动,已经导致了许多共产党人遭到屠杀,难道这个教训还不够深刻吗?赵璇滢得好好计划一下,不能再做无谓的牺牲。

赵璇滢心知王俊林一贯的作风,王俊林绝不可能在形势还不完全明朗以前,率领自己的人马跟对手拼命战斗。他一定要等到蒋介石和李宗仁胜负将分的时候,才会出手,以便收获最大的利益。蒋介石跟李宗仁之间的战争,到底谁才是最后的赢家呢?赵璇滢也必须思考这个问题。

北伐至今,云诡波谲的风云变幻表明,经济条件将是决定这场战争谁胜谁负的重要因素。蒋介石赢得江浙财团的欢心,有充足的经济后盾,李宗仁却没有获取任何财团的鼎力相助,属于空心萝卜,徒有虚名。这么说,李宗仁一定会输给蒋介石了。届时,王俊林会在李宗仁的背后捅一刀子,让桂系部队蒙受更惨重的损失,从而赢得蒋介石的信任。余瑞华虽说跟王俊林不一样,但他懂得趋利避害的道理,会做出同样的选择。

既然如此,应该让人制造谣言,说王俊林将会保存自己的实力,不愿意跟蒋介石的人马作战,让卫戍司令看牢王俊林,逼迫王俊林在战场上损兵折将,以便削弱王俊林的力量,增大她跟王俊林对抗下去的机会。

谁去制造谣言?最合适的人选只有王俊喜安插在王俊林部队里的人员。他们探不到多少准确的情报,可是,制造谣言,应该绰绰有余。

这一天，王俊喜又来到别院，一见赵璇滢，马上告诉她，王俊林已经做好了出发准备。他问道："我们该怎么办？"

赵璇滢说道："让你安插在王俊林身边的人马散布消息，说王俊林并不愿意去打仗，现在去了战场，也不会卖力，只不过是做做样子。"

王俊喜说道："可是，卫成司令不会相信，王俊林对他俯首帖耳。"

"只要你翻出王俊林在河南战场上不愿意跟奉军打仗的旧账，卫成司令一定会相信的。"赵璇滢说道。

王俊喜宛如醍醐灌顶。是呀，只要这些旧账传到卫成司令的耳朵，卫成司令准会密报李宗仁，李宗仁岂能让王俊林逍遥自在？一定会首先把王俊林的人马推向跟蒋介石队伍激烈交战的第一线。那时候，王俊林的队伍将被彻底消灭光。汉帮想怎么剁他就怎么剁他。

王俊林饶是即将走上前线，仍然对赵璇滢充满戒心。他深知自己一旦离开了武汉，王府、余府、赵府的人一定会跟赵璇滢取得联系，让她再掀风浪。他准备暗中留下一部分对自己忠心耿耿的精锐人马，监视他们的一切活动，并且命令他们，只要一看到赵璇滢，立刻抓捕她。

他正要交代下去，余瑞华进来了。他说道："我们马上要出发了，师长，你是不是应该回去王府看看？"

王俊林心头滚过一阵难以说清的情愫。他早就应该回去看看余雅芳了。自从母亲去世以后，他一心为了向赵璇滢复仇，几乎从来没有见过夫人。她的软弱，她的温顺，她的一切，无一不在王俊林的眼前跳动。王俊林是不希望给她带来任何危险的，更不愿意让她伤感，可是，事实上，自从跟她成亲以来，他从来没有停止过让她伤心流泪。他叹息一声，果然带领几个卫兵，回去了王府。

其时，王俊财、赵承彦、余瑞光等人知道王俊林马上要率领队伍上前线了，齐聚王府，正在商讨支持中山大学重建计划。

中山大学被王俊林率领队伍封闭以后，社会各界纷纷向南京国民政府以及南京教育部提出请求，希望重建一座跟武汉历史相匹配的新型大学。南京国民政府不得不批准了重建中山大学更名为国立武汉大学的计划。武汉学界名流不满足于恢复原来的学校，而是要修建一座最好的大学，为此正在积极筹划和准备之中。为了舒缓人们对王氏家族的怨恨情结，不仅王俊财想为武汉大学捐献一大笔资金，余瑞光和赵承彦也都有同样的想法。

对于蒋介石李宗仁之间的战争，无论谁胜谁败，他们再也不感兴趣了。他们唯一的希望就是把自己的产业做大做强，再也不要介入政治。是以他们每一次商讨问题，总是要小心翼翼地避开王俊林。

王俊林进了王府，竟然看到余瑞光、赵承彦、王俊财三人凑在一块，心里马上泛起涟漪，觉得他们一定是合计着怎么让赵璇滢出来活动了，冷冷地说道："我知道，你们只要不凑在一块，心里肯定舒服不了。"

余瑞光瞥了他一眼，说道："如果你觉得能够跟我们在一块舒服一些，我们诚恳地邀请你也听听我们到底在谈论什么。"

这是什么话？岂不是想公开地指责自己吗？王俊林气得差点咆哮起来了。

他努力控制住自己的情绪，说道："这么说，我倒要听听了。"

"你当然要听听。"赵承彦说道，"这对你以后做事，或许能起到警示作用。你应该听说过，南京政府已经批准了武汉大学的修建计划，学校正在重新选址，要想建造成功，需要大笔资金，我们准备给学校捐献一笔资金。"

王俊林眼睛一阴，露出了一条线，宛如一柄锋利的尖刀，说道："我知道你们要说什么了。这是为了替我赎罪，是吗？我没有罪，我是在执行命令。有罪的人是共产党，你们为什么不去责备共产党？你们有钱，你们想怎么用就怎么用，想朝哪里扔就朝哪里扔，跟我没有一点关系，也不要把这件事情朝我身上拉。"

话音还没有落地，人气冲冲地跑掉了，扔下余瑞光、赵承彦、王俊财愣在当场，面面相觑。

余雅芳正在卧房里跟姐姐余梅芳说话。

林英华虽说因为对共产党鼓动工人运动农民运动心怀不满，打心眼里赞同武汉国民政府实施分共政策。可是，一旦蒋介石跟汪精卫勾结在一块，他就觉得，汪精卫跟蒋介石一样，是背叛孙中山的叛徒，因而再也不愿意做官了，一直闲居在家。哪怕蒋介石十分钦佩他的才干，专门差遣要员前来武汉迎接他移住南京，他连面都不跟人家见。

余梅芳素来知道妹妹性子弱，发生了这么大的事情，几乎每天都会过来王府，开导妹妹。

王俊林人还没有进去，耳朵里听见了余梅芳在劝说余雅芳想开一些，说如今的天下一片混乱，每个人都有自己的志向，谁也无法改变谁，王俊林要做什么就让他做什么，能发展到什么程度就让他发展到什么程度吧。却没有听到余雅芳的声音。王俊林清楚，夫人心里一定隐藏了很深的痛苦。本来不想打扰了她们姐妹俩，他还是神使鬼差地走了进去。

两个女人同时抬起头来，看到了他，显得有点吃惊。

"大姐来了？有大姐在照顾夫人，我可以放心了。"王俊林说道。

余梅芳深受父亲和丈夫的影响，对读书人和学堂都心怀崇敬之情，将之视为神圣不可侵犯。听说王俊林不仅屠杀了许多学生老师并且封闭了中山大学，她痛恨至极。丈夫林英华硬要冲到王俊林面前去，劈面甩给他几个耳光。这样一来，事情传到了妹妹耳朵，该如何得了，余梅芳不得不抑制了自己，转而阻拦丈夫，安慰丈夫。安抚了丈夫，她还不能让妹妹知道事情的真相，一旦妹妹知道王俊林已经被武汉三镇的民众视为洪水猛兽，心里如何受得了。

"你还在到处抓二嫂，不肯原谅她吗？"余雅芳望着丈夫，眼睛里面噙满泪水，泪珠摇摇欲坠，神情煞是可怜。

王俊林心里宛如被什么东西击打了一下，他说道："我马上要上前线了，再也不可能去抓她。"

余雅芳盯着丈夫，泪珠终于掉落下地。

王俊林慢慢地伸出手，替夫人擦去了泪珠。但夫人的泪水更多了。他一边擦拭着，一边说道："是我不好，没有顾到你的感受。现在好了，我不会再去抓赵璇滢了。"

王俊林率领军队上了前线。跟二期北伐时期去河南战场上一样，辛辛苦苦盘算的计谋怎么都实现不了，李宗仁竟然一再把他的部队推向跟蒋介石嫡系人马交战的最前沿。王俊林很想将部队全部拉走，放开一道缺口，让蒋介石的人马能够长驱直入，一举打垮桂系部队。可是，李宗仁似乎早有防备，更有那个人称小诸葛的白崇禧，把桂系人马部署在王俊林部的侧翼，只要他稍有举动，两面的桂系部队准会迅速冲过来，将他的人马三面包围起来。他不得不硬着头皮率领一个师的兵力跟蒋介石的人马展开激烈的厮杀。部队的损失越来越严重，他苦苦挣扎，苦苦支撑，却阻挡不了蒋介石的包围圈越收越紧。他倍感精疲力竭之际，李宗仁、白崇禧命令桂系人马从两翼杀了过来，将蒋介石的人马消灭了。

打了一个大胜仗，李宗仁和白崇禧非常高兴，传令嘉奖王俊林所部。王俊林需要的不是嘉奖，而是补充。可被桂系人马趁势消灭的蒋军，全部成了李宗仁的补充物。

王俊林心里冒火，继续打下去，自己的人马非得全部打光不可。原以为一仗过后，因为人马损失严重，可以好好休整一下，谁知李宗仁和白崇禧一再把他和他的人马推向了战场的中心。按照他们的说法，是要让王俊林师吸引蒋介石的目光，以利于桂系人马对蒋军发动最后一击，彻底消灭他们。

李宗仁和白崇禧这是要让老子的人马成为炮灰、去为桂系人马火中取栗的道理呢！

老子不是傻瓜，你不仁，别怪老子不义。王俊林心里的牙齿嘎吱作响。

王俊林想起了北伐大军攻击武昌时期自己定下的计谋。那个时候，这个计谋没有实现得了，现在必须实现。趁着李宗仁把赌注全部压在自己身上的机会，暗中跟蒋介石的人马沟通。蒋介石已经知道了自己的能耐，又有自己率部主动送上门去，帮助他扭转乾坤，他岂有不重用自己的道理呢？

计议一定，王俊林派遣余瑞华暗地里前去跟蒋介石方面的战场总指挥刘峙取得联络，提出了投靠蒋军的条件。

具有左右战局发展方向的能量，王俊林享受到了成功的喜悦。按照与刘峙的约定，在李宗仁和白崇禧觉得胜利在望之际，他率领部属反戈一击，配合蒋军，将桂系人马打得落荒而逃。自此，桂系军队一败涂地，不得不退回广西。蒋介石平定湖北以后，论功行赏，把武汉警备司令的宝座赐给了王俊林。

第二十章 余瑞祥技高一筹

终于成为一方豪强，拥有自己的地盘，王俊林心里舒服极了。他暗自庆幸，这一把赌得太对了，要不然，他永远都是跟随在人家屁股后面疲于奔命的小喽啰。如今，摇身一变，手握重权，谁还敢对他不恭不敬？他既佩服自己在关键时刻做出了正确的选择，又不能不对蒋介石感恩戴德。他决心终其一生对蒋介石俯首帖耳，决不违背他的意志。

刚一上任，王俊林迫不及待地要做出一点事情来，向蒋介石表忠心。蒋介石一向不喜欢共产党，希望把共产党人赶尽杀绝，他决定在武汉三镇张开一张巨网，把暗藏的共产党人一网打尽。

"这次，你再也不可能逃出我的手掌心！"王俊林眼帘浮现出了赵璇滢的身影，他咬牙切齿地说道。

在王俊林心里，赵璇滢是永远的痛。他本来以为暂时放下搜捕以后，会不知不觉忘掉她，这样，与夫人，以及与王府、余府、赵府所有成员之间的关系都会缓和，谁知一旦做出搜捕共产党的决定，他第一个想起的还是赵璇滢。

似乎赵璇滢已经无路可逃，注定会落在自己手里，王俊林问自己："抓住你以后，我该怎么办呢？杀掉你，把你关起来？"

无论如何，王俊林不能杀掉她。他自己下不了手，也不可能下这样的命令。要不然，夫人以及王府、余府、赵府都会跟他没完没了。那么，关起来吧，关起来是最好的选择。

下达了加紧搜捕共产党人的命令以后，王俊林腾出一点时间，想到了夫人。

母亲在世的时候，因为非常喜欢余雅芳，借口军营不是女人住的地方，很少让她跟丈夫住在军营，一般住在王府。眼下，母亲已经离世，王俊林得到了一块地盘，迫切希望一直把夫人带在身边。于是，他命令警卫人员布置好了房子，回到王府，准备亲自把夫人接到军营。

王府现在由王俊财打理家族产业，王俊林先见了堂哥，把自己的打算告诉他。

"是啊，你们是夫妻，确实应该住在一起。"王俊财说道，"这是大事，不要操之过急，应该通知一下亲朋好友，为你们举行一次家宴。"

"不必了，大哥。我还有很多事要做，没有时间参加宴会。"王俊林说道。

"我听说，你已经下达命令了。你还是放不下赵璇滢，你把雅芳接过去，该怎么面对？"王俊财关切地问道。

"抓住她再说吧。"王俊林说道。

"我希望不要让雅芳太为难。"王俊财说道，"而且，你应该知道，我们每个人都很关心她。"

"你指赵璇滢吗？你要是这样关心我母亲就好了。"王俊林冷冷地说。

当天，王俊林把余雅芳接到了警备司令部，住进了警备司令官邸。

自此之后，余梅芳再也没有去看望妹妹。林英华更不用说，从得到王俊林封闭中山大学的消息那天起，不仅不愿意看到王俊林，甚至跟王俊林一同呼吸着武汉三镇的空气，也觉得是一种耻辱。

国共关系彻底破裂之后，无论国民政府是谁掌舵，林英华都觉得他们是一群自私自利的小人，不愿意与他们为伍，一心只想教书育人，重走岳父的老路。他应聘到中山大学当上了教授，本以为可以在那儿安心教书，再也不要过问政治，谁知学校竟然被王俊林封闭了，他被赶出了校门。

中山大学被封，林英华一直呼吁在武汉成立一所全国数一数二的大学。他争取社会各界的支持与帮助，利用在国民政府里的一些人脉，终于促使南京国民政府批准成立武汉大学。

随即，由林英华牵头，召集了许多知名的教授专家，甚至从外国请来了一些学术界的泰斗，帮助他们选择校址，制订建校方案，同时，把被王俊林驱赶离校的学生全都招收回来，继续学业。

王俊财、余瑞光、赵承彦、赵承博给筹建委员会捐了一笔庞大的资金。林英华接到这笔资金的时候，一句话不说，只是在王俊财的肩头重重按了几下。

武汉大学破土动工之际，王俊林率领人马在李宗仁指挥下攻打蒋介石的嫡系部队去了。王俊林重新回到武汉，摇身一变，成了警备司令，听说正在珞珈山修建武汉大学，决定到建校地址去看一看，让民众知道，他一样重视教育。

于是，王俊林带着余瑞华和一大群扈从，浩浩荡荡地去了珞珈山。

林英华本来不打算跟王俊林见面，但转而一想，《左传》有言，过而能改，善莫大焉，古人即有胸襟原谅有过能改的人，今王俊林分明已经认识到了错误，自己熟读圣贤之书，岂能不践行这一原则？为此，他亲自出面迎接王俊林。

王俊林先是诚恳道歉，紧接着，把封闭中山大学与防范共产党人挂起钩来。

林英华眉头一蹙，说道："我不知道共产党人到底是不是孙悟空，具有钻天入地的本领，但是我知道，只要你做好了自己的事，共产党人根本不可能找到兴风作浪的机会。"

王俊林脸色一变，但碍于对方曾经有过的身份与名望，不得不说："我很佩服你的说法。可是，对共产党人，任何时候，都不应该松懈。"

林英华突然问道:"你觉得我是共产党人吗?"

看着王俊林惊讶地望着自己,余瑞华一派肃穆不苟言笑,林英华微微一笑,说道:"我不是共产党,老实说,我对共产党的很多主张和做法都不满。可是,如果你们觉得这所学校里有共产党,那么,我就是共产党。"

这话只有林英华说得出来!在场的人都面色难堪,一句话都没有说。

跟林英华继续谈下去,无异于自讨没趣,王俊林只有带着扈从悻悻然离开,给他关心教育事业之行画上了一个虎头蛇尾的句号。林英华更加看透了他,知道他不是"过而能改"的人,决计从此以后,再也不要见他,并且嘱咐夫人,离他远点,永远不要进入警备司令官邸。

王俊林是不会理睬这些的。他仍然需要全力搜捕共产党人。

余瑞华已经获得提拔,当上了团长。他一样对蒋介石感恩戴德,但心里还是不希望搜捕共产党人。每当王俊林召集各路团长以上军官开会研究怎么对付共产党的时候,他总是一言不发。

很长一段时间过去了,王俊林虽说布撒了一张巨大的网,隐隐探听出了共产党人仍然在活动的消息,可仍然无法破获任何共产党人的联络站,甚至连一个共产党人的影子都没有找到。他绝不灰心,继续漫天撒网。

功夫不负有心人,王俊林终于得到了一件天大的好消息:有可疑分子在兵工厂一带活动。

难道当年举行黄麻暴动的共产党人养成了气候,要从兵工厂搞到一批武器弹药吗?王俊林想道。要是这样的话,他要对付的共产党人就不仅是分布在武汉三镇各个角落的潜伏者,而且还有黄麻暴动的残渣余孽!

他寻思了很久,除密切监视汉阳兵工厂之外,决定封锁每条前往黄安、麻城、孝感、宣化店一带的道路,将共产党人全部困死在城里,然后活捉他们,杀掉他们。

王俊林将把守出入汉口通道的任务交给了余瑞华。

这一次,不再是对付手无寸铁的共产党,余瑞华欣然领命,带领一个团的人马开到汉口以后,立刻分出一半人马,在出城的路口设立了许多关卡,另外一半人马作为机动力量,埋伏在机动位置,配备了很好的机动工具,一旦哪个路口遇到情况,可以迅速增援。他自己则坐守在指挥所里面,每天都会得到不同的报告。

这一天,余瑞华接到了一个可靠消息:共产党人已经从兵工厂取出了一批武器弹药,出了汉阳,目前不知所终。

余瑞华宛如一个猎人看到了久违的猎物，恨不得立刻扑上去，将猎物抓到手里。他非常兴奋，随即命令各路人马加强检查，机动力量随时准备听从命令。

王俊林接到报告，禁不住心惊肉跳，把部署在兵工厂一线的部队骂了一个狗血喷头，然后调集力量，一部分进入汉阳，严查一切可疑人员，搜寻丢失的武器弹药，大部前往汉口增援余瑞华，严密把守各主要路口。他亲自坐镇警备司令部调度一切。

他实在不敢大意。因为，南京那边不知道从哪儿得到消息，雷霆大怒，严令他加强盘查，必须把共产党人全部截获，勿使一枪一弹流出武汉，一旦无法做到，在南京政府留下话柄事小，在蒋介石面前不好交代，准会吃不了兜着走。

更何况，目前唐生智东山再起，已经公开打出了反蒋的旗号，率领十几万大军进入河南，正一路向武汉方向逼近。共产党人此时从汉阳兵工厂搞出了一批武器弹药，一定是妄图趁机浑水摸鱼，发展他们的力量。一旦他截获了那批武器弹药，不仅可以弥补在兵工厂失职之责，更可以令蒋介石对他刮目相看。

王俊林着实不敢大意，部署好了以后，怎么都坐不住，带了几名卫兵，出来查看情况。在余瑞华的陪同下，他检查了各个路口设置的关卡，顿时放下心来，心想：这次无论如何，共产党人是插翅也飞不出汉口的了。

由此，王俊林又想到了赵璇滢，要是赵璇滢这次也浮出了水面，那该多好，一举把她以及所有的共产党人一网打尽，也不枉费了自己巧妙布设的这张大网。

王俊林丝毫没有想到，他的一举一动完全落入赵璇滢的掌握之中。

在王俊喜的别院里建立地下交通站以后，湖北省委本来要她发动工人实施暴动，后在赵璇滢的劝说下，收回成命，把这里当成沟通省委与地下组织联系的枢纽，甚至上海共产党中央也派遣人马过来，跟这儿取得了联系。

赵璇滢接到省委指示：黄安游击队那边过来了一个人，准备搞一批武器弹药，偷偷运到黄安，希望赵璇滢配合来人将武器弹药搞到手。

这可是自从负伤以来第一次参与跟战争有关的活动，接到了命令，赵璇滢心情久久难以平静。她决心将武器弹药搞到手里以后，把地下交通站移交给其他人负责，亲自将武器弹药运送到黄安去。

即将离开汉口了，赵璇滢眼帘情不自禁地闪现出了母亲和两个孩子的身影，心里涌起一种惆怅。

在住院治疗的日子里，母亲带着余亚男陪伴她，度过了几个月的幸福时光。那是一段极其温馨的日子，也是一段极其折磨人的日子。余亚男在她身边，赵璇滢母亲的天性迸发，虽说身体一直无法康复，可是，她每天都会跟孩子说很多话，教她文化知识，教她做人道理，也把自己在军营里面看到或者学到的事情讲给她听，引导孩子树立理想。为此，余亚男年纪轻轻，向往跟母亲一道走上战场，为了理想，跟敌人血战到底。赵璇滢深感安慰。

在余亚男的记忆里，对父亲几乎没有留下任何印象。余瑞祥第一次看到她的时候，很想跟她亲热亲热，孩子吓得赶紧向一边退去。后来，她终于接受父亲了，父亲又要外婆把她带回汉口。她对父亲再次淡漠。北伐大军攻克武昌以后，母亲和父亲一块到租界看她。她一下子投入母亲的怀抱，号啕大哭。

"好孩子，别哭，妈妈不是回来了吗？父亲也回来了，叫父亲。"赵璇滢把孩子拉到余瑞祥面前，说道。

"来，爸爸抱。"余瑞祥张开双臂，笑道。

余亚男看了一眼父亲，立马掉过头，看着母亲，不再理睬他。

孩子终于跟父亲建立了亲密的关系。父亲在身边的时候，她总是趴到他身上，要他讲战争故事，要他带她去军营，甚至要他的枪，摆出了一副射击的姿态，惹得赵璇滢哈哈大笑，连称虎父无犬女。

周莹莹更加不高兴了，说道："不要让孩子也走你们的老路。"

余瑞祥和赵璇滢哈哈大笑，一齐问孩子："你愿意走父母走的路吗？"

"愿意！"余亚男回答道。

赵璇滢满意极了，对母亲说道："孩子愿意干什么，你都不要干涉。"

周莹莹并没有完全听从赵璇滢的话，但也不再回避跟余亚男谈论与战争有关的话题，只是，从她嘴里说出的战争绝不像赵璇滢说的那样富有诗意富有理想的色彩，而是充满了暴力和血腥，目的当然是为了让孩子不敢接近战争。武汉国民政府展开分共活动以后，女婿跑去南昌搞暴动，女儿不得不转移到租界医院。周莹莹更加不愿意孩子接近战争。孩子似乎被突如其来的杀戮和听到的各种不祥的消息吓怕了，再也没有兴致打听战争打听父亲的下落。

在租界医院，赵璇滢继续教导孩子做人的道理，继续教导她在这个世界上怎么寻找属于自己的理想。

几个月以后，赵璇滢生了儿子余明亮，并且伤病痊愈，快要出院了。这时候，国民党人在武汉三镇到处屠杀共产党人。她无法继续跟母亲和两个孩子住在一块了，要不然，准会连累他们。

因此，在赵承博准备接她出院的时候，她嘱咐他好好照顾他们。

周莹莹急眼了，连忙说道："你不跟我们一块，能到哪里去呀？"

赵璇滢冷静地说道："我跟你们一块，只会死在国民党人手里。"

周莹莹抓住女儿的手，说道："他们不是说过了吗？只要你宣布脱离共产党，他们不会对你怎么样。"

赵璇滢说道："问题是，我永远不会脱离共产党。"

两天以后，赵璇滢在王俊喜等人的帮助下，秘密出院，摆脱了国民党人的监视和抓捕，进入他们为她安排的秘密住所。

从此，她再也没有见过自己的母亲和孩子了。不过，她仍然能够听到他们的消息：他们虽说住在租界，还是遭到监视，只要一出门，总有人在后面跟踪。

每当听到任何有关母亲和两个孩子的消息，赵璇滢都会产生一种强烈的冲动，很想偷偷地看看他们。可是，她不能不抑制自己的冲动，在心里默默地祝福他们。

赵承博没有辜负姐姐的嘱托，总会带着夫人一块过来看望他们。

他也有一些烦心事。柳彤萱一直没有生育，母亲李香香总是劝他纳妾，千万不要让赵府从此零落。但他怎么都不听劝告，反而劝说母亲让赵承彦重新回到赵府，公开掌管赵府的榨油坊。因而，他跟母亲的关系越来越疏远。

跟母亲疏远只是小事一件，更大的事情是哥哥赵承彦一家惨遭不幸。

王芝英无意中看到国民党抓住了一大批共产党，将他们捆绑成一排，扭送到济生善堂，一刀一个，全部杀掉了。王芝英大惊失色，猛冲过去，拉着一个国民党人的手，一口咬了下去。那家伙兽性大发，一刀把她的头颅砍了下来。

那时，因为王俊林参加了南昌暴动，饶是王氏家族是汉口的首富，王俊财是汉口商会会长，也只能眼睁睁地看着王芝英惨遭横祸。

赵承彦更没法替惨死的夫人申冤，从此一直心情低迷。他母亲刘芳芳强烈地压抑着内心的悲愤，养育两个孙子的同时还要不断地劝说儿子。

王芝英死的时候，赵璇滢还躺在医院里。听说王芝英横遭惨祸，赵璇滢眼泪哗啦啦流了一地，劝说母亲，把赵承彦和他母亲、孩子一块接回赵府。

李香香却说："王芝英惨遭横祸，应该是刘芳芳妨碍了她。为了不让赵府蒙受灾祸，只能给她们租屋子另住，不能让她们进入赵府。她们的用度全部由赵府负责。赵承彦继续管理榨油坊吧。"

周莹莹不好再说什么，勉强同意了。

夫人惨死，几乎抽走了他的脊梁骨，让他沉浸在伤痛之中，一直拔不出来。时间可以冲淡一切痛苦，在亲人们的开导下，过了很长一段时间，赵承彦终于打起了精神，可以照顾赵府的生意了。

从此，赵承博彻底从榨油坊及各种烦心事中解脱出来了。

赵承彦的两个孩子长得非常可爱。柳彤萱没有孩子，一直把他们当成自己的孩子。李香香虽说接纳了赵承彦一家，心里还是怨恨他们，儿媳亲近他们，她开始是劝阻，劝阻不了，便不喜欢儿媳。李香香越不喜欢她，柳彤萱越是喜欢赵承彦的孩子。赵璇滢知道以后，心里对柳彤萱充满了感激。

王俊林率领队伍回到武汉。赵璇滢原以为知道了王芝英惨遭横祸的真相以后，王俊林一定会痛恨国民党人，自己出面跟他好好谈一谈，可以让他暗地里为共产党做些有益的事情。没想到，王俊林竟然接连制造了许多杀人事件。

"他是一个疯子！他不识好歹，是非不分！北伐大军攻击武昌，他堂姐发疯，他怪罪北伐大军，与北伐大军为敌；如今，他堂姐惨死，他不替堂姐报仇，反而到处搜捕和屠杀共产党！他的心被狗吃了！"赵璇滢心里骂道。

其实，王俊林不是不想替堂姐报仇。一来他仅仅是一个师长，人家李品仙、何键都是军长，腰杆子比他硬，他奈何不了他们；二来宁汉合流之后，他与屠杀堂姐的刽子手都隶属南京政府，而且那两个家伙也投靠了李宗仁，一殿之臣，不可能拔刀相向。因而，他只能装聋作哑。母亲的死以及母亲的坟墓被炸，他几乎把所有的力量都用在对付共产党、抓捕赵璇滢身上，更顾不了堂姐。

赵璇滢根据湖北省委的命令，在余记纱厂发动了罢工，结果导致了一场灾难。现在，省委更加成熟，在黄安一带仍然有共产党的队伍展开活动，而且大有星火燎原之势，她决定竭尽全力为共产党人弄到更多的武器弹药。

汉阳兵工厂里有许天亮和他的追随者。许天亮牺牲了，他的追随者仍潜伏在兵工厂里，她得跟他们取得联系，想方设法搞到武器弹药。

利用许天亮的追随者搞出武器弹药要冒很大的风险，赵璇滢目标太明显，不能直接出面，能够办成这件事的人只有王俊财。王俊财一般不到王俊喜的这个安乐窝来，赵璇滢只有请王俊喜把消息告诉给王俊财。

按照约定时间，王俊财跟赵璇滢见面了。

赵璇滢说道："王世兄，我很想去黄安投奔游击队。我希望你能帮助我。"

王俊财不愿意看到赵璇滢一再跟王俊林对敌，既然不能指望赵璇滢回头，她离开以后，倒的确可以避免跟王俊林正面交锋。何况，财产被敲诈以及王芝英的死，让他对国民党产生了怨恨的情绪。他自己无法跟国民党战斗，也不可能跟国民党斗，通过赵璇滢的手令国民党焦头烂额，未尝不是一个好办法。

他爽快地说道："我愿意帮助你搞到一些武器弹药，也愿意为你提供一笔资金，让你去投靠游击队。可是，这里离黄安很远，放下一路上会遇到国民党的拦截不说，单是王俊林这一关，恐怕很难过去。"

既然王俊林已经在整个武汉三镇布下了一张大网，密切地关注着共产党人以及所有可疑分子的动向，要想搞到武器弹药并且送赵璇滢离开武汉，必须做好充分准备。赵璇滢跟王俊财决计采取明修栈道暗度陈仓之计，兵分两路展开行动：一路跟汉阳兵工厂取得联系，从兵工厂购买武器弹药，并放出风声，把王俊林的注意力吸引过去；另一路从租界外国人那儿购买武器弹药，偷偷运往黄安。

几天以后，王俊财又过来跟赵璇滢见面。他告诉赵璇滢，他已经购得了十几支步枪和手枪，子弹近万发，来跟她商量怎么送她去黄安。

赵璇滢至今未能跟从黄安过来的共产党人接上头，不敢贸然动身。她说道："此事需要好好计划，一时间，恐怕找不到机会安全离开汉口，请王世兄时刻注意王俊林的一切行动。只要有机会，我们立刻出发。"

王俊财说道："怕是不容易找到机会。王俊林似乎知道你要去黄安，不仅命令余瑞华的人马把守在各主要路口，而且他还亲自在各道关卡巡视。"

看到赵璇滢脸上流露出了一抹欢快的色彩，王俊财似乎看穿了她的心思，说道："不要以为余瑞华是过去的余瑞华，他不可能为你提供任何帮助。我找过他，我发现，在王俊林的调教下，他已经变成了一具没有任何感情的木偶。"

几天之后，赵璇滢得到报告：已经有人来到了汉口，不久将会跟她见面。

因为有王俊喜这面招牌，交通联络站非常安全，接头地点定在这里。免得节外生枝，赵璇滢打上了王俊喜的主意。她告诉王俊喜，有一个可以帮助她把武器弹药运走的人要来跟她见面，请王俊喜把那个人带到这里来。

为了针对王俊林，王俊喜什么事都愿意替她干，果然在约定的时间里，把人带到赵璇滢跟前。

来人身上透出了一种熟悉的气息，赵璇滢差点控制不了自己的情绪，紧紧地盯着他，但从他身上看不出一星半点熟悉的地方。她不会怀疑自己的感觉，可也不能不把眼睛从来人身上移开。

来人确实是赵璇滢非常熟悉的人——她丈夫余瑞祥。

南昌暴动部队一路向广州进发，遭遇了敌人的围追堵截。部队还没有进入原定地域，便被敌人打垮了。起义队伍的领导人，只好分头行动，暗地里去了香港，然后辗转回到了上海。

大约在王俊林重新回到武汉的那个日子里，余瑞祥回到了上海。

在共产国际代表的主导下，中央领导人对参与起义的领导者都提出了严厉的批评，认为是他们没有执行中央的决定，没有停止南昌暴动的企图，才导致了这场大惨败。因而，每个前来上海中央局报到的暴动领导人，都受到了中共中央领导人和共产国际的指责和严厉批评。

余瑞祥是最初提出南昌暴动，并且一直坚持暴动的人，受到的指责自然更多一些。他据理力争，试图说服中央领导人，在汪精卫分共的关键时刻，暴动是唯一的出路，而暴动以后部队没有留在当地发动群众，过于相信去广州才能找到一条生路，才是失败的根源。

认错的暴动领导人受到了中央的欢迎，获得了中央和共产国际的信任，继续担任中央委员，并且成为中央领导人；余瑞祥拒不承认当时暴动是错误的，导致了更加猛烈的挞伐。

共产国际代表甚至公开指责他：“你身上仍然打着国民党人的烙印。你可以把南昌暴动的责任推到这个头上推到那个头上，但你自己呢？你应该负什么责任？王俊林又是怎么回事？是谁把他放跑了，让他到国民党那边去了？”

把王俊林逃跑跟余瑞祥联系在一块，一下子把余瑞祥置于万分难堪的境地。中央不再信任他。

听说了黄麻农民暴动的消息，他打算取道武汉去黄安、麻城一带，指挥并改造那儿的农民军队，使之成为一支劲旅。然而，中央领导人没有批准他的要求。在中央领导人看来，不肃清他思想上的余毒，决不能让他担负任何使命。

后来，中央终于决定派余瑞祥回去武汉发动暴动。但余瑞祥认为仅仅喊几句口号，绝对不可能号召成千上万的民众去推翻国民党的统治，得一步步经营共产党人的秘密组织和机关，发展工人农民进入共产党的各级组织，等力量壮大了，成熟了，才能说暴动。这跟中央急于在全国各地广泛发动暴动的想法迥然不同，组织上收回了派他回去武汉的打算。

在上海一待好几个月，最后，他受到中央指派，去苏联参加中共六大。回到上海时，中央领导人仍然在不断鼓动全国各地举行暴动，动不动就把那些根据实际情况，向敌后撤退的行动当成了机会主义。想到自己在南昌暴动以后，也被贴上了机会主义的标签，余瑞祥心里很悲哀。他要离开上海，到黄安去，一步步做起，像毛泽东一样，创建一块稳固的红色根据地。

其时，毛泽东在余瑞祥心目中，是最好的标杆。毛泽东为共产党人找到了一条出路，哪怕毛泽东正在承受中央的各种怀疑和批评，余瑞祥也相信，只有走毛泽东的路线，红军才有未来。于是，他郑重提出了前去黄安创建根据地的想法。

当时，黄安暴动过后，那一带的农民武装一直很活跃，开辟了一块游击根据地；在安徽六安一带，同样出现了农民暴动，也建立了一块游击根据地。中央接受了他的请求，交给他的任务是全面负责鄂豫皖边区的武装斗争。

一番精心的乔装打扮过后，余瑞祥从上海出发，乘坐轮船抵达武汉，强烈地压住了试图寻找夫人和孩子的冲动，转道到黄安，经过多方打听，找到了处于分散状态下的游击队。

花费了一两个月的时间，他摸清了黄安一带共产党游击队的活动情况以及人员构成情况，并且派了几个精明强干的人员前去六安，跟那儿的游击队取得了联系，摸清楚了他们的情况。

余瑞祥心想：眼下，因为争权夺利，国民党内部已经发生分裂，各路新军阀大打出手，正是共产党人迅速发展革命武装的大好机会，如果不率先取得一定的武器装备，不可能利用国民党新军阀之间的战争来发展自己。依靠从敌人手里缴获武器装备，游击队人员数量有限，即使打了胜仗，也不可能一下子缴获太多。最好的办法是去汉口购买武器弹药，秘密运回黄安。

游击队没有资金，他想到了王俊财、余瑞光、赵承彦，决定亲自回去武汉，做他们的工作，请他们帮忙，达成自己的心愿。当然，他还需要得到湖北地下共产党人的帮助。因而，他利用地下交通线，把需要武器弹药以及自己的打算告诉了省委，并得到了批准。

化装回到汉口，从省委那儿，他听说夫人已经在汉口建立了秘密交通站，倍感欣慰，急切地盼望马上跟夫人相见。见到了夫人，他一样万分激动，心里有许多话要说，竟千言万语堵在心间，说不出来。

"你是不是觉得这个人跟你有什么关系？"王俊喜打趣道。

赵璇滢脸一红，很想把眼睛从余瑞祥脸上移开，但那儿好像是一块巨大的磁铁，牢牢地吸附住了她的眼球，让她怎么都移动不了。

"夫人！"余瑞祥激动地喊道。

赵璇滢亲耳听到了丈夫熟悉的声音，再也抑制不住了，一头扑了过去，喜极而泣道："他们都说你已经死了。只有我知道，你肯定还活着，革命没有成功，你决不会去见马克思！"

"是的，在共产党人还没有达成理想之前，我不会死，你也不会死。我们都不会死。"余瑞祥说道。

"你们实现了理想，我活不活得下去呀？"王俊喜问道。

"所有为我们的事业做出过贡献的人，不仅都会活下去，而且还会活得更加有滋有味，真正享受太平盛世。"余瑞祥说道。

详细了解了王俊林、余瑞华设立的关卡方位、关卡的活动规律、换岗的时机、查岗情况等之后，余瑞祥脑子里闪出一个大胆的主意，问道："为什么不趁此机会抓住王俊林？用王俊林换取一部分武器弹药呢？"

赵璇滢、王俊喜首先感到很吃惊，紧接着感到欢欣鼓舞。

王俊喜说道："用王俊林换得了武器弹药以后，还可以把消息泄露出去。这样一来，蒋介石一定饶不了他！"

余瑞祥可不愿意这样做。他要抓住这个把柄，日后多利用王俊林。

这时候，王俊财已经把武器弹药送到赵璇滢指定的地点，分散隐蔽起来了。他特来告诉赵璇滢这个消息。没料到，竟然看到了余瑞祥。他异常高兴，握着余瑞祥的手，说道："余世兄，你历经大难而不死，必有后福。"

"王世兄历经波折，仍能支持我们，余某万分感谢。"

"我虽说不完全赞同你们的主张，但是，只要余世兄有要求，我一定办到。"

寒暄了几句，他们谈到了正题。王俊财告诉余瑞祥：按照与赵璇滢共同制订的计划，他并没有从兵工厂弄出武器弹药，只是在兵工厂虚晃一枪，发出了虚假消息，用以掩护他在租界购买武器弹药的行动。

赵璇滢和王俊财部署周密，余瑞祥十分欣慰。不过，因为已经惊动了王俊林，他觉得，应该从兵工厂搞出一批武器弹药，迫使王俊林日夜不停地在各关卡巡视，以此增大抓住王俊林的机会。

王俊财深以为然，果然派遣人马，暗中去兵工厂购买了一批武器弹药。

王俊林的眼线遍布武汉三镇每个角落，王俊喜又发挥特长故意让人把消息泄露出去，是以王俊林很快得到消息，确信共产党人将把武器弹药集中起来，运往黄安，更加不敢怠慢，每天都要到各关卡查看情况。

余瑞祥认为离开汉口的时机已经成熟，立即做出决定：把部分武器弹药放在一具棺材里，由他带着赵璇滢暗中发展起来的共产党人从王俊林、余瑞华所在的关卡运送出去，吸引他们的注意力，从而掩护王俊财、王俊喜兄弟暗中把另一批武器弹药安全地从其他方向运输出去。

很快，一支护送棺木的大军向王俊林、余瑞华所在的关卡进发了。一路上，唢呐吹奏出哀伤的曲调，鞭炮炸出催人泪下的硝烟，悲伤的人群撕心裂肺地哭泣着，缓缓地朝前进发，不知不觉，接近了关卡。

怎么会突然有人死亡，还要出汉口呢？王俊林心下疑惑，等送葬的人群靠拢了，不住地打量着那口庞大的棺材。

"打开棺材！"王俊林命令道。

"长官，人死了，已经入殓了，不能再开棺了。"身穿孝衣的共产党人悲悲戚戚地说道。

入殓了就不能打开棺木吗？王俊林眼帘浮现出母亲的棺木被人炸毁的情景，心里痛恨得咬牙切齿，不能抓住赵璇滢报仇雪恨，现在，让别人承担这个恶果吧！他丝毫不顾忌孝子孝女的请求，叫余瑞华命令人马打开棺木。

余瑞华大吃一惊，连忙劝说姐夫不要骚扰了亡灵。可是，王俊林不予理睬。

这时候，准备进出关卡的民众全都簇拥过来了。狭窄的关卡周围竟然一下子围来了这么多人，王俊林生怕出现闪失，赶紧吆喝兵士把人群往一边推去。

余瑞华朝四周看了一眼，发觉进出关卡的秩序越来越乱，生怕出事，连忙命令兵士去打开棺木。兵士们疯狂地拥上前去，不停地搬动棺木，可棺木已经被钉上了，哪里动得了？余瑞华远远地看着，恻隐之心再度占了上风，又劝说王俊林，棺材里面肯定是死人无疑了，不要继续折腾了，放行吧。

王俊林狠狠地瞪了他一眼，说道："这种时候，宁可费时费事，也不要害怕麻烦。"

说罢，王俊林走上前去，命令兵士找来榔头，去砸毁棺木。

孝子孝女们赶紧跪了下来，一起哭哭啼啼，哀求老总们不要惊扰了亡灵；还有人跪在王俊林跟前，哀求不已。

王俊林恼了，飞起一脚，朝身边的一个人踢去。

那个人突然一跃而起，一把卡住了王俊林的喉咙，命令道："快点，打开关卡！要不然，让你死在我手里！"

王俊林脑子一嗡，差点昏厥，内心在说：这个声音是多么熟悉！是余瑞祥吗？他很想看清楚这人究竟是不是余瑞祥，喉咙却越卡越紧，眼睛越来越模糊，什么也看不清了。他拼命挣扎，但没有用。兵士们吓呆了。

趁此机会，民众一拥而上，冲开了兵士设立的阻拦网，奔了出去。那口大棺木，也飞快地朝着关卡外面跑去。

这人确实是余瑞祥。他拖着王俊林，一步步地朝关卡外面走去。

余瑞华也听出来了，这声音是二哥的。他蒙了一会儿，马上清醒过来，朝运葬队伍望去，其中一个扮作孝女的女人正是赵璇滢，她似乎正朝自己投来蔑视的笑意。

"原来二哥二嫂早已会合了！"余瑞华心里想道。

他迅速冷静下来，一面下令调来机动力量，重新将关卡把守起来，一面率领兵士，机械地一步步跟着他们，朝关卡外面走去。

"余瑞华，你们最好不要跟来，否则，王俊林性命难保！"余瑞祥说道。

二哥面露杀机，可不是开玩笑，余瑞华不敢造次，不得不命令人马停下来。他说道："二哥，只要能保证司令的安全，你要什么，我都可以给你。"

"王俊林的命不值钱，你不用担心。"赵璇滢说道。

余瑞祥笑道："他确实不值钱，你只需要准备一百条汉阳造，十挺机关枪，十万发子弹，送到指定位置，我可以放了王俊林。"

说完，余瑞祥架着王俊林，扬长而去。来到一片旷野，余瑞祥松开了手。

王俊林急剧地咳嗽了好一会儿，缓缓平静下来，狠狠地瞪着余瑞祥，说道："不要以为你真的打败了我。你今天怎么羞辱我，他日我一定加倍向你讨还。"

赵璇滢闪身而出，痛骂道："你这个睚眦必报的小人！你屠杀了我们多少同志？今天，我们没有杀你，没有为死在你手里的共产党人报仇，已经够便宜你了。你还敢说大话吗？"

"你！"王俊林瞪大眼睛，愤怒地说道，"如果不是你，我绝不会杀那么多人。他们都是你杀死的！别怨我！"

赵璇滢轻蔑地瞟了王俊林一眼，高昂着头，望着天空，说道："我不想跟你解释，也不必跟你解释。我这次是去黄安的，有本事，你来黄安跟我决一死战。"

第二十一章 秘密协定

余瑞华如数把武器弹药放在指定位置,王俊林很快得到了释放。

个斑马的,余瑞祥仍活着,而且一出手就让他栽了一个大跟头:当着那么多兵士和老百姓的面被抓住,还被讹去了一大笔武器弹药!王俊林心里实在太窝火。

幸而,余瑞华是一个很会办事的人,采取措施,严密封锁了消息。要不然,一旦南京那边知道了,自己头上的乌纱帽恐怕保不住了。即使如此,王俊林还是不敢大意,一来武汉三镇鱼龙混杂,谁也不知道到底有多少人受南京的委派,暗藏下来了。二来余瑞祥已经回到湖北,虽说并不在武汉三镇活动,可是,黄安距离武汉三镇咫尺之遥,只要余瑞祥愿意,随时都有可能前来武汉三镇做点什么。所以,他一定要小心,千万不能因为余瑞祥的出现,把自己推进万丈深渊。

至于赵璇滢,王俊林亲眼看到她回到了余瑞祥的怀抱,跟随她丈夫一块去了黄安,已经不在武汉三镇活动了,过去的仇恨,一笔勾销了吧。

最令他感到担忧的是,恐怕余瑞祥会永无休止地要挟他。

果真如此的话,还不如被余瑞祥杀掉来得干脆。毕竟,人只可以图一次两次侥幸,不可能指望时会得到幸运之神的保佑,通敌之事一旦曝光,会活活要了他的老命!何不派遣一支军队,趁余瑞祥立足未稳之际,前去"剿灭"他们,免得日后一再受到他的讹诈和勒索。

有两件事情使他不能这样做:一是"剿灭"黄安共产党游击队不是王俊林的活,二是替蒋介石牢牢把守着武汉三镇,既不让它落入唐生智手里,又要防备冯玉祥、阎锡山会跟南方的桂系人马联手攻击南京国民政府。

因而,他只能另谋他策。

被余瑞祥释放以后,王俊林一回到官邸,看到夫人用那双好看的眼睛一动不动地注视着他,一点都不感到奇怪。一连好几天,都是跟余瑞祥、赵璇滢一道吃糠咽菜,有的时候还饥一顿饱一顿,他当然清楚自己会显得消瘦一些。

他微微一笑,说道:"我只要有一点变化,准逃不过夫人的眼睛。瞧我,这段时间又消瘦憔悴了一些,是吧?"

余雅芳望着他,点了点头,眼睛里满是关切的光。

王俊林微笑着问道:"难道夫人不想知道我为什么会消瘦,会憔悴吗?"

为了抓捕赵璇滢,丈夫常常一连几天都不回官邸,余雅芳心里难过,从来没有表示出来。如今一听丈夫的问话,她心里一动,目光一下子复杂起来了。

过去,因为跟二哥二嫂信仰不同,丈夫曾经多次在战场上跟二哥二嫂大打出手,在战场之外，他们也一直你争我斗，看上去好像恨不得把对方置于死地。事实上，他们谁也不愿意对方死，谁都希望对方能够好好地活下去。可是，这次不同了，看到丈夫眼睛里流露出狼一样凶残的光，她便知道，丈夫再也不是原来的王俊林，一旦赵璇滢落到他的手里，准会死无葬身之地。她无法劝说他，也劝说不了他，只有暗地里找到三弟，劝说三弟，希望余瑞华放二嫂一条生路。余瑞华当然不希望二嫂被王俊林抓住，这多少让余雅芳心里有一些安慰。

"你还是不能原谅二嫂吗？"余雅芳问道。

王俊林笑道："你说得多轻巧！我不能原谅赵璇滢！我能不原谅她吗？我敢不原谅她吗？她现在多有本事呀，你二哥余瑞祥跟她在一起，他们合伙绑架我，把我弄成这个样子，我还得赔给他们一大把武器弹药！"

余雅芳显得格外震惊。这么说，二哥真的还活着？二哥已经来到了武汉？谢天谢地，有二哥，一切都会好办了。不过，瞬息之间，她觉得不对头。二哥跟二嫂已经联起手来，岂不更会引起丈夫的报复？

她望着丈夫，问道："二哥也回到了武汉吗？"

"不要这么看着我。我已经说了，不是我把你二哥怎么样了，是你二哥把我怎么样了！他和你二嫂抓住了我，把我关在一个鬼都不知道叫什么名字的小村子里，成天吃不好睡不好。"王俊林说道。

余雅芳一时之间不知道是要安慰丈夫，还是要为二哥二嫂说一些什么。

王俊林看穿了夫人的心理，亲昵地在她肩头上轻轻地抚摸了几下，跟她一块坐下来，把余瑞祥对他说的那些话全部告诉了她。

在王俊林被关押的时候，余瑞祥时不时会过来看望他，跟他谈南昌暴动以后的情况，自己随后都去过什么地方，在苏联看到了什么，共产党人为什么将会在最后彻底打败国民党使整个中国都是赤旗的天下。

王俊林听了，不能不心惊肉跳，暗暗想道：国民党人为了争权夺利，经常会挑起战争，搞得赤地千里，民不聊生。共产党人的确可以趁这个机会迅速发展红军，号召民众起来推翻南京国民政府。

"当然，红军仍然很弱小，暂时没有跟国民党相抗衡的能力。但是，只要国民党不改变他们的政策，红军总是可以找到发展的机会，以便迅速积累起跟国民党相抗衡的资本。"余瑞祥豪迈地说道，"到了那个时候，任何反动的东西，都将在我英雄红军的铁拳之下化为齑粉。"

余瑞祥的这番话强烈地冲击着王俊林的心，让他从中隐隐看到了自己的出路：像余瑞祥一样趁别人打仗的机会，扩充兵力，以便养成左右时局的气候，而不是到了战场，再去谋求扩充兵力的招数。

跟余瑞祥联合起来，一道发展各自的力量。王俊林的脑子里倏忽之间跳出了这样一个念头。怎么联合呢？说是联合，其实也不是联合，主要是打着去攻击余瑞祥部的名义，扩充自己的实力。攻击余瑞祥的目的，不是真的要打垮他，而是要让他发展起来，余瑞祥的武装发展了，自己扩充军力的理由更加充分。

余瑞祥凝视着王俊林，爆发了一阵哈哈大笑。

王俊林愣住了，说道："可笑吗？我觉得一点也不可笑，我们毕竟是兄弟，双方都发展了，才可以达成各自的目的嘛。"

这比余瑞祥要求王俊林为他做的事情还要多，余瑞祥当然会发出满足的大笑。不过，他不能不仔细权衡其中利弊。毕竟，跟国民党人合作吃亏的事情干得太多了，而且，王俊林又是反复无常的家伙，与狼共舞，还得提防狼会突如其来地咬人，方能立于不败之地。

王俊林一回到司令部，关起门来，闪烁其词地对余瑞华说起了他跟余瑞祥达成的秘密协议。

"司令！"余瑞华惊讶得眼珠子差点掉了下来，大声叫道。

"这里不是说话的地方，你等一会儿到我的官邸，我们详细商谈。"王俊林竖起一根手指，摇晃了两下，说道。

余瑞华是个聪明人，一眼识破了内中的玄妙，感到格外震惊。

王俊林为什么会在被二哥抓住以后，反而跟二哥达成了秘密协议？是二哥威逼的，还是王俊林主动的？二哥一向胸怀坦荡，不会逼迫王俊林做这件事情，一定王俊林自己主动提出来的。他为什么要这么做？是看到一再有人跳出来反对蒋介石，觉得国民党人都喜欢争权夺利，自己置身于争权夺利的旋涡当中，没有一点立足的根本，便会一直被别人所驱使和利用吗？

不错，没有实力，永远只能听从别人的摆布。可是，那些反对蒋介石的人，无论是李宗仁、唐生智，还是阎锡山、冯玉祥，他们难道不应该受到谴责吗？既然已经投靠了蒋介石，必须一切服从蒋介石嘛！

发展实力，倒不是什么坏事，拥有一支足够的人马，可以独当一面，帮助蒋介石把守武汉三镇，这也得蒋介石同意才行。何况，余瑞祥也想发展实力。共产党早已跟国民党划清界限，两党处于敌对状态，他们不会受到任何约束，履行这样一个协议，余瑞祥得到的好处必定大大地超过自己。

思考了很久，余瑞华终于把一切都想通了。他去了警备司令官邸。

时间已经很晚了，姐姐已经入睡，王俊林正在客厅等着他。

余瑞华说："我们跟余瑞祥之间，不应该是合作，而应该是我们一定要消灭余瑞祥。"

"你难道想把二哥逼上绝路吗？"传来了余雅芳的厉声喝问。

亲耳从丈夫那儿听到了二哥的准确消息，也知道二嫂和二哥团聚了，她兴奋得怎么都睡不着。知道三弟到访，她立刻起床想对三弟说这事，没想到，竟然听到三弟要除掉二哥。她一团火气直冲脑门，斥责道："难道你没有好好想一想，二哥当年是怎么照顾你的吗？你这个白眼狼！"

"二姐！"余瑞华叫道。

余雅芳胸中的愤怒像火山一样爆发，不断地喷向余瑞华。

王俊林不得不打圆场，说道："我这不是也在劝他吗？我们是兄弟，不能总是打打杀杀，能够坐在一块，趁别人打仗的机会，壮大自己的力量，养成气候，不再仰人鼻息，总归是好事一件。"

余雅芳瞪大眼睛，看着丈夫。老实说，因为过去岁月里发生了太多的事情，她不相信丈夫不会对付二哥二嫂。

她叹息一声，这就是她的宿命。难道永远无法躲避这个宿命吗？不，一定要阻止三弟向二哥动手。她想到了大哥，觉得大哥会把这件事处理好的。

明天是中山公园开放的日子，王府、余府、赵府全部人员，要一块去公园观赏。丈夫一回家，她把这件事忘掉了，现在正好可以趁此机会把丈夫和二哥的事告诉大哥他们，他们一定会帮助自己劝说余瑞华。

第二天，余雅芳眼睛一睁，阳光已经直射进屋子。丈夫不知道是没有入睡，还是已经起了床，看不到他的踪影。她赶紧起床，穿戴洗漱完毕，携带上一个小坤包，带了丫鬟，准备走出屋子。

此时，王俊林刚好从外面进来，看到夫人要出门的样子，问道："你这是要去干吗？"

"昨天忘了告诉你，今天中山公园开放，我跟他们约好了，一块去公园游玩。"

王俊林已经成功地说服了余瑞华，准备落实跟余瑞祥达成的秘密协议，心情颇是痛快,而且,也想趁机跟那些亲友们见见面,连忙陪夫人出发了。

余雅芳人坐在小车里,脑子却一直想着二哥二嫂,丝毫看不到周围的人群。突然她感到汽车猛烈地抖动了一下,然后一个急刹,人趁着惯性猛地朝前一冲,头部一下子撞在前面的座椅上,顿时眼冒金花,浑身疼痛,忍不住叫唤起来。

王俊林也是一惊,只见司机已经跳下了车,骂骂咧咧,一手拉住一辆马车的赶车人,另一手攥成拳头,高高举起,准备朝赶车人头上打去。

没等司机的拳头打下去,王俊林听到从马车上传来一声怒吼:"放下你的拳头!"

司机收回了拳头,一眼望去,一个学究模样的人正端坐在马车上,在他的身边,还有一个似曾相识的女人。司机不知道这人是什么来历,下意识地朝小车望去,只见警备司令正痛苦地蹙着眉。

王俊林并不是真的痛苦,而是看到坐在马车上的人正是林英华和余梅芳,觉得头都大了。这时候,余雅芳也看清了坐在马车上的人是姐夫和姐姐,顾不得头痛,赶紧准备下车。王俊林稍一迟疑,赶紧扶着余雅芳下了车。

"原来是姐夫,真巧。"王俊林亲热地说道。

"哈哈,我说是谁能摆出这么大的排场,原来是警备司令大人。真是失敬!"余梅芳冷笑道。

林英华愤怒地瞥了王俊林一眼,从鼻孔哼了一声,起身准备下车离去。余雅芳赶紧从中转圜,林英华丝毫不理睬她,决绝地离了开去。余梅芳看着妹妹眼睛里噙着泪水,本想跟随丈夫一道返回武昌,心肠一软,留下来了。

王俊林和余雅芳邀请余梅芳坐上了小汽车。

很快来到了中山公园门口。那儿,停下了更多的车辆,更多的人好像长江的波涛一样朝大门涌去。

余雅芳和姐姐一块下了车,刚好看到身边停着一辆小汽车,王俊喜夫妇、王俊财夫妇带着孩子兴高采烈地站在那儿。一看到余雅芳,孩子们欢呼着,奔向了她,高声叫喊婶子,余雅芳心情一下子畅快起来了。

王俊喜和王俊财显然没有想到王俊林会来凑热闹。王俊财略微一愣,向王俊林点头致意,王俊喜却站在一边,对王俊林视而不见。

余瑞光夫妇、赵承博夫妇和赵承彦一道带着孩子,从另一个方向过来了。大家相互打了招呼,一块进入公园。里面人头攒动,人声鼎沸,几乎找不到插脚的地方。

忽然,余瑞华率领一队人马赶了过来,吓得游兴正浓的游人纷纷离去。

王俊喜冷笑道："如果是我，把公园搬到自己家里去，任谁都不准进来，可以独享清闲。"

赵承博接了腔："那样一来，岂不成了孤家寡人吗？还是与民同乐的好。"

"如果你们觉得这样说话有趣的话，可以一直说下去。我今天心情很好，可以给你们做裁判，看谁说得更好听。"王俊林说到这里，加重了语气，"我也想看一看，我的口味是不是跟大家一样。"

王俊喜和赵承博一脸尴尬。王俊林一脸笑意地陪同夫人们到处游玩。

很快，他们来到了双龙桥。站在远处，看到两条巨龙在桥上试图腾空而起的样子，余雅芳心里一阵荡漾，马上跑了过去，抚摸着一条龙，高兴地叫了起来。孩子们燕雀一样地围拢过去，准备爬上巨龙的脊背。女人们惊慌不已，赶紧追过去，阻拦孩子。男人们都站在一边，脸上流露出一抹笑意。

王俊财、余瑞光、赵承彦之所以提出几家人一块趁中山公园开园的机会前来游玩，是为了让余雅芳放松心情。没想到，王俊林竟然出现在他们面前。余瑞祥放了王俊林，王俊林反过来会怎么对付余瑞祥呢？他们一直琢磨不透。

夫人、孩子们逐渐远离他们了。

余瑞华生怕共产党人会突然跳出来，对他们不利，命令一拨兵士远远地跟着夫人和孩子们，暗地里保护他们；另一拨兵士紧紧地跟在王俊林后面。

王俊林很清楚，自己被余瑞祥抓走一事，可以隐瞒任何人，但隐瞒不了眼前这几个手眼通天的亲友。他也没有打算隐瞒他们，甚至很想把他跟余瑞祥达成的协议告诉他们。可是，身边来来往往的都是人，他说不出口，眼睛朝周围扫视了一遍，走向一处稍微僻静的地方。

几个男人下意识地跟在他的身后，一块走了过去。

王俊林眼望四周，大约十米之内，兵士组成了一堵保护墙，说道："我知道，你们都会感到好奇。我为什么会这么快被余瑞祥放回来了。"

"不，没人感到好奇。"赵承博说道，"因为大家都清楚，我姐夫绝不会伤害你。哪怕你一次又一次伤害了他，他也绝不会对你实施报复。"

王俊喜跟着想讥刺王俊林。但王俊财、余瑞光、赵承彦生怕在大庭广众之下弄出什么事来，马上开口把话接了过去。王俊喜只有讪讪地住了口。

叹息了一声，王俊林说话了："我知道，你们一直不能原谅我到处搜捕赵璇滢。的确，因为赵璇滢炸掉了我母亲的坟地，让我愤怒极了，做出了许多不理智的事情。可是，余瑞祥出现了，让我清醒了许多。我们之间的关系永远割舍不了。我不会再对他们实施报复了。"

余瑞光笑了："这样就好，大家都是一家人，为什么要斗得你死我活呢？"

赵承彦说道："是呀，你看如今这个世道，变成什么样子了？都是狗咬狗，为什么要替他们打打杀杀，让亲人变成仇人呢？不值得！"

王俊林连忙说道："我原来一直没有看透这个世道，余瑞祥跟我说了几天话，让我忽然明白，我的确不能继续为他人流血流汗干傻事了。不过，他们打仗，一定会需要我的部队，我也不能不去打仗。只要我有足够的力量，才能迫使他们不能继续利用我。所以，我需要你们的帮助。"

大家都愣住了，不知道他葫芦里卖的什么药，不约而同地望着他。

王俊林微微一笑，说道："我跟余瑞祥商量好了，准备趁他们打仗的机会，带部队去'围剿'他。可是，因为余瑞祥的势力太过分散，如果不扩充部队，我根本不可能成功。我可以用这个借口向蒋介石提出扩军的请求，即使得到了批准，最后一定得是我自己筹集资金扩充军队。"

王俊林原以为自己把秘密一说，他们一定会爽快地拿出钱来，让他扩张军队。谁知那几个人都怔住了，一块望着他，沉默得好像一座座小峰。王俊林明白因为自己转变太快，他们跟不上自己的节奏。而且，自己去攻打余瑞祥，还说是跟余瑞祥联络好了的，谁会相信呢？一定得说服他们。

他们倒是答话了，但不管王俊林怎么说，他们总是虚与委蛇，完全是在敷衍他。

忽然，一个兵士骑着快马，飞快地冲进公园。游园的人都惊讶不已，纷纷躲避。那人一边策马狂奔，一边大声询问王司令的去向。

很快，王俊林就知道发生了什么事情。

原来，鉴于唐生智指挥人马打到了漯河、驻马店一带，冯玉祥、阎锡山、李宗仁私下里又在蠢蠢欲动，蒋介石觉得武汉三镇四周都是强敌，过于危险。为了集中兵力先打垮唐生智部，蒋介石命令第一军军长放弃武汉。

此时，何键盘踞湖南，李品仙在唐生智部。王俊林纵使实力不济，跟随刘峙出征河南，打垮李品仙，可以为堂姐报仇。可是，他不能放弃扩张实力的机会。

刘峙不离开武汉，王俊林即使想要扩充军队，也会遇到很多困难。只要刘峙率领人马离开武汉，可以与余瑞祥取得联系，让他趁机率军前来攻击武汉，王俊林就可以提出扩充军队、对付余瑞祥的计划了。

王俊林立马跑去军部，见到了刘峙，说道："如果刘军长率领部队出其不意地攻击唐生智，一定可以打败他。我坐守武汉，可以成为军长的坚强后援。"

到手的地盘岂肯轻易放弃。刘峙深以为然，马上给蒋介石发去电报。得到了蒋介石的批准以后，留下王俊林的警备司令部及其人马留守武汉，刘峙立即率领军队出发。

王俊林仓促离开中山公园，余瑞光和赵承彦、王俊财等人都是一头雾水。不过，王俊林不在了，他们可以讨论一下，王俊林到底说的是不是实话。

余瑞光并不知道余瑞祥来到汉口的时候跟王俊财见过面，只是听说余瑞祥抓住过王俊林，问道："二弟真的会跟俊林合作，演那么一场戏吗？"

"我们不妨等等看吧。"王俊财说道，"不管怎么说，王俊林已经提出了要求，你们可以置之不理，我不能袖手旁观。"

"哥哥，王氏家族会因为王俊林而破产的！"王俊喜大叫道。

王俊财冷冷地瞥了他一眼，说道："你知道我为什么要这么做。"

这时候，女人和孩子们都赶了过来。原来，王俊林一走，她们身边的保护者跟着离开了。她们一齐赶过来，想看一看究竟发生了什么事。

知道王俊林已经回去了警备司令部，余梅芳说道："他今天一出来，我可算领略了什么叫做威风凛凛。警备司令出巡，大批军队随扈，闲杂人等一律回避，只差有人鸣锣开道，真是大开眼界。"

"是呀，这就叫大将军威风八面。林先生不是要来吗？怎么不见他了？"王俊喜惊讶地问道。

眼见得余雅芳一脸尴尬，王俊喜心知林英华一定碰上了王俊林，不愿意跟他在一块，便回去了，心里涌出了一阵快感。不过，余雅芳是无辜的，他不能攻击王俊林连带着让余雅芳受到伤害。

柳彤萱一见场面冷下来了，赶紧拉着余雅芳离开。女人和孩子们跟着她们，很快融于人流，继续观赏美景。孩子们在她们跟前蹦蹦跳跳，打打闹闹，她们徜徉在人海里，欢乐无比，渐渐地忘掉了身边的孩子。

忽然，穿透鼎沸的人声，柳彤萱听到了余亚男的叫喊声，赶紧翘起头，看到余亚男正在人群里面挤来挤去。

余亚男虽说仍然跟外婆一块住在租界，但是，因为赵承博和柳彤萱经常去租界探望她们，她亲近舅舅和舅妈。这一次，王府、余府、赵府三个家族约好了来公园游玩，柳彤萱把余亚男也带过来了。

柳彤萱大叫一声，赶紧追了过去，一把抓住了余亚男，说道："你乱跑什么呢？跑丢了，我怎么向你妈妈交代？"

余亚男已经有七八岁的光景。小女孩承袭母亲赵璇滢和父亲余瑞祥的优点，长相清秀，身体发育得很好，跟她的年纪很不相称。她说道："我看到了妈妈。"

柳彤萱吃了一惊，说道："不要胡说，你妈妈怎么可能会出现在这里呢？"

"我真的看到了妈妈。"余亚男继续说，仍然想朝人群挤去。

他们朝余亚男指点的方向望去，哪里看得到熟悉的背影？

余雅芳蹲下身子，叹息一声，差点流出了眼泪，抚摸着余亚男的脸，说道："可怜的孩子，想念妈妈了，是吧？"

在王俊林回到汉口的同一天，赵璇滢也偷偷地回到了汉口，准备着手在原有交通站之外，另外建立一个可靠的交通站，以便更安全有效地沟通跟省委与余瑞祥所部的联系。

她一直为在何处设立以及如何运作新交通站的事情忙碌不已，忽然听说王俊林等人都去中山公园了，决定利用这个机会进一步观察王俊林的动向。

当王俊林匆匆忙忙离开公园以后，她意识到一定发生了什么事，试图逼近王俊财他们，打听王俊林到底说了一些什么。可是，竟然看到了女儿，她心里隐隐一动，躲在一边，注视着自己的女儿，心里不由自主地想起了儿子，余明亮差不多已经两岁了，怎么没有出来呢？要是也能看到儿子，该有多好啊。当女人们带着孩子继续游玩的时候，她暗暗地跟了过去。跟女儿近在咫尺，她神使鬼差，竟然走向了女儿。女儿叫了一声妈妈，让她大吃一惊。她赶紧躲进人群，并迅速离开了公园。

她先回到王俊喜的别院，向王俊喜传去希望跟他见面的消息。

王俊喜很快跟赵璇滢见面了。

王俊林果然准备扩充军队，赵璇滢心里暗喜。在王俊林扩充军队的时候，将会有很多秘密领受余瑞祥命令的人员，进入这支军队，一方面是监视王俊林的动向，另一方面也可以在王俊林出手攻击游击队的时候，将武器弹药留下来。

"这么说，我也不能再对王俊林动手了吗？"王俊喜问道。

"王俊林不可能永远跟我们合作下去。"赵璇滢说道。

刘峙的军队一离开武汉，余瑞祥立即命令红军朝武汉方向移动。红军即将推进到汉口远郊了，王俊林赶紧向蒋介石发去了紧急电报，请求处理办法。

你王俊林完全可以率部去打共产党嘛，不要牵连了打击唐生智的大事。蒋介石命令王俊林率领队伍，火速前去镇压共产党。

王俊林赶紧派遣余瑞华率领一个团的人马，离开汉口，疾速朝共产党人出现的方向扑去。但是，共产党似乎探听到了风声，迅速转移到了另外一个方向。余瑞华率领人马来回奔忙，被拖得精疲力竭。

王俊林再一次向蒋介石发去了电报，着实渲染了一通红军的厉害，说武汉警备司令部为了防止共产党鼓动工人闹事，再也派不出更多的兵士，请求总统火速调集一支人马前来镇压。否则，共产党在边界闹事，桂系人马一旦发难，先夺取湖南，然后从湖南打过来，武汉势必不能保。

蒋介石最担心的就是南北两个方向的对手同时对他下手，虽说对刘峙说过，必要的时候可以放弃武汉，可是，刘峙觉得武汉可以把守住，蒋介石岂肯丢掉武汉？王俊林既然感到军队不够用，为什么不招募一些军队呢？反正蒋某人无兵可派，也没有粮饷可以提供，你有本事，自己去发展。

蒋介石严令：王司令不管采取什么办法，一定要确保武汉的安全。

王俊林虽说领会了蒋介石的言外之意，但是，蒋介石并没有明说，他还是不敢执行，发报向蒋介石诉苦，说自己的军队如何捉襟见肘，最后说道："如果没有多余的军队，实在很难遏制共产党人在武汉周围闹事。"

如此明白的话都听不出来，可见王俊林是个笨蛋，怪不得从辛亥首义以来，十几年过去了，他还一直在旅长、师长的职位上打转转，原来的确没有什么本领，没有什么手段。既然如此，你王俊林即使发展了再多的部队，也成不了唐生智，更成不了李宗仁、冯玉祥。蒋介石向王俊林发去了回电：值此国难当头之际，必须以国家的利益为最高利益。如果王司令能够发展一些军队，总司令将乐观其成。

王俊林接到回电，喜出望外，赶紧准备扩充军队。

要扩充军队，必须要有充足的军饷，还要有足够的武器弹药。这些，都不是一点点资金可以打发的。王氏家族虽说是汉口首富，可是要支撑起一支军队，显然力有不逮。余瑞光、赵承彦、赵承博又不可能支持他。还是应该向蒋介石发出电报，请求蒋总司令给予一定的资金支援和物资支援，而且，这样做，也可以让蒋介石放心。

王俊林向蒋介石发电：本欲迅速按照蒋总司令的命令扩充军队去对付共产党，但粮食、军饷、武器弹药、兵员都没有着落，请总司令给予支持。

蒋介石真是哭笑不得。换上其他任何人，只要给他开了口子，有多少军队人家拉不起来呀？武器弹药也好，粮饷也好，只要有了钱，一切都好办，兵员就更好办，扯起招军旗，自有吃粮人。不过，想一想也是呀，钱袋子在江浙富庶一带，掌握在自己手里，为了全力对付唐生智以及可能跟自己发生战争的冯玉祥、阎锡山、李宗仁，应该先给予王俊林一点资金，让他把军队拉起来。

王俊林心花怒放，可以拉起招军旗，公开招兵买马了。

王俊林的每一个动作，赵璇滢都看在了眼里。她通过交通站，把消息传达给了省委，并且跟余瑞祥取得了联系。余瑞祥加紧了对武汉四周的骚扰性袭击行动，逼迫王俊林加快招军进度。很多共产党人在赵璇滢和湖北地下省委的秘密安排下，进入了王俊林的军营。

兵已招齐，王俊林马上进行训练。两个团的兵力，几个月之内，初步形成了战斗力。是时候把部队拉出去，跟余瑞祥决一死战了。王俊林心里搏动着强烈的取胜火焰，试图用这些人马去征服余瑞祥打垮余瑞祥以便完全取得蒋委员长的信任，换来更大的前程。

他把余瑞华叫到跟前，说道："你率领队伍开赴黄安，消灭赤匪。"

这次，余瑞华对王俊林的命令没有任何歧义，双脚并拢，气壮山河地回答道："请王司令放心，卑职一定会把余瑞祥的人马全部消灭光，以报蒋总司令对我等的知遇之恩！"

余瑞华率领本团作主力，兼指挥另外两个团的兵力，趁着夜色，秘密离开武汉，前往黄安七里坪一带，去"围剿"余瑞祥率领的红军。

王俊喜得到消息的时候，余瑞华已经率领人马出发了。他急急忙忙约见赵璇滢，说道："没想到，王俊林并没有履行跟余瑞祥的约定，竟然出动了如此之多的人马，要去消灭他。"

赵璇滢早已知道会有今日，而且早有安排，说道："无论王俊林出动多少人兵马，一旦离开武汉，到了我们的地盘，不可能有多大作为。"

尽管赵璇滢不太在意，王俊喜还是在意的。毕竟，他不愿意看到因为余瑞祥受到损失而让王俊林爬上更高的职位。凭着跟余瑞华的交情，他快速追上了余瑞华，向余瑞华晓以利害，希望余瑞华不要全力攻击余瑞祥，免得兄弟相残，破坏了最初的约定，惹人耻笑。

余瑞华笑道："你以为余瑞祥会把这个约定当回事吗？"

王俊喜一怔，说道："如果余瑞祥不履行他跟王俊林之间的约定，你们有什么借口扩充军队呀？"

余瑞华笑道:"他一样在扩充军队。他对其他国民党军队发动了多次攻击,我们一直没有理睬。他的队伍已经扩充到什么程度,谁也不知道。一旦他成了气候,想'剿灭'他将比登天还难。趁着现在灭了他,我们会把损失减小到最低限度。"

从武汉搞到了一批武器弹药以后,队伍一下子发展壮大起来了。

随即,余瑞祥跟六安那边的红军取得联系,按照中央的意图,为了统一指挥鄂豫以及鄂皖边界的军事斗争,成立了鄂豫皖军事分会。制订了趁蒋介石正与各路军阀混战的机会,扩充自己的实力,并进一步扩大根据地的计划。

中央派到六安负责指挥作战的军事指挥人员正是叶挺独立团的营长,当年是余瑞祥的手下,对余瑞祥的军事指挥才干极为佩服。因而,余瑞祥提出的计划,他坚决予以执行。

余瑞祥放心地将六安那边的一切行动全权交给这位营长负责,自己来到了七里坪,直接指挥红军攻击黄安一带的敌人。他不时地命令一部分人马到黄陂跟武汉交界的地带,去骚扰武汉的敌人,把主力用于向北面展开攻击,接连攻下了很大一块地盘,已经兵临新集城下。

新集是黄安县最北部的重镇。因为历年来地方豪强为了避免新集遭到土匪的攻击,不断地出资请人修建城墙,早已将新集打造得犹如铜墙铁壁。

夺下了新集,按照余瑞祥的意图,可以把军分会和根据地的各机关安排在这里,便于将鄂豫鄂皖两个根据地连接起来,实施统一的指挥。

余瑞祥不会忽视王俊林。一旦新集久攻不下,王俊林的兵马赶过来,余瑞祥饶是预先在里面安插了一些人马,恐怕也难以抵挡。因而,他要加快攻击新集的力度,更要加派人马,时刻关注王俊林部队的行踪。

果然,余瑞祥接到了可靠消息:王俊林任命余瑞华为战场指挥官,率领三个团的人马前来攻击红色根据地。

新集的攻击战已经到了最后关头,绝不能让余瑞华率领人马攻到红军背后。余瑞祥迅速发布命令,集合各地的农民自卫军,火速赶往余瑞华部前进的方向,挖掘陷阱,埋设地雷,布设暗桩,迟滞该部的行动。

余瑞华率领人马白天隐蔽,夜晚赶路,悄无声息地进入了根据地。紧接着,他命令人马分成三路队形,连夜朝新集方向悄悄开进。没多大一会儿,各路人马纷纷落入了陷阱,爆炸声以及人员的惨叫声,响成一片。余瑞华胆战心惊,稳住部队以后,迅速把队伍向四周展开,试图打击前来攻击自己的红军。但是,他根本没有发现红军的动静。

余瑞祥一定在前面布设了新的陷阱，不可大意，也不能就此退缩。余瑞华重新编列队形，由尖兵在前面负责开路，其他部队保持一定的距离，以便遭到突然袭击以后可以相互救援，继续向新集赶去。

突然，四周响起一片呐喊声，夜幕里闪烁着无数火把，宛如到处飞动着的萤火虫。红军已经攻过来了，余瑞华连忙命令人马抢占有利地形，准备阻击他们。

可是，过了好一会儿，那些火把还是在不远处不断地晃动着，不断地有人大声呐喊，但谁也没有靠近过来。余瑞华命令人马展开猛烈的射击。

子弹到处翻飞，嗖嗖的声音盖过了人的呐喊声。火把在一点点熄灭，呐喊声在一点点减弱。慢慢的，余瑞华再也看不到火光，听不到声音。

余瑞华摸不着头脑，生怕中了红军的诡计，命令队伍加强戒备，晚上露营，准备天亮以后，再朝新集进发。忽然，火把亮了，犹如满天星星，布满旷野，到处闪烁，呐喊声再次在空中回响。

他们一定是想拖住我的人马，好快点打下新集。余瑞华迅速改变部署，命令一个团的人马留在这里牵制红军，亲率两个团悄悄继续朝前面进发。

行不多远，前面是一座很大的山头。不由分说，从山上打来了一阵阵密集的子弹。顷刻之间，他的人马死伤无数。

余瑞华恼怒不已，立即命令人马朝山上展开猛攻。

子弹嗖嗖乱飞，炮弹呼呼乱叫。一阵猛攻，人马冲上了山头，结果上面没看到一个人影。队伍正惊疑之间，忽然响起一阵阵爆炸声。伴随着这阵阵爆炸，又有无数兵士丢掉了性命。

余瑞华怒火满腔，再也不管火把与呐喊了，率领人马朝新集方向冲去。

天亮的时候，距离新集已经很近了。余瑞华命令人马稍事休息，养好精神以后，朝余瑞祥部的后背发动猛攻。

为了避免遭受敌人的两边夹击，余瑞祥留下一部分兵力继续佯攻新集，率领主力掉过头来，迅速朝余瑞华攻了过来。与此同时，预先安插到余瑞华部的人员接到密令，突如其来地向余瑞华的人马开了火。

余瑞华很想命令队伍拼死抵挡，内部却一片混乱，只有率领队伍朝武汉方向退去。

第二十二章 水淹武汉

倾尽财力拉起两个团的人马,把他们加强给余瑞华,试图趁余瑞祥进攻新集的机会,从后面插上一刀,一举消灭余瑞祥手下的红军,让蒋介石看看他扩充军力取得的成果,没想到,结果丢掉了一个整团的兵力和大约一个整团的武器弹药。王俊林气得快要发疯。

接到电报的时候,王俊林腾地站起身来,一挥手,桌子上的文件、电话,以及其他东西,一股脑地被扫到了地下。他像一头困兽一样在办公室走来走去,吼叫道:"余瑞华,你太让我失望了!我该怎么向蒋委员长交代?"

一想到再也不可能得到蒋介石的信任,甚至很可能会丢掉屁股底下的那把交椅,王俊林宛如一只泄了气的皮球,一头倒在沙发上,精神颓废,双目无光。

恰在这时,他得到消息:共产党要人正开会商讨在汉口举行暴动。

"真是天无绝人之路!只要抓住了这些共产党,蒋委员长龙颜大喜,一定不会计较我丢了多少人马。"王俊林眼睛里冒出了绿光。

他不敢怠慢,立刻亲自带领大批人马,把共产党人开会的地方团团包围起来,将包括共产党湖北省委负责人以及汉口负责人在内的全体与会人员尽数抓获。王俊林喜出望外,赶紧向蒋介石发电邀功,请示处理办法。

此时,蒋介石已经知道王俊林损失了不少人马,正万分恼火之际,忽然接到他这份电报,随即转怒为喜,向王俊林发去了通令嘉奖,并且命令他立刻处决这些共产党人。

王俊林舒服极了,立即寻思怎么处决这些共产党要人,以彻底震撼共产党人的心,让他们不敢在自己的一亩三分地上再打暴动的主意。

赵璇滢没有参加会议,但知道省委准备在武汉发起暴动。她曾经拿丈夫跟她讲的道理,试图说服省委不要在敌人防守严密的时候举行暴动,以免蒙受损失。省委没有听从她的劝告,反而责备她看不清革命形势已经进入高潮。她无可奈何,只有暗中命令地下工作人员严密监视敌人的动向,防止省委遭到不测。同时,找到王俊喜,要求他留心王俊林的行动,有任何风吹草动,都及时告诉她。

"是不是你们共产党有重大行动?"王俊喜非常敏感,马上问道。

"你不该问,我也不会回答。我只希望,我们还是像原来一样,共同对付王俊林。"赵璇滢说道。

王俊喜笑道:"只要对付王俊林,我什么事都可以做。"

王俊林一得到省委开会的准确时间和地点,王俊喜立马知道了,他连忙告诉赵璇滢。这时候,王俊林已经带领人马,向开会地点奔了过去。事发突然,赵璇滢反应不及，只能眼睁睁地看着同志们全部被捕。

为了救出这些同志，赵璇滢连忙安排人手，甚至联络王俊喜、王俊财、赵承彦、赵承博、余瑞光等人一块展开营救。可是，他们想尽办法，没有成功。

王俊林把屠杀共产党人的现场定在阅马场。

行刑的那一天，王俊林出动全部兵力对武汉三镇加强戒备，并对阅马场一带实施严密监视。

在数十万民众的面前，王俊林命令军警将被捕的共产党要人押到到阅马场。他们拖着那些共产党要人，沿着民众的队伍外围一边走，一边举起屠刀砍向他们的颈脖。

这下，武汉三镇可以安宁一段时间了，王俊林心想。他再次把心思用到怎么扩充自己的实力上面来了。

经过一年多的作战，蒋介石不仅指挥嫡系人马打垮了唐生智部，而且因为张学良的支持，使得阎锡山、冯玉祥、李宗仁联手对付他，也讨不了便宜。中原大战尘埃落定，蒋介石取得胜利。踌躇满志之际，蒋介石赫然发觉红军已经形成了气候。他迅速集中兵力，向江西红军展开"围剿"，严令湖北、河南、安徽的地方实力派，"剿灭"各自境内的红军。

王俊林抓捕并血腥屠杀了省委负责人，使中共湖北省委遭到了彻底破坏。赵璇滢仇恨满腔。她一方面耐心等中央局继续派遣人员前来跟她联系，另一方面准备利用余雅芳抓住并除掉王俊林，为牺牲的同志们报仇雪恨，用王俊林的血来祭奠那些牺牲的烈士，唤起民众的关注：共产党人永远是杀不绝的！共产党人仍然在活动！

赵璇滢脑子里刹那间浮现出跟余雅芳生活在余府时姑嫂二人亲密无间的情景。余雅芳性子柔软，又很单纯，她实在不愿意利用余雅芳，更不愿意让她伤心，可是，不利用她，难道还有其他可以利用的人选吗？检视一遍亲朋好友，几乎没有人比她更合适。

实在不愿意让余雅芳为此伤心，赵璇滢只有仰天长叹一声，还是先把利用余雅芳的事情往后面放一放，让自己安插在王俊林身边的人马动手，实在找不到机会了，最后才利用她。

定下了决心后，赵璇滢暗地里下达了秘密除掉王俊林的命令。为此，她一连拟订了好几个计划，可是，都无法付诸实施。

仔细分析了历次失败的原因，赵璇滢竭尽全力编制了一个新的计划，果然差一点成功了。不过，那个执行人员在关键时刻竟然打偏了，子弹飞出枪膛，没射中王俊林，反而把一个卫兵送去见了阎王。他试图再打一枪，却没有机会了，王俊林手下的人扑了过来，他只有逃离现场。

随即，王俊林展开了大搜捕，赵璇滢的意图更加难以实现了。

无可奈何之下，赵璇滢最终决定利用余雅芳除掉王俊林。不过，她对原来的计划做了一些修订，不让余雅芳知道事情的真相，也不直接利用余雅芳，由她亲自出马，利用余梅芳跟余雅芳的关系，把王俊林引诱出来，杀掉他。

一去二来，新的一年到了，赵璇滢杀掉王俊林的计划仍然没有实现。

王俊林迭遭凶险，但总能逢凶化吉。他越来越强硬，不仅加大了监视武汉三镇的力度，而且加快了培植自己人马的进度。蒋介石网开一面，王俊林手下的人马再次扩充起来了，正在余瑞华的督导下，展开军事技能与战术训练，准备养成气候以后，再度前去镇压余瑞祥率领的红军。

思索第一次失败的原因，王俊林发现，余瑞祥在自己身边总是安插了大量人员，能随时了解自己的一举一动，自己却对余瑞祥不甚了解，所以才吃了亏。需要采取补救措施，把自己的人马打入余瑞祥身边，了解余瑞祥的一举一动。王俊林下定了决心，找来余瑞华，跟他商讨怎么向余瑞祥开创的根据地派遣密探或者怎么收买红军中有可能变节的分子。

余瑞华带队去黄安镇压红军时，曾经对沿途的社情民情做过一番调查，知道余瑞祥的队伍正在搞土改运动，凭着这个，取得了农民的全力支持。可是，因为红军要不停地扩张根据地，也因为红军根据地遭到了国民党军队的封锁，农民的粮食供应很困难，红军只能不停地向四周出击，打土豪，分粮食，不仅跟根据地内部的地主阶级结怨很深，而且跟根据地四周的地主阶级甚至农民阶级都结下了仇怨。

据此，余瑞华觉得可以从各个方向朝余瑞祥的人马施加压力，迫使其疲于奔命，造成根据地粮食供应越发困难，加深红军控制区域里的平民跟富人的矛盾，趁机收买一些对自己有用的人。

王俊林觉得很有道理，立即派遣余瑞华再度率领人马，前去黄安，寻机跟余瑞祥交锋。这次不是面对面地交锋，而是熟悉余瑞祥的战法，摸清余瑞祥的活动规律，趁机收买人员刺探红军的情报。一旦时机出现了，便突如其来地扑上前去，狠狠地咬他一口，把余瑞祥咬痛咬死。

余瑞华率领一个旅的兵力，浩浩荡荡地开赴黄安去了。王俊林精神抖擞，坐镇汉口，更加密切地监控武汉三镇，不使共产党人再有露头的机会。

赵璇滢一直在等待除掉王俊林的机会。她暗地里见到了余梅芳，余梅芳虽说非常反感王俊林，但面对赵璇滢，她还是保持了一定的警惕。毕竟，赵璇滢是共产党人，她可不希望跟共产党走得太近。这样的话，赵璇滢根本不可能利用余梅芳引出王俊林。

事到如今，其他道路都走不通了，利用余雅芳除掉王俊林又很残忍，赵璇滢只能一面更加积极地培植自己的力量，一面继续与王俊喜保持联系，希望尔后能够找到与王俊喜联手的机会，达成目的。

忽然，赵璇滢接到消息：中央准备派遣一个要人去鄂豫皖根据地，途经武汉，要她派人暗中协助，一定要把他安全送达目的地。

这个人是去协助丈夫工作的吗？赵璇滢感到很好奇，冲动之下，决定亲自见见他，希望他给丈夫传几句话。可是，地下工作者有严密的组织、严格的纪律，她不能违背，只有打消这个念头，派出人手，选择避开敌人的秘密通道，把来人安全送往鄂豫皖根据地。

看起来，鄂豫皖根据地的发展必将走上一个新的台阶了，赵璇滢心想。从此，她开始思索如何更好地配合鄂豫皖根据地，来开展对王俊林的斗争。

这时候，赵璇滢已经在各处布设了好几个交通站，构成了横跨整个武汉三镇的交通网络。她的人马已经渗透到各个领域，她可以随时得到各方面的情报并且及时准确地传达给中央或者是鄂豫皖根据地。

因为一直找不到机会除掉王俊林，赵璇滢的思想潜地里发生了变化，她已经不再试图杀死王俊林了。她已经想通了，即使除掉了王俊林，还会出现另外一个王俊林，这是逃不了的定数；因为共产党人跟国民党人的信仰与理念完全不同，绝不可能靠杀掉一个人就可以填平这两者之间的鸿沟。

转眼间已经进入夏季。老天一直不断地下着雨，给赵璇滢实施进一步培植地下工作人员计划带来了一些麻烦，同时也带来一些意想不到的便利。不过，对于赵璇滢来说，麻烦也好，便利也好，她已经独当一面地经营着极度秘密的事业，不能不继续忍耐下去，在暗地里沟通与各方面的联系。

一连下了将近一个月的大雨，城里到处积水，江水暴涨，江堤险象环生，民众普遍担忧，武汉三镇恐怕难保安然无恙，一时间不免人心惶惶。

赵璇滢同样担心，这场似乎永无尽头的大雨必定会给武汉三镇带来极其严重的灾难。她不能无动于衷，虽不能未雨绸缪，但灾难将至，理当早作准备，便暗地里去见王俊财，希望从他那儿了解更多的情况，并与他商议对策。

"政府官员腐败无能，完全不顾老百姓的死活和武汉三镇的安全。真希望老天爷不要继续下雨,不要让民众陷入劫难。"王俊财说道。

赵璇滢说道:"你倒是看透了政府官员。可是,老天爷绝不会因为你祈祷了就不下雨。现在重要的是我们应该提前做好准备。"

"怎么依靠自己?如果政府对于这场即将到来的灾难仍然麻木不仁,不动员民众投入到防洪上来,仅仅依靠民众自发起来抗洪,肯定难有成效。"王俊财说道。

"政府是一个磨盘,它不动,我们得推着它动起来!"赵璇滢说道。

在赵璇滢的鼓动下,由王俊财、余瑞光、赵承彦、赵承博等人牵头,林英华等社会名流呼吁,组成了一支浩浩荡荡的队伍,向省政府请愿,请求早日定下防范洪水灾害的大计。

省主席派遣一个秘书出来跟民众代表对话:"省主席深切关心武汉三镇的安危,一定会尽快拿出一个切合实际的办法,防范即将面临的洪灾。"

推脱,完全是推脱,众人一块逼迫省主席出面,给予明确的答复。

省主席仍然没有露面,秘书保证道:"立刻组织人马,加固各处堤防。"

虽说表态了,省政府并没有即刻动员民众实施加固堤防的工程,更没有拨出任何款项来支持工程。

众人准备再次向政府施加压力。

赵璇滢说道:"省主席不会顾及城市的安危与民众的死活,继续请愿已经毫无意义。我们得号召民众立刻前去各险要地段加固堤防,派遣人手四处巡视,敦促王俊林向省主席施加压力。"

省主席兼任武汉行营主任,是王俊林的顶头上司。王俊林怎敢向他施加压力?林英华、王俊财、余瑞光、赵承彦都觉得赵璇滢的想法过于天真。

赵璇滢懂得大家的心意。为了武汉三镇免于被洪水淹没,她决计自己去劝说王俊林。王俊财、余瑞光、赵承彦生怕赵璇滢去了警备司令部,会被王俊林控制起来,一致劝说她暂时不要见王俊林,还是由他们代为一行。

林英华绝不肯再跟王俊林见面,便再次前去省政府,求见省主席,试图利用自己的威望,迫使他真正拿出一些行动。然而,无论林英华怎么劝说,省主席总是打着哈哈,太极拳的功夫十分了得。林英华愤怒至极,浑身上下好像点燃了一团火,腾地站起身,一下子扑到省主席身边,就势一掀,把一张笨重的办公桌掀翻在地,桌子脚重重地砸在省主席脚上,把他砸得差点当场晕厥过去。林英华怀着极度愤怒的心情,转身离开。

这时候,王俊财、余瑞光、赵承彦见着了王俊林。

第二十二章 水淹武汉

耐心地听完了他们的话，王俊林哈哈一笑，说道："你们为民请命的精神，我是非常感佩的。如果不是身为军人，我也会像你们一样为民请命。可是，你们找错了对象，要知道，我是军人，一向不过问省政府的事情，而且，我有更重要的事情要做——'剿灭'共产党。你们想要说什么，都去省主席那儿说吧。他一定会给你们满意的答复。"

王俊财、余瑞光、赵承彦都是性子温和的人，耐着性子告诉王俊林，他们已经联合了很多知名人士和老百姓，去了省政府向省主席请愿，但省主席一直在推脱。

"你们一定要相信省主席的判断。他见多识广，能力超凡，觉得这些雨水不会对武汉三镇构成危害，就一定不会有什么问题。"王俊林下了断语。

各路人马碰面后说起了各自的经历，都非常愤慨王俊林和省主席麻木不仁，对灾难将至而不能有所作为感到痛心疾首。

赵璇滢说："看起来，只有我出面见王俊林了。"

众人被她不怕被捕坐牢、为民请命的英雄气概打动了。他们应该保护她，一块合计怎么让她见到王俊林又能确保安全。

林英华本来一直不愿意跟王俊林见面，担心碰上王俊林也不允许夫人去警备司令官邸看望余雅芳。如今，他主动提出由夫人带赵璇滢去王俊林官邸。他相信，有余雅芳在，王俊林见到赵璇滢以后，不会轻举妄动。

很快，赵璇滢装扮成林家的佣人，和余梅芳一块去了警备司令官邸，见到了余雅芳。

姐妹很长时间没有往来，突然看到了姐姐，余雅芳一扫阴霾之气，高兴得差点跳了起来。及至确认另一位是二嫂赵璇滢时，她的心一直在怦怦地跳。她根本不知道自己到底是扑上前去，大哭一场，还是站在那儿继续发呆。

没有让她继续惊讶下去，余梅芳和赵璇滢二人你一言我一语，诉说武汉三镇即将面临洪水灾难，希望通过她见到王俊林，劝说王俊林对省主席施加影响，由省政府出面领导，大家共同抗击洪水，保卫武汉三镇。

余雅芳一直住在警备司令官邸，一点都不了解外面情况。老天好像一面破筛子，任由雨水穿过一连下了将近一个月，且有越下越大的趋势。看到这种情景，余雅芳心里也很紧张，不知道接下来会发生什么事情。眼下，听了姐姐和二嫂的话，她心里明白了，禁不住暗暗责备丈夫：怎么能如此不明道理呢？要是武汉三镇被淹了，王府岂不是也没有立足之地吗？

余雅芳立即给王俊林打去电话，告知家里来了重要客人，请快点回家。

对夫人的要求，王俊林一向不会太在意。但这段时间，跟夫人住在一块，两人的感情急剧升温。一接到夫人的电话,他立即回到官邸。

他进门就问:"夫人,哪儿来的贵客?"

眼睛一瞄,竟然看到了赵璇滢。王俊林微微有点吃惊。

本来已经放下了抓捕赵璇滢的心思,如今一见,王俊林仍然忍不住心头冒火,决计抓住她再说。不过,眼下正在自己的府邸,万万动不得粗,而且,也不能让夫人知道他的心思。

他笑着对赵璇滢说道:"我派余瑞华去了黄安,想求见余瑞祥,一直没有跟他见上一面。没想到,他竟然派你到这里来了。哈哈,真是稀客。夫人,真是要好好招待一下二嫂了。"

余雅芳说道:"我知道怎么招待二嫂。可是,你得先说说,你到底能不能说服省主席,动员人力物力,进行抗洪?"

又是为了这件事情!王俊林马上想到了王俊财、余瑞光和赵承彦。这么说,赵璇滢一直在武汉三镇暗藏下来了,并不在黄安,也不是受了余瑞祥的委托,到武汉来寻找自己的。怪不得这一年的时间里,一直没有抓住一条大鱼,原来是赵璇滢在经营共产党人的交通网络。有赵璇滢在,自己今后再也不可能向蒋委员长交出成绩单了。她挡了我的道,须怨不得我。

"你快点呀!武汉三镇淹了,王府也跑不了!"余雅芳催促道。

王俊林笑道:"既然夫人有菩萨心肠,我敢不从命,马上跟省主席通电话。"

说罢,王俊林伸手去抓电话听筒。

赵璇滢微微一笑,靠拢过来,眼睛看着王俊林,说道:"希望王司令这通电话不是打给其他地方去的。"

王俊林深知赵璇滢有了防备,笑道:"在二嫂面前,我怎么能给别的地方打电话呢?何况,我已经答应夫人了,决不会变卦。"

电话打给了省主席,又是哀求又是绵里藏刀,总算让省主席答应立即动员人力物力防洪抗洪。

王俊林微笑道:"你们看,我这趟差事办得怎么样?"

余雅芳放心了,马上高兴起来,嘱咐帮佣快点准备饭菜,好好招待姐姐和二嫂。

赵璇滢担心继续留下来会有危险,找了个借口和余梅芳告辞而去。

事先已经安排了一些秘密工作人员在四处监视王俊林官邸的动静。他们一见赵璇滢和余梅芳走出了警备司令部,立即相互掩护,费了很大一番周折,终于让赵璇滢摆脱了对方密探的监视和跟踪。

王俊林试图抓住赵璇滢,通过她一举破获共产党组织分布在武汉三镇的地下网络,但面对夫人,他不能轻举妄动。卫兵已经暗中指令密探跟踪赵璇滢。

赵璇滢一出警备司令部,密探迅速跟踪。跟踪了好一会儿,面前竟然出现了很多赵璇滢,他们愣是不知道哪个才是跟踪的目标。等他们决定把所有可疑分子全部抓住的时候,她们已经消失不见了。

省主席果然下达了动员令,要求各地立刻行动起来,各尽所能,投入人力物力,加固堤坝,对险要路段昼夜不停地实施监控;同时,也下拨了一批抗洪物资和一笔抗洪资金。

王俊财、余瑞光、赵承彦动员各自所属的商会,募集了许多粮食以及抗洪物资,动员了许多人力,投入到了抗洪第一线。

汉口地势低洼,沿江一线经常受到洪水的侵袭。因而,抗洪的主要战场是汉口。商会以及社会各界把绝大部分人力物力投入到汉口来了。如何运用这些人力物力,犹如一场规模宏大的战斗,赵璇滢暗中帮助王俊财,有条不紊地调度全局。

其时,王俊财捐出的十万条麻袋,陆续运到了抗洪第一线。王俊喜一样没有闲着,率领汉帮会众,走上抗洪前线。

雨仍在下个不停。江汉关水位越来越逼近临界点。丹水池已经出现了险情。

接到消息,王俊财立刻赶往丹水池,赫然看到洪水咆哮,犹如脱缰的野马,一阵接一阵地冲击大堤,试图撞开这头疲惫羸弱的拦路虎。一旦洪水冲开了堵塞在铁路涵洞的麻袋等堆积物,顷刻之间会形成汹涌澎湃之势,冲开涵洞周围的堤坝,涌入市区一泻千里,那么,汉口危矣!王俊财心里焦急,一面命令商会不停地动员人力物力过来救助,一面亲自向省主席报告,希望他能够派遣一些人马过来帮忙。可是,省主席竟然不知去向。

好在王俊喜的眼线很多,很快查出了省主席的下落。

原来省主席正在跟王俊林等人一块推牌九。王俊财生气极了,赶紧乘上汽车,飞快地赶到他们的面前,尽量压抑心里的愤怒,汇报了丹水池的险情,希望省主席能够再做一次动员,调集一些人马,日夜加固大堤。

省主席哈哈一笑,说道:"不要担心,水淹不过来,天也塌不下来。"

王俊财生气极了,很想像林英华一样掀翻他们的牌桌,却又不敢。无论他把形势说得多么危急,省主席都不为所动,王俊财只有悻悻然地回去了大堤,拿出自己的款项,动员人力来保卫大堤。

赵璇滢心知不能过多地指望省主席，已经让交通站的各位共产党人暗地里动员了许多民众，扛着各自从家里带来的工具，纷纷奔了过来。

然而，洪水继续不断地上涨，到处险象环生，人力仍然捉襟见肘。

万般无奈之下，王俊财派遣王俊喜去武昌，向余瑞光求救。

长江南岸也是到处险象环生，余瑞光一直焦头烂额，恨不得天上下的不是雨，而是人，哪里抽调得出多余的人力来帮助王俊财？可是，汉口那边的险情远远超出了余瑞光的预料，他不得不咬着牙，拨出一些人，交给王俊喜带走了。

虽说增添了一些生力军，但还是不够用。赵璇滢想到了王俊林手下的人马，那可有上万的人马呀，而且全都是精壮的男子汉。只有把他们利用起来，才能挡住这场洪水。她连忙跟王俊财商量，希望亲自去面见王俊林，要他发动兵马，前来解救洪水之患。

"他正要抓你，怎么能去呢？还是我去吧。何况，无论是谁求他，王俊林都不可能派遣兵马过来。"王俊财说。

王俊林手下有那么多军队闲着，却不顾老百姓的死活！赵璇滢心里痛恨不已，阻止了王俊财，也不要让任何人陪同自己，决计只身前去面见王俊林，一定要让他派遣大兵前来帮助老百姓修筑堤坝。

可是，她还没有成行，丹水池决堤了！

赵璇滢脑子一嗡，得赶紧想办法加固单洞门、双洞门一带的涵洞及堤坝。

她再也顾不得去见王俊林了，赶紧奔去单洞门，只见那儿已经垒砌起厚厚的沙袋，将整个洞门与铁路沿线的基座都连接一块了，民众仍然在继续用沙袋加固。

洪水挟着雷霆万钧之势，汹涌澎湃地冲了过来，喧嚣声宛如战马在咆哮。

有的民众吓傻了，一动不动地站在那儿；有的民众将手里的工具一扔，扭头朝后面没命地逃跑。

赵璇滢的心揪成一团。她的眼帘闪烁出当年率领妇女队镇压夏斗寅叛军的一幕。为了稳定军心，得使出雷霆手段，用霹雳手段，显菩萨心肠。可是，这里毕竟不是战场，她手里也没有武器。

她稍作迟疑，大喊一声："兄弟姐妹们，为了保卫我们的家园，加紧加固堤坝！"

人飞一样地扑向单洞门。

洪峰已经冲了过来，像一头野马一样，一头撞在沙袋上。紧接着，一波接一波的洪水，铺天盖地冲过来。浪头越来越大，用沙袋筑起的堤坝在不断地摇晃。赵璇滢拼命地把沙袋加固在已经堵塞住了的单洞门上。民众一见,渐渐镇定下来了,人人感奋,呼啦啦一阵,全都冲了过去,扛沙袋的,装沙袋的,忙个不停。

不一会儿,水渗出了沙袋,并且越渗水越大。沙袋组成的阵地已经在洪水的冲刷下,摇摇欲坠。民众的信念又动摇了。

王俊财赶了过来,眼看洪水快要冲倒单洞门,赶紧吆喝:"快离开!"

民众哗啦啦一下子,向四周逃离。赵璇滢脑子一片空白,继续不停地用沙袋朝单洞门堵去。

"不要跟洪水较劲了。快走!"王俊财飞扑过去,一把抓住了赵璇滢的手,不顾她的挣扎,硬生生地把她拉过来。

轰隆一声,单洞门被洪水冲开了,洪水势若奔雷地朝市区冲了过去。

赵璇滢脑子一阵晕眩,重重地倒在地上。王俊财望着洪水从单洞门穿过以后,宛如冲垮第一道障碍的骑兵,气势磅礴地将周围冲开了数十米宽的口子,一泻千里,朝市区涌去。他心头一阵发紧,脑子一昏,也晕了过去。

二人苏醒过来,只见眼前已经变成一片洪水的世界。洪水肆虐,卷走了很多低矮的房屋,也让那些平素看起来巍峨壮观的高大建筑物犹如风烛残年的老人。到处都是哭喊声,到处都是被无情洪水卷起来的尸首,漂浮在水面上。许多老人孩子,在水面上漂浮着起伏着,不停地号叫哭喊着。

要把这些可怜的人从洪水的魔掌中解救出来。王俊财和赵璇滢心里说道。

在大堤周围,早已准备了一些小木筏,他们跳上一只小木筏,指挥在大堤上发呆的民众快点下水救人。

眼望昔日繁华的世界转眼间变成了人间地狱,民众心里一阵阵发抖,想起了各自的家人,大声痛哭起来;也有一些人在听到了王俊财和赵璇滢的吆喝以后跳上了小木筏,奋力地朝自家划去。四周不时会响起阵阵大小不一的爆炸声。小木筏在洪水里打着旋,怎么都不听使唤。赵璇滢奋力撑着木筏,终于把一队队身强力壮的男子汉组织起来,救起了一批批妇幼儿童。

洪水不仅只是冲开了单洞门,也从其他方向冲开了许多口子,汇聚成声势浩大的洪流,凶猛地朝汉口扑去。

此时,王俊林仍在绞尽脑汁地寻思怎么抓捕赵璇滢。突然,一个电话打了过来,告知大堤已经决口了,洪水正朝汉口市中心凶猛地扑了过来。

不能让夫人受到惊吓!他赶紧命令卫兵把夫人送上最高的楼顶。紧接着,他亲自率领一些人马，冲向王府。

接到大堤决口的消息，王俊喜率领手下帮众，赶紧奔向租界。

洪水已经冲到了租界，巨大的浪头恶狠狠地扑打着王府和他家。他连忙命令手下众人分成两路，一路冲进王府，一路冲进自己的家，试图把亲人们带往安全地带。可是水已经淹过来了，他只有把众人带到了屋顶上。

这时候，王俊林率领人马赶了过来。王俊林和王俊喜第一次携手合作，救出了王氏家族的成员。

亲人们虽说受了惊吓，全部安然无恙。王俊喜愤恨地怒视着王俊林，大骂道："'剿共'，'剿共'，你去'剿共'呀。你'剿'不了共，洪水却剿了你！"

王俊林无话可说。是不是应该暂时放弃"剿共"的企图，转到救灾上面来呢？他很想这么做，但心里又涌起一种声音：王俊林，你的任务是防备共产党"剿灭"共产党，抗洪的事情，不需要你代劳，自然有省政府负责。

难道真的能眼睁睁地看到民众淹没在洪水当中不管不问吗？王俊林的心在发抖。怎么办呢？干脆直接向蒋介石报告，请求委员长指示！

王俊财和赵璇滢继续一面救助被洪水淹没的民众，一面密切关注整个汉口的情势。消息源源不断地灌进了他们的耳朵：几乎整个汉口，全部浸泡在洪水之中；只有王俊财的面粉厂，因为事先使用了大量的沙袋，垒砌成了宽厚的城墙，挡住了洪水的侵袭。

只要王记面粉厂还可以继续生产，汉口的粮食供应料想不会出现太大问题。不过，眼下最为急迫的事情还是救助那些仍然在洪水当中拼命挣扎的民众。他们联手组成了一支庞大的救援队伍，把救援队伍划分成几支小部队，奔赴不同的路段，前去救助那些泡在洪水当中的人们。

经过一阵慌乱以后，民众的心情已经渐渐平静，各项救援工作进入了预定轨道，赵璇滢稍微放了心。

随之而来的将是如何鼓足民众的勇气，让民众度过这段极为困难的时期了。

这时候，她接到了武昌和汉阳方面的灾情报告：半个武昌浸泡在洪水之中。因为长春观一带地势较高，没有受到洪水的侵袭，余瑞光在那儿开设了收容所，收容无家可归的受灾民众；汉阳也有一些地方被洪水淹没了，地势最高的赫山一带聚集了许多无家可归的人。

如何让汉口的民众度过这段困难时期呢？过去战斗岁月里积累起来的经验使她产生了这样的想法：迅速在汉口修建几座浮桥，沟通各大交通要道之间的联系；并且动员民众在自家门口架设跳板，使之连成一片，以便使全体民众尽快适应已经不可逃避的水上生活。

各慈善组织展开了统一行动，利用商会以及社会各界捐出的大量财物，分片设立救助站，提供给受灾民众基本的生活保障。

王俊财当年曾组织商团为民军运送食物和弹药，如今，他轻车熟路，组织了几支队伍，由商会的精壮汉子带队，朝灾民最为集中的区域，运送做好的馒头以及熬制的稀粥。

一时间，许多小木筏，装上了救命的粮食以及生活必需品，在整个汉口的街道上划来划去。

街道全部浸泡在洪水之中，有些低矮的屋子已经没了顶，那些高大的建筑物，挺立在洪水当中只露出半截身子。几乎每家住户，都用门板、桌子、椅子、板凳以及所有他们能够拿出来的东西，在洪水中支撑起跳板，沟通了跟小木筏的联系。灾民脸上恐惧的色彩依旧，但眼睛里流露出了很强的求生欲望。

王俊林终于派遣军队，架设起了五座浮桥，沟通了主要地段之间的联系。

林英华愤怒到了极点，一头冲进省政府，准备把省主席拉出来，让他亲眼看看民众遭受的灾难。省主席却早已销声匿迹了。王俊林能够在最后时刻站出来建立浮桥，多少让林英华感到欣慰。但是，他不能放过他们，他奋笔疾书，不断地在报上发表文章，控诉他们贪污腐化，借"剿共"之名，无视民众生命财产安全的罪行；甚至还把一些报告送到南京，呼吁南京政府严肃查处这帮家伙。

这场灾难从发生到发展的全过程，林英华都亲眼看到了，经历过了。赵璇滢虽说是女人，虽说王俊林手里挥舞着一把锋利的剑，时刻都会向她猛砍下来，但她毫不顾忌，始终站在抗洪救灾的最前面。是什么促使赵璇滢在危急关头把生死置之度外的？因为她是共产党吗？是的，赵璇滢是共产党。林英华眼帘刹那间出现了过去岁月的一幕幕情景：共产党人在广州活动的情况以及余瑞祥跟他经常谈论的有关共产党的一切。

民众有难，政府不管，反而是赵璇滢这个共产党人不顾个人性命，挺身而出，号召民众保卫家园，林英华觉得共产党人要比王俊林、比国民党人可靠得多。他要跟赵璇滢公开地站在一起，不能让王俊林对赵璇滢造成任何伤害。

"虽说我仍然觉得你们的主张难以实现。可是，我必须说，你们共产党人是无私的，伟大的。也许，正像余瑞祥以前对我说的一样，你们共产党人经过多年的奋斗以后，可以实现你们的理想。"

林英华对共产党人发自肺腑的钦佩之情，令赵璇滢感到很欣慰。

雨仍然在下个不停。从上游下来的洪峰一波接一波地朝武汉三镇奔涌而来，致使昔日繁华的大武汉很长时间都浸泡在洪水之中。

从四周逃难而来的民众，纷纷来到了武汉三镇，加速了各种资源的消耗。更加严酷的是，天气越来越冷了，阵阵打从北方刮过来的寒风，带着刺骨的冰凉，贴着水面，刺入骨髓。几乎每天都有许多民众因为饥饿和寒冷失去生命。

饮水一样非常困难。饶是商会以及各慈善机构围绕着遍布武汉三镇的各会馆，设立了提供饮用水的场所，为灾民提供了一些饮用水，难以满足数十万灾民的要求。灾民直接饮用洪水的人数日益增多。

各收容场所，充斥着灾民的便溺物，蚊虫苍蝇到处翻飞。生病的人逐渐增多，没有药品可以救治，只能眼睁睁地看着鲜活的生命变成僵尸。死人一天天增多，民众已经麻木了，没有感觉了。对于他们来说，能够挨过一天就是一天。

这段时间，赵璇滢一直非常忙碌，以至于形销骨立。

因为丈夫一直对洪水灾害无动于衷麻木不仁，余雅芳感到非常痛心。她忽然勃发了一阵冲动，要走出府邸，像二嫂一样，为受灾的民众做一些事情。

这时候，余雅芳再一次跟王府的女人、孩子们住在一块，并且搬来了汉阳，距离赵府不远，跟柳彤萱也能时常见面。她把所有的首饰全部捐献给了慈善机构，脱下华丽的服饰，来到了慈善机构设立的各种场所，帮助他们给受灾的民众送去食品医药以及能够提供的一切。

王府的女人和柳彤萱被她的行为感动了，纷纷加入到救助灾民的行列。一时间，她们成了灾民心目中的救助女神。柳彤萱的声音更是成了一道亮丽的风景，催动民众活下去的欲望。

赵承博依旧逍遥快活，似乎任何灾难都不可能影响到他寻欢作乐的情趣。可是，当亲眼看到妓女从他手里得到嫖资以后，转身走进了慈善机构，心好像被什么东西狠狠地刺了一下。虽说他已经为灾民捐献了不少的资金，但还是被妓女的行为震惊了，亲身参与到救灾的活动当中去。

每天都会有灾民死亡，活着的灾民朝不保夕，浑浑噩噩。赵璇滢再也无法为灾民做更多的事情，心里非常痛苦。她忽然想到了丈夫，深知丈夫那边一直缺少兵员，决定趁转移灾民的机会，指导他们分开行动，前去新集投靠红军。

第二十三章 兄弟相残

赵璇滢公开露面以后，王俊林暗地里部署了好几批人马，严密监视她的一举一动，准备趁洪水渐渐消退的机会，秘密捉住她，从她身上挖出整个地下共产党交通网。没想到，赵璇滢竟然神不知鬼不觉地逃脱了，王俊林万分恼怒，恨不得挖地三尺，把她给找出来。然而，一想到这几年来，王府、余府、赵府三个家族一直在暗中保护她，令他的努力化为泡影，王俊林便知道，他们永远都会暗中给他使绊子，为她通风报信，为她提供掩护，找到她是不切实际的。他不可能向三个家族开刀，只能打消继续搜捕赵璇滢的念头。

这时候，在余瑞祥的苦心经营下，鄂豫皖根据地已经得到了很大的发展。虽说国民党军曾经多次出动人马前去"围剿"，不仅没有起到应有的效果，反而损兵折将，眼睁睁地看着共产党的这块根据地像一块石头扔进水里激起涟漪那样，向四周无限制地扩展，范围越来越大。

王俊林隐隐感到，如果不立即遏制共产党红军向四周扩张的势头，武汉三镇迟早会受到冲击，一再请求蒋委员长派遣兵力前来"围剿"鄂豫皖根据地的红军。

按照蒋介石的战略意图，应该先集中兵力"剿灭"赣闽一带的朱毛红军，然后收拾鄂豫皖根据地。因而，暂时稳定了南京政局之后，蒋介石接连三次出动大批人马前去"围剿"朱毛红军，试图一举予以铲平，但每次都碰得头破血流，气势汹汹而去，灰头土脸地回，以至于江西朱毛红军成了他心头永远的痛。遂暂且放下"围剿"朱毛红军的计划，赶紧调集数十万大军，把下次"围剿"的主要矛头对准鄂豫皖地区的红军。

王俊林大喜过望，准备率领自己的人马打头阵，参与"剿灭"红军的行动，把余瑞祥带给自己的羞辱全部奉还给他。

武汉三镇受洪水威胁之际，王俊林因为手握重兵，刚开始的时候，一直没有救济灾民，仍然到处搜捕共产党人，受到了武汉三镇民众的强烈指责。随后，发生了九一八事变，日本人竟然出兵占领了整个东北。武汉三镇饶是还没有从洪水淹没的困境中走出来，武汉民众也纷纷响应，要求军队开赴前线，与日本人决一死战，收复失地，确保金瓯无缺。王俊林既不能有效救助民众，又不能公开支持抗日，发表跟南京国民政府不同的声音，他的处境更加艰难。

王俊林的所有亲友，几乎无一例外，全都热血沸腾，一齐抛头露面，号召社会各界组成联合阵线，强烈呼吁政府出兵抗日，把日本人赶出东北。余瑞华就不用说了，更是一个强硬的抗日派。

在王俊林看来，南京政府不表态，余瑞华试图抗日，与军人行为不符。余瑞华同时主张坚决镇压红军，不愧是军人楷模。洪水即将淹没武汉三镇的那段时间里，余瑞华一直在前线带兵跟鄂豫皖红军交锋。

那时候，根据南京政府提供的消息，余瑞华知道余瑞祥已经失去了对整个鄂豫皖地区的控制权，新任最高领导人是张国焘。他以为红军内部发生了内讧，决计趁此机会彻底打垮红军，谁知道跟红军交手数次，一次也没有得到便宜。

红军的战术太厉害了，而且民众都竭尽全力支持红军，你根本无法分清哪儿是红军，哪儿是农民自卫军，哪儿是完全彻底的农民。只要一进入红军占领的地区，到处都是警惕的眼睛，到处都是陷阱，根本没有办法走路。在这种极端困难的情况下，余瑞华还是接连向余瑞祥率领的红军展开了好几次攻击，毫无例外，每次都丢失了许多人马，最后不得不承认失败，到了冬天快要来临的时候，不得不收拾部队，回到了武汉。

还在与红军交锋的时候，余瑞华接到了消息，知道日本人悍然出兵强占了东三省。他很想立即停止战斗，转而率领军队去试试日本人的斤两，然而，他的请求不可能得到批准。从此，他对"剿灭"红军产生了一种懈怠的情绪，他对蒋介石的忠心，也发生了动摇。

王俊林深知余瑞华的想法。他依旧信奉自己手里有人马，就是硬道理就是王道。所有他要做的事情，都是为了获取蒋介石的信任，以获取壮大自己势力的机会。

蒋介石不断地接到报告，知悉王俊林一直在搜捕和屠杀共产党人，并且不断派遣军队前去"剿灭"鄂豫皖根据地的红军，他为王俊林如此尽忠职守感到满意，曾经多次传令嘉奖。可是，王俊林能力有限，共产党人竟越杀越多，越派兵"围剿"，鄂豫皖根据地发展得越红火。蒋介石十分恼火，决计飞临武汉，亲自指挥大军攻破红军鄂豫皖根据地，剜除这块长在软腹部的毒瘤，挖出这根卡在喉头上的鱼刺。

一到达武汉，蒋介石立即单独召见王俊林，首先表彰了他在对付共产党人一事上建立的功勋，紧接着询问他对鄂豫皖根据地的总体印象以及此次"剿灭"红军的战法。

王俊林虽说总是打败仗，却也基本上摸清了红军作战的特点，即飘忽不定，得到了广大民众的支持，善于利用地形突然袭击。

"余瑞祥本来是一个很有前途的人，可是，他竟然辜负了孙总理的期望，走上了跟共产党一道对抗国民政府的邪路。听说余瑞祥是王司令的舅兄，王司令能够不徇私情，一直跟余瑞祥的人马战斗下去，我很高兴。不过，如果王司令能够把余瑞祥重新拉回到党国的阵营，岂不是更好吗？"蒋介石说道。

蒋介石是真情实意，还是对我不信任？王俊林委实难以判断，说道："请委员长放心，卑职决不会对余瑞祥手下留情。"

"不，我希望你能去见一见余瑞祥，劝说他重新回到党国的怀抱。"

王俊林说道："蒋委员长有令，卑职一定竭力劝说余瑞祥。可是，余瑞祥一直跟党国为敌，如果不用实力说话，怕是不太容易让他改变主意。请委员长派遣卑职率所部先行，带领各路主攻部队，一起发动进攻，对余瑞祥施以重大打击。一旦他无路可走了，说不定，我就可以劝说他回到党国的怀抱。"

"听说，余瑞祥的夫人赵璇滢也是一个很厉害的角色，是吗？"

王俊林吓得心惊肉跳。赵璇滢明明一直在武汉三镇展开活动，他一连找了几年，连她的影子都没找到。蒋介石是知道了这件事，还是故意试探？如果蒋介石知道了，追究下来，岂不是要把王府、余府、赵府全都拖入灾难？即使是试探，也很麻烦，说明自己身边一直有蒋介石安排的眼线，紧紧地盯住自己的一举一动。王俊林感到背后凉飕飕的。

顿了一会儿，王俊林小心翼翼地回答："是的，当年，卑职曾经跟赵璇滢交过手，她的确是一个不平凡的人。不过，至今我仍然没找到她的下落。"

蒋介石绕开这个话题，询问鄂豫皖根据地的情况。

王俊林暗自嘘了一口气，向蒋介石汇报鄂豫皖区域的红军主力并不在新集，而是向其他方向发展攻击了。随即，他说道："我们似乎可以趁这个机会，秘密向赤军的巢穴前进，先攻击七里坪，然后攻打新集。一旦打下了这两个地方，鄂豫皖的赤军就只有两条路可走：要么投降，要么被消灭。"

在中原大战的日子里，王俊林借口防备鄂豫皖区域的红军，扩充自己的实力，引起了蒋介石的怀疑和猜忌。

蒋介石怎么会允许王俊林拥兵自重呢？可是，中原大战正酣，蒋介石不想后院起火，只有装作不明白王俊林的心意，一再让他自行发展人马，甚至还给予他一些资金，把他稳住，等日后消灭了对手，腾出手来了，再慢慢收拾他。

王俊林一直在搜捕共产党人，攻击鄂豫皖根据地。蒋介石放下心来，中原大战结束以后，没有收拾他。

现在，王俊林提出了偷袭鄂豫皖红军的计划，蒋介石觉得此人到底还是有点手段，不觉勾起了内心的担忧。为了不再出现一个唐生智，蒋介石决定首先让王俊林率部碰触红军，让红军消耗乃至于消灭了王俊林的人马，再换中央军把红军赶走或者消灭。

于是，蒋介石任命王俊林为前线总指挥，率领他的全部人马，率先出发，经过河口，去攻击七里坪的红军。

王俊林的人马还没有出发，蒋介石发布的命令就已经落入赵璇滢手里。

敌情严重，尽管地下交通网络因为去年顾顺章叛变遭到了极大破坏，赵璇滢仍然把情报送到了鄂豫皖根据地。

王俊林率部攻击七里坪的部署是：派遣余瑞华率先头部队，继续前出到经常跟余瑞祥交战的地区，以便吸引余瑞祥的注意力，他自己亲率大部分人马，取道河口、黄安县城，然后攻向七里坪。

趁红军的主力停留在麻城一带的机会，快速沿黄安县城向七里坪、新集一带展开攻击，王俊林命令队伍马不停蹄地朝预定目标奔去。可是，刚刚过了河口，竟然遇上红军的阻拦。

他们一定是红军的小股人马，前来阻拦自己向七里坪方向前进的，王俊林根本不加理会，命令队伍保持警戒，继续朝前面快速前进。

部队越往红军根据地腹地进发，碰到的红军越多。他们都展开成分散队形，不断地朝他的队伍展开骚扰性攻击。王俊林有些疑心了：怎么回事，红军难道知道了自己会取道黄安县城攻击七里坪吗？不过，他觉得没有这种可能，断定这一定是红军采取的骚扰行动。

队伍快要接近黄安县城。忽然，从周围的小山包上打来一阵密集的子弹。王俊林的人马还没有做好战斗准备，纷纷倒下了一大片。

王俊林心头一凛，暗问自己："难道余瑞祥已经察觉了我的行动计划吗？"

无论如何，部队已经到了这里，没有回头路可走。更何况，后面还跟着蒋委员长的嫡系部队呢。一旦跟红军拼上了，蒋委员长一定会命令中央军赶过来帮忙。王俊林命令人马向山头发展进攻。

部队摆成攻击队形，接连不断地朝红军的阵地展开攻击。可是，从山包上打下来的子弹、手榴弹、火药包，把王俊林的人马摁在地上，动弹不得。

蒋委员长一双洞察一切的眼睛正注视着我呢。王俊林把心一横，一个劲地命令队伍往上冲。但每次冲锋，都丢下了无数尸体，硬是攻不上去。更严重的是，从四周也传来了枪声和火药包的爆炸声。

王俊林不觉有些慌张了，赶紧催问各部到底发生了什么事情。原来竟是一路上遇到的红军同时从四面八方打了过来。

难道掉进了红军布设的陷阱吗？不，不可能！余瑞华率领的人马前去牵制红军主力,还没有发回任何消息,出现在这里的一定不是红军主力!

但是,看架势,他们确实是红军主力呀。难道说红军已经发展壮大到能够同时打下几场较大规模战争的程度吗?果然如此的话,即使突破了这里的红军防线,又怎么能够攻取七里坪?

王俊林寻思至此,信心动摇,连忙向老蒋发出了求救信息。

很快,王俊林接到了回电:增援部队正朝黄安疾进,希望王司令尽快突破红军阵地,早日攻下七里坪,建立不世之功。

"不是说主攻部队在距离王某后面一个小时的路程,以便及时攻上来,围住余瑞祥的人马,再由我出面劝降余瑞祥的吗?"王俊林心里闪出了疑问,马上明白过来,蒋介石只不过欺骗他拼死对付红军,消耗他的兵力而已。

"老子一直为你卖命,你竟然不相信老子!"王俊林怒火万丈,破口大骂。

他不打算继续进攻,准备等待援军。

可是,红军竟然利用这个机会,向王俊林的人马发动了反攻击。这下,大出王俊林的意料,队伍损失无数,只能朝后面败退,可后路也陷入了红军的包围。

他拼命地收拢人马,准备打开一道缺口,冲出红军的包围圈。但是,他接到了蒋介石最新的命令:不惜一切代价,先拖住红军,增援部队很快会赶过来。

事到如今,他不敢退却了,只有硬起心肠,指挥人马,竭力抵抗。

增援部队一直没有赶到,红军却似乎越来越多,漫山遍野,到处都是红军指战员,到处都是红军的呐喊声和子弹的鸣响。王俊林焦急万分,气得再一次破口大骂。

忽然,王俊林得到消息:蒋介石的一支嫡系人马已经趁着自己跟红军交战的机会,悄悄地从红军侧翼偷渡过去,试图直接攻击七里坪,但在黄安县城与七里坪之间的一座大山上被红军拦住了。

王俊林心里腾地蹿起了一团怒火:"这是什么增援部队,完全是趁火打劫,让老子跟红军死拼,他们好捡现成的便宜!"

他怀着一腔怨气,恶狠狠地命令人马赶紧从红军的阵形上打开一道缺口,队伍似乎碰上了铜墙铁壁。更令人担忧的是,红军竟然再次发动了攻击。

看起来,红军是希望挡住自己的队伍,再去解救七里坪的危机。

自己损失了不少兵力,没能向七里坪发动攻击,难道眼睁睁地看着别人达成吗?不能!停止攻击红军,让他们去解救七里坪之危。

王俊林的人马一停止攻击,红军也停止了攻击。王俊林大喜:判断准确,红军确实是为了去解除七里坪的危机。

跟红军一连交战几天,队伍太疲惫不堪了,应该好好休息一下。等红军跟那支国民党军队也打上几天,自己的人马养足了精神,可以趁他们两败俱伤的当口,飞快地赶过去,将红军消灭,夺取七里坪。

还有一层,余瑞华到底去哪里了?怎么一直没有消息?红军既然已经清楚国民党军队的真实意图,牵制他们便没有任何结果,要是余瑞华能够率领人马回归到自己的麾下,人马齐整,攻破红军的防线将会更加顺利。他马上联系余瑞华,命令他火速朝自己方向靠拢。

余瑞华根本没有到达预定地区,中途遭到一股强大红军的阻拦。

红军一定早已洞察到了国民党军队的意图,才做了如此周密的部署。不过,国民党军队已经全部到位,并相继发起了进攻,红军绝不可能抵挡得了。王俊林想起了蒋介石希望他劝说余瑞祥归降国民党军队的事。余瑞祥在哪里呢?红军四处出击,在哪才能找到余瑞祥的下落?此时,王俊林接到了蒋介石的电令。蒋介石命令他率部冲出红军的包围圈,向七里坪发动攻击,解救遭遇危机的友军。

"你的嫡系部队是人,我们不是人吗?你的嫡系部队不救我,我为什么要救你的嫡系部队?"王俊林心里说道。

事情可以偷偷地做,但是不能明着说。王俊林命令机要人员发去回电:一定不辜负委员长的希望,宁愿全体人马全部阵亡,也要去攻击红军。

电报发出之后,王俊林命令人马集中火力,火速朝天空放枪放炮。

红军反应神速,一旦发觉王俊林并没有实施攻击,马上像模像样地放起了鞭炮。

跟红军打起了默契战,王俊林心花怒放,心想:这一回,你蒋介石再也找不出话说了吧?

蒋介石是说不出话来,可是,中央军毕竟还有一些能征惯战的将才。这路国民党军队跟红军展开激烈交锋的时刻,另一路竟然放弃原定计划,虚晃一枪,从后面攻击红军,一下子打消了这路国民党军队的后顾之忧。

打开了攻向七里坪的道路,蒋介石异常欣喜,命令各部继续朝前推进,全力以赴拿下七里坪。

王俊林一心想建立不世之功,如此之多的部队去攻击七里坪,即使攻下了,又能有多大的功劳?他打算偷袭新集。余瑞华已经接连好几次率领人马打到过新集,非常熟悉新集的地形,而且对红军在新集的部署情况也了如指掌,有余瑞华率领人马前去偷袭,想不成功都很困难。

不过,首要的问题是收拢余瑞华的人马。已经向余瑞华发出了电报,一直没有收到回复,余瑞华是不是已经遭到红军的围困?当初,如果不是急于表现自己,应该谨慎一些,不命令余瑞华带队去试探红军的兵力。

王俊林命令队伍加大进攻力度,突破红军防线,向前推进。

前面传来激烈的战斗声。王俊林心头一紧,会是谁?会不会是余瑞华率领的人马赶到这里以后,撞上了红军,一直在生死相搏?

的确,前面正是余瑞华在跟红军进行战斗。

原来,余瑞华率领人马一路朝七里坪进发,经常受到小股红军以及农民自卫军的骚扰,心知自己的行动已经落入了红军的视线。他不敢轻敌冒进,只能一步步朝七里坪方向靠拢。好不容易到达这里,竟然遭到红军更加激烈的打击,他赶紧命令队伍就地展开反击。

弄清那确实是余瑞华的人马,王俊林心里暗喜,埋伏在这里的红军已经跟余瑞华战斗了很长时间,料想损失不小,只需自己率领主力赶上前去,把这股红军消灭了,即可抄小路奔袭新集。

于是,王俊林立刻变换队形,命令人马冲了过去。

队伍刚刚冲到红军阵地跟前,接二连三地响起地雷的爆炸声。震耳欲聋的爆炸声令王俊林心惊肉跳。他眼前顷刻之间弥漫着一股股烟尘,宛如凭空罩下了一张巨大的黑幕,让他什么都看不清楚。

他恼羞成怒,命令人马架起大炮,朝着山峰上就是一阵猛烈的轰击。

轰了一个上午,王俊林命令人马再度发动了攻击。手榴弹、子弹、炸药包仍然像暴雨一样从红军的阵地上滚了下来。死伤了无数人马,仍然难以攻上山去。情急之下,王俊林一发狠,将所有部队都投入进来了。

与此同时,其他的国民党军队也赶了过来,一同向红军的阵地发动了攻击。

这一下,漫山遍野,到处都是枪声炮声以及炸药爆炸的声音。方圆十几里,硝烟弥漫,充斥一片喊杀之声。

很显然,为了保卫七里坪,红军已经把全部兵力都收拢过来了。逮着了红军主力,国民党军队同样全部投入过来,双方很快打成了胶着状态。红军的骨头太硬,国民党军队饶是用大炮猛烈轰击了很长时间,山上几乎没有一个活着的生物了,步兵一旦发动攻击,依然遭到顽强抵抗。

王俊林心里想道：看样子，红军差不多全部吸引到这里来了，在新集方向不可能留下多少人马。蒋介石已经命令一支中央军去攻击新集，应该很快可以打下来的。这可是自己垂涎已久的功绩呀，眼睁睁地让人家拿到手里去，未免可惜，为什么不趁此机会命令余瑞华率领人马离开这里，前去偷袭新集呢？

算盘一阵，王俊林把余瑞华召集到自己的跟前，说出了打算。

余瑞华说道："的确，国民党军队跟红军的主力已经全部聚集在这里，新集想必会很空虚。我知道有一条路可以绕过这里的战场，直通新集。一旦我率领人马前去偷袭，正可以一举攻下新集。不过，我们接到的命令是在这里跟红军决战，如果我率领人马去攻击新集了，蒋委员长那儿不好交代。"

"攻克新集，是当前的要务，一旦成功，蒋委员长是不会责怪的。"

可是，不仅出乎王俊林的意料，而且也令余瑞华大吃一惊。他将队伍带离前线，偷偷摸摸地向新集奔去的时候，路上竟然一样遇到了红军的阻拦，而且这一路红军更加彪悍，让他无法前进一步。

这是余瑞祥率领的人马。

自从第一次把目光聚焦在新集，准备打下新集，把它作为鄂豫皖根据地的首府时起，余瑞祥一直在寻找机会攻克新集。可是，新集的防备异常坚固，他接连发起了好几次攻击，都未能奏效。后来，他想方设法，把一部分国民党军调出新集，率领人马全力进攻，眼看要得手，余瑞华竟然带领人马从后面攻了过来。为了避免出现两面受敌的恶果，他不得不率领队伍撤退，并且趁余瑞华趾高气扬的时候，狠狠教训了他一通，一举打垮了他两个团的人马，夺取了一大批武器弹药，扩大了红军的队伍。紧接着，按照中央的命令，他组建了红军第四军，正式组建了军委分会，全面控制整个鄂豫皖根据地。

不久以后，余瑞祥终于找到机会，一举攻克新集。

这时候，中央派遣张国焘、陈昌浩来到新集，重新组建鄂豫皖中央局，并且由张国焘任中央局书记；与此同时，中央还派遣沈泽明过来担任鄂豫皖省委书记。余瑞祥得以腾出手来，专门负责指挥各路部队的作战行动。

他虽说原先并不怎么了解张国焘，可是，也知道张国焘是共产党草创时期的元老，尽管张国焘年纪轻轻，他还是很尊重张国焘。在南昌暴动将要发动之际，张国焘竟然来到南昌，试图阻止南昌暴动，他对此十分不满，公开指责过张国焘。后来，张国焘不得不服从大多数人的意见，暴动还是发动起来了。他们在一块经历过撤退和艰苦的逃难生活，也一块受到中央的冷遇，并且以后又一块去了苏联。那个时候，他才对张国焘有了更深的了解。

从张国焘身上流露出来的东西，使余瑞祥难以说清自己对他到底是一种什么感觉，似乎觉得张国焘并不具备像其他共产党人一样的胸怀。饶是如此，他还是希望张国焘的到来，能够为根据地注入新的活力，使得根据地能够发展壮大。毕竟，他一向不太关注除了军事之外的其他事情。张国焘却在军事方面，并不唠叨，在政治方面则是一个老手。他觉得，两人相互配合，发展壮大鄂豫皖根据地将更加容易实现。所以，他刚刚攻下新集，接到张国焘已经来到根据地的消息，赶紧派出人马，将张国焘迎接到新集。两人再度见面，气氛煞是融洽。

张国焘说道："余同志是革命老前辈，中央虽说派遣我前来主持鄂豫皖中央局的工作，可是，一切还是以余同志为主。我愿意听从余同志的命令。"

余瑞祥说道："不，余某虽说比你年长一些，毕竟只是行伍出身，驾驭不了复杂的政治局面。军事上，我将竭力保证执行张主席的指示。"

为了让张国焘尽快接触并熟悉鄂豫皖根据地的各主要指挥员以及全面了解整个根据地的详细情况，余瑞祥介绍情况之后，派遣警卫人员护送张国焘去皖西北根据地。不久，余瑞祥竟然接到了报告，说张国焘一再强调自己是中央派来的主要领导人，应该肃清余瑞祥管理根据地时期的错误做法，更好地发展根据地。余瑞祥相信，张国焘是在执行中央的命令，对此一笑置之。

张国焘熟悉了整个根据地的情况之后，立即着手准备召开会议，组织鄂豫皖中央分局以及军委分会。

在起草这些文件之前，张国焘对余瑞祥说道："虽说中央曾经有过指示，明确规定由我担任军分会主席，可是，我觉得，你作为军事指挥员，更适合担任军分会主席。"

余瑞祥笑道："既然是中央的意图，你不要谦虚了。我嘛，能够指挥队伍跟敌人战斗，已经感到非常不错了。"

会议如期举行。张国焘当上了中央局书记、军分会主席，全面掌握了鄂豫皖根据地的军政大权；余瑞祥率领人马继续跟敌人作战。

军分会发出了第一道命令：主力部队前去黄梅一线活动，伺机打击敌人，扩大红军的影响，并且扩张根据地的范围。

余瑞祥接受命令，立刻率领队伍向黄梅一线进军。

在进军途中，很多部下纷纷向余瑞祥进言，历数张国焘如何不择手段抓权弄权，对鄂豫皖根据地的一批老同志是如何的猜忌，对余瑞祥又是如何的排斥。最后，他们说：

"这是张国焘要把余军长的人马全部换掉的信号,希望余军长率领人马另外打出一片根据地,不要为张国焘卖命了。"

余瑞祥格外震惊,对他们给予了严厉的批评,命令他们今后再也不得随意猜忌,应该在张国焘的领导下,多为开创新的根据地出力。

此后,很长时间没有人在余瑞祥面前说什么了。可是,在余瑞祥计划按照跟张国焘商定的攻击路线,调动了敌人以后,快速打回根据地,把突出之敌歼灭掉的时候,又有一些红军指挥员提出了应该去江西跟中央红军会合的想法。

余瑞祥深知,一旦主力离开鄂豫皖根据地,中央分局将会陷入非常危急的状态,坚决反对这个提议,仍然命令部队向根据地靠拢。

这时候,部队长途跋涉,已经非常疲劳,接着又跟敌人打了一仗,需要休息。余瑞祥命令队伍先休整一个时期,等待敌人更松懈了一些,再打回鄂豫皖根据地。没料到,张国焘竟然派遣陈昌浩来到了红军队伍。

陈昌浩径自将一位师长抓了起来,说道:"经查实,该师长是第三党分子,已经跟国民党取得了联系,要投靠国民党。张主席有令,立刻返回根据地。"

余瑞祥蒙了:为什么在张国焘没有来的时候,他不会投靠敌人,张国焘一来,他竟然要投靠敌人?而且,还说是第三党?

陈昌浩看出余瑞祥不相信他的话,当面询问那位师长。

师长说道:"余军长,鄂豫皖根据地是你一手打下来的。我不能眼睁睁地看着它落到别人手里,才这样做的呀。"

余瑞祥十分愤怒,吼叫道:"你胡说什么!鄂豫皖根据地是共产党人打下来的,不是我一个人的功劳,也不是某一个人的私有财产,一切都得服从中央!"

队伍一回到根据地,余瑞祥便被软禁起来了。余瑞祥很不解,希望立即见到张国焘询问缘由。但过了很长一段时间,张国焘才跟他见面。

余瑞祥说道:"张主席,你为什么要这样对待我?你应该给我一个理由。"

张国焘一脸的严肃,说道:"现在已经有充分的证据证明你是第三党分子,是你串通各位师长,准备叛变投敌。"

余瑞祥明白了:原来张国焘果然在背后搞小动作。

国民党左派邓演达的确很想组织一个超越于国民党和共产党之外的第三党,也的确因为跟余瑞祥关系很好,试图让余瑞祥和他一块组织第三党。可是,余瑞祥婉言谢绝了他。张国焘翻出了这段旧账作铁证。

余瑞祥说道:"我可以接受你强加给我的任何罪名,可是,我还是要以一个共产党人的名义提醒你,鄂豫皖根据地得来不易。中原混战已经结束,蒋介石已经对江西红军实施了'围剿',不久以后也会'围剿'我们,你不要搞得鄂豫皖根据地人人自危,要保持战斗力,才能应付敌人。"

张国焘成功地将余瑞祥排挤出了鄂豫皖根据地的领导层以后,随即根据中央的指示,对红军实施了一场规模宏大的人事变动,将第四军和由七十三师基础上发展起来的二十五军统一起来,合编为第四方面军,任命了新的军事领导班子。

红四方面军组建完毕以后,在徐向前等人的领导下,不断地在根据地周围东征西讨,使根据地的面积扩大了许多。

这时候,张国焘亲自来到关押余瑞祥的地点,说:"今天我来是放你的。你应该明白,以你的罪行,我完全有理由把你杀掉。可是,我一向不喜欢杀人,特别是像你这样一个辛亥革命时期的临时总指挥,我更不能杀。我要让你亲眼看一看,鄂豫皖根据地在我的领导下,有多么红火。"

余瑞祥出来了。昔日跟他一块与敌人浴血奋战才拉起这支队伍的红军指挥员,几乎全被张国焘以第三党以及AB团的名义杀掉了!

竟然在红军队伍发动了这样一场毫无意义的大屠杀!难道张国焘不知道,在强敌环伺的时候,红军指挥员是多么重要吗?他要去见张国焘,亲口告诉他,不能继续对红军指挥员实施残酷的杀戮了。可是,张国焘竟然连面都不愿意跟他相见,只是给了他一个团的兵力,让他去攻城略地。

蒋介石接连向江西朱毛红军发动了几次"围剿"的时候,鄂豫皖根据地仍然在执行张国焘的命令,继续朝四周扩张,余瑞祥深深地感到了忧虑。于是,他前往红四方面军司令部,面见总指挥徐向前。

徐向前是中央派来鄂豫皖根据地的一员大将,在黄安附近,把原来的游击队发展成了一个师的兵力,成为红四军下的一支劲旅。

"余军长!"徐向前乍看到余瑞祥出现在自己面前,激动地叫道。

余瑞祥拍打了几下徐向前的肩膀,说道:"其他什么都别说了。我觉得我们不能继续朝四周发展攻击。蒋介石一定会把攻击的矛头指向我们。我们应该趁早做好准备,免得到时候根据地蒙受惨重的损失。"

徐向前低沉地说道:"我很想这样做,也曾经向张主席提议过,可是,没有受到重视。"

余瑞祥说道:"你可以命令农民自卫军做好应付敌人攻击的准备,同时可以抽调一些正规部队,监视敌人的行踪,一旦敌人攻过来了,你可以迅速调集部队,向敌人攻击的方向靠拢。"

徐向前听从余瑞祥的建议,命令各地做好了防范敌军攻击的准备。

按照张国焘的命令,红四方面军主力在徐向前的率领下,向麻城方向发展攻击。主力部队正在迅猛攻击敌人之际,蒋介石出动大批军力前来攻击根据地。张国焘眼见得敌人的势头越来越大,命令徐向前火速率领部队回来救援。

余瑞祥率领的一个团在主力部队的编成里。了解敌军的部署之后,他对徐向前说道:"国民党军里面有王俊林和余瑞华。根据我对他们的了解,他们很可能会偷袭新集。所以,请派出一支部队,前往新集一带设立埋伏。"

张国焘的最新命令传了过来:敌军的前锋已经接近七里坪,徐向前火速统率主力红军把敌军挡在七里坪之外。

这样一来,等于不可能抽调足够的兵力去拦截有可能偷袭新集的敌人了。

余瑞祥立即率领手下一个团的人马,悄悄出发了。经过一天一夜的急行军,终于接近了一座巨大的山峰。

眼下,根据地日益紧缩,敌军已经推进到了根据地的腹地,自己即使能够挡住余瑞华的人马,从其他方向攻击新集的敌军,谁能够去挡呢?想到这些,余瑞祥心里一阵紧缩。他怎么都不愿意相信张国焘来到根据地,因为大肆肃反,已经让根据地无力抵抗敌军的大规模攻击了。

这次,余瑞华会带多少人从这里经过?遭到伏击以后会采取什么措施?余瑞祥不能不考虑这一点。余瑞华是个很出色的军人,带出来的兵士绝不会一遇到埋伏就手足无措。到了战场,余瑞祥只有把弟弟和他的人马置于死地,这是信仰跟信仰的碰撞,理想跟理想的决斗,远远超越了兄弟之间的感情。当余瑞华跟随王俊林从南昌暴动队伍出逃以后,已经埋下了他们兄弟相互残杀的伏笔。他们已经残杀过好几次,每一次都是全身而退。这次,至少有一个人得躺下来。

余瑞祥思考好了作战方案,立即命令一个团的兵力分散开来,沿着险峻的高山修筑阵地,埋设地雷,挖掘陷阱,在山上堆积了道道石墙,静静地等着余瑞华和他的人马前来送死了。

半夜时分,透过夜色,看到一大群人马,影影绰绰,没有声音,没有响动,鬼影子飘了过来。

余瑞祥禁不住暗自叫道:"余瑞华果然有勇有谋,现在从这里经过,明天凌晨即可到达新集,届时,可以从行进间直接向新集发动猛攻,不仅把守新集的红军难以防备,国民党的军队也会感到吃惊。"

余瑞祥迅速下达命令:全体人员做好战斗准备。

鬼影子终于飘到了眼前。红军将士屏住呼吸,手下意识地扣上扳机,只等一声令下,果断击发。

"打!"余瑞祥冷静地下达了攻击命令。

顷刻之间,整个山地里响起了阵阵的爆炸声,还有轰隆轰隆的奇怪声音,人的惨叫声,子弹的射击声,手榴弹的咆哮声,石头的喧嚣声,全都混在一块,猛烈地冲击着敌人的阵线。

借着熊熊燃烧起来的火光,余瑞祥隐约看到了余瑞华的身影。

余瑞华挥动马鞭,命令人马架设好了山炮,猛烈轰击红军的阵地。与此同时,一队接一队的敌军朝山头冲了上来。

"他如果不离开暴动队伍,该多好啊!"余瑞祥叹息道。

他责怪自己,为什么没有在弟弟身上下足功夫,把他引入正途,以至于红军少了一位有胆有识的指挥员,落到兄弟之间必须进行生死较量的地步。

"事已至此,必须放倒他!"余瑞祥决绝地说道。

余瑞祥命令人马坚决阻击敌人,并且派遣一支小分队,潜地里向余瑞华所在位置摸去,准备干掉他,使敌人失去指挥。

战斗一直持续到天亮,红军虽说没有让余瑞华的人马前进一步,可人马一片片地倒了下去,几乎无法坚持下去了。奉命偷袭余瑞华的小分队,刚刚趁乱潜至敌军指挥所附近,即被发现,一阵激战,全部牺牲。

"同志们,后面就是新集,为了根据地,为了人民,我们即使是死,也不能撤退!"余瑞祥的声音回荡在阵地的上空。

"继续进攻!消灭他们!"余瑞华命令道。

敌人宛如打了鸡血,在炮火掩护下,不顾一切地向红军阵地猛扑。一发炮弹在余瑞祥的身边爆炸了,弹片宛如炸了窝的马蜂一般嗖嗖叫着,飞向余瑞祥的全身。他很想顽强地支起身子,却身子一歪,人重重地倒了地。

第二十四章 无尽江水任东流

这一次，蒋介石出动数十万大军，终于打跑了鄂豫皖根据地的红军主力。

虽说余瑞华率领的偷袭部队未能首先攻入新集，但因为在七里坪附近的作战中，牵制吸引了红军主力，给蒋介石嫡系部队在鄂豫皖根据地实施疯狂攻击打开了方便之门，从而拔出了卡在蒋介石喉头的鱼刺，蒋介石再度不吝笔墨，通令嘉奖王俊林部。随即，蒋介石率领主力杀向朱毛红军，委任王俊林为总指挥，负责彻底铲除鄂豫皖红色根据地。

此时，还有一部分中央军留在鄂豫皖，能够指挥这些人马作战，王俊林心怀感激，踌躇满志。他再也不暗地里抱怨蒋介石了，反而觉得蒋介石用兵如神，佩服得五体投地，下决心一定要完成使命。他绞尽脑汁，提出了"山山过火，石石过刀"的口号，率领人马反复"围剿"，遇到大小山包，必定纵火烧光，碰到块石头都要砍它一刀，把鄂豫皖红色根据地搞得赤地千里，没有人烟。随后，他留下一个师的人马，在烧过的山包上，砍过的石头里，毁灭的村庄里，杀死的尸体上，继续探查共产党的下落，以防红军死灰复燃，其他各部陆续班师回武汉。

受到了热烈欢迎，王俊林更加趾高气扬，决心趁此机会扑灭共产党地下组织。

"这次，你赵璇滢还能逃得掉吗？"王俊林微笑道。

"王俊林，你这个混蛋！"突然，一个声音在脑海里响了起来。

"余世兄，二舅子。"王俊林不用分辨，也知道是余瑞祥。虽说余瑞祥至今活不见人死不见尸，但他非常清楚，余瑞华一炮打过去，纵是神仙，也难逃一死。他连忙说道，"我不想把你们赶尽杀绝，可是，你要站在我的立场上想一想，我端老蒋的饭碗，得对他尽忠！"

"如果你敢对赵璇滢下手，我绝不会放过你！"余瑞祥怒气冲冲地说道。

"你应该理解我，我一直不想真的对她下手，但是，我又不能不这么做。"王俊林顿了一下，叹息道，"你放心，你已经走了，我会看在我们的交情上，纵使抓住了她，也会好好保护她。"

"你以为你能抓住她吗？"余瑞祥轻蔑地笑道。

"你都不在了，她又如何逃得过去？"王俊林说道。

"我不是站在你的面前吗？只要你不死，我是不会死的。谁都奈何不了我！"余瑞祥冷酷地说道，"我警告你，你的双手已经沾满了共产党人的鲜血，你继续胡作非为，必将死无葬身之地！"

王俊林浑身一抖，瞪大眼睛看去，没有余瑞祥的蛛丝马迹。他怔了好一会儿，长叹一声，自语道："他死无葬身之地，我便一定会这样吗？"

自打蒋介石坐镇武汉，对共产党人的监视越发厉害，赵璇滢建立的秘密交通站不可能像往常一样展开活动。不过，她依旧能够依靠王俊喜安插在王俊林身边的人马那儿得到一些消息。

红军主力被迫撤离，鄂豫皖根据地遭到敌人灭绝人性的大屠杀。我该做些什么呢？赵璇滢得到消息之后，不时地询问自己。

她做不了其他事情，只有把愤怒和悲伤压在心头，继续收集各方面的情报。

赵璇滢不知道为什么这一次红军会失利。难道丈夫没有做好必要的准备吗？虽说她从根据地那边得到准确消息，知道红四方面军总指挥是徐向前，但是，她相信，丈夫肯定是这支红军的领导者，压根没有想到丈夫在一年前已经被张国焘关起来了，后来才放出来，只给予了一个团长的职位。

想不通红军内部到底发生了什么事，赵璇滢只能继续经营地下交通站，进一步了解根据地内部的情况，沟通跟各方面的联系。她感觉到，丈夫余瑞祥一定会继续留在那儿，恢复并且扩大鄂豫皖根据地。

不断地有各种各样的消息传到她的耳朵。赵璇滢终于知道，丈夫其实并不在指挥岗位上，也知道丈夫曾经率领一个团的人马前去抵挡余瑞华三个团兵力对新集展开的偷袭行动，更知道王俊林对根据地实施了惨无人道的屠杀。

不能任由敌人这么嚣张下去。一定要让敌人看一看，共产党人在任何时候都是杀不完的，任何时候都可以在敌人的内部展开活动。她开始谋划如何在武汉三镇点燃攻击王俊林的火焰。

"我听说余瑞祥受了伤。"有一天，王俊喜悄悄地来到了赵璇滢面前，说道，"他仍然留在鄂豫皖根据地。"

赵璇滢望着王俊喜，眼泪差点流出来。

王俊喜心知她很想知道丈夫究竟现在怎么样了，说道："余瑞华身边的人只告诉了我这么多。"

赵璇滢对王俊喜的说法深信不疑。她的第一个念头是：得尽快去根据地寻找丈夫，看看他究竟怎么样了。可是，根据地遭到重大破坏，现在正被王俊林的人马围困着，别说寻找丈夫，就是进入根据地也很困难。

她管不了许多，得不到丈夫的准确消息，她安定不了。她还要坐镇武汉，不能亲自出面寻找，只有派遣一些秘密交通员，去根据地探听消息。

赵璇滢眼帘时常会浮现出昔日初嫁余府的情景。那时候，余瑞华很小，跟她关系一直不错，在她眼里，余瑞华是一个非常温顺纯良的孩子，怎么一长大，他竟然变了一个人，变成了令丈夫生死未卜的罪魁祸首呢？

她决计去见见余瑞华，怎么才能不引起王俊林的怀疑呢？她想到了余梅芳。

自从武汉大学建成以来，余梅芳一直跟丈夫林英华住在武汉大学校园里。

林英华名动遐迩，疾恶如仇，想说什么就说什么，没有人敢拿他怎么样。林英华对国民政府置民众的生命财产于不顾，只知道"剿共灭共"，只知道贪污腐化深恶痛绝。饶是在汪精卫分共的时候，他曾经公开站在支持分共的行列，现在，他说了许多同情共产党人的话。

余梅芳虽说受丈夫的影响，不赞同共产党人的主张，但也很关心二弟。当蒋介石亲自坐镇武汉，指挥数十万大军"围剿"鄂豫皖根据地的时候，余梅芳非常担心二弟的安全。

林英华说道："如果蒋介石把对付红军的劲头，拿出来帮助老百姓救灾，共产党怎么都不可能赢得民心。"

"你觉得，共产党会失败吗？"余梅芳问道。

林英华没有直接回答夫人的问话，继续说道："王俊林更不是东西。身为汉口人，不派遣兵力帮助民众加固堤防，只知道搜捕共产党。这次攻击红军，一样数他最起劲。"

丈夫对王俊林的不满写在脸上刻在心上，余梅芳同样如此。可是，妹妹余雅芳嫁给了王俊林，她对王俊林再不满，也不可能像丈夫一样公开指责他。

王俊林班师回汉，那副趾高气扬的劲头一传进林英华耳朵，林英华嗤之以鼻："世无英雄，遂使竖子成名！不过，竖子永远不可能成为真正的英雄。"

"你说，余瑞祥会怎么样呢？"余梅芳问道。

林英华莫测高深地说道："为了理想，他求仁得仁求义得义。"

余梅芳心头一紧：这么说，二弟可能会在'围剿'中丢掉生命了？

她很想立即去见妹妹，去见王俊林，询问二弟到底怎么样了。可是，一想到王俊林的为人，一想到妹妹的软弱，她踌躇不定。她想起了三弟余瑞华，余瑞华不是跟王俊林一块参加了'剿共'吗？余瑞华是自己的三弟，问他什么话都是可以的。她要赶紧去见余瑞华，不过，她刚一动身，林英华立马瞧出了苗头。

林英华说道："你不用去，去了也得不到任何消息。"

余梅芳说道:"余瑞华毕竟是三弟,他会不告诉我二弟的准确消息吗?"

林英华莫测高深地笑了笑,摇了摇头,不再作声。

余梅芳再次见到余瑞华的时候,大吃一惊,以为认错了人。余瑞华又消瘦又憔悴,精神萎靡,形象邋遢。她本来打算见到三弟,不由分说,先打骂他一顿,责骂他不该跟二弟作对。如今一见他的样子,她心头一软,声音便低了下去:"听说,你跟你二哥交手了,是吗?"

余瑞华望着姐姐,动了动嘴唇,想说什么,终究没有发出声音。

"你二哥怎么样?风传他已经受了重伤,是真的吗?"余梅芳拉着三弟的手,急切地问道。

余瑞华望着姐姐,依旧一个闷葫芦。

"你倒是说话呀!听人说是你把你二哥打伤的,是吗?"

余瑞华内心涌起更加难以言表的伤感。这几年,为了实现理想,哪怕明知道对手是亲哥哥,他也绝不留情,一心想在战场上打败乃至杀掉余瑞祥,以成全自己,可是,每次他都没有取得成功,反而被余瑞祥打败了。

这次,蒋介石亲自坐镇武汉,调集了数十万大军,"围剿"鄂豫皖红色根据地。有了消灭红军的机会,余瑞华暗暗发誓,一定要竭尽全力,不放跑一个红军。

然而,他还是不断地遭到失败。

本来已经很了解鄂豫皖地区的地形及红军的战法,很想趁着中央军跟红军交战正酣的当口,率领人马偷袭新集,占领鄂豫皖根据地的首府,活捉张国焘等共产党要人,立下不世之功,不料,竟然中了红军的埋伏。

他立即命令人马展开疯狂的反击。但这股红军实在太厉害了,硬是把他的人马挡在这连绵十几里的山峰上,欲进不能,欲退不得。无论他采取什么办法,都没有办法把红军的阵地嚼碎,自己反而损兵折将,伤亡无数。他一怒之下,集合起全部的炮兵,对准两边的山峰,猛烈轰击,希望以此引导步兵冲出红军的包围圈,径直攻向新集,红军硬是顶着炮火,把他前进的道路封得严严实实。

天亮了,他穿透弥漫整座山岗的硝烟,隐约看到一个熟悉的人影正在指挥红军进行攻击。

"余瑞祥!"他在心里惊讶道。

原来是余瑞祥亲自率领人马拦住了他的去路。已经无法打到新集了,放弃攻击新集的意图,跟余瑞祥好好打下去,能够把他消灭在这里,也将是一场伟大的胜利!他连忙命令炮火集中向余瑞祥所在位置展开轰击。

余瑞祥从他眼帘消失了。

怎么回事？难道看走眼了吗？余瑞华举起望远镜，朝山岗望去。还是没有看到他的身影。

算了，不管那人是不是余瑞祥，也要把他们全部消灭。余瑞华心里说道。

他下达了命令。炮弹铺天盖地，不一会儿的工夫，把对面全部犁了一遍。

余瑞华命令队伍趁势冲上山岗，一路上，到处都是红军将士血肉模糊的尸体。他管不了这些，跟着冲了上去，寻找余瑞祥的下落。但他没有找到余瑞祥，心里不知道是欢喜，还是遗憾。

战术奏效，余瑞华如法炮制。红军的大部分阵地被攻克了，只横在前面的山头上，还有一支红军在拼命地抵抗。

他通过望远镜，再次看到了余瑞祥的身影。

不错，就是余瑞祥。轰击他，把他打得粉身碎骨！

炮弹嗖嗖地飞过去，亲眼看到余瑞祥倒下去了，余瑞华心里突然像一根钢针穿刺过一般，万分的疼痛。他大叫一声，发疯一般地冲了上去。

曾经多少次设想能够在战场上打败二哥，并亲手砍下二哥的头颅，可是，亲眼看到二哥倒在自己炮兵的弹片下，余瑞华心里还是深深地刺痛了。

在余瑞祥倒下的那一刻，余瑞华理想的根基发生了动摇。为什么实现理想一定要牺牲自家兄弟的生命？为什么一定要举起屠刀，去肆意屠杀那些手无寸铁的人？难道仅仅只是因为他们曾经是红军根据地的老百姓吗？难道他们希望一天三餐有饭吃一年四季有衣穿也是罪过吗？余瑞华再也不愿意跟共产党人继续打下去了。

他回到了武汉，谁都不愿意见。

余瑞华能够躲避大哥余瑞光，能够躲避所有人，但没有躲过姐姐。面对姐姐的质问，他情何以堪？他不想回答，也不愿意回答，他的内心好像被皮鞭抽打，被刀子剜割一般的生疼。

"难道不是你跟你二哥交手的吗？你二哥是你的敌人，你杀掉了他，也得把他的尸体交给他的亲人，是不是？你不能一句话也不说呀！"

余瑞华还是一个字都没有说。她不能就这么算了，撬不开余瑞华的嘴，她要去找王俊林，她一定要从王俊林嘴里得到二弟的下落。

知道了余梅芳的来意，王俊林不知如何回答。

老实说，他从来没有想过要把余瑞祥置于死地。每次跟余瑞祥对阵，他总是幻想着把余瑞祥的人马消灭光以后，活捉余瑞祥，劝说他跟自己一道投靠南京国民政府。虽说每次都没有成功，他也没想过让余瑞祥死。

听说余瑞祥率领一个团的人马，挡住了余瑞华偷袭新集的道路，最后死在余瑞华手里。他大惊失色，怎么都不相信这是真的，赶紧找到余瑞华。

余瑞华的确受到了余瑞祥所率人马的阻击，没有办法拿下新集，新集落到了另一支国民党军队的手里。余瑞祥率领的红军全部被余瑞华的人马消灭了，可是余瑞华并没有找到余瑞祥的尸体。

"也许，他已经被我的炮火轰得尸骨无存了。"余瑞华冷冷地说道。

王俊林一把揪住余瑞华的衣领，劈头朝他脸上扇了几个耳光，骂道："你杀了余瑞祥，是你杀了余瑞祥！你知道余瑞祥是谁吗？他是你二哥！你怎么向你大哥交代？怎么向你姐姐交代？"

"我不需要交代。我说过，为了理想，我在战场可以杀掉任何一个人。"

余瑞华的话宛如一把匕首，刺进了王俊林的心脏。王俊林松开了手，抱住自己的脑袋，摇晃了好一会儿，说道："带我去！我一定要找到余瑞祥！"

战场上，到处都是红军将士残缺不全的尸体：有的人没有头；有的人血肉模糊，四肢跟躯干分离了；有的人则化成一片片碎肉和骨头，洒落在地。

王俊林疯狂地翻找了好一会儿，都没有找到余瑞祥的尸体，不能不相信余瑞华的说法：余瑞祥的确粉身碎骨了。

应该怎么向余雅芳交代？不能交代，也交代不了，瞒着她，瞒着一切亲人。可是，如果不利用余瑞祥的死为自己加一点分，好像说不过去。利用死人往自己脸上贴金很无耻，是吧？人已经死了，无耻就无耻吧。母亲不是也被赵璇滢炸得粉身碎骨了吗？即使以余瑞祥之死为自己换取一点名誉，彻底化解自己对赵璇滢的仇恨吧。王俊林便向蒋介石发去了报捷的电文。

回到武汉以后，王俊林下决心除掉全部共产党地下组织，脑子里立马闪现出余瑞祥的身影。冥冥之中，他似乎跟余瑞祥有过对话，但他不会改变既定决心。

面对余梅芳的询问，王俊林支吾片刻，说道："姐姐，很多事情，不能只凭道听途说。我没有看到余瑞祥。我只知道有一部分红军已经逃窜出去了。蒋委员长命令各部继续追击。余瑞祥不是短命的人，他一定还在那支部队里。"

余梅芳尽管不相信王俊林，可也觉得他这话很有道理，毕竟，说二弟还活着，总比说他死了好,她安慰自己。

眼下,赵璇滢竟然来到了武汉大学,来到了她家,余梅芳感到心头有点发紧。

林英华刚好在家,说道:"余瑞祥是不是还活着,现在已经不重要了,重要的是,你应该仔细想想,你接下来应该怎么办。"

赵璇滢说道:"我绝不会因为丈夫死了就改变或放弃理想。"

"那么,你不应该打听余瑞祥的死活。"林英华说道。

林英华说话总是那么简洁,总是那么一语说透其中的内涵。可是,她还是想知道丈夫的确切消息。派出去的人马还没有回来,她心里焦急,燃烧出了灼人的火焰,燎烤得她一刻都不得安宁。

"我想见见余瑞华。传言他看到过瑞祥,也跟他打过仗。"赵璇滢说道。

林英华不再作声。

余梅芳瞥了丈夫一眼,再看着赵璇滢,心里一阵伤感。她不得不跟赵璇滢一道,出现在余瑞华面前。

余瑞华面无表情,任凭二嫂询问什么,他都没有张开过嘴。

赵璇滢叹息一声,说道:"也许,我不应该来找你。即使你二哥真的有事,真的死在你手里,我也不会怪你。不过,你要记住,只要你仍然忠于蒋介石,你一定会死在红军手里。"

话音还没有落地,人宛如旋风一样跑了出去,很快淹没在人海里。

赵璇滢已经从余瑞华的表情上读懂了蕴藏其中的含义:丈夫并不是像王俊喜说的受伤了,而是死了,死在余瑞华手里了。

原来一语成谶,果然有这么一天,兄弟相互残杀直至一个倒在地上永远都不可能站起来!赵璇滢不愿意丈夫死在余瑞华手里,可是,这就是活生生的现实。丈夫已经死了,为了共产党人的理想和信仰,已经死在他亲弟弟的手里,自己是不是得尽快赶往被敌人破坏的根据地,重新拉起一支武装,跟敌人血战到底?

不知不觉,赵璇滢跑到了江边码头。

她蓬头垢面,面色苍凉。江风呼啦啦地吹过来,把她的头发撩起,在头上宛如一片云彩一样起起伏伏,飘动不已。她一个激灵,清醒过来,朝江面望去,只见各种船只来来回回。她蹲下身子,双手捧头,哭了起来。

忽然,赵璇滢感觉到有人站在她的面前。她心里一惊,赶紧抬起头,来人竟然是余瑞光。

国民党军还没有班师回汉，余瑞光已经听到了二弟死在三弟手里的传言。他压根不愿意相信，幻想着王俊林和余瑞华回来以后，会告诉他一个不一样的说法。苦熬苦等了好长一段时间，终于等到了回到武汉的余瑞华。别看他一副趾高气扬的样子，可是，余瑞光看得出来，三弟心里充满了痛苦与懊悔，甚至夹杂了一层说不出的隐痛。

余瑞光是在武汉各界为欢迎"剿共"队伍凯旋的欢迎仪式上看到余瑞华的。这个仪式是按照蒋介石的命令，由省政府出面组织，武汉三镇的一些头面人物献钱献物发动起来的。

王俊财、赵承彦跟余瑞光见面的时候，他们都已经知道余瑞华在"剿共"期间做的事情，是王俊喜告诉他们的。他们全都无法相信，希望能够从当事人那儿得到确认。

在欢迎仪式上看到了余瑞华，谁都没有跟他说过一句话，他的表情无疑已经告诉他们，余瑞祥的确死了，死在余瑞华手里的。

余瑞光天旋地转，好长时间都没有回过神来。王俊财、赵承彦不约而同地扶着余瑞光，才没有让他倒地。

忽然，余瑞光想到了赵璇滢。赵璇滢一定比自己更难受。他要安慰赵璇滢，又不知道怎么安慰。他很想让王俊喜别把这个可怕的消息告诉给她，找到王俊喜，让他在她面前撒下善意的谎言。

当赵璇滢跟余梅芳一块去找余瑞华的时候，余瑞光接到了林英华打过来的电话。他万分惊讶：余瑞华连二弟都杀了，难道还会在乎他二嫂吗？担心与害怕促使余瑞光丢下手头的工作火速赶往余瑞华的军营。

刚刚到达军营门口，余瑞光看到赵璇滢跟跟跄跄地从军营里跑了出来。她披头散发，悲戚莫名。一见之下，他心里充满了痛苦和怜惜。

赵璇滢有难，余瑞光心里比谁都着急；赵璇滢有要求，他一准能够帮她做到。现在，他还能为赵璇滢做什么呢？什么都做不了！他只有远远地跟着她，一直跟到了江边，看到赵璇滢放声大哭。他从来没有看到赵璇滢流过泪，哪怕她受伤，都没有掉过一滴泪；哪怕赵嘉勋世伯去世，她也没有哭泣过；只有余瑞祥死亡的消息让她真正地感到痛苦，让她流出了眼泪。她跟余瑞祥总是处在分离的状态，彼此的心里具有常人无法想象的感情。余瑞光心里叹息不止。

突然，余瑞光注意到，已经有人朝赵璇滢投来了狐疑的目光。他马上清醒过来：赵璇滢是共产党人，要是被革命党探子看到了，一定性命堪忧。于是，他走过去，站在赵璇滢的面前。

赵璇滢抹去泪水，站了起来，努力让自己恢复了平静，说道："我没事。"

余瑞光说道："许多事情，都不可能按照我们的意愿走，我们都逃不过命运的安排。"

赵璇滢说道："我不相信命运，也不会屈服命运的安排。谢谢你们一直在暗中帮助我，我丈夫余瑞祥没有做完的事情，我一定要替他做下去。"

派往根据地探听消息的几拨地下工作人员陆续暗地里回到了汉口，向赵璇滢报告了在根据地看到的情景：到处都是残砖断瓦，到处都是火烧过的痕迹，到处都是红军将士和被屠杀的老百姓的尸体，尸体已经发臭腐烂，仍然在烈日的暴晒之下，没有人掩埋。

随后，他们还告诉了赵璇滢鄂豫皖根据地红军的一些情况：红军主力转移以后，鄂豫皖省委仍然存在，并且还留下了一部分红军，在一个名叫吴焕先的军长领导下，进入了深山老林，跟敌人继续周旋。在这支队伍里，还有一个徐海东，受了重伤，乐观豁达，坚毅地领导着部队继续跟敌人战斗。

余瑞祥率领人马前去阻拦余瑞华偷袭新集的时候，徐海东在这支部队里，刚一交手，徐海东即身负重伤。余瑞祥命令一个排的人马，护送徐海东离开战场，嘱咐徐海东想办法见到张国焘和红四方面军总指挥徐向前，告诉他们：红军不能继续留在根据地里任凭敌人屠杀了，得把主力转移出去，打到敌人意想不到的地方，方可把敌人的注意力吸引走，然后挥师重返根据地。

后来，徐海东听到余瑞祥牺牲的消息，万分悲伤，伤势还没有痊愈，率领剩下来的红军去了战场，试图找到余瑞祥的尸首，好好安葬他。那已经是十几天以后的事情了，红军遗体大都残缺不齐，而且高度腐烂，整个战场上弥漫着令人作呕的味道。谁都认不出谁是余瑞祥，徐海东只有一边流泪，一边和红军战士们一道，将牺牲的红军将士全部掩埋了，随即踏上了跟敌人周旋的征途。

终于跟根据地的红军取得了联系，赵璇滢嘘了一口气。

目前，红军处境艰难，一定迫切需要医药、武器弹药以及日常生活用品，得为红军提供这些东西。虽说鄂豫皖省委以及红二十五军领导人并没有提出要求，赵璇滢觉得这是自己义不容辞的责任，她得好好规划一下。

此时，整个武汉三镇，不仅对所有的医药用品、武器弹药实施了严格的监管，严防它们流入根据地，而且对日常生活用品也监控得非常严格。因而，怎么搞到这些东西，是一道大难题。即使解决了这道难题，如何进入根据地，把它们送到红二十五军手里，困难同样不小。因为，敌人对所有通向鄂豫皖根据地的道路，都实施了严密封锁，还有一部分敌人继续在根据地"围剿"红军。在这样的情况下，要想携带医药、武器弹药进入根据地，比登天还难。

该怎么办呢？她决计双管齐下，在修复被敌人破坏的交通站、并把交通站延伸到根据地的同时，加紧收买药品、武器弹药以及日常生活用品。

赵璇滢直接跟余瑞光、王俊财、赵承彦等人联系，请求他们为自己提供帮助。

余瑞祥已经死了，赵璇滢有要求，虽说有一定的难度，王俊财、余瑞光、赵承彦都愿意竭尽全力帮她。不过，他们同情共产党，但不愿意支持共产党，何况，王俊林确实监视得太厉害，他们只打算帮赵璇滢购买一些药品、武器弹药以及生活用品，送出武汉的事情他们感到爱莫能助。

敌人不仅在武汉三镇加紧监视一切可疑的人和事，而且对根据地的封锁更加严密，赵璇滢深切地感受到，通过地下工作人员难以把物资送往根据地。因而，她派遣了一些精干人员，潜入根据地寻找红二十五军领导人，准备跟他们取得联系，商讨运输这些物品的途径和方式。过了很长一段时间，派遣出去的人员都没法跟徐海东他们接上头，赵璇滢心里万分着急。

"我想，你不应该忘了我。"王俊喜突然出现在赵璇滢面前，说道。

王俊喜帮助过赵璇滢，赵璇滢当然忘不了他。不过，与根据地取得联系，是极端机密的事情，她不能让王俊喜知道一点端倪。

眼下，王俊喜出现了，赵璇滢眼睛一亮，不指望王俊喜帮助她运送物资，仍然可以利用他为自己提供一些王俊林的消息。她说道："我什么时候都没有忘掉你。可是，好像你现在并不能为我提供王俊林的任何消息。"

王俊喜说道："知道不知道王俊林的消息，对你来说用处不大，可是，知道黄安那边的情况，对你一定很有用。"

他得到可靠消息：鄂豫皖红军在黄安一带站不住脚，已经转移到六安去了。

原来如此，徐海东他们已经离开了黄安。

如果红军是因为在敌人的"围剿"下不得不去了安徽，那么，一旦敌人追踪到了安徽，红二十五军一定会回到黄安来。不过，一分一秒都不能等了，既然红军已经去了六安，应该尽快派人去六安跟红军取得联系，构建一条能够直通六安地区的地下交通网，并且把已经搞到手的物资送到他们手里。

王俊林一直没有放松抓捕赵璇滢以及其他共产党人，他已经铲除了好几个共产党地下交通站，但是，费尽心机，都没能找到赵璇滢的下落。

"难道说,是上天不让赵璇滢落在我手里?"王俊林暗问自己。

没人回答他。脑子里忽然跳出了余瑞祥的身影,王俊林不由得浑身一阵战栗,再度纠结不已。

余瑞祥一代人杰,一定要跟共产党走,结果竟然死在余瑞华手里。难道余瑞祥真是死在余瑞华一个人手里,跟王俊林没有关系吗?不,有关系,余瑞祥也是死在王俊林手里的。要是王俊林不派遣余瑞华率领那么多人马去偷袭新集,余瑞祥怎么可能死掉呢?

刚刚从鄂豫皖回到武汉,看到夫人柔弱的样子,王俊林感到惭愧,十分害怕夫人会突然问自己,余瑞祥到底怎么样了。夫人一直没有问,但很明显,夫人的脸色越来越难看,心里一定压抑着难以消除的痛苦和怨恨。他真担心夫人已经知道余瑞祥死掉了,趁势发作起来,自己不知道如何应付。越是柔弱的女人,发起飚来,越是难以控制。他几乎不敢再面对夫人,甚至连夫人的面都不愿意见了。可是,还是得跟夫人见面,得时时注意这颗不定时炸弹。

这一天,王俊林回到官邸,竟然看到夫人在流泪。他心头一紧,小心翼翼地问道:"夫人,你这是怎么了?好好的,为什么要流泪?"

余雅芳翘起头,红着眼睛,一动不动地望着他,嘴唇翕动,一副想说但又不愿意说的样子。

王俊林明白了,夫人又想起了余瑞祥。他叹息道:"你二哥已经跟红军主力走了。"

"不,你骗我。我知道,二哥已经死了。"余雅芳说道,"你为什么要骗我,为什么要隐瞒我?我二哥早就死了,是被你和余瑞华打死的!"

"夫人!"王俊林惊讶极了,大声叫道。

"别叫我夫人,我不是你夫人。你一向跟我二哥作对,又带着余瑞华也跟二哥作对,现在,你们竟然合伙把二哥杀死了,还要来骗我!"余雅芳哭叫道。

看着夫人浑身都在战栗,王俊林下意识地伸出双手,准备把她拥抱入怀,好好安慰她。

余雅芳好像看到了一条毒蛇游向自己,立马跳开了,吼叫道:"别碰我!"

王俊林低垂了脑袋,不敢看夫人愤怒的眼神,很想说一些什么,但喉咙好像被什么东西堵住了。

"无论你做了多少坏事,我都能忍,可是,你杀了我二哥,我忍不了,再也不要跟你住在一块了!"余雅芳愤怒地吼叫着,跟跟跄跄地朝外面跑去。

王俊林犹如大冬天里被人兜头浇了盆凉水，浑身一阵寒冷，赶紧冲上前去，试图抓住夫人。

余雅芳猛力一摔，竟然把王俊林甩脱了，把持不住，身子向前一冲，撞在了一个人的身上。那人赶紧伸出手来，扶住了余雅芳。

竟然是余瑞华！余雅芳愤怒地甩开了他的手，大骂道："你这个凶手！你打死了你的二哥！你打死了你的亲二哥！你这个凶手！"

"姐姐！"余瑞华痛苦地叫道，怔怔地站在那儿，一动不动。

这当口，王俊林赶了过来。余雅芳愤怒地朝他们两个瞪了一眼，再也不骂了，回头又朝外面狂奔。

"夫人！"王俊林大声喊道，跑上前去，紧紧地抱住了余雅芳，任凭她在怀抱里又打又闹苦苦挣扎，就是不松手。

过了好一会儿，余雅芳支撑不住，脑袋一晕，软绵绵地倒进王俊林怀里。

王俊林连忙抱起她，走进了屋子，把她安放在床上，盖好了被子，站在床边静静地等她苏醒。

余瑞华没有走。他木然地跟着姐夫进去了卧房，站在那儿，默不作声。

他是被王俊林叫过来的。王俊林挖出了一些地下共产党，迫使共产党再也不敢展开活动，心里颇感安慰。没想到，今天又接到消息称共产党人还在武汉秘密展开活动，他非常惊讶，准备加强监视和抓捕力度。余瑞华杀了他二哥，一直心情不好，王俊林先前没有让他参与行动。现在，他不能继续由着他的性子，得敲打他，逼迫他展开行动。夫人这么一闹，把王俊林心中的正经事打乱了。

如今面对余瑞华，王俊林一下子想起了自己叫他过来的原因，又担心夫人随时会苏醒，听到了他跟余瑞华的谈话，命令丫鬟照顾夫人，和余瑞华一块默默地退回到客厅。

王俊林把自己得到的有关共产党人仍在展开秘密活动的消息告诉了余瑞华。

他还没有来得及下达命令，余瑞华就说："我再也不想屠杀共产党了，你让别人去做吧。"

王俊林盯着余瑞华看了好一会儿，缓缓地叹了一口气，说道："余瑞祥的死是一个意外，你没有必要继续背上包袱。你不是要为实现你的理想奋斗到底吗？对共产党产生同情心，怎么能够实现你的理想呢？"

余瑞华浑身一阵战栗，声嘶力竭地吼道："可是，我们不是在屠杀共产党，是在屠杀那些手无寸铁的老百姓啊！"

王俊林呵斥道："难道你不记得，共产党是怎么动员工人对付你大哥，对付我哥哥的吗？不除掉他们，怎么实现你的理想？"

余瑞华心情沉重地回到军营，躺在行军床上，双眼望着墙壁，一动不动。

忽然，一阵惊天动地的爆炸声传了过来。

剧烈的震动一下子把余瑞华从床上拉了起来。是火药库发生了爆炸。余瑞华敏锐地意识到，本能地准备冲出去，可是，脑子里竟然响起另外一个声音："你如果不愿意继续受到良心的谴责，就别管它！"

他收回了冲出去的冲动，继续坐在床上，听外面乱纷纷的声音，无动于衷。

一个兵士奔了进来，向余瑞华报告了火药库被炸毁的消息。他轻轻地嘘了一口气，没有其他表示。外面的声音越发杂乱，随即，响起了刺耳的哨音和杂沓的脚步声，他还是没有动弹。

不一会儿，王俊林冲了进来，看着余瑞华失魂落魄的样子，恶狠狠地扇了他一个耳光，骂道："你给我清醒一点！如果你不对付共产党，共产党就会对付你，这就是我们跟共产党人之间的劫数，谁也逃脱不了。起来！赶紧！率领你的人马，给我搜捕可疑分子，只要有作案动机，统统杀掉！"

见余瑞华还没有动，王俊林一把将他拖起来，说道："如果你已经失去了理想，你马上脱掉军装！要不然，你立刻给我去搜捕共产党！"

"你以为，这样可以抓捕共产党吗？"余瑞华睥睨着他，声音好像从地狱里传出来的，"不，漫无目标的行动，不可能抓到一个共产党，反而会引起民众的反抗。你得仔细查一查，是不是我们内部出现了问题，共产党是怎么混进火药库的。要不然，蒋委员长一定不会轻饶你。"

好不容易让夫人留在了官邸，可夫人再也没有对她说过一句话，王俊林心里感到难受别扭，任何一粒火星，都会引发一场惊人的大爆炸。因而，一接到军火库被炸的消息，王俊林气昏了头，马上准备在武汉三镇大肆搜捕和杀戮。余瑞华提醒了他，真正可怕的不是共产党把自己的火药库炸掉了，而是蒋介石得到了消息以后，该怎么对待自己。是得压一压心里的火气，从内部调查原因，制造一点借口堵塞蒋介石的嘴巴，然后秘密对付共产党。

王俊林和余瑞华紧锣密鼓地调查军火库被炸的原因时，赵璇滢已经命令人马趁此机会将药品、武器弹药以及生活用品偷偷运出了武汉，通过地下交通站，辗转运到了红二十五军手里。

第二十五章　余瑞祥的葬礼

女儿出院后,便与她失去了联系,周莹莹不得不承担起照料两个外孙的责任。最初,因为国民党疯狂搜捕共产党人,担心外甥遭受惊吓,周莹莹带着孩子住在租界,并且专门为出生不久的余明亮请了一个奶妈。后来,国民党放松了搜捕,周莹莹带着两个小家伙回到了汉阳赵府。

这时候,余明亮已经两岁多了,早已辞去了奶妈,由柳彤萱帮助周莹莹照料孩子的饮食起居。柳彤萱一直没有生育,视两个小家伙如同己出,似乎除了与王俊喜厮混之外,天底下最大的事情便是照料两个孩子了。

有柳彤萱悉心照顾,余亚男和余明亮长得很健壮,也很听话,学习格外认真,但总会询问他们的姥姥和舅妈,父母亲到哪里去了,为什么不来看望他们,不跟他们住在一块,是不是不喜欢他们,不要他们了。无法告诉孩子们实情,她们只能绞尽脑汁想办法来哄骗他们。

每当安抚好了孩子们,周莹莹心里都会涌起阵阵伤感。别人家的孩子都跟父母住在一块,享受天伦之乐,自己家里怎么会变成这样呢?连女儿女婿的准确消息都打听不到,更不知道他们是死是活。

周莹莹立马吩咐赵承博打听他们的准确消息。

赵承博知道余瑞祥和赵璇滢的消息。不过,他不能告诉周莹莹实情,生怕老人家知道以后每天都会提心吊胆。跟赵璇滢商量好了说辞,一回来,赵承博马上告诉周莹莹,赵璇滢和余瑞祥都在鄂豫皖,两人都好得很。

"他们都说了,过段日子,会抽时间偷偷回到武汉来看望你。"赵承博添油加醋,加进了自己的一些猜想。

周莹莹吓一大跳。惦记女儿女婿是一回事,可让他们冒着杀头的风险来看望她,周莹莹可不愿意了,赶紧要赵承博捎话给他们,叫他们千万不要回到武汉,只要他们过得好,她就放心了。

忽然,大街小巷都在传说,蒋介石亲自坐镇武汉,出动几十万军队,前去"围剿"鄂豫皖根据地的红军。

几十万人齐上阵,好家伙,不用枪炮,即使一人一口唾沫,也能淹死人。周莹莹担忧女儿女婿的安全,要求赵承博每天都向她说说鄂豫皖那边的作战情况。

赵承博不可能得到准确消息,但为了安慰老人,每天都会跑出去转一转,回来便说姐姐姐夫都好得很。

女儿女婿怎么能好呢?周莹莹很清楚打仗是要人命的玩意,而且女儿女婿都曾受过伤，稍微不注意，被子弹再咬一口，恐怕性命堪忧。

也许，赵承博是一个花花公子，什么东西到了他那儿，都没有一个正经的。还是去问问赵承彦好了，赵嘉勋的后人里面现在只有赵承彦最可靠。

周莹莹带着余亚男和余明亮回到赵府以后，只要有时间，总是带着两个小家伙到赵承彦家里去坐坐，跟刘芳芳说说话。其实她们也没有什么话可说，只是两个人面对面地坐在一块，看着四个孩子嬉戏玩耍。赵承彦的儿子赵英嗣女儿赵雪莲已经十几岁了，快要长成大人。亲眼看到赵家骨肉与两个小外孙玩在一起，兴高采烈，周莹莹不由自主地流露出会心的笑意。

赵承彦带给周莹莹的消息一样令人愉快，还说："母亲，其实你不能总是惦记他们。要不然，被国民党知道了，就不好办了。"

"你说王俊林吧？他能把我怎么样？我才不怕他呢！"周莹莹说道。

话是这样说，周莹莹从那以后真的没有继续公开打探女儿女婿的消息。

可是，不妙的消息竟然一天天传到了周莹莹的耳朵：鄂豫皖红军被国民党军队打败了，逃走了，许多红军死了更多的红军伤了，国民党只要抓住了红军，只要抓住支持红军的老百姓，二话不说，咔嚓一声砍了头。

每个消息传进她的耳朵，都使她一阵心惊肉跳。

不是说王俊林和余瑞华也率领人马去了鄂豫皖吗？他们跟女儿女婿是亲戚是朋友是兄弟，总不能真的下毒手吧？周莹莹在心里安慰自己。

可是，一想起王俊林曾经像蚂蟥一样叮着女儿不放，像疯狗一样在武汉三镇每个角落搜捕女儿，周莹莹心里像刀割一样，把赵承博和赵承彦兄弟找来，说道："快说，我女儿女婿到底怎么样了？"

"妈妈，不是告诉你了吗？他们都很好！"赵承彦和赵承博都这么回答。

"不要骗我了。国民党是人吗？他们见人就杀，见山就放火，见石头就用刀砍。我女儿女婿肯定好不了！"周莹莹说道。

"妈妈，你不能这么咒他们！"赵承彦和赵承博说道。

周莹莹一愣，说不出话来。紧接着，赵承彦和赵承博告诉她，国民党即使杀红了眼，也有想不到看不到的地方，赵璇滢和余瑞祥打了那么多仗，机灵得很，一定不会被国民党抓住的。周莹莹将信将疑。

她疑神疑鬼，夜里经常做着同样的噩梦：女儿女婿总是血淋淋地出现在她的眼帘，悲悲戚戚，想说什么，但一直说不出口。

她大叫一声，苏醒过来，忙把赵承彦和赵承博两兄弟召集到自己面前，把自己做的梦告诉他们，说道："你们一定要找到他们，把他们给我弄回来！"

李香香同样担心赵璇滢和余瑞祥的安全。被周莹莹弄得神经兮兮，她不得不强作镇定，劝慰道："你是太担心他们了，所以做这种没头没脑的梦，他们一定会没事，他们也不是没有打过仗，阎王见了他们，都得躲开。"

其实，赵承彦、赵承博早已知道赵璇滢一直没有离开武汉，余瑞祥死在余瑞华手里了。乍一听到余瑞祥惨死的消息，兄弟二人忍不住眼泪哗啦啦地往外流。随后，他们去找过余瑞华。

"余瑞华，想不到你是一个刽子手，忍心杀掉你二哥！"赵承博狠狠地骂道。

赵承彦也骂："余瑞华，亏你读了那么多书，竟然如此残忍！你难道没有想过，要是余世伯、余伯母泉下有知，他们会怎么样？"

余瑞华冷冷地看着他们，声音跟神情一样冷峻："在战场上，他是我的敌人。我不杀死他，他一定会杀死我，这是没有办法的事情。"

赵承博一把揪住了余瑞华的衣领，咆哮道："别跟我说你们在战场是对手。他是你的二哥，是我的姐夫。你这个刽子手！枉我一直把你当作最好的朋友，什么话都跟你说，你却是一个六亲不认的混蛋！算我瞎眼了，今后再也不是朋友了！"

兄弟两人怒气冲冲地离去了。他们心里一阵阵惊悸：要是大妈问起来，该怎么回答呢？得先见一见赵璇滢，她一定知道，余瑞祥是不是真的死了；即使余瑞祥死了，也得跟赵璇滢商量，应该怎么回答大妈的问话。

他们暗地里见到了赵璇滢。赵璇滢眼睛里面充满了仇恨，充满了要报复的神色，兄弟两人知道事情一定是真的了。

"姐姐。"赵承博说道，眼泪已经流出来了，再也说不下去。

赵承彦叹息道："我知道，即使余瑞祥已经死了，你也绝不会改变自己的主张。你要小心。有什么需要，尽管对我们说。"

兄弟二人告别赵璇滢以后，来到江边，望着来来回回的船只，半晌都不知道自己到底要干什么。经过风一吹，人渐渐地清醒过来。他们这才想起来，还没有跟赵璇滢商讨隐瞒大妈的说辞。

这时候，周莹莹已经从柳彤萱那儿得到了女婿已经死亡的消息。

原来，只要赵承博离开了赵府，王俊喜准会马上知道，而且能够想尽办法，跟柳彤萱幽会，并告诉她一些自己知道的事情。

第二十五章 余瑞祥的葬礼

经过几年的苦心经营，汉帮已经成了威震武汉三镇的第一大帮。他手下掌管着码头、妓院、烟土业，还通过从王府挖出的财产，控制了跑马场一定的股份，然后用尽各种办法成为跑马场最大的股东。

手里有了如此庞大的地下产业和追随者，王俊喜总能找到办法，花样百出，来讨得柳彤萱的欢心。

十几年都没有害死王俊林，王俊喜改弦易张，不再急于害死他，而是希望慢慢折磨他，令他痛不欲生。每当探听出王俊林的一些动向，王俊喜总会首先告诉赵璇滢，他相信赵璇滢才是令王俊林最头疼的对手，他是第一个知道余瑞祥已经死在余瑞华手里的人，可是，他不能把这个消息立刻放出去，要等待机会。当赵璇滢在王俊林身边烧出了一把火之后，他要让更多的人跟王俊林作对。

他想到了周莹莹。周莹莹当年为了女儿到王俊林那儿撒泼的一幕，至今想起来，王俊喜都感到痛快。他现在要利用周莹莹打击王俊林。于是，这天，在跟柳彤萱幽会时，王俊喜把余瑞祥已死的事告诉了她。不过，他使出了移花接木的手段，没说那是余瑞华做的，而是安到王俊林头上。

柳彤萱大吃一惊，一屁股坐在床上，眼泪差点流出来。

她再也顾不得跟王俊喜缠绵了，心急火燎地回去了赵府。一看到余亚男正跟余明亮在一块玩耍，李香香和周莹莹在一边笑得前合后仰，她马上冲了过去，一把将两个孩子抱在一块，泪水哗啦啦地流了一地。

余亚男和余明亮都非常吃惊地看着她，眨巴着眼睛，不知道说话。周莹莹和李香香惊呆了，一种不祥的预感马上袭遍了全身，身子一阵冰凉。

周莹莹上下牙齿在打架，说道："怎么啦？你倒是说话呀！"

柳彤萱一惊，瞬间回过神来：他们都知道余瑞祥已经死了，却谁都不告诉周莹莹，是不想让老人家担惊受怕，自己怎么能泄露天机呢？

"我……"她寻思着该怎么回答。

周莹莹声音颤抖地问："快告诉我，是不是璇滢和瑞祥出事了？"

李香香一边急得跳脚，一边催促道："说呀！你倒是说呀！"

柳彤萱流泪道："姐夫他，已经被王俊林杀掉了！"

周莹莹脑袋一晕，身子一软，人像面条一样朝地上倒去。李香香心里发急，赶紧过去扶，可周莹莹已经倒了地。余亚男和余明亮哇哇大哭。柳彤萱心里慌张，抢上前去，很想把周莹莹抱起来。下人跑了过来，七手八脚把她扶起来了。

很快，周莹莹苏醒过来，心想："女婿已经死了，女儿肯定也落不了好，一定得找王俊林这个不讲人情世故的混账东西讨个说法！"

周莹莹立刻要过江去汉口，找王俊林兴师问罪。李香香和柳彤萱不敢怠慢，一人牵着余亚男，一人抱着余明亮，跟着她朝外走。刘芳芳不知道从哪里得到消息，带着赵英嗣和赵雪莲过来了，二话不说，加入到她们的队形。

她们刚刚走出赵府的大门，迎面碰上了赵承彦和赵承博兄弟。

一看到他们，周莹莹喝令："走，都跟我去汉口找王俊林。瑞祥死了，璇滢也死了，他们都是被王俊林杀死的。王俊林喜欢杀人，我们全部送上门去，让他杀死好了！"

赵承彦和赵承博心头一紧，无法劝阻，不得不跟着她们一块朝汉口进发。

她们刚到警备司令部门口，便被岗哨阻止了。

"瞎了你们的狗眼！王俊林见了老娘，也得毕恭毕敬，凭什么拦老娘的路？滚开！"周莹莹怒骂道。

岗哨一看这架势，不敢阻挡了。周莹莹带着人马，气壮山河地去了王俊林办公室。可是，警备司令办公室大门紧闭，无论他们怎么敲，都没人应声。有人告诉他们，王司令夫人生病，他没来上班。

周莹莹愤怒至极，悲伤至极，不顾赵承彦和赵承博兄弟的阻拦，朝警备司令官邸冲去。

兵士已经给王俊林打过电话，告知他有一大队人马前来闹事的消息。

此时，因为余雅芳身子不舒服，王俊林对余瑞祥之死心怀愧疚，对余雅芳更加体贴入微，便待在官邸亲自照顾夫人。一接到电话，王俊林马上明白是赵府的人找过来了，眼帘浮现出当年周莹莹在武昌打滚撒泼的一幕，心头一阵颤抖，暗自叫道：要是夫人知道了这件事，可真的麻烦了。

王俊林还没有转完念头，从外面传来一阵接一阵杂沓的脚步声以及吵吵闹闹的声音。

他赶紧准备出去迎接，这时候，余雅芳苏醒过来了。

她总是昏昏沉沉，似睡非睡，蒙眬之中总能听到二哥的惨叫，看到二哥血淋淋的脸庞。一出现这样的情形，她便抑制不住要大喊大叫，却终于没有叫出声。

忽然听到一阵杂乱的脚步声和吵闹声，她问道："发生了什么事情？"

王俊林说道："你好好躺一会儿，我去看看，很快回来。"

安抚好夫人，王俊林走出卧室。周莹莹已经带领人马闯进了客厅。

"王俊林，我女儿女婿都死在你手里了，我们一家子都不想再活下去了。你不是喜欢杀人吗？你杀了我们吧！我们都过来了。你看，不管是大人，还是孩子、下人，一个都不少，全都送过来了。你杀吧！杀了我们吧！"周莹莹吼叫道，"这样，我们一家人可以去跟女儿女婿团聚了。你也算做了一件好事。"

"谁说你女儿女婿都死了？"王俊林急忙问道。

"你不敢承认吗？"周莹莹一面问，一面伸手去抓王俊林。

王俊林赶紧朝后面一躲。

李香香一把抓住了他的手，一样叫骂："你杀呀！你杀了我们呀！"

"我没有杀死他们。"王俊林辩解道。

周莹莹和李香香的叫骂声越来越大，紧接着，刘芳芳也叫骂开来了。其余众人则喊的喊、叫的叫、哭的哭，乱成了一锅粥。

突然，扑通一声，一个肉体重重地倒了下去。众人吃了一惊，赶紧举头看去，只见余雅芳脸色苍白，双眼紧闭，人已经倒在地上，一动不动了。

"夫人！"丫鬟佣人们赶紧扑了过去。

王俊林心里一惊，甩开李香香的手，赶紧奔了过去，一把推开下人们，抱起余雅芳，拼命地喊叫道："夫人！"

大家都呆若木鸡，站在那儿，一动不动。柳彤萱冲了过去，伸手相帮。

王俊林愤怒地推开了柳彤萱的手，喝叫道："不要你们假充好人！都是你们干的好事！你们想置她于死地！"

"王俊林！我们不会像你一样毫无人性。你杀死了她二哥二嫂，她变成这样，你是罪魁祸首！"周莹莹胸中的怒气还没出完，依旧想继续大骂下去。

赵承博见势不妙，赶紧阻止了她。

余雅芳发出了一声痛苦的呻吟，人苏醒过来。她慢慢地、坚决地挣脱了丈夫的手，朝屋里的每个人逐个望去，泪水不断地随脸庞朝下掉落。

周莹莹再也不作声了，有些羞愧地低了头。

余雅芳跟跟跄跄地走到了周莹莹跟前，说道："告诉我，我二哥二嫂真的死了吗？是死在王俊林手里的吗？"

周莹莹不敢看余雅芳的眼睛，一看到她的样子，心就碎了。女儿女婿死了，自己伤心难过。其实，余雅芳一样伤心难过，她真的有点后悔不该一时冲动来这里让余雅芳不得安宁了。

"是我杀死他们的！"余瑞华木然地走了进来，站在姐姐面前，说道，"你不要责怪姐夫，是我杀死了二哥。要怪，你怪我好了。"

余雅芳惊讶地望着他，人好像挨了雷劈，一点意识都没有。周莹莹一样怔怔地看着他。王俊林心头一震，准备呵斥余瑞华。

突然，余雅芳发疯一样地抓起了三弟的衣服，拼命地摇晃着，急切地说道："不，你二哥没有死！你没有杀死你二哥！"

"是我杀死了二哥。是我命令炮兵把他炸得尸骨无存的。"

周莹莹大叫一声，冲到余瑞华面前，伸手去抓他。余雅芳头一昏，又要朝地上倒去，柳彤萱正在她的身边，一把将她抱住了。

王俊林把夫人抢过来，吼叫道："你们是杀人犯！你们都是杀人犯！"

谁都不作声了，只有王俊林的声音在屋子里回荡。

余雅芳睁开了眼睛，朝王俊林和余瑞华看了看，说道："原来你们真的杀了二哥！你们都是魔鬼！你们太可怕了！我一定要离开你们！你们要杀我吗？你们要让我去跟二哥团聚吗？你们要杀了她们吗？杀呀！你们杀呀！"

王俊林双手捂头。余瑞华木然地站着，仿佛只是一具空壳。

"你们怕了吗？你们已经杀红了眼，还怕什么呀？"余雅芳说道。

屋子里陷入死一般的沉寂。余雅芳缓缓地朝王俊林、余瑞华扫视了一遍，泪水从眼窝爬出来。她摇了一下头，转身朝外面跑去，步伐踉跄，摇摇欲坠。

"夫人！"王俊林一声狂叫，急忙追了过去。

周莹莹怔在那儿，一点反应都没有。赵承彦和赵承博赶紧劝说她，带着赵府上下离开了警备司令官邸。

回到赵府之后，周莹莹心里一直不能平静。女婿不能白死，得为女婿举行一次葬礼。还要通知余府、王府，让他们都知道，赵府的人还没有死绝，余瑞祥的两个小家伙也还活着。

赵承彦和赵承博既感到吃惊，又感到快慰。既然母亲有胆气为余瑞祥举行葬礼，他们为什么没有这种胆气呢？

赵府定下了为余瑞祥举办葬礼的确切日期以后，立即向亲朋好友发出邀请。

王俊喜接到通知，感到很有趣，心里想道：这本来是余府应该做的事，却由赵府来做，余瑞光的脸上有光彩吗？王俊喜决计前去寻找余瑞光，看看他是怎样的反应。何况，王俊喜还有一个不为外人道的秘密，希望能得到余瑞光的赞同，更不能不去见他了。

这时候，余瑞光接到了赵府的通知，心里正难受着呢。

知道二弟死了之后，他一直按捺着心头的悲伤，等待三弟回来向他解释，向他忏悔。可是，三弟一直不愿意回到余府。他难道感到心里有愧吗？他很想冲去军营质问三弟，但一想起昔日跟政府作对的经历，他不寒而栗。他只好忍受这难以煎熬的苦痛，派遣下人去寻找余瑞华，想把他叫回余府当面责骂他，没有成功。

怎么办呢？余瑞光无可奈何，流了很多泪。表面上，他要装得跟没事人一样，不露一点声色，似乎早不把二弟的死活放在心上。

经历那次事件以后，工人虽说再也不闹事了，但骨子里对他充满了怨恨，迟早会点燃怒火，把余瑞光烧得粉碎。

这几件事情加在一起，使余瑞光不知道这个世界怎么一晃眼变得如此不可思议。他心里充满了难以言表的苦痛和悲伤。他很想出面处理二弟的后事，可是胆子太小，一个人不敢做主，跑去跟王俊财商量。

王俊财劝道："余瑞华不是一个无情无义的人，他虽说在战场上杀死了余瑞祥，心里一定很难受，一定已经处理过后事。你何必增加大家的痛苦呢？"

他历来相信王俊财，打消了去收拾二弟尸首并举办葬礼的念头。不过，他的心里还是觉得过意不去，很想为赵璇滢做一点什么，也很想知道余瑞华到底是不是处理好了二弟的后事。

余瑞华终于回到余府，说道："大哥，我知道你想说什么。我把一切都做好了。"

他的脸上一点表情都没有。

余瑞光长叹一声，终于没有说话。他很想把弟弟的孩子收养过来，心知周莹莹一定不会同意，他也想去看望两个侄子，又怕看到了他们，自己会忍不住说漏嘴，硬生生地忍住了。

忍了如此长的日子，余瑞光原以为一切都会随着时间的流逝而消失，悲伤也会消失，谁知周莹莹一下撕破了还没有愈合的伤口，令他鲜血直流痛不欲生。

余瑞光一直隐忍不发，为的是不让妹妹余雅芳知道这个惨痛的事实。现在，余雅芳终于知道了，余瑞光慌里慌张地带领夫人和孩子，去了汉口。

王俊林和余瑞华静静地守在余雅芳身边，谁都不说话，谁也没有任何动作。下人更加小心翼翼，不敢发出一点声音，整个警备司令官邸好像荒芜的墓地，一点活的气息也没有。

余瑞光走到余雅芳身边的时候，余雅芳刚好苏醒过来。她颤颤抖抖地下床，又试图跑出官邸。余瑞光和夫人赶紧把她拦住。

这时候，余梅芳也来了。她对奋力挣扎的妹妹说道："你应该想到会有今日，何必要折磨自己？你二哥已经死了，不论你怎么做，他都不可能活回来。你一定要坚强地活下去。他一定不希望你会变成这个样子。"

余雅芳浑身一抖，一头扑进了姐姐的怀抱，放声痛哭起来。

她心意已决，非要离开王俊林不可。余梅芳劝说不了，只好带她去了武昌。

在这种时候，赵府要为二弟主办丧事，让余雅芳知道了可怎么得了。余瑞光为此苦恼不已。

忽然，王俊喜来到余府，说道："余世兄，我特意带人过来保护你，你跟着我去赵府，王俊林一定不敢把你怎么样的。"

余瑞光望着王俊喜，气得浑身哆嗦，很想痛骂他一顿，但喉头被堵住了。余瑞光夫人出来了，听到了王俊喜的话，也看到了丈夫的伤悲。

这段日子，亲眼看到丈夫苦恼和伤悲，她无法安慰。没想到，王俊喜竟然还朝丈夫心口扎上一刀，她不愿意了，说道："谢谢你的保护。不过，王俊林还不至于会公开向我们动手。"

王俊喜本想看余瑞光的笑话，谁知被余瑞光夫人不冷不热地顶回去了。他不得不重新拿目光去看她，心想：一向觉得她只是赵璇滢的影子，原来也是非常坚定有主意的人。

他再也不冷嘲热讽了，说道："余瑞祥死得轰轰烈烈，丧事也应该办得轰轰烈烈。按照我的想法，我们应该动员所有人去参加丧礼。"

余瑞祥死后，王俊喜本来很想亲自为余瑞祥办丧事，因为一直在暗中帮助赵璇滢跟王俊林作对，只能暂时按捺下这一心愿。现在，周莹莹要出面为余瑞祥办理丧事了，他准备趁势把丧事闹大，闹得事情能够传到蒋介石的耳朵，让王俊林为此失去蒋介石的信任。跟余瑞光商量扩大丧事的影响范围，也是他的目的之一。

从余府离开以后，王俊喜径直去找赵璇滢。

赵璇滢使出浑身解数，终于跟红二十五军领导人取得了联系，制订了炸掉军火库，趁王俊林把注意力转移到军火库的机会，运出物资的计划。此举取得成功，赵璇滢准备设计新的方案打击王俊林。

母亲决绝地要为余瑞祥举行丧事，赵璇滢心知一定会引起国民党人的注意，很想劝止，可自己一直没有露过面，此时露面会引发怎样的后果，委实难以预料，她只有任由

第二十五章 余瑞祥的葬礼

母亲去做。

知道余雅芳去了武汉大学，赵璇滢很想去安慰她，一旦碰上王俊林以及国民党密探，无异于自投罗网，她不能去。可是不知不觉，她还是去了武汉大学，到了林英华家门口，理智又占了上风，她退回来了。从此，赵璇滢叮嘱自己：放下余雅芳的事以后再说，余雅芳离开王俊林，也许是好事，毕竟，与豺狼共处，常人是忍受不了的。

事实上，王俊林心里一样充满了痛苦，充满了懊悔。

王俊林一直不让余瑞祥的死讯传入夫人的耳朵，夫人终究还是知道了。看着夫人心碎的模样，王俊林心里一阵阵生疼。他责怪自己为什么没有早点看出来夫人竟是如此脆弱又是如此坚毅呢？夫人离开自己，到底是好是坏？他总是问自己，给不出答案。他曾经偷偷地跑去母亲的坟地，跪在那儿询问母亲，自己到底是不是做错了。他自己回答不了，母亲一样不能回答他。

谁知道余瑞祥会死在余瑞华手里呢？虽说在派遣余瑞华前去偷袭新集的时候，王俊林心里面曾经那么设想过，觉得余瑞华很有可能碰上余瑞祥，因为只有余瑞祥能够洞察他的内心，只有余瑞祥会派遣或亲率人马在路上阻拦。但还是没有继续想下去，毕竟，余瑞祥已经很长时间没有出现在鄂豫皖红军领导人的名册上了，甚至连蒋介石都不清楚余瑞祥是不是仍然活着。

得知余瑞祥已经死在余瑞华手里的刹那间，他宛如灵魂出窍，一点意识都没有。他率领人马去了现场，一眼望去，到处都是残缺不全的尸骨。

他一把抓起余瑞华的衣领，厉声喝问："你是在这里打死余瑞祥吗？"

余瑞华脸上有些红肿，双眼无光，似乎这才意识到被他打死的人是他的亲哥哥，木木地看着山岗上的一堆骨头以及那些被炮火撕碎的衣服和燃烧的火焰。

王俊林浑身发冷，顺着余瑞华的目光看去，怔了一会儿，大叫一声，飞快地冲了过去，把那些尸骨全部收拾在一块，跪倒在地，双手抱头，号啕大哭。后来，他亲自把余瑞祥的尸骨埋葬在他死去的地方，在那儿做了标记，朝天空放了一阵枪，随即带着他的队伍，继续朝新集开进。

余瑞祥已经死了，利用余瑞祥的死，来为自己做些什么吧。他心里一涌出这样的想法，立刻把自己吓了一跳，猛地抽了一下自己的脸。可是，这念头越发坚定了。他鬼使神差，把余瑞祥死亡的消息报告给了蒋介石，果然得到了嘉奖。

回到了武汉，好像确实受到了民众的拥护，王俊林心里一直高兴不起来。他隐瞒了余瑞祥死亡的消息，仍然阻止不了这一消息外泄。

他并不是回到了武汉，便对鄂豫皖根据地的情形一无所知，各种消息都会传入他的耳朵。现在，蒋介石任命张学良为"剿匪"副总司令，指挥东北军，全盘负责起"剿灭"留在鄂豫皖根据地红军的任务。

张学良的部队并没有打多少胜仗，鄂豫皖红军竟然一而再再而三地消灭了张学良的很多人马。无论张学良布设的"围剿"圈子压缩得多紧，红军总是能够从一个圈子跳到另一个圈子，跟张学良玩起了兜圈子的战术。

这真的很像余瑞祥在鄂豫皖时期的作风。难道说，余瑞祥仍然活着吗？是余瑞祥在指挥剩下来的红军吗？不，余瑞祥已经死了，是余瑞华亲手把他杀死的，连尸体也没有留全，他怎么可能活下来？王俊林强迫自己不要朝这上面想，然而，脑子竟然不听使唤，总会跳出这样的念头。

"我知道，姐夫一直惦记着姐姐，是我害得姐姐离开了你。"余瑞华来到了王俊林面前，说道，"也许，姐姐今天会去汉阳赵府。"

"她今天要去赵府？"王俊林本能地问道。

"是的。她会去赵府。因为赵璇潆母亲要为我二哥举办丧事，已经向亲戚们发出了通知。"

王俊林吓了一大跳，心里咕哝道：这是干什么呀？难道她们不知道余瑞祥是共产党吗？难道她们疯了吗？秘密为余瑞祥举办一个丧事就行了，为什么要大张旗鼓地搞呢？

她们一定觉得赵璇潆也死了，都是被自己害死的，破釜沉舟，故意做给自己看的。王俊林很快明白了她们的用意，仰天一声叹息。

王俊林虽说是武汉警备司令，但驻扎在武汉三镇的国民党军队多如牛毛，绝大多数不属他管辖，另外还有特务横行，即使共产党的地下组织，也不全是他铲除的，绝大多数是特务组织破坏的。

他口口声声要铲除地下共产党，并且大张旗鼓地监视、搜捕、枪杀共产党，老实说，在先前，他绝对心口合一。余瑞祥死后，他有所改变，更多的是一种姿态，做给特务们看的，免得人家一个小报告递上去，他前途堪忧。特务们才真正无孔不入，心狠手辣，一旦特务们知道这件事，他们会死死盯着赵府不放，后果不堪设想。得阻止她们举办丧事，可是，王俊林知道，他是无力阻止得了的。

"她们一定要这么做，就让她们做吧。"王俊林淡淡地说道。

"可是，她们会遇到危险。"余瑞华说道，"在战场上，我可以杀死任何一个对手，离开了战场，我不愿意任何一个人流血。"

第二十五章　余瑞祥的葬礼

这一天，王俊林特意穿上军装，在余瑞华的陪同下，过了汉江，来到汉阳。一眼望去，几乎整个汉阳都变成了一片白色的海洋，全城的树木以及各种建筑，都被人涂抹上了一层白色的石灰，在阳光的照射下，显得格外刺眼。所有的人群，都朝着一个方向运动——显然都是去赵府的。

王俊林大吃一惊：赵府竟然搞出了这么大的声势，请到如此众多的人前来吊唁！这事要是传到了蒋委员长的耳朵里，那还了得！

陆续有人从汉水以及长江搭乘船只来到了汉阳，一律手捧白花，随着人群朝赵府走去。王俊林和余瑞华花费了很长一段时间，才挨近赵府。

从攒动的人头中露出了一点空间，王俊林和余瑞华放眼望去，只见赵府的门厅上悬挂着白色的布帘，几个下人正毕恭毕敬地迎接来客。两人在卫兵的保护下随着人流进入赵府，只见庭院里已经围拢了许多人，一个个面无表情，严肃得宛如一座座冰封的山峰。唢呐的鸣叫，鞭炮的轰鸣，人的啼哭，连成了一片。

突然，不知道谁喊了一声："杀人凶手来了！"人群犹如被利刃划开的波浪，呼啦一下向两边分开了。

两个身穿孝衣的孩子，一大一小，正跪倒在地，哭个不停。在他们的两边，分别站着王俊财、王俊喜、余瑞光、赵承彦、赵承博和他们的夫人、孩子。孩子们陆续换上孝衣，跪倒在地，哇哇大哭。余雅芳和余梅芳佝偻着身子站在那儿，眼睛红红的。余雅芳更是摇摇欲坠，一副随时都会倒下去的样子。

王俊林心里一阵发抖，恨不得飞过去，将夫人的腰肢揽住。但是，他不能，许多人的眼睛，像皮鞭一样抽打着他的心。他差一点就要退缩，心里不断地提醒自己：无论接下来会发生什么，都要走上前去。

前面有一个灵牌，一口棺木正架设在屋子的中央。王俊林在前余瑞华在后，慢慢地走上前去，伸手去拿燃香，点上了。

一声冷笑传入了他们的耳鼓。紧接着，一个声音像闪电一样撕裂了他们的心："你们真会猫哭耗子假慈悲呀！把人杀了，又来吊唁。是不是觉得余瑞祥已经死了，他的孩子还小，没有赵璇滢的下落，很好欺侮呀！"

是王俊喜。他一脸的冷笑，眼角上牵扯出睥睨一切的光。

"你们是坏人！还我父亲！还我母亲！"余亚男和余明亮从地上爬起来，一个抱着王俊林的大腿，一个抱着余瑞华的大腿，一个劲地叫道。

王俊喜又说："你们的父亲已经被他们打死了，他们怎么还给你们呀？"

王俊林和余瑞华气得发抖，怒视着王俊喜，说不出话来。两个孩子则仍然一个劲地摇晃着他们。

　　工人一块呐喊起来："余瑞祥不需要猫哭老鼠假慈悲，你们滚开！"

　　周莹莹听说王俊林和余瑞华来到了灵堂，怒不可遏，打算过来痛骂他们。赵承彦和赵承博守候在她的身边，不断地劝说着她。

　　余亚男和余明亮一直纠缠着王俊林、余瑞华。余雅芳脸色苍白，一下子冲到余亚男和余明亮面前，手一伸，拉着他们，一个字没有说出来，人就晕倒了。幸而余梅芳和余瑞光夫人手疾眼快，马上扶住了她。两个孩子赶紧松开了王俊林和余瑞华，大哭起来。女人们连忙将余雅芳抬进了赵璇滢昔日的闺房。

　　王俊林眼睁睁地望着夫人进去了，泪水在眼眶里不住地打转。

　　他放眼望去，余瑞光避开了他的目光，王俊财也避开了他，只有王俊喜挑衅地瞪着他。他轻轻叹息一声，将燃香插进了香炉。

　　忽然，响起阵阵惊天动地的鞭炮声。

　　王俊林顿了顿，知道一定是为余瑞祥送行的时刻到了，很想转过身来，亲自把昔日的朋友兼兄弟送进永恒的土地，分明浑身都感到了冰凉，感到了失去亲人的恐惧，再也不敢继续待下去，仓皇地离开了。余瑞华跟在他身后。

　　忽然，他们停下来了，木然地朝赵府望去。

　　他们感觉到出殡的队伍里面有一些不和谐的声音。余瑞华飞快地冲了过去。几个卫兵迅速在王俊林面前围成了一个圈，跟着他奔向了人群。老远，他们看到人群当中出现了一些混乱。

　　是特务闹事了吗？王俊林心想。

　　如果跟他们正面交锋，结果会怎么样？丢官卸职，或者是人头落地？王俊林没有思索妥当，眼帘闪现出余瑞祥惨死以及夫人病恹恹的模样。不管了，为了余瑞祥，为了夫人，王俊林豁出去了，即使是死，也得像个男人一样地去死！

　　王俊林快速冲到了现场。

　　果然是特务们出动了，阻拦葬礼继续进行，还有一大批形迹可疑的人员蠢蠢欲动。

　　王俊林跳到一个特务头目的面前，说道："余瑞祥深受蒋委员长的赏识。在他被我军打死以后，我曾经立即向蒋委员长做过汇报，蒋委员长指示我要好好安葬他。难道你们竟然敢违抗蒋委员长的命令，骚扰余瑞祥的灵魂吗？"

第二十六章 面粉经销处

武汉三镇国民党特务多如牛毛，王俊林又极力推波助澜，赵璇滢布置的交通网经常处于高压之中，无法确保安全，时时会有一些交通站遭到敌人的破坏。好几次她都差点被特务抓住了，危急时刻，她不是依靠其他地下工作人员的掩护安全脱离，就是因为侥幸，摆脱了敌人的搜捕。

难道真的是侥幸吗？不，她有时候回想起来，好像是有人在暗中保护了她。谁能有如此巨大的能力，不仅知道国民党特务已经查获了她秘密布设的交通站，并且还能不动声色地在暗中帮助她呢？是王俊喜吗？

作为汉帮帮主，王俊喜手眼通天，不仅早已在王俊林和余瑞华身边安插了大量人马，而且还收买了很多国民党特务为他探听消息。因而，他能轻而易举地获取有关国民党方面的许多秘密情报，并且给赵璇滢提供很多帮助。不过，王俊喜是有选择性地帮助她，帮助她，只是用来对付王俊林，一旦赵璇滢要对付的目标是其他国民党人，王俊喜就很少主动帮助她。

"即使如此，为了对付王俊林，王俊喜肯定希望我活下去，他会暗中保护我。"赵璇滢心想。

可是，问题又来了。王俊喜什么时候拥有如此巨大的能力呀？他如果真的能够把国民党特务以及王俊林的一举一动掌握得清清楚楚，依他的个性，十个王俊林，现在也已经埋在黄土之下了。何况，在跟王俊喜合作的那段日子里，赵璇滢已经了解到他收买的人马到底有多少成色，不可能指望他们掌握到核心机密。因而，赵璇滢还是把王俊喜排除了。

那么，是谁暗中帮助她呢？她曾经想过也许是王俊林或余瑞华对余瑞祥之死心怀愧疚，为此不希望她落到国民党特务手里，随即她否定了这个想法。因为她觉得，王俊林和余瑞华要是能够帮助她，绝不会大张旗鼓地搜捕她，更不会成为红军的死敌。

想不出是谁暗中帮助她，赵璇滢深感不安。她忽而冒出了一个很不好的想法：莫非是那些特务为了打入地下组织，故意对她网开一面，以便取得她的信任，好在适当的时机接近她？

赵璇滢一个激灵，不能不认真对待。她由此非常担心，有人已经掌握了自己的行动。如果是这样，她必须关闭已经建成的交通网，把经常活动的地下工作人员全部转移走，仅仅留下一些从未展开过活动的人员，依靠他们，另想办法，建立一套新的交通网。要不然，一旦敌人打入进来了，天晓得会造成怎样巨大的破坏。

可是，这是一个浩大的工程，而且事涉与鄂豫皖省委与中央的联系，赵璇滢一个人无法做出决定，需要向上级组织汇报，征得中央的同意。

很快，中央回电。鉴于秘密工作容不得任何疏忽，赵璇滢建立的地下交通网有被敌人察觉的可能，并存在被敌人渗透进来的风险，中央同意了她的意见。随即，赵璇滢下令展开过活动的地下共产党人离开武汉或者进入深度潜伏状态。

紧接着，赵璇滢盘算怎样巧妙布局，编织一张更加安全的交通网。

赵璇滢没有接受过任何秘密工作训练。不得不滞留武汉以后，凭借对党的忠诚，利用王府、余府、赵府三家盘根错节的关系，加上自身敏锐的洞察力，她把自己打造成地下工作人员，并且跟党组织取得联系，编织了一张覆盖武汉三镇的地下工作站和地下交通网。正是在极度危险之中积累起来的地下工作经验，使她在深思熟虑之后，作出决定，在敌人意想不到的地方，重新编织新的交通网，把交通网的触角伸展到与王府、余府、赵府相关的一切地方，乃至于警备司令部。

她不是一台革命的机器，而是一个活生生的人，有自己的感情，有自己的家庭，有自己的孩子。当年为了躲避国民党的搜捕，儿子尚在襁褓之中，她不得不把他交给母亲，从此再也没有见到过儿子，心里时常会想起他，一想便忍不住流泪。多年以后，丈夫很可能惨死在余瑞华之手，赵府因为给余瑞祥举办葬礼，陷入了很大的困境，赵璇滢不能不时时想起赵府。

那天，赵璇滢其实也去了丈夫的葬礼现场。她是装扮成码头工人，给余瑞祥送葬的。看到那么多人自发地为丈夫送葬，亲耳听到码头工人忍不住泪流满面，诉说当年余瑞祥对他们的恩情和照顾，她心里涌出无限的感激和欣慰。

她清晰地看到，在赵府周围以及送葬的人群当中，夹杂着许多行动诡异的人。她看得出来，他们大多来自国民党特务组织以及王俊喜的汉帮，不过，也有一些人她看不出来历。她很担心丈夫的葬礼会不顺利。

亲眼看到王俊林和余瑞华为丈夫上香送葬，赵璇滢心里充满怒火，暗骂他们人面兽心，打心眼里更加厌恶他们，恨不得马上杀掉他们，为丈夫报仇。

当两个孩子扭住王俊林和余瑞华，向他们要父亲的时候，赵璇滢差点流出了眼泪。但是，她得强忍住，不能让人发现蛛丝马迹。孩子们一放声大哭，她更想走上前去，抱着他们，安慰他们，跟他们说，他们应该像父亲一样英勇，不要流泪。一想到到处都是特务，她只能极力地强迫自己忍住这种冲动。

特务们试图破坏余瑞祥的葬礼，王俊喜的人马跟那些特务展开了对峙。赵璇滢心里既感到紧张，感到愤怒，又感到一丝安慰。如果不是王俊林和余瑞华去而复返，一场冲突将不可避免。那个时候,她的心里涌起了一种说不清的情愫。

她想起了余瑞华一再说过的话:他可以用任何方式对付战场上的敌人,但决不会向战场之外的任何人动手。在战场上,无论是谁,只要挡住了他实现理想的道路,他一定会毫不留情。

余瑞祥在战场挡住了余瑞华的去路,所以余瑞华对他毫不留情,以至于他最后尸骨无存。老实说,赵璇滢连自己都没法搞清楚,现在她到底应该为余瑞华的信念喝彩,还是为余瑞华杀掉丈夫而痛恨他。

这些交织在一起,令赵璇滢再也不敢想下去了。她强烈地压制自己,一定要尽快重新组建交通网。

应该把主要交通总站修建在什么地方呢?赵璇滢想到了王俊财。

王俊财一直深受各方面的欢迎。他开设的面粉厂,在武汉三镇首屈一指。每天,面粉厂都有络绎不绝的人群,不仅是工人,还有从全国各地来联系业务的人。要是能将主要交通总站开设在那儿,谁也不会起疑。

设想好了一套完整的方案,赵璇滢去跟王俊财见面了。

"我现在非常困难,既不能去赵府跟孩子们见面,也不能去余府,只有你能帮助我,让我能安静地生活下去。"

王俊财凝视着赵璇滢,说道:"我任何时候都可以给你提供帮助。可是,红军已经被国民党打垮了,主力跑了,余瑞祥死了,你的交通站已经被破坏了好几次,我希望你不要继续跟着共产党走下去了。"

赵璇滢说道:"实不相瞒,我曾经试图跑去鄂豫皖根据地,接过余瑞祥的枪,继续战斗下去。可是,敌人把所有的道路都封死了,我去不了。我在这里待上一段时间,等局势缓和下来,还是会去鄂豫皖根据地的。"

"你难道不肯为你的孩子想一想吗?谁家父母不在孩子身边?谁家孩子像你们一样,从来没有看到过父母?"

王俊财的话像鞭子一样抽打着赵璇滢的心,令她生疼。她凄苦地一笑,说道:"孩子的父亲没了,我如果不能为他报仇,以后孩子问我,我为他们的父亲做过什么,我该怎么回答?"

"唉!"王俊财叹了一口气,说不出话来。

赵璇滢没有放弃自己的信仰,反而让王俊财放了心。按照赵璇滢的要求,他在汉口另外设立一个面粉厂经销处,让她负责。

第二十六章 面粉经销处

随即，赵璇滢女扮男装，在汉口一处王记面粉厂经销店当了掌柜，通过面粉厂经销处，暗地里将主要交通站建立下来，并且通过王府、余府、赵府的产业，不断地向外界扩展，试图重新跟鄂豫皖根据地那边取得联系。

重新构建了地下交通网以后，得到的第一个情报，让赵璇滢极其震惊。

原来，接受赵璇滢指令去鄂豫皖根据地的那位交通员见到了徐海东，徐海东亲口告诉他余瑞祥已经回到了红军队伍。

丈夫还活着？赵璇滢双手死死地抓住那位交通员，拼命地摇晃着。

"是的，他仍然活着。不过，徐军长说，因为余瑞祥是张国焘主席亲自下令的肃反对象，目前仍然没有恢复职位。红军在余瑞祥同志的暗中指挥下，取得了一连串胜利，勉强站稳了脚跟。"

丈夫还活着！这就够了，管他是不是红军最高指挥员，管他是不是肃反对象。赵璇滢心里狂喜，竟然搂着那位交通员，狂跳了好一会儿，还是安静不下来。

丈夫依旧活着，他没有死在余瑞华手里。那么，余瑞华说他亲自命令炮兵把丈夫打成了一团烂泥，是怎么回事呢？徐海东当时也说余瑞祥被余瑞华打死了，又是怎么回事？赵璇滢很想知道这一点。

她想不通，赶紧询问那位交通员，希望他能告诉自己。

徐海东并没有告诉那位交通员内中原委，更没有告诉他余瑞祥目前怎么样了，是不是真的受伤了，受伤以后又去了哪里，又是怎么度过这段日子的。交通员回答不了赵璇滢的提问。

赵璇滢很想亲自去鄂豫皖根据地看看丈夫，亲自询问到底发生了什么事情。可是，交通站离不开她。她不能因为自己的鲁莽，又把交通站置于可能被人钻空子的境地。

不管怎么说，赵璇滢还是很想知道丈夫为什么没有死。

她把目光投射到余瑞华身上。

余瑞华回到武汉以后，跟以前相比大相径庭。原来一直认为他是因为亲手打死了二哥感到难过，现在回想起来，或许另有隐情。莫非是余瑞华要在众人面前造成余瑞祥已经死了的假象，好暗中给丈夫以合理的治疗？要不然，丈夫身负重伤，没有得到很好的医治，怎么可能活下来？也不对，为什么不是红军战士把余瑞祥救走了呢？

赵璇滢很久都没有想到底是谁救了丈夫。最后决定，不管是不是余瑞华，她都要再度亲自去会会他，他不是王俊林，不会对她造成任何危险。如果确定了是他救了丈夫，她可以继续给他做工作，争取把他的思想转变过来。于是，她另外换了一身男装，改变了身份，去见余瑞华。

一年不见，余瑞华竟然精神起来了，脸上再也没有那种悲戚的神色，倒显得更加深沉睿智。

"我有一个朋友，原来说已经死在战场上了，可是，不久以前，突然活着回来了。余团长，你经历过枪林弹雨。我想，你一定知道原因。"赵璇滢说道。

余瑞华紧紧地盯着她，没有看出她是谁，甚至连她的声音也没有分辨出来。他不置可否地说道："战场上充满了很多偶然性和突发性，谁都不知道会发生什么事。真的发生了那种事情，也不足为怪。"

"可是，曾经听人说过，有人开炮把那个人打成了一团烂泥。"

余瑞华心里一阵翻江倒海：这个人到底是谁？是干什么的？会不会是特务？难道余瑞祥仍然活着的消息已经泄露出去了吗？

当时，一阵猛烈的炮击，把余瑞祥现身的地方轰平了以后，余瑞华飞也似的冲了上去。余瑞祥浑身上下血迹斑斑，没有一块完整的地方，眼睛紧闭，身子宛如一段刀砍斧劈过的木头，全无动静。他急切地大叫一声，摸了摸余瑞祥的脉搏，还有细微的脉搏。他马上脱去余瑞祥身上的红军军服，命令炮兵将一个连长的衣服撕烂，然后胡乱地套在余瑞祥身上，亲自把他带往了医院，声称该连长是第一个冲向红军指挥部的勇士，一定要把他救活，要不然，他一定会把医院的人员全部杀光。临了，他命令一个连长一直在医院里看护着余瑞祥，不能让其他任何人发现其中的秘密。处理完了这一切，他才向王俊林汇报打死余瑞祥的经过。

随后，余瑞华再也不愿意继续"剿共"。他似乎被这场战争搞得六神无主，曾经对蒋介石和国民党的信仰在这一刻发生了动摇。部队回到武汉以后，他秘密地将余瑞祥转移到了外国人开设的医院，在那儿接受更加妥当的治疗。

那儿有一个医生跟余瑞华交情不错。当年，余瑞华曾经带领人马前去镇压参加"二七"大罢工的工人和共产党人，路上遇到了一个洋人，那洋人惹怒了一群地痞流氓，正遭到围攻，是他救了那洋人。从此，他跟那洋人交上了朋友，那洋人是首屈一指的外科医生，在租界医院里服务。

余瑞华把余瑞祥交给那洋人以后，心里的一块石头终于落了地。余瑞祥的化身，那个连长从此退出了国民党军，也在余瑞华的安排下，进入了王俊财的工厂，现在已经成了王俊财手下健将。

余瑞祥的确受伤严重，饶是得到了很好的医治，也在半年之后，身上的零部件才逐渐恢复正常功能。

他住院期间，余瑞华经常会偷偷地前去看他。

苏醒过来以后，看到弟弟正坐在身边，余瑞祥微微一笑，说道："你已经是一个真正的军人了，二哥感到万分高兴。只是，你应该放开眼界，仔细想想你到底是在为谁服务，今后的路到底应该怎么走。"

"无论怎么说，我不赞成共产党的主张，要不然，我当年不会离开暴动部队。"余瑞华说道，"我觉得，那是一种虚无缥缈而又空洞的幻想，根本没有办法实现。人都是自私的，共产党怎么可能把自私的人全部变成纯粹的人？不可能！这是改变了人的自然天性，是对人性的践踏！"

不能让余瑞华理解自己为什么一定要跟共产党走，余瑞祥转而说起了国共两党对日本"九一八"出兵侵占东北的态度。蒋介石执行不抵抗的政策，高叫攘外必先安内，一心要"剿灭"共产党；共产党人立即发出了抵抗日本侵略的号召。单是从民族大义上，共产党不是也比国民党更高尚吗？

当九一八事变的消息传到他的耳朵时，余瑞华恨不得马上请缨走上抗日的战场，跟日本人拼到底。但整个国民政府内部，洋溢着不抵抗的情绪，他一个小小的团长，提出如此不合时宜的要求，自然只有处处碰壁，受人冷落。更何况，即使他的顶头上司王俊林，也不会拿着自己的队伍去跟日本人拼命。

眼下，二哥的话犹如一道彩虹，勾起了余瑞华对共产党的向往。已经在抗日立场上跟二哥达成一致，他觉得自己怦怦跳动的心脏跟二哥连在了一块。

从此以后，他跟二哥的谈话越来越深入，受到二哥的影响越来越大，越发不愿意继续"剿共"，越发觉得应该跟日本人拼一场。

他甚至跟二哥谈到了赵璇滢，谈到了余瑞光，谈到了王俊林，谈到了王俊财、王俊喜、赵承彦、赵承博，谈到了赵璇滢母亲为余瑞祥举办的葬礼。

所有的亲友们一直关心自己，哪怕自己的信仰跟他们完全不同，自己受伤或者死亡，他们都关心自己，余瑞祥心里涌起一种温暖的感觉。

因为痛恨王俊林，妹妹余雅芳离开了警备司令部，王俊林一直情绪低落。

余瑞祥禁不住叹息道："你应该告诉雅芳，王俊林跟我在战场上是敌人，在私下里还是兄弟。在战场上，无论谁杀死谁，都不应该有怨恨。她怎么能为了这个离开王俊林呢？"

"她还能听我说话吗？她更恨的人是我。"余瑞华苦笑道。

弟弟能默默地承受所有人的怨恨，的确已经成熟了。余瑞祥很不想让弟弟继续遭到亲人们的误解，但又能怎么办呢？他不能出面，要不然，不仅余瑞华，王俊林也难以逃脱蒋介石的追问。他慢慢地伸出手来，轻轻地拍打着弟弟的肩头，什么都不说。

随着余瑞祥的身体状况越来越好，余瑞华心知二哥随时都会离开武汉。他便跟二哥谈起以后的打算，余瑞祥一定要回去鄂豫皖根据地。

余瑞华说道："你们鄂豫皖根据地的主力红军全部逃走了，现在已经到了四川。只有部分人马留下来了，每天都被国民党军队赶来赶去，连一个固定的地方都没有。你能到哪里去？"

"只要那儿还有一个人在，我一定要回去！"余瑞祥坚定地说道。

"我听说，你被张国焘当成了第三党，要不是因为你的影响力太大了，张国焘早把你杀了。现在，留在鄂豫皖的那些人难道不会像张国焘一样对你吗？"

余瑞祥笑道："我是共产党人。虽说可能还有一些人会因为某些原因怀疑我，可是，我决不能因为受人怀疑就脱离共产党，我永远是共产党的人。"

二哥即将离开武汉了，余瑞华心里产生了一种不舍的情愫。

他突然问道："需要跟二嫂见面吗？"

余瑞祥望着三弟，心想："三弟是为了消除赵璇滢心里对他的愤怒吗？"

为了这，余瑞祥是可以去见夫人的，而且很长时间没有看到夫人，心里也一直很惦记夫人。但他本能地知道，他不能露面，不能让任何人知道他仍然活着，要不然，准会把余瑞华推入非常难堪的境地。

他说道："我不能跟她见面，还是不要惊动她了。"

余瑞祥走了，余瑞华心里觉得颇有点空空落落的。他不知道自己为什么会有这样的感觉，一直死守着余瑞祥还活着的秘密。

眼下，有一个人竟然来到他的面前，跟他说起了这些事，他怎么能不吃惊？

从余瑞华的话里，赵璇滢已经明白了，丈夫确实是被余瑞华救活的。余瑞华是怎么救活丈夫的？在特务的严密监视下，余瑞华怎么能够救活丈夫？她很想知道这一点，但又本能地知道，余瑞华绝不会对自己说出真相。

她说道："谢谢你，我已经明白了，你仍然是一个很好的兄弟很好的朋友。"

余瑞华凝视着赵璇滢，忽然，从她身上嗅出了一股熟悉的味道，她就是赵璇滢，就是二嫂，他的心加速了跳动，二嫂终于知道了事情的真相，自己隐瞒二哥仍然活着的消息，承受了所有亲人的痛恨，二嫂更是痛恨自己，现在，二嫂已经知道了真相，知道了自己的良苦用心，还有什么比这个更令人欣喜的呢？

他翕动着嘴唇，很想说一些什么，临了一个字也没有说出来。

赵璇滢微微一笑，明白他已经认出自己来了。她顿了一下，说道："我想，有的时候，我碰到了危险，也是你在暗中帮我吧。"

余瑞华仍然像极了一个牵绳木偶，嘴巴微张微合，却无声音。

赵璇滢笑了，说道："有一个这么会帮助人的弟弟，感觉的确好极了。不过，我需要的不仅仅只是帮助，衷心希望有一天，你能够走到我们的阵营里面来。"

说完，赵璇滢迅速转过身，飘飘离开了。

消除了所有的疑虑，搞清了原来一直是余瑞华在暗中帮助自己，赵璇滢心里从来没有这么快慰过。忽然，她的眼帘闪现出余雅芳的身影。

余雅芳在姐姐家里住了一段日子后，被余瑞光接回了余府。

夫人住在武汉大学的时候，王俊林每天都想去看望她，可是，林英华根本不让他进入武汉大学。王俊林只有强忍住内心的哀伤，在大学门口徘徊不定。好不容易等余雅芳回到了余府，他可以自由出入了，余雅芳仍然不想见到他，不想听到他的名字。

余雅芳真的怨恨自己为什么一定要嫁给王俊林。她曾经动过跟王俊林解除婚姻的念头，但这种念头一闪现出来，立马六神无主，整个人都空了。

她一样想到了二嫂，二哥死了，最悲伤的人应该是二嫂。命令弟弟率领人马偷袭新集的人是王俊林，杀死二哥的人却是亲弟弟。当年，二嫂还是大嫂的时候，给予余瑞华的关爱远远超过母亲。到头来，余瑞华竟然让二嫂变成了寡妇。余瑞华拿这个报答二嫂吗？想到这一点，余雅芳心里一阵阵发抖。

二哥葬礼的那天，是王俊林和余瑞华平息了有可能发生的一场灾难，她不知道是应该感激他们，还是应该更加痛恨他们，尤其不知道该怎么对待丈夫。

从此以后，她好像一只被人牵了绳索的木偶，随着绳索的运动不断左右摇摆，既想见到丈夫，又不愿意见到丈夫。在这种思想支配下，她一天天地拒绝了王俊林，又一天天地盼望着王俊林能够重新出现在她的面前。

余梅芳、余瑞光和大嫂都以为她痛恨王俊林，总是劝她想开一些。王俊财、王俊喜和他们的夫人，经常亲自或者派人来看望她，安慰她。她对他们无动于衷，似乎王府的任何一个人，她都害怕，都不愿意看到。柳彤萱、赵承博、赵承彦也总是来看望她，想让她快乐起来，都没有如愿。

她从他们身上看到了赵璇滢的影子，心里愈发悲哀，独自默默承受着。

余府、王府、赵府三家，现在只有王俊财、王俊喜两兄弟知道赵璇滢的准确去向。每当见到赵璇滢的时候，他们都会告诉她一些有关余雅芳的情况。

赵璇滢理解余雅芳的心情。当年，她还是大嫂的时候，知道余雅芳会嫁给王俊林，曾经开玩笑地说道："我听说算命先生曾经说过，王俊林尔后一准会变成一个大魔头，杀人不眨眼。你怎么一定要跟他生活在一起呢？"

余雅芳甜甜一笑，偏着头，望着赵璇滢，一句话都不说。

赵璇滢明白，无论今后王俊林会变成什么人，余雅芳都会跟着他，谁都拆不散。果然，当王俊林和余瑞祥扯旗造反，余昌泰硬要拆散王俊林跟余雅芳的姻缘，余雅芳情绪低落。随后，王俊林在民众心目中成了人人喊打的过街老鼠，余雅芳还是跟他成了亲。自此，王俊林做了再令人唾弃令人痛恨的事情，余雅芳心头都没有动过离开他的念头。

这一次，因为余瑞祥被杀，余雅芳终于发狠地离开了王俊林，但是，她心里一刻都没有离开王俊林。余瑞祥仍然活着，就不应该让余雅芳受到伤害，赵璇滢计划去余府看望余雅芳，试图劝说余雅芳回到王俊林的身边。

可是，暴露了行踪，肯定会给以后的工作带来极大的麻烦，一想到这一茬，赵璇滢又有些踌躇不定。毕竟，一旦去了余府，自己马上会曝光；而且，万一碰上王俊林，不用说，一定会闹出更大的风波。

自己在武汉三镇隐藏了那么多年，王俊林都没有办法挖出来，如今隐蔽在面粉经销处，王俊林更是做梦都想不到，今后，说不定把还能把交通站开到警备司令部，为什么不能去见王俊林呢？

为了防止特务盯上面粉经销处，赵璇滢再度乔装打扮。这次，她把自己化装成一个标致的中年男子，拿着王俊财的推荐信，以购买一批布料为名，前来叩击余府大门。

经常打仗，余记纱厂日子不好过。如今，有王世兄推荐，生意自动送上门，余瑞光十分高兴，马上把他请了进来。

"其实，我是余瑞祥的朋友，受他的委托，有一些事情要告诉你们。"赵璇滢跟他略一寒暄，马上说道。

"你不是来做生意的？"余瑞光有点失望。

"如果我没有王老板的推荐信，不以购买布料为名，能进入余府吗？"赵璇滢微微一笑，说道，"莫非令弟委托的事，不比做生意重要？"

"二弟惨死，他有什么话留给我，我一定照办。"余瑞光说道。

"这件事与余府所有人都有关系，是不是把他们都请出来呢？"赵璇滢说道。

"先生，你是我二弟的朋友，我不想余府横生波折，请你告诉我一个人，好吗？"余瑞光请求道。

"你担心我是共产党，会给余府带来麻烦？"赵璇滢问道。

余瑞光望着他，不好回答。

"不要有顾虑，我不会害你们。把尊夫人和令妹都叫来吧。"赵璇滢鼓励道。

他似乎清楚府上的一切！余瑞光异常吃惊。权衡再三，余瑞光命令下人把夫人和妹妹都请了出来。

每一个人都有自己的独特之处，一看到这个标致的男人，余雅芳再也走不动路了，眼睛好像在他身上一样，一直没有离开过他，心里翻滚不休。她很想大喊一声二嫂，但这人又分明是一个男人。怎么回事？自己看见的到底是谁？真的是二嫂，还是一个从骨子里能够透射出二嫂那种风韵的男人？

余瑞光正准备向夫人和妹妹介绍来人，不料看到了妹妹的样子，心头涌起不祥的预感：妹妹这是怎么啦？难道完全对王俊林死心了吗？

王俊林曾经多次跟余瑞光单独见过面，向他倾诉心曲，说他跟余瑞祥情同手足，原先厮杀多年，都没有想到过会要余瑞祥的命，现在怎么会诚心置他于死地呢？那是谁也想不到的意外，希望余瑞光能劝说余雅芳。王俊财一样曾经对余瑞光说过，王俊林这一段日子的确好像着了魔，再也没有了余雅芳在他官邸时那种意气风发的劲头。余瑞光知道他们说的都是真话，也知道妹妹对王俊林的心意不会变化，总是叹息。可是，谁叫余瑞祥被炮弹打死了呢？

余瑞光盼望妹妹终有一天会回到王俊林身边，没想到妹妹竟然会对一个陌生男人大动芳心，心里确实万分震惊。他夫人是过来人，同样一下子捕捉出了余雅芳的心意，她想让余雅芳把眼光转移到其他方向，没有成功。

不能让这种场面继续下去，余瑞光说道："先生，你说你是舍弟余瑞祥的朋友，是他委托你告诉我们一些事情的。现在，你可以说了。"

余雅芳又消瘦了许多，而且精神愈发颓废，分明流露出对生活的绝望，赵璇滢很是难受。不过，她从余雅芳的眼神中察觉出来了，余雅芳已经认出了她。只有认出了她，余雅芳才会表现出一种惊讶，一种喜悦，一种解脱，一种希望扑入她怀抱的冲动，可是，余雅芳并没有动。余雅芳的心思很细腻，还知道不能让她的行踪以及真实身份被人戳破，她情不自禁地向余雅芳递去一个会心的笑意。

赵璇滢微微一笑，说道："我不久前才跟余瑞祥兄弟分开。他托我告诉你们，为了他的事，让你们饱受痛苦，他对不起你们，希望你们别为他操心。"

余瑞光和夫人摇头苦笑。余雅芳瞪大眼睛，眼睛里面露出了惊喜的光泽。

"看你们的样子，好像是怀疑我了。"赵璇滢说道。

"我二弟已经不在了。"余瑞光情绪激动，说道，"我不知道你是怎么认识他的，又在哪里见过他。"

余瑞光心想自己没有公开指责他是骗子，试图借二弟的名义达到什么目的，已经对他够客气了，他要是知趣的话，应该收起花花心肠，灰溜溜地走开。不料，他竟然蹙着眉头，不相信似的打量着他们。

赵璇滢说道："我曾经听说过余瑞祥兄弟已经死了，可是，他仍然活着。他跟我说了你们余府的一切，说了他的妹妹，也就是这位夫人吧。他很惦记他妹妹，他知道他妹妹可以原谅王俊林对他做的任何事情，肯定不能原谅王俊林在战场上打死了他。其实，王俊林即使在战场上打死了他，他是军人，在战场上死去是一种荣耀，他也绝不会怪罪王俊林，也许有一天，他也会在战场上打死王俊林，他一样希望他妹妹不要怪罪他。他们是军人，彼此信仰不同，在战场上兵戎相见，谁生谁死，不能怨恨对方，何况，他们是兄弟是朋友。"

余瑞光格外震惊："二弟真的还活着吗？没有被三弟打死吗？"

他正要说话，赫然发现，余雅芳竟然哆嗦着嘴唇，投进了赵璇滢的怀抱，大哭不已。余瑞光很难堪，急得团团转。余瑞光夫人想去拉小姑，谁知听见小姑哭泣道："二嫂，二哥真的没死吗？"

余瑞光更加震惊，和夫人相互对视一眼，一同盯着来人。

"他还活着，是瑞华偷偷救了他，把他送回了鄂豫皖根据地。"

余瑞光和夫人清晰地听出了赵璇滢的声音，一阵狂喜，久压在心间的疙瘩在这一刻化解了，恨不得当场跳起来。余雅芳只是一个劲地哭泣。

正在这时候，王俊林竟然幽灵一般地进来了。

这段日子，张学良作为剿副总司令，一直坐镇武汉，指挥着数万大军，接连不断地对鄂豫皖根据地发动攻击，但根本没有办法消灭红军。王俊林曾经率领人马在蒋委员长的统一指挥下，打向了鄂豫皖根据地，并且取得了不错的战绩，甚至将余瑞祥都打死了，赢得了蒋介石的褒奖。现在，张学良别无良策，很希望借重王俊林，询问他对付红军的办法。王俊林认真总结了他跟红军作战的经验教训，全部告诉了张学良。

张学良如获至宝，命令东北军按照王俊林使用过的战术攻击鄂豫皖根据地。但每次，只要东北军扑向某个地方，红军都会跳到另一个地方，以至于东北军明明觉得已经抓住了红军，谁知到头来不仅没有看到一个红军的身影，反而让红军打了他们一个冷不防，损兵折将，丢人现眼。

后来，红军出现了战略失误，竟然对七里坪发动了攻击。国民党军队已经在那儿聚集了几个师的人马，正要寻找红军的主力决战呢。张学良赶紧调兵遣将，试图集结更多的人马，一举将红军主力全部消灭，顺势彻底铲平鄂豫皖根据地。不料，张学良部署还没有来得及发力，红军竟然溜走了，他心里着实恼火，命令队伍加紧搜捕红军，将一部分红军赶到了皖西北，而鄂东北的部分红军，继续遭到张学良部的"围剿"。

红军好像恢复了昔日的灵气，总能采取机动灵活的战术，跳出敌人的包围圈，只要逮住机会，准能消灭一部分敌人，竟然将根据地逐步扩大了许多。

张学良气急败坏，查问缘由，有人说，好像以前余瑞祥正是使用这种战术跟国民党军队周旋的，不仅打得国民党军队毫无办法，而且像滚雪球一样让红军队伍不断扩充起来了。余瑞祥不是已经死了吗？怎么还能对红军有如此巨大的影响力？张学良恼火极了，把王俊林找来询问，余瑞祥到底有怎样的本领。

难道余瑞祥没死？王俊林深感纳闷，赶紧找来余瑞华进一步核实情况。

王俊林说道："我们跟瑞祥在战场上是对手，但私下里是兄弟，决不希望看到兄弟死在自己手里。而且，你也看到了，你姐姐因为瑞祥的死，对我恨之入骨。即使为了你姐姐，我也很想知道，瑞祥是不是真死了。"

余瑞华望着王俊林，过了好一会儿，说道："其实，我没有看到他的尸体。我看到他以后，立刻命令人马开炮。他是不是在我的炮火打到他跟前的时候已经走了，我真的不知道。现场一片狼藉，我以为他活不了。"

够了！余瑞华这么一说，王俊林全明白了，余瑞祥肯定没死！张学良的"围剿"大军碰上了余瑞祥，焉有不失败的道理？

张学良是不是注定会失败到底，王俊林且不去管它，余瑞祥还活着，王俊林禁不住欣喜若狂。他要把这个消息告诉夫人，让夫人知道，余瑞祥根本没有死，他还活着，还在鄂豫皖，这样，夫人一定会重新回到他的怀抱。他抱着一腔热情兴冲冲地奔向余府，希望重新安慰夫人，好好地爱夫人，谁知进去一看，夫人竟然扑进一个标致男人的怀抱，不停地哭泣，那男人还挑衅地朝自己投来了一瞥呢。王俊林一团怒火直朝脑门上冒，动手就要掏别在腰间的手枪。

"二嫂，真是太好了！二哥还活着，真是太好了！"

余雅芳的话一传入王俊林的耳鼓，他立马惊呆了，手不知不觉地从枪套上拿开了，望着赵璇滢，似乎在分辨他到底是不是自己一直搜捕的那个人。

赵璇滢没想到王俊林来得这么快，心里有些责备自己太鲁莽了，不过，已经面对面了，大动促狭之心，一边抚摸着余雅芳的秀发，一面继续用男人的声音说："好啦，不要哭了，你一哭，就不好看了。"

余瑞光意识到有人进来了，心里一紧，眼睛扫视过去，竟是王俊林。王俊林醋意横生的样子，令余瑞光感到有些畅快。余瑞光招呼道："你来了。"

余雅芳赶紧离开二嫂的怀抱，赫然发现来人竟是王俊林，万千滋味涌上心头，一时不知如何是好，只有一动不动，怔怔地望着丈夫。

王俊林心里一动，恨不得马上冲上前去，把夫人搂在怀里，安慰她，呵护她，抚平她内心的伤痛。但当着大舅子和赵璇滢的面，他做不出来，也望着夫人，眼睛都有些湿润了。

赵璇滢慢慢地走到王俊林面前，嘲讽地说道："不要以为余瑞祥没有死，你就不需要承担良心的谴责。这么多红军将士倒在你们的屠刀之下，你们甚至连无辜的老百姓都不放过，这一笔笔血债，一直都会记在你的名下。我们之间的战争永远都不会结束，除非有一天，我们将南京政府推翻了，建立起了人民民主共和国。"

她真可爱，她还在做梦，自从她追随余瑞祥到中央军事政治学校学习以来，她一直在做梦。王俊林在心里叹息不已，这就是赵璇滢，这就是余瑞祥，他们选择了共产党，一直觉得只有共产党才能拯救中国，却不知道这永远都是幻想，永远都是梦境，永远不可能变成现实。

王俊林说道："蚍蜉是撼不动大树的。你们只有一点可怜的人马，怎么能推翻南京政府，怎么建立你们的政权？只要我们的军队发力，你们的根据地和你们的人马准会全部化为齑粉。我希望你，也希望你转告余瑞祥，你们都要好好想一想，如果一直跟着共产党走，你们到底会得到什么样的下场。我实在不愿意看到你们和共产党一块灰飞烟灭。"

"那么，我们只有走着瞧。"赵璇滢微笑道。

"难道你们还要继续打下去？难道你们不知道，无论你们谁受伤害，我都会难受吗？"余雅芳哆嗦了一下，说道。

第二十七章 秘密使命

赵璇滢接到了一项非常机密的任务：护送一个中央派来的军事指挥人员安全进入鄂豫皖根据地。

原来，留守在鄂豫皖根据地的红军收拢以后，重新组建了红二十五军，在吴焕先、徐海东等人的领导下，与敌人进行了残酷的战斗，保留了革命火种。后来，余瑞祥伤病痊愈，回到了根据地。因为他是张国焘亲自下令抓起来的肃反对象，笼罩在他头上的禁令并没有完全消除。鄂豫皖省委仍然在大肆进行肃反运动，对余瑞祥的军事才能根本不予重视，他只有在暗地里为红二十五军领导人出谋划策。根据地的形势日益危险，红二十五军领导人希望中央能够派遣军事指挥人员前来强化军事指挥。其时，江西苏区正面临着蒋介石发动的第五次"围剿"，形势非常危急，中央最高领导层初步做出了准备离开根据地的决定，因而，派遣一个名叫程子华的红军师长，前往鄂豫皖根据地传达中央最新命令，并出任红二十五军参谋长，加强对鄂豫皖红军的领导。程子华受领最新使命以后，准备取道武汉秘密前往鄂豫皖根据地。

程子华曾是武汉中央军事政治学校的学员，与赵璇滢有过几面之缘。赵璇滢接到消息，立即进行秘密部署，准备亲自护送程子华离开武汉。

此时，所有通往鄂豫皖根据地的道路全部遭到敌人的封锁。王俊林派遣的人马日夜把守在各个关口，严密搜查有可能出入鄂豫皖根据地的每一个乘客，即使前往河南以北地区的旅客，也不能幸免。特务们更是无孔不入，遍布整个武汉三镇。要想安全地护送程子华前往根据地，是一个不小的难题。

为了安全地把程子华送出武汉，并平安抵达鄂豫皖根据地，又不让地下交通网络受到伤害，赵璇滢思来想去，准备向王俊喜寻求帮助。

王俊喜虽说多次帮助过赵璇滢，可绝不是面慈心软的菩萨，一样会为了扩张自己的势力，暗害共产党人，屠杀共产党人。不过，都不是他亲自动手暗害和屠杀的，而是把他们的动向告诉给了那些急于凭借共产党人的鲜血换得出人头地机会的特务们，以此赢得了特务们的好感，跟特务组织建立了很好的交情。

知道一些地下工作人员是被王俊喜出卖而落到特务手里的消息以后，赵璇滢曾经想过要暗中除掉他。一来王俊喜异常狡猾，身边总是或明或暗地部署了许多保护人员，想要对他下手又全身而退，根本不可能做到；二来王俊喜没有掌握任何共产党组织内部的核心消息，只不过是有一些意志不坚定的共产党人主动投靠王俊喜，出卖了共产党的机密；而且，王俊喜一向对赵璇滢都很好，还有利用的价值，赵璇滢权衡再三，终于没有对他下手。

不过，她不能任由这种情况继续发展下去，决计敲打一下王俊喜。

赵璇滢说道："王世兄，你我一向合作得非常愉快，没想到，你一面跟我打交道，一面还在出卖共产党人。"

王俊喜哈哈一笑，说道："我任何时候，都不会出卖你和你的人马，只要你有什么要求，我一定会为你办到。至于其他的共产党人嘛，即使我不出卖他们，也会有人出卖他们，为什么我不能得到这个功劳呢？这样，跟特务组织有了更好的交情，不是可以更好地帮助你吗？"

赵璇滢说道："你能够帮助我，我非常高兴。你应该知道，虽说你掌握了我的很多事情，你的一切也在我的掌握之中，我们彼此不要伤了和气。"

王俊喜知道，一旦赵璇滢把他安插在王俊林身边的那些暗探以及安插暗探的路子告诉了王俊林，特别是把当年炸毁王俊林母亲坟地的真相说出来，王俊林绝不会对他手下留情。他不敢再对共产党人下手了，甚至在有一些意志薄弱的共产党员前来投靠他的时候，他伙同赵璇滢把他们处决了。

这次护送程子华离开武汉，如果没有王俊喜的掩护，将会异常困难。

用什么名义说服王俊喜帮助自己呢？显然，最好是拿余瑞祥出来说事。余瑞祥活着的消息，余府首先知道了，紧接着，王府、赵府也知道了。他们都嘘了一口气，彼此心照不宣，谁也不再提这件事。

赵璇滢见了王俊喜，说道："王世兄，听说余瑞祥身体旧伤复发，我准备去一趟鄂豫皖根据地，好好照料他一段日子。"

跟赵璇滢打交道十几年，王俊喜和他哥哥都知道，她是一粒火种，纵使只有一个人，在面粉经销处的日子一久，准会吸引其他共产党人到来，再度掀起风波。因而，王俊财曾经跟王俊喜商量，希望弟弟找一条安全通路，把她送去鄂豫皖。但是，王俊喜为了拉着赵璇滢对付王俊林，决不希望她离开，一直推脱。一去二来，到了现在，兄弟两人隐约感觉赵璇滢身边又聚集了一些共产党，王俊财深知再也不可能把赵璇滢送走，只好时刻留心她的一举一动，千万不要让她把面粉厂拖入深渊，王俊喜则为能继续跟王俊林斗下去欢欣鼓舞。

王俊喜问道："就你一个人去吗？"

"不，我还要带几个人去。"赵璇滢说道，"毕竟，路上有几个伙伴，相互有个照应，会更安全一些。"

"你还会回来吗？"王俊喜问道。

"我是一个不顾后果的人吗？"赵璇滢反问道。

"行！我来想办法！"王俊喜笑了，爽快地答应道。

离开武汉前往鄂豫皖根据地，有两个途径，一是坐汽车，二是坐火车。乘坐汽车，将是一件非常麻烦的事情，得倒好几次车，一路上都会碰到检查，王俊喜利用任何名义接近鄂豫皖根据地，哪怕跟特务有交情，也会引起特务以及王俊林那套人马的注意。坐火车稍微安全一些。可是，王俊喜坐火车的行程仅仅只是孝感到信阳一线，恐怕也会受到怀疑。王俊喜决定以去北京游玩的名义，带上赵璇滢和她的伙伴，坐火车离开汉口。赵璇滢可以在中途随时下车，只要离开武汉，特务应该不会很多，剩下的事情，需要赵璇滢自己随机应变。

这确实是一个安全离开武汉的好办法，赵璇滢赞成王俊喜提出的方案。

于是，赵璇滢耐心地等待中央派遣的人员前来跟她接头。接上头后，程子华一行只有两个人，都是商人打扮，举止潇洒。她向程子华说明了自己的安排以后，征询程子华的意见。

程子华说道："自从离开武汉之后，一切都发生了变化，嫂夫人熟悉情况，我听从嫂夫人的安排。"

赵璇滢迅速跟王俊喜取得联系。王俊喜赶紧放出风声，确定了自己前往北京游玩的日子。

出发的那天到了。王俊喜乘坐汽车，赵璇滢和程子华一行装扮成王俊喜的随从，和汉帮帮众一道，跟在汽车后边，耀武扬威地朝火车站奔去。他们簇拥着王俊喜，趾高气扬地走向候车室。到处都是军警，正在严密地搜索每个人，检查每个人的行李。王俊喜昂着头，一副睥睨一切的神态，根本不把守候在候车室门口的兵马放在眼里。

"站住！检查！"一个威严的声音喝止道。

王俊喜眯起眼，斜视着那个上校，俏皮地问道："你是说我吗？"

"每个人都需要检查。"上校说道。一挥手，随即有一大队兵士围拢过来，顷刻之间，把他们团团地包围了。

王俊喜仰天一笑，说道："小子，眼睛瞎了，不知道老子是谁吗？"

"我认得你，但是，我现在正奉命检查出入车站的任何人，谁都不能例外！"上校说道。

兵士准备强行检查了。汉帮帮众怒气横生，纷纷亮出家伙，试图扑过去。

这时候，王俊林走了过来，冷冷地说道："你们平常无论怎么嚣张跋扈，我都可以不管,今天,你们最好还是接受检查。"

原来,王俊林一接到王俊喜突然要去北京的消息,心里立马犯疑:这家伙虽说吃喝嫖赌样样俱全,也喜欢到处游山玩水,但一向都没有离开过武汉,这次为什么突然心血来潮要去北京游玩?莫非里面有什么猫腻?

因为王俊喜在很多事情上,都跟赵璇滢有牵扯,王俊林怀疑王俊喜是为了帮助赵璇滢。王俊喜帮赵璇滢干什么呢?莫非是为了护送赵璇滢去鄂豫皖吗?赵璇滢果真去了鄂豫皖根据地,按理说,王俊林应该感到高兴,毕竟,他们可以不用再针锋相对了。可赵璇滢这么一走了之,未免太不把警备司令当一回事。无论怎么样,也得让赵璇滢知道,王俊林是了解她的动向的。

要在以前,他本来可以不用亲自出面,把这件事交给余瑞华处理,但现在对余瑞华也不太放心。因为余瑞祥并没有死,让他隐约地感觉到余瑞华在背后做了手脚。交给别人他更不放心,担心果真如猜测的那样,给赵璇滢带来危险,也很麻烦,他只有亲自上阵,来到火车站。

他本来一直希望抓住赵璇滢,可是,自从夫人离开他以后,他的精神完全垮了,他这才知道夫人对他有多么重要。一个人在你身边的时候,你觉得无所谓,一旦不在了,你心神不宁坐卧不安。这种真真切切的情感,不是亲自体会到,怎么都不会相信。他知道,这就是自己对夫人的爱。他发誓再也不会令夫人伤悲了。夫人不希望他继续跟二嫂作对,王俊林怎能无动于衷呢?

王俊喜耸了耸肩,说道:"既然你一定要检查,随便检查好了。不过,不要耽误我的时间。"

兵士立刻仔细翻找王俊喜和他的随扈随身携带的东西。

王俊林一直在旁边观察王俊喜这帮人的一举一动,一双眼睛好像闪电似的在每个人的脸上划来划去。每个人都怒火中烧,毫不掩饰他们对王俊林和那些兵士的痛恨,但是,每个人都强压着心里的怒火,硬是没让怒火腾空而出。

难道赵璇滢不在这些人当中吗?难道王俊喜真的只是为了去北京游玩吗?王俊林心想,眼睛再一次扫向王俊喜的人马。几乎每个人都三大五粗,典型的流氓地痞模样。赵璇滢再怎么化装,都不可能化装成这模样,毕竟,王俊林看到过赵璇滢化装成男子的样子,跟这些人没有一丝一毫的相同之处。

兵士动作利落,检查很快结束了,果然都是衣物以及其他的日常用品。王俊林朝他们身上望去,眼睛里流露出狐疑的光。

"你一直都想对付我。你一直都想要我难堪。好吧，我今天不怕难堪了，让你看一个清楚明白。"王俊喜愤怒地吼叫道，一把将衣服脱了下来，一边脱，一边吼叫自己的随从，"兄弟们，都脱下来，让他们看一看。老子们行得正走得直，什么都不怕。尔后，有人落到我们手里，一定要把他们挫骨扬灰！"

　　哗啦一下，所有王俊喜的随从都做出了要脱掉衣服的架势。

　　这时候，来了一个格外精明的中年人，是一个特务头目，跟王俊喜的交情一向不错，他一样带着人马在各车站严密监视一切形迹可疑的人。本来，他对王俊喜一行人也产生了怀疑，见王俊林已经动了手，便在一旁冷眼旁观。看到了这一幕，心知王俊喜不可能跟共产党人私通了，这才出面打圆场。

　　没有看到赵璇滢，王俊林心里很遗憾，有特务出面转圜，只有见好就收，放王俊喜一行人进入候车室，径直登上了火车。

　　上了火车，赵璇滢扫了一眼整个车厢，发现很多可疑的眼睛。显然，特务仍然没有放松对王俊喜一行人的监视。得想方设法脱离王俊喜，装扮成其他人的模样，在信阳下火车，辗转去根据地了。赵璇滢心里盘算道。

　　王俊喜一进车厢，明显感觉到里面有些异常，心里骂道：这帮龟孙子们，明地里说老子没有嫌疑，暗地里竟然把老子当成了猎物！

　　火车快要驶进广水车站，王俊喜命令人马将那些可疑的家伙全部拉去餐车。

　　王俊喜说道："各位辛苦了，一路护送王某人进入北京，实在很是感激。为表谢意，王某略备薄酒，跟大家一块干几杯吧。"

　　特务们受领的任务是不要放跑任何一个可疑的人，眼睛一转，只见每个人都出现在他们面前，顿时放下心来，跟王俊喜他们喝了一个痛快。喝着喝着，特务们头重脚轻，浑身飘飘然起来了。

　　随即，赵璇滢和程子华等人迅速换了一副装束，火车一在信阳停下来，便立即下了车，迅速离开车站，径直朝乡村走去。他们跟农民换了衣服，问明了前往柳林的路线，一路走过去，找到了赵璇滢布设的秘密联络站。将程子华交给了联络人员以后，赵璇滢准备返回武汉。

　　程子华说道："嫂夫人，难道你不去根据地见一见余老师吗？"

　　赵璇滢微微一笑，摇了摇头。

　　程子华说道："这次中央派我来到鄂豫皖根据地，虽说是为了加强红二十五军的军事领导，其实也是为了传达中央的命令，为了生存，鄂豫皖根据地的红军要以第二抗日先遣队的名义，离开鄂豫皖根据地，重新打出一块根据地。"

鄂豫皖根据地的红军一撤走，余瑞祥不是也要跟着撤离吗？赵璇滢渴望进入鄂豫皖，跟丈夫一道，到战场上跟敌人拼一个你死我活。可是，她精心编织的这张地下网络又该怎么办？赵璇滢强烈地抑制了自己的情绪，满怀惆怅地踏上了回去武汉的道路。

一路上，赵璇滢再也没有遇到更多的阻拦，她正好可以回味程子华告诉她的一切。

自从九一八事变以来，不甘心当亡国奴的中国人，一直希望政府军能走向抗日战场，南京政府竟然一直叫嚣攘外必先安内，把"围剿"红军当成了第一位。首先，把东北好像一块啃光了肉的骨头丢给了贪婪的日本人。紧接着，淞沪会战，南京国民政府没有进一步派遣援军，致使第十九路军孤军奋战，最后不得不退出上海。如果蒋介石不把全部力量用在"剿灭"共产党红军上面，而是分出一部分人马去抗日，那该有多好啊。

南京国民政府不抗日，刺激了日本人进一步侵略中国的野心，继续有计划有步骤地朝中国腹地推进。

赵璇滢留在武汉三镇，必须为对付日本人做一些必要的准备。

红军即将离开鄂豫皖根据地，她必须对交通站的人员及其今后的任务做出一系列调整，在保证交通网仍然能够有效运转的前提下，进一步加强安全防范措施，以便能长期隐蔽下来。

赵璇滢回到武汉的时候，武汉三镇的紧张气氛并没有消除，似乎比以前还要紧张一些。她镇定自若地出了车站，叫了一辆黄包车，漫无目标地遛了好几圈，没有发现跟踪者，这才下了车，朝驻地相反的方向走去，又折了几道弯，回到了驻地，命令各交通站的人员在没有得到命令以前，就地隐蔽，不要展开任何活动，并且随时留意敌人的动向。

几天以后，每个交通站都发回了消息，声称已经全部进入隐蔽状态。赵璇滢松了一口气，紧接着打算去见一见余瑞华，因为抗日之事，试探他的态度。为了安全，她不能直接去见他，准备通过余府见到他。

于是，她精心打扮一番，去了余府。

其时，余瑞华回到了余府，余瑞光正在跟他说话。一眼认出了乔装打扮的赵璇滢，余瑞光大吃一惊，生怕她会告诉自己什么不好的消息。

原来，余瑞光已经从国民党的报纸及其他消息来源上，得到了在张学良的"围剿"下鄂豫皖根据地一步步缩小、红军损失惨重的消息，十分担心余瑞祥的安全。他便不时地把余瑞华找回来，问一问有关鄂豫皖方面的战况。

"听说二嫂跟王俊喜一块去了北京，这么快就回来了吗？"余瑞华问道。

赵璇滢微微一笑，说道："你的消息倒是很灵通。不过，我有事，先回来了。王俊喜嘛，在北京还要待上一段日子。"

"你真的会去北京吗？"余瑞华狐疑地问道。

赵璇滢笑了笑，不作声。余瑞华也是一笑，不再问下去。余瑞光一见，知道赵璇滢跟余瑞华已经达成了某种默契。他心里不知道到底是应该感激，还是惭愧。

赵璇滢爽快地说道："我在北京听到了很多传言，也看到了很多事情。"

她的话音还没有落地，一个下人跑过来报告：王俊林带着卫兵来到了余府门口。三个人相互打量了一眼，一句话都没说出口，王俊林已经大踏步地走了进来。

王俊林一眼认出了赵璇滢，说道："你倒真是一个不懂得害怕的主！全城都在寻找共产党，你竟跑到余府来了。"

赵璇滢笑道："如果连你都没有办法抓到我，那些酒囊饭袋更是休想！"

王俊林脸色微微有点难堪，心里接连转了好几个念头："这么说，赵璇滢岂非等于承认她确实跟着王俊喜一道去了北京吗？不，她不是去北京，而是去鄂豫皖。她去干什么？她既然去了鄂豫皖，为什么又回来了？"

"一家人，不要剑拔弩张，这是余府。"余瑞光拿出家长的威严，说道。

王俊林下意识地望着他，心里说道："真是多余！因为夫人余雅芳的关系，我还敢跟赵璇滢剑拔弩张吗？"

余瑞光对赵璇滢说道："刚才，你不是说在北京见过也听过日本人的很多事情吗？你继续说给我们听听。"

赵璇滢真的去了北京，而不是鄂豫皖？王俊林瞪大眼睛，朝赵璇滢看看，朝余瑞光和余瑞华看看，还是拿不准她到底是不是去过北京，只有不再胡思乱想，竖起耳朵听下去。

原来，日本人不断地在北京周围制造事变，老百姓惶惶不安，准备逃命呢。日本人在中国到底要做什么，怎么做，不是王俊林操心的事，他要操心的是怎么赢得蒋介石的信任，怎么能爬到更高的地位。

王俊林马上说道："抗击日本人的事，蒋委员长自有主张。如果你们共产党人真的愿意抗日，你们可以归顺政府，这样一来，天下安宁了，不就可以一心一意抗日了吗？"

赵璇滢笑道："我们共产党人一再发布抗日声明，蒋介石他发布过类似声明吗？没有！蒋介石只知道把攻击的矛头对准红军，却敞开大门，任由日本人攻进我们的国土。

指望他抗日，岂不是做梦？"

听姐夫和二嫂唇枪舌剑，余瑞华心里隐隐作痛。"九一八"事变时期，张学良不加抵抗，把东北拱手奉送给日本人以后，他痛恨张学良看不起张学良，在心里不止一次痛骂张学良是军人的耻辱，希望自己率领军队开赴抗日战场。可是，他没有得到这个机会，反而一再奉命去屠杀共产党人，去镇压工人运动，去跟红军作战。他极度厌烦，极度痛苦，却又认为蒋介石说得没错，"攘外必先安内"，先把共产党人消灭了，再来解决日本人的问题。因此，在战场上，他对共产党红军绝不留情，谁知竟然差点让二哥死在自己手上。从二哥那儿听到的道理，让他觉悟起来了，坚定了决不会对付共产党人的决心。从此以后，只要是接到了搜捕共产党人的命令，他都会抗拒到底。王俊林也拿他没有办法，总不能把他送交军法处，更不能让特务们知道了余瑞华的真实心意。眼下，听到日本人如此残暴地对待中国人，一心要把中国的领土全部吞并的消息，余瑞华心里产生了深深的震动。

余瑞光一样深受震动。他的眼帘，不时回荡着当年收回英租界的往事。那一幕幕情景栩栩如生浮现在他眼帘，他禁不住热血沸腾，勃发了组织商会支持民众抗日行动的冲动。

他狠狠地瞪了王俊林一眼，说道："连日本人都已经打到了北京城，你还能无动于衷，真的不是一个有血性的中国人！"

王俊林格外吃惊：余瑞光这是怎么啦？他一向连大气都不敢出的，怎么会说出这样的话来？抗日，他嘴上说抗日，他会走上战场跟日本人一决生死吗？不，最后走上战场的都是军队，谁也没见过老百姓跟日本人拼个你死我活的。他很想斥责余瑞光一顿，发现余瑞华和赵璇滢都冷冷地注视着他，只能闭嘴。

"在这样的情况下，有热血又能怎么样呢？"余瑞华长叹一声道。

赵璇滢说道："热血可以把全体中华儿女的心凝聚在一起，全力以赴，抵抗日本人的侵略。蒋介石即使不愿意抗日，一旦民众热血沸腾，我相信，足以逼迫蒋介石停止内战，一致抗日。"

王俊林差点哈哈大笑起来，民众能逼迫蒋委员长抗日吗？民众的力量在哪里？说穿了，到底还是枪杆子才能决定一切！

不过，王俊林没有笑。他一本正经地说道："真的想要政府立马抗日，我倒有一个主意，你们红军全部归顺政府，政府没有了后顾之忧，才能一心一意地抗日。到那个时候，我一定会带来队伍，走上抗日战场。"

余瑞光一声冷哼，很想说真的到了日本人打到武汉来的时候，凭你的所作所为，不当汉奸已经不错了，还谈什么抗日！临了，他又觉得这话未免太重，索性不作声了。

王俊林说来说去，都是照搬蒋介石的态度，赵璇滢心知继续跟他说下去，毫无用处。她不打算继续在王俊林身上浪费时间，既然已经确信余瑞华会是一个坚定的抗日派，而且看得出来，余瑞光的血液也燃烧起来了，她大可放心，只要共产党人打出了抗日的旗号，一定会把民众抗日的热情激发出来。

她冷冷地对王俊林说道："希望你清楚，作为一个中国人，你到底应该做什么说什么。希望你不要因为你的行动再让余雅芳受到伤害。"

话音还没有落地，人已经站了起来，一阵风一样地从他们眼前消失了。

余瑞光想喊，却没有喊出声，余瑞华想追出去，从她那儿得到更多的消息，同样没有动。

王俊林说道："难道我不知道我是中国人吗？难道我会让夫人受到伤害吗？"

对鄂豫皖根据地的"围剿"仍然在继续。张学良的军队忽然遭到了一次大惨败。王俊林听到消息，期盼得到蒋介石的命令后，立刻率领人马冲向鄂豫皖战场，让张学良亲眼看一看，自己是怎么"剿灭"红军的。

余瑞华再也没有跟红军作战的欲望，赵璇滢跟他说的那番话，与余瑞祥以前对他说的话交织在一起，在脑子里盘旋不休，他努力思考这意味着什么。

他可以肯定，赵璇滢去过鄂豫皖，或者说，像传言的那样，是赵璇滢把共产党中央派出的某个重要人物护送到鄂豫皖的。赵璇滢原来一直没有说过抗日，现在忽然谈起了抗日，一定是共产党中央的要人对她说过些什么。

共产党中央派遣的重要人物已经抵达了鄂豫皖，在部署什么样的新行动？向鄂豫皖外面转移吗？如果是自己，一直受到敌军的压迫，不能自由地伸展空间，也会转移到其他地方去。赵璇滢现在说到了抗日，也就是说，红军将打出抗日的口号撤离鄂豫皖。他们会去哪里呢？

仔细对照军事地图上标注的敌我双方态势，余瑞华在心里反复盘算：向东，直逼南京政府的卧榻之下，必定会遭到毫不留情的打击，红军不可能自投罗网。向南，面临长江之险，红军不可能在遭到围追堵截的情况下，轻易渡过长江，即使渡过了，也会陷入背水一战的困境。向北，几乎是一马平川的平原地带。跟红军打交道好几年了，他知道红军的招数，主要依靠大山作掩护，在山区发动民众武装民众，搞打土豪分田地那一套做法，唤醒民众跟国民党军队对抗。脱离了山区，红军手里的武器装备异常薄弱，又没有地形可以利用，在国民党军队的攻击面前，一个回合，准会被彻底打败。这是一条死路，红军不可能向北路进军。剩下的只有向西一条出路。一路向西，土地不再平坦，更多的是崇山峻岭，红军一到那里，必定如鱼得水，行动自如，并且可能扎下根来。红军到底会走多远呢？也许，红军会一直走下去；也许，红军走不了多远。因为只要张学良和蒋介石察觉了他们的企图，调集大量兵力扼住红军西进的路线，红军离开了鄂豫皖，又不可能迅速在那一带发展民众，很快就会失败。

难道这是消灭红军的天赐良机吗？余瑞华想到这里，心里一阵狂喜。

他很想把自己的判断告诉给张学良，让张学良做好准备，预先调集人马前去设伏，耳朵里忽然响起了二哥的声音："国民党人要是能够把对付红军的那种狠劲全部用到对付日本人身上去，日本人怎么会得寸进尺，肆无忌惮地对中国腹地实施蚕食鲸吞呢？"

任何人，只要向你动了手，你必须马上反击，打得他不敢再妄动邪念，否则，麻烦没完没了。国民党不打日本人，共产党主张抗日，消灭了他们，岂不是做了历史的罪人？余瑞华不知不觉抑制了自己的冲动。

这时候，蒋介石的话在余瑞华的耳边响起来："攘外必先安内！不安定内部，如何能抗日？"

国民党不是不抗日，而是有共产党这个心腹大患。消灭共产党红军，如果是为了替国民党军队抗日开道，就不是历史罪人，而是英雄。趁此机会，把红军消灭了，蒋介石一定会遵守诺言，发动军队去抗击日寇的侵略。那个时候，自己可以率领人马，跟日本人在战场上一决生死了。可是，鄂豫皖的红军即使被全部消灭了，能意味着全部红军都被消灭吗？

不，红军的主力不在鄂豫皖，而在江西。所以，蒋介石把主要目标一直放在对付江西的朱毛红军上。朱毛红军遭到了重创，蒋介石亲自率领数十万大军，使用德国军事顾问的战术，像一道道枷锁一样，正朝江西红军的喉咙上锁去。朱毛红军快要完蛋了吗？不，朱毛红军一向没有失败过，这次还会采取什么样的措施，逃离失败的命运呢？如果是自己，明知道继续留在原地一定会失败，必然要壮士断腕，离开原地，到其他方向去重新开辟根据地。

鄂豫皖红军为什么要撤离？为什么是朱毛红军派人去鄂豫皖以后，鄂豫皖红军才要撤离？他们已经做出了统一的安排，步调一致，准备放弃原有根据地！

想到这里，余瑞华激动万分。要不要告诉张学良蒋介石，让他们做好准备，一举将红军全部消灭，以便腾出手来，专门对付日本人？这不再是余瑞祥与余瑞华之间的关系问题，余瑞华应该站在国民党的立场来考虑这个问题。

正当余瑞华冥思苦想的时候，王俊林来找他了。

王俊林很想抓住这次机会，跟余瑞华一道，再建立功勋。看到余瑞华正在研究军事地图，王俊林心里一阵欢喜：好了，余瑞华终究不甘寂寞，想要有一番作为！可以依靠余瑞华跟红军再决雌雄了。

"是不是已经想好了怎么消灭红军？"王俊林问道。

望着王俊林迫不及待的样子，余瑞华脑际一下子跳出了二哥的身影。难道一定要重演兄弟相残的悲剧吗？不，不能这样！余瑞华心里一抖，改变了主意，说道："我们是警备部队，不可能一直到前线上去冲锋陷阵。我只不过是想看一看，红军到底会用什么样的招数，才能躲过'围剿'。"

"不！我们可以随时上阵的。"王俊林急切地说道。

"司令想去，谁也阻拦不了，我愿意留守汉口。"余瑞华说道。

没有余瑞华，如何打赢红军？王俊林不能伸展志向，内心一阵长叹。

虽说不想"围剿"红军，余瑞华还是产生了寻找赵璇滢的冲动。不要以为没有人看得出共产党的计策，须知余瑞华眼睛里揉不进沙子，他一定得让赵璇滢知道这个，可是，他又不知道到哪里寻找赵璇滢。想了想，他决定找王俊喜帮忙。

果然，王俊喜把赵璇滢带到了余瑞华的面前。

赵璇滢一直非常关心鄂豫皖那边的任何动静。一接到消息，说张学良的东北军在河南境内遭到了红军的重大打击，她马上判断出来，红军转移已经迫在眉睫了，心里愈发惦念丈夫以及红军将士。他们将会到什么地方去？自己又将怎样继续在武汉三镇展开活动呢？已经命令地下工作人员全部隐蔽下来了，如果一直等不到党中央的指示，还不如迅速赶往鄂豫皖，和丈夫一道转移。

主意一定，她试图通过无线电台与上级地下党组织联系，汇报自己的想法，征得他们的批准。可是，秘密电台一直未能与上级党组织沟通联系。

她有信心沟通与上级党组织的联系，并且认为上级党组织一定会批准自己的要求。因而，她一面命令秘密电台继续联系上级党组织，一面做离开武汉以前的准备。首先得看看孩子，忍痛把孩子丢给母亲以后，她再也没有公开跟孩子见过面。但在心里，她一刻都没有忘掉孩子。当她极力思念孩子的时候，赵承彦、赵承博、柳彤萱曾经多次带着孩子以游玩的形式，到跟她约定的地点。她在暗处默默地看着两个孩子跟赵承博、柳彤萱、赵承彦、赵英嗣、赵雪莲在那儿嬉笑打闹。现在，即将离开武汉，这一走，不知道什么时候能回来，不看一看孩子，她实在心里难受。

于是，精心化装过后，赵璇滢回去了赵府。

两个孩子知道站在面前的标致男子就是母亲，燕子一般投入她的怀抱，喜极而泣。周莹莹酣畅淋漓一阵大哭。李香香和柳彤萱兴奋不已，赵承博甚至一整天都没有离开赵府，刘芳芳、赵承彦带着赵英嗣、赵雪莲来到了赵府，一家人快快乐乐地度过了一天。

余亚男问道："妈妈，你还会再离开我们吗？"

赵璇滢强忍住眼泪说道："不会，妈妈再也不会离开你们了。"

孩子们兴奋得在赵璇滢怀抱里不停地撒娇，几乎一整夜都没有睡。赵璇滢一直给孩子们讲述他们的父亲讲述红军的故事。孩子们终于酣然入睡，她在他们脸上轻轻地拍了拍，深情地吻了一遍又一遍，轻轻地带上房门，准备离开了。

周莹莹正坐在外面，眼睛一动不动地盯着她。一阵微风吹来，赵璇滢禁不住打了一个寒战，心中一阵感动，喉头哽咽，说不出话来。

母亲显然有些怕冷，想起身，但没有起来。她冷静地问道："要走了？"

赵璇滢蹲下身子，把母亲扶起来，并不回答。

母亲叹息道："我拦不住你，赵家祖宗也不知道是哪一代做错了什么事，让你替他们偿还这笔债务。"

赵璇滢说道："一切都是我自愿的。"

离开赵府，赵璇滢准备跟王俊喜商谈，希望王俊喜提前为掩护她进入鄂豫皖铺路。王俊喜竟然告诉她余瑞华很希望见到她，跟她谈一些事情。

在赵璇滢心目中，余瑞华是一个正直的人，丈夫和自己都曾经向余瑞华灌输过抗日的理念。难道余瑞华是为了更多地了解共产党的抗日主张，才要跟自己见面的吗？那么，自己得见一见他了。

"上次听了二嫂的话，我想了很多，终于想通了。原来，红军是要离开鄂豫皖根据地，是要借着抗日的名义，另外寻找一片可以生存下去的根据地。你们并不是真正要抗日，而是为了迎合民众的心意，博得民众的欢迎，以便找到你们的生存空间。"余瑞华一见到赵璇滢，立刻说道。

赵璇滢微微有点吃惊，眼睛一眨不眨地望着余瑞华，心里却在不断地埋怨自己：余瑞华是一个非常聪慧的人，当时怎么能对他说那些话呢？让他摸到了红军的行踪，如果他告诉了张学良蒋介石，国民党事先有了埋伏，红军能向哪里转移？而且，在余瑞华眼里，红军竟然不是为了抗日，是为了自己的生存，那么，红军发布的抗日宣言，难道是假的吗？

她冷冷地说道："也许，我过高地估计了你的人品。无论你怎么看待红军，都不要紧，红军的行动会证明我们是什么人。"

余瑞华继续按照自己的意图说下去："我理解，红军要想达成抗日的目的，首先一定要生存下去。可是，红军的行动其实并不怎么高明。如果我想要对付红军，可以在红军向西进军的道路上，设下十面埋伏，管教红军全军覆灭。"

赵璇滢心里一阵阵发凉。她清楚红军即将转移，而且也曾经设想过红军有可能的转移路线，根据她的判断，跟余瑞华所说的一样，红军只可能向西进军，才能利用山地的掩护，跟国民党军周旋。要是国民党军提前做好了准备，红军脱离了根据地，注定会遭到彻底失败，这个失败是由自己造成的。当时怎么没有想到，余瑞华是一个十分可怕的家伙呢？不，她想到了，要对余瑞华说那些话，是因为觉得余瑞华是一个正直的人，是一个爱国的人，在日本人肆无忌惮的侵略面前表现出了一种跟日本人决战到底的英雄气概，浑然忽视了他会按照蒋介石的命令攘外必先安内，先打垮了红军，然后再去抗日。

思考了好一会儿，赵璇滢微微一笑，说道："余瑞华，我非常欣赏你的智慧与能力。好吧，既然你已经确定红军会向西进军，你可以立刻向你的上峰报告，然后率领人马设下埋伏试一试看。"

余瑞华脸上露出了笑容，说道："我不会报告，也不会率领人马前去阻拦。因为我知道，要想跟日本人作战，必须保存自己的实力。老实说，我非常佩服你们，你们所倡导的民众运动有可能是一条通向胜利的捷径。北伐之际，你们依靠民众打垮了北洋军队，现在，你们也是依靠发动民众，支撑了那么久都没有被打倒，我倒是很希望你们永远都不要被打倒。这样，我将可以看到，或许，发动民众真的可以打败日本人。"

赵璇滢略微放了一些心，脸上的笑容更加灿烂："你一定会看到，民众发动起来了以后，力量会有多么伟大。"

从此，不管上级党组织是否同意她跟红二十五军一块转移的要求，赵璇滢都不会再去鄂豫皖根据地了，她决定留在武汉，继续与余瑞华沟通，引导他启发更多的热血军人把注意力转移到抗日上去。

第二十八章　血在烧

王俊林接到报告：各大院校的学生正在暗中串联，准备发起旨在鼓动民众抗击日本人的侵略，反对华北五省自治的游行示威活动。他不由得在心里感叹道：世上真是总有不怕死的傻瓜，难道他们不知道每次游行示威都要付出血的代价吗？难道他们不知道只要有人胆敢游行示威，一律会予以镇压吗？

要在以往，经过一系列惨痛教训，王俊林一定不会积极防范积极镇压。但现在各种特务多如牛毛，遍布武汉三镇每个角落，他们不仅密切监视着学生们的一举一动，甚至公开要求王俊林派遣军队镇压。他不能不认真对待。

王俊林把团长以上官长全部召集起来，开会研究怎么对付学生即将发动的游行示威活动。不用说，他最倚重的仍然是余瑞华。

这段日子，从北方传来更多有关日本人蚕食中国领土的消息。虽说社会各界纷纷要求南京政府放弃"剿共"，一致抗日，利用德国军事顾问的堡垒战术好不容易把红军赶出了根据地，岂能放弃发动最后一击，把红军全部消灭的机会？因此，南京政府置之不理，竭尽全力围追堵截。

兄弟阋于墙，外御其侮，蒋介石不是一再标榜他遵从古训吗？怎么连这个道理都不懂？如果说，日本人侵占东北的时候，蒋介石没有下令抵抗，余瑞华仅仅只是愤怒的话，那么，他现在已经是异常愤怒了。可是，他不能发泄，也无法发泄，只能任由怒火在胸膛熊熊燃烧。

与南京政府和国民党军不同的是，被赶出了根据地的共产党人，却发出了《为抗日救国告全体同胞书》，号召民众团结起来，建立统一战线，共同抗日。

"一旦蒋介石接受了这个宣言，国家就有救了！"余瑞华心里想道。

事实上，余瑞华很清楚：蒋介石好不容易把共产党红军赶往西北，那儿缺吃少穿，物资匮乏，只要国民党军再接再厉，全力以赴，准能毕其功于一役，将红军彻底消灭。蒋介石是一定不可能放弃"剿灭"红军的。

王俊林对这个宣言嗤之以鼻，说道："共产党只不过是为了生存才发出这种宣言来迎合民众的抗日心理，没什么大不了。"

饶是如此，余瑞华仍然觉得，共产党的抗日主张深合心意。因而，他十分留意局势的任何变化。十二月九日，当北京爆发规模宏大的学生运动，提出坚决反对华北五省自治的诉求时，他热血澎湃，眼帘浮现出了当年自己在武汉参与发动学潮的往事，恨不得脱掉军装，加入到学生运动阵营。

这一天，余瑞华得到秘密报告：由中华大学以及省立一中的学生领袖牵头，已经联合了武汉的几十所大中专院校以上的学生代表,准备在昙华林开会商讨声援北京学生运动的事宜。

学生的诉求与政府的愿望背道而驰,不可避免地会遭到各方面的压力。一旦特务从中破坏,这些仍在象牙塔的毛头小孩子哪是对手?余瑞华决心帮助学生代表把会议开下去,命令一些心腹穿上便衣,暗地里保护他们。

学生领袖们的首次会议安然无恙,余瑞华感到些许安慰。尽管并不完全清楚学生领袖做出了什么样的决定,他知道,接下来他们还会就具体问题接连展开几次商讨,于是更加密切地关注他们,保护他们。

学生领袖开会的事情还是泄露出去了,王俊林竟然召集众人开会,商量怎么对付学生即将发动的游行示威活动。

从王俊林的口吻里,余瑞华知道,不仅中央调查局的特务把学生视为死敌,国民党湖北省党部以及湖北省政府,也对学生运动保持高度戒备,不停地对军警如何防范以及如何镇压学生运动下指导棋。

余瑞华说道:"我觉得,学生的诉求无可厚非。如果全体国人继续麻木不仁,对日寇侵我大好河山不闻不问,国家将会陷入更加深重的灾难。所以,应该有人挺身而出,代表民众发声,让日本人感到,他们不可能征服中国。"

王俊林连忙打断了他的话:"政府不是不抗日,是因为共产党人仍然在跟政府作对,迫使政府无法分身对付日本人。共产党却趁机利用抗日做幌子,来博取学生和民众的同情,煽动民众跟政府离心离德。学生们年轻,容易上当,你不年轻了,难道也要继续上当吗?"

余瑞华说道:"这次,学生的诉求是为了抗日,而不是为了攻击政府。镇压这样的学生运动,岂不会激起全国民众的反对吗?"

王俊林恍然大悟:怪不得那些特务不愿意过分干预学生的事情,却把事情推到自己头上呢,原来是生怕被民众给他们戴上一顶不愿意抗日的帽子!

他也不愿意戴这顶帽子,想来想去,决定在武汉绥靖公署召集的省政府、省党部、警备司令部、军队系统联席会议上提出军队不应该因为抗日问题站在民众对立面的主张,把自己解脱出来。

这时候,王府的王卓文、王晓燕,余府的余立、余亚男,赵府的赵英嗣、赵雪莲都长大了,正在学堂读书,他们血气方刚,受人鼓动,跟着瞎胡闹,准会遇到麻烦。王俊林可不希望再生波折。

于是，王俊林把王俊财、余瑞光、赵承彦都找到了警备司令部，劝导他们，一定要让孩子们远离他们的同学，最好在学生发动游行示威活动的时候，把孩子们接回家。

没料到，他的一片好心被亲友们当成了驴肝肺。

王俊财、余瑞光、赵承彦几乎同时说道："如果他们的心是热的，他们会做出最好的选择。"

一句话把王俊林送上了高高的树杈，再也下不来。

很快，武汉绥靖公署召集各路人马开会，研讨如何对待学生即将发动游行示威活动的对策。王俊林提出了自己的想法，立即引发了所有与会人员的共鸣。谁都不愿意在这种时候担任攻击学生运动的角色，众口一词，请求让湖北省政府处理这个挠头的事情，把责任推向了省政府。

省政府无法推脱，既然不能镇压，就决定瓦解他们。怎么瓦解？武昌的学生占绝大多数，只要他们不能预期抵达汉口，不能跟汉口、汉阳的学生汇聚在一块，集中不了十万人的游行队伍，纵使游行搞起来了，威势也要大打折扣，好歹也算交出了不错的成绩单。为此，省政府做出了封航的决定。

这天清晨，武昌各校学生打着各种各样的旗帜，高呼着"反对华北五省自治""打倒日本帝国主义"等口号，从各个方向汇聚到了阅马场。学生运动的组织者发表了令人热血沸腾的演讲。演讲不时地被震耳欲聋的口号声打断了。

余瑞华来到现场，亲眼看到这一幕，眼帘回荡着昔日自己站在同样的位置，发出号令的情景，紧接着闪烁出辛亥首义时，自己跟随同学一道，在阅马场附近与清军残余部队展开血战的情景。它们时而相互叠加，时而轮换闪现，在余瑞华眼前交织起一幅幅激动人心的画面。

阅马场，永远的阅马场！这里承载了多少英雄的事迹，又孕育了多少令人激动不已的事业啊！余瑞华心潮起伏，感慨万千。

在余瑞华的身边，是他的大姐夫林英华。

林英华是一位具有强烈爱国心的知识精英。自日寇悍然发动"九一八"事变时起，他一直希望国民政府能够发出抗日的号令。可是，几年过去了，南京政府从未抗日，日本人野心日益膨胀，一步步有计划地占领了中国大片山河。他憎恨日本人，鄙视蒋介石，决意唤醒全国民众跟日本人斗到底，以此挽救中华民族。他走进了学生运动的行列，准备和学生们一道走向汉口，走向日租界，向世人宣誓：中国人应该团结起来，一块抗日去！

第二十八章 血在烧

学生领袖发布了出发的命令。

余瑞华和林英华心里都异常激动。两人相互望了一眼，一起望着有秩序流动的学生队形：学生队伍的头部已经进入了蛇山洞，而整个阅马场上，依旧人头攒动，人群像蚂蚁一般慢慢地朝前蠕动着。

一个熟悉的身影在他们眼帘一闪，突然消失在人群之中。

难道真是赵璇滢吗？余瑞华和林英华怀着同样的疑虑，朝人流前部奔去，试图追上看清那个人。

赵璇滢的确乔装打扮成学生，正在学生队伍里。

有赵英嗣、赵雪莲、王卓文、王晓燕、余立介绍，一些学生领袖认识了赵璇滢。他们非常信任她，无论展开什么行动，都要征求她的意见，或者跟她商量。

军队没有公开镇压学生运动，但特务们会睁大眼睛，到处寻找可疑的目标，赵璇滢深知这一点。她绝不会逃避，不仅亲自参与学生活动，以便及时了解学生运动的动向，而且还派遣了一些地下共产党人，分别进入汉口、汉阳学生运动的领导层，指导汉口、汉阳的学生在遇到意外的情况下，应该采取怎么样的措施来相互声援，最终达到游行示威的目的。

赵璇滢一样看到了余瑞华和林英华。余瑞华穿着便服，同样混在学生当中，她更加觉得余瑞华是一个热血的爱国青年。林英华在抗日问题上，跟共产党的主张如此贴近，她一样感到快慰。凭借林英华的影响力和余瑞华在国民党军队当中的威信，赵璇滢觉得今天的活动，一定能取得很大的成功。

她甚至希望看到余瑞光以及所有跟她关系密切的人，或者看到王俊林以及所有她的敌人，可是，她没有看到他们。不过，一想到他们的孩子几乎都成了学生运动的领袖，正在她的秘密指导下，有条不紊地展开行动，她的心里仍然感到快慰。她还知道，她的女儿余亚男正在汉阳上高中，是高中学生的领头人，此时正带领高中的学生，加入到了学生运动的行列。

很快，队伍的前部到达了汉阳门。按照原定计划，队伍从汉阳门上了渡船，直接过江抵达汉口，跟汉口、汉阳的学生汇聚起来，一块召集学生大会，然后声势浩大地奔向日租界，向日本人宣扬中国民众必将不屈不挠地展开抗击日寇侵略的各种活动。

马上可以登上船只，进入汉口了。赵璇滢眼前浮现出当年社会各界发起游行示威活动，终于收复英租界的情景，愈发热血沸腾，憧憬着学生们在租界汇聚成的一股洪流，激发中国民众抗日的信心，再造收复国土的辉煌。

忽然，她发现事情不对了。码头上，用于南北摆渡的船只消失无踪，整个江面上，没有一艘船只在南北方向上行驶，只有顺着或者逆着长江行驶的船只在来往。

省政府封航了！赵璇滢心里涌出了一团怒火。她急切地奔上前去。

"怎么回事？"赵璇滢问道。

码头上的人回答道："渡船全部坏了，都送到船厂维修保养去了。"

"哪有这么巧的事！明明不想我们过江！"学生们愤怒地吼道，"谁不让我们过江，谁就是汉奸卖国贼！"

"师傅，你也不想遭到日本人侵略吧？你能不能想办法把渡船调过来，支持学生的爱国行动？"赵璇滢问道。

"我可不敢。我还要养一家老小呢！"那人连忙说道。

"没有国，哪有家！"学生们异口同声地吼叫道。

这时候，余瑞华和林英华过来了。

一定是建设厅下达了封航的命令。余瑞华心里一样激起怒火。不过，他必须压抑住，不能让怒火烧昏了头脑，得帮助赵璇滢平息学生心中的怒火，并且促使建设厅下达起航的命令，让学生运动能够继续开展下去，要不然，很难想象会造成什么样的后果。他决定回去见王俊林，一方面请求带兵过来维持秩序，另一方面劝说王俊林跟省政府交涉，恢复南北通航。这样，既可以帮助学生们免于受到迫害，也可以暗中帮助学生将示威活动进行到底。

警备司令部已经接到了命令：为了严防学生闹事，必须迅速出动人马，维护秩序，不要因学生运动造成更大的混乱。

余瑞华主动请缨，王俊林立即把这副担子交给他。

"老弟，你只能干你自己该干的事情，不归你干的事，你别管了，免得惹火烧身。"王俊林郑重其事地嘱咐道。

"你不应该袖手旁观！"余瑞华急了，说道。

"由省政府负责处理的事情，我爱莫能助。你还是干好分内的事吧！"王俊林挥了挥手，把余瑞华赶走了。

眼看着赵璇滢在眼前忙上忙下，林英华颇是感慨，马上想到了余瑞祥。唉，共产党如果不是鼓动工人农民把一个好端端的北伐搞糟了，该有多好啊！

他仍然觉得北伐因国共分裂而失败是由共产党过分发动农民运动和工人运动引起的，可也十分赞同共产党的抗日主张，为什么在日本人蚕食中国领土的时候，还要对日本人软弱？东北丢了，蒋介石说以"剿共"为主，随后四五年过去了，共产党并没有被"剿灭"，日本人反而得寸进尺，一步一步地逼近了中国的腹地，甚至对北京业已形成了包围之势，时刻都可以将北京收入囊中，眼下又搞出一个华北五省自治运动，分明是有计划有步骤地一步一步地灭亡中国嘛，有识之士谁看不出来？蒋介石竟然置民族危机于不顾，一心要"剿灭"红军。共产党能够放下个人和政党的恩怨，提出联合抗日主张，得到了学生和全国各界的拥护和欢迎。谁说共产党是为了自保，才这样妖言惑众，以期收获民心的？共产党的主张就是对的嘛。

林英华不断地发表着这样的言论，已经惹恼了蒋介石，时刻处在严密监视当中，但他不怕。他仍然要公开申述自己的主张。

王俊林虽说明知林英华一向看不起自己，不愿意跟自己来往，但生怕余立、王卓文、赵英嗣、赵雪莲、王晓燕受到他的影响变成了危险人物，使夫人更加担心，不得不前去劝说林英华。

余雅芳从来不太关心时局，但非常关心家人的安危以及家人在各种关键时刻的表现。当日本人一步步蚕食中国领土的消息传遍大街小巷的时候，她赫然发觉，姐夫竟然也可能跟丈夫以及弟弟成为敌人，她的心又揪成一团。

她对丈夫说道："国家有难，匹夫有责。日本侵略中国，你们不能不对付共产党，不对付学生，跟日本人好好打一仗吗？慈禧太后当年她也曾经支持义和团，准备倾全国之兵跟八国联军决一死战呢。"

王俊林瞪大眼睛看着夫人，好像不认识她似的。半晌，他说道："'剿灭'了共产党，蒋委员长一定会倾举国之力，对付日本人。"

余雅芳说道："我不知道国家到底为什么会这样做。可是，连姐夫都觉得要先抗日，难道你要跟姐夫成为公开的敌人吗？"

王俊林心里一颤，盘算了劝说林英华的策略和说辞以后，去了武汉大学。

林英华可没有那么客气。他一句话也不愿听，义正词严地说道："你愿意跟着蒋介石当亡国奴，那是你自己的选择，你不可能让我也跟你一样当亡国奴。你一定要明白，我的血是热的，我的心是向着我们国家我们民族的。如果你觉得我妨碍了你，你可以踏着我的鲜血去当亡国奴。不过，你一定会遭到民众的唾骂，你一定会成为中华民族的千古罪人！"

王俊林说道："你一定要跟政府作对，我也没有办法。我不希望你教坏了孩子们，让他们走上邪路，我更不希望我们兄弟之间再次出现任何冲突。"

林英华冷笑道:"我不会教坏孩子,只会让孩子们更加懂得如何做一个中国人。至于我们之间,既然冲突难以避免,为什么要避免呢?我等着你像对付余瑞祥一样来对付我。"

王俊林的劝告不仅没能制止林英华,反而令林英华更加坚决地站在学生一边。他几个最钟爱的学生,余立、王卓文、王晓燕、赵英嗣、赵雪莲都是武汉大学学生运动领导者。

如今,亲眼看到赵璇滢竟然是学生运动的秘密指挥者,林英华情绪翻腾。他要跟赵璇滢一道去和建设厅厅长交涉,明知道这种交涉不可能起得成效,还得采取这样的步骤,避免政府抓住任何把柄来屠杀学生。

学生越来越多,从司门口一直向彭刘杨路延伸,展开了一条长达几里地的队形。学生们不断地唱着歌,喊着口号,表达他们一定要过江的要求。

很快,余瑞华把他的队伍开了过来,排在学生队形的两边,严密设防。

赵璇滢、林英华、赵雪莲和其他几个学生代表,一块去了建设厅,见不到厅长,也没有人愿意出来跟他们对话。赵英嗣闻知消息,带来一支学生队伍过来了,一直高喊"打倒日本帝国主义"的口号,唱抗日歌曲,要求厅长出面倾听学生的呼声。

不知不觉,一天过去了。建设厅终于有人出面,说他们决定了不封航。

找省政府和国民党省党部去!但那儿早已空无一人。

"日本人穷凶极恶,你们难道不知道武汉不会置身事外吗?"学生们扑了空,一个个情绪激愤地吼叫道。

"救华北,就是救中国,就是救武汉!"紧接着,学生们喊出了悲壮的口号。

急于稳定大部队,赵璇滢、林英华留下赵英嗣、赵雪莲等人带领这些学生分别坚守在省政府、省党部门口,二人急匆匆离开。

这时候,数万学生依旧精神亢奋,他们不断地呼喊着口号,不断地唱着流亡歌曲,要求过江。许多民众出来了,纷纷声援学生。

眼望着一些身体瘦弱的学生陆续昏倒在地,余瑞华心里一阵阵痛。他很想指挥人马,将倒下去的学生抬去医院,可是,他不能动。有多少特务环伺四周,他实在搞不清楚,他只知道他一定要尽可能保护学生免受特务迫害。

学生是因为饥饿和口渴,才昏倒在地的。民众很快意识到了这一点,忽然哗啦啦一下子全部散开了,燕子一样飞向了各自的家,准备饮用水和饭菜去了。

赵璇滢过来了,她抱着一个昏倒的学生,眼睛里闪烁着泪光。余瑞华心里一阵纠结，缓缓地转过身去。那个学生苏醒了，气息微弱，顽强地从赵璇滢怀抱里挣脱出来，坐直了身子。赵璇滢立即精神振奋，挥动手臂，指挥学生唱起了义勇军进行曲。

歌声嘹亮高亢，穿透了夜空，直冲云霄，唤来微风阵阵，不断朝学生们身上吹拂。学生们愈加抖擞精神，歌声越发洪亮起来了。

民众拿着开水瓶、杯子、碗筷，还有提着篮子的，从四面八方，纷纷跑了过来。他们一到学生身边，不由分说，把手里的食物递给了学生。学生们热泪盈眶，歌声依旧不断地在天空中炸响。

赵璇滢更加激动，回过头，赫然发现余瑞光正在她身边。

余瑞光端着一碗水，递给一个曾经倒下的女生。女生接过了水，眼泪不停地朝外流，歌声丝毫没有被打断。他忽然眼睛一转，竟然从一个学生模样的女人身上看出了一丝熟悉的面容，惊讶极了，瞪大眼睛，朝她看去。

"大哥！"余瑞华说道，"想不到你也来了。"

余瑞华担心余瑞光一认出赵璇滢，控制不住情绪，引起特务们注意，赶紧引开余瑞光的注意力。

余瑞光说道："我是中国人。"

学生领袖秘密联络准备发动游行示威活动的时候，余瑞光接到了消息。每当外国势力放松了对中国的侵略，他的纱厂准会像春天生机盎然；每当外国势力在中国横行霸道，他的纱厂马上陷入严冬。目前日本人虽说只是蚕食中国北方的领土，他一样感到危机迫在眉睫，他的纱厂已经处在了风雨刀剑严相逼的边缘，他真的希望南京国民政府不要"剿共"，应该像当年北伐时期一样跟共产党人联合，共同抗击日本人。可是，南京国民政府偏偏把共产党当成了死敌，反而把日本人当成了可以理喻的亲朋，他深感不满，又不能公开表达，一直在苦苦期盼当中打发每一个难熬的日子。学生将要爆发运动，将要在民众当中掀起一阵抗日的声浪，他颇为兴奋，想参与到这场运动中去，为这场运动做一些什么。

一直以来，学生运动都会遭到无情镇压。王俊林是武汉警备司令，镇压学生运动的事情无疑会落到他头上。余瑞光要劝说王俊林不要镇压学生运动。得到了满意的回答，余瑞光松了一口气，在家里等着学生运动取得成果。

不料，余瑞光并没有等到学生运动的成果，反而听到了封航的消息。

他们原来是要利用封航来瓦解学生运动！余瑞光浑身一阵阵发冷。

继而，他想，学生不能表达他们的呼声他们的关切，这个国家还有什么前途！难道真的要等日本人把华北五省自治变成现实以后，痛苦地饮下这杯苦酒吗？对于国家，对于他的纱厂来说，将是一场多么重大的灾难！

个人的力量很渺小，余瑞光胆子又不够大，只能在心里苦恼不已。

这时候，他竟然听说学生仍然聚集在司门口到彭刘杨路一线，一直在要求恢复航运。还听说汉口和汉阳的学生已经聚集在汉口，在向绥靖公署施加压力，要求开放航渡，让学生开展游行示威活动。

还有希望！这就是希望！余瑞光心里说道，马上派人出去了解详情。

果然，学生们一直在坚持。他们一天都没有吃饭喝水，仍然高喊抗战口号，高唱救亡歌曲，得帮助学生。他马上以武昌商会会长的名义，发出了号令，自己拿出了一笔钱，召集各路人马动手做饭做菜烧水煮汤，送到学生手里。

看到学生坐在寒风之中不断地唱歌、高呼口号，他无比激动，心情为之一热，赶紧命令人马把饭菜开水送到学生手里。

没料到，他竟然看到一个跟年轻的赵璇滢长得一模一样的女学生。跟赵璇滢成亲的时候，他掀开她的盖头，一眼看到的就是那副模样，从此以后，那样子一直铭刻在余瑞光心上，任何时候都不会忘记。他觉得自己绝不会看错人，很想把这个发现告诉余瑞华，询问他是不是连二嫂都认不出来了。看余瑞华的样子，分明又是认出了赵璇滢，余瑞光很快就明白过来。

学生们吃了饭，喝过水，精神愈发高涨，歌声与口号声此起彼伏，在天空经久不息。民众全都打着火把，带着灯笼，围拢过来。刹那间，几里地的长街上，一片灯火通明。没有一个人倦怠，没有一个人退缩。曾经有过密探试图驱散民众，但连余瑞华的兵士也对学生大生同情之心，密探不敢轻举妄动。

天亮了，赵璇滢和林英华带着几个学生领袖，分别去了省政府和省党部，与留守在那儿的赵英嗣和赵雪莲等人会合，准备一块向省政府主席与党部负责人提出放开封航令的要求。迎接他们的依旧是推脱。

赵璇滢愤怒地走出了省政府。赵雪莲和一大群学生在门口等待着，看到她出来了，赶紧奔了上去，询问事情怎么样了。

一听说省政府仍在推脱，赵雪莲禁不住火冒三丈，看到了省政府的招牌，怒骂道："如此罔顾民意的政府，要它有什么用！"

她的话音还没有落地，有几个脾气火爆的学生冲了过去，一下子揭下了省政府的招牌，猛地摔在地上。招牌发出了碎裂的声音。学生们一拥而上，依旧唱着歌，呼喊着口号,在招牌上狠狠地践踏着。

密探一见学生动了手,气势汹汹地冲了过来,准备动粗。

赵璇滢愤怒不已,怒喝道:"国家快要亡了,你们不知道救国,反而迫害救国的学生,是何道理?"

密探一见有人出头,动手就要抓她。学生们压抑了一天一夜的怒火,喷薄而出,一起呐喊着,冲向密探,顷刻之间,把他们包围起来,手脚并用,朝他们身上招呼而去。密探都受过训练,哪把他们放在眼里,奋力还击。

忽然,一大队学生呐喊着冲了过来,不由分说,加入战斗。密探受不住了,只有打开一条道路,逃了开去,打电话请求王俊林派遣人马前来镇压。

"这些混账东西,搞出事了,又要老子收拾残局!"王俊林心里大骂道。

与此同时,林英华率领的一部分学生去了省党部,得到的同样是推脱。林英华气愤不已,当场怒骂党部成员是国民党的败类。赵英嗣和学生们心里早已憋足了怒火,再也按捺不住,冲上前去,将党部的招牌摘了下来,砸了个稀巴烂。密探一样冲了过来,试图抓捕为首的赵英嗣。林英华横挡在赵英嗣的前面,怒火万丈,依稀一尊愤怒的天神。

密探一和学生发生冲突,消息马上传到长街。学生们再也忍不住了,立即兵分两路,呐喊着冲了过去,分别把省党部和省政府包围得严严实实。

余瑞华已经接到了王俊林的命令,要他听从密探的指示,控制闹事的学生。密探一天到晚不干正经事,只知道捕风捉影,到处捉拿共产党人,为此有多少人无辜送了性命?凭什么堂堂一个国民党军队上校还要听密探的指示?真是岂有此理!何况,学生也没有闹事呀,只不过是正常情绪的外露嘛。

密探得了王俊林的口信,马上找到余瑞华,要求他立刻镇压学生。

余瑞华说道:"我手下的兄弟一样有抗日要求,你现在要我命令他们镇压学生,引发兵变,谁来负责?依我看,你们还是劝一劝省主席,赶快开放渡船,把学生们送过江去吧。"

密探头目噎住了,急得浑身冒汗。

跟随学生一道来到省政府和省党部的无数民众,同样高唱着歌曲,呐喊着口号。一眼望去,学生与民众的队伍看不到头尾,耳边充斥着学生与民众愤怒的呐喊。那阵势,真令密探们一阵阵胆寒。

与此同时,汉口那边,来自汉口和汉阳的学生以及声援的民众,聚集在绥靖公署门口,一同向绥靖公署主任提出开放航渡的要求,声言不达目的决不罢休。

民众队伍里，为首的正是王俊财。

跟余瑞光一样，王俊财一方面对共产党有所不满，另一方面对外国人的侵略更是深恶痛绝。

当年，在各界的共同努力下，武汉民众最终收回了英租界。身为生意人，王俊财从中悟出一个真谛：凝聚民众的力量可以扫荡一切外国势力。因而，他时时幻想着继续保持这种势头，把外国势力全部赶出中国，还自己一个良好的经商环境。可是，蒋介石在上海发动了"四一二政变"，汪精卫随后在武汉展开了"七一五分共"，导致以收回汉口英租界为开端，完全收回一切侵略势力在中国设立的租界的壮举化为泡影。王俊财痛心疾首。

现在，日本人一步步蚕食中国，南京政府一直采取不抵抗政策，几乎倾其所有，把全部军队用来"剿灭"共产党红军。指望蒋介石彻底打垮共产党红军，再来对付日本人吗？那真不知道要等到何年何月。最大的可能是，共产党红军没有被蒋介石"剿灭"，日本人早已占领了整个中国。

共产党提出了抗日主张，王俊财深以为然，私下里跟赵承彦和余瑞光商议，决计采取一致行动，向政府施加压力，要求政府把主要目标转移到抗日上来。

这时候，北京爆发了一场以抗日为诉求的学生运动，武汉学生随即响应。王俊财决心跟赵承彦、余瑞光一道，以商会的名义，大力支持学生运动。

一切准备就绪，武昌学生竟然不能来汉口参加游行示威活动。南京国民政府到底是中国的政府，还是日本人的政府？是为了中国民众，还是日本人的走狗？王俊财心里蹿起了一团怒火，暗自喝问道。他带领商会的头面人物，准备前往绥靖公署，求见绥靖公署主任，声援学生的正义行动。

王俊喜得到消息，阻拦道："不要以为中国政府真的能抗日。依我看，日本人即使全部占领了整个中国，未必是坏事。最起码，国民党也好，共产党也好，在日本人的刺刀面前，肯定没有办法继续打下去，天下从此可以永享太平。"

仿佛头顶上响起一阵炸雷，王俊财目瞪口呆，压根不相信这句话是从他嘴里说出来的。

王俊喜说道："我知道你想说什么。你一定会说我数典忘祖，甘心当汉奸。你读书比我多，更应该清楚，中国曾经有过元朝，有过清朝，那时候的统治者都不是汉人，他们是少数民族，他们打败了汉人，自己坐上皇帝的龙椅，变成了皇帝。谁都不能说元朝和清朝统治之下的汉族大臣是汉奸，这就是事实。日本人占领了中国，当上了中国的总统,没准会像元朝和清朝一样,把日本合并到中国来,成为中国的一部分,岂不是扩大了中国的疆域,扩大了中国在世界的影响吗?"

王俊财气得差点吐血。这是什么逻辑呀?不伦不类!他要怒斥王俊喜,要骂醒王俊喜,让王俊喜再也不要说这些不要脸的话了。果然,他一怒骂,王俊喜立刻住了口,再也不敢继续说下去。

于是,王俊财走向绥靖公署,跟赵承彦等商会的头面人物会合以后,准备一道向绥靖公署主任提交请求,施加压力。然而绥靖公署主任没有露面,只是派出了一个副官接见他们,向他们表示一定会好好考虑民众的要求,然后给予答复。

这是拖延之计,学生不肯离开。越来越多的民众加入到了声援的行列,甚至连赵承博和柳彤萱也出来了。王俊喜不知道是被哥哥骂醒了,还是接到柳彤萱要来参加声援活动的消息,率领一批帮众赶了过来,声势越发浩荡。

武昌这边,在赵璇滢的指导下,学生们一直士气旺盛,热情高涨,声言如果不开放航运,他们一直包围下去,绝不会让任何一个人走出包围圈。

更多的民众携带各种食品来到了学生面前,给他们提供食物与饮水。

看起来,得跟省政府与省党部打持久战了。赵璇滢深知,如果学生们一直亢奋下去,得不到应有的休息,会过度消耗体力,无法长期坚持下去。

赵璇滢马上跟林英华商量。她说:"我觉得,与其让同学们全部聚集在一块继续唱歌喊口号,不如让大家分头休息。这样,才会保持足够的精神和体力应付明天的战斗。"

她竟然把跟省政府与省党部的抗争看成是战斗,可见她多么好斗!林英华心里发出了苦笑。不过,他也不得不认为,赵璇滢说得对,不能让学生过于疲劳。

两人商议了细节,随即分头通知学生领袖,把学生们划分成两部分,一部分坚持呼喊口号唱流亡歌曲,一部分就地睡觉休息。

寒风凛冽,像刀子一样刺向每个人,谁都没有退缩。省政府以及省党部门前的广场上,聚集着数万学生,云集着手持各式灯火的民众,把这块地照耀得犹如白昼,热情把这块地方变成了涌动的火山。

被围困在省政府和省党部的工作人员不仅感到了恐惧,也感受到了学生和民众的热情。终于,第二天中午时分,省政府下达了恢复通航的命令。

"胜利了!省政府低头了!"学生和民众欣喜若狂,载歌载舞。

随即,在赵璇滢以及学生领袖的安排下,学生们高呼着胜利的口号,歌唱战斗的歌曲,乘上了渡船,渡过长江,去了汉口。

刚刚抵达汉口码头，他们受到汉口、汉阳学生以及民众的热烈欢迎。

十余万学生宛如长龙一般，向前进发。他们汇聚在济生三马路，召开了游行示威活动宣誓大会，发布了《告全国同胞书》，呼吁全国军民团结一致，共同抗日。紧接着，在民众的欢呼声中和拥戴下，全体学生再度游龙一样向市政府方向走去。一路上，"打倒日本帝国主义""停止内战、一致对外"的口号声，一阵接一阵，此起彼伏，宛如汹涌的波涛一般，不断地在天空中炸响、翻滚。

队伍蜿蜒无尽，曲曲折折，波澜壮阔。很快，龙头即将抵达日租界。

日军布设了机关枪阵地。长江码头上，日本人的军舰上，大炮脱去了炮衣，炮口对准了游行示威的学生与民众。

此时，余瑞华率领人马，也来到了汉口。

余瑞华当年没能参与收回英租界的活动，心里一直觉得很遗憾。现在，能够以防止学生闹事的名义，参加到这场声势浩大的抗日救亡运动当中来，他激情澎湃。但是，他清楚，今天的日本不是当年的英国，今天的南京国民政府也不是当年刚刚搬到武汉的国共合作时期的武汉国民政府。英国人没有也不敢向民众开战，日本人豺狼成性，凶狠暴戾，对中国学生和民众绝不会手软。难道要任凭学生遭到日本人的攻击吗？

日本人气势汹汹，亮出了杀人的家伙，学生们被激起了冲天的怒火，传说中收回英租界的行动像一道火焰一样烧灼着他们的心房，催促他们不顾一切地发出呐喊，要冲到日租界，收回日租界。

赵璇滢和林英华何尝不希望再现当年收回英租界的壮举呢？可是，他们一样清楚，禽兽一样的日本人会将手无寸铁的学生和民众杀得血流成河。不能酿成这样的局面，也不能被日本人的威胁所吓倒。

"同学们，我们的目的是为了唤醒民众，为了迫使政府抗日，不是为了流血！我们要留着有用之躯，等政府抗日的那一天，走上战场，与日寇决一死战，把入侵的强盗全部赶出中国！"赵璇滢手提喇叭，高声说道。

"同学们，我们固然有必死的决心，但一定要有冷静的头脑，才能最终赶走凶残的日本人！"是林英华沉着冷静的声音。

趁此机会，赵英嗣、赵雪莲、王卓文以及其他学生领袖分散展开行动，终于说服同学们放弃了冲进日租界的企图。游动的长龙沿着日租界一线摆开，密集地围拢在华界，高喊着口号，高唱着歌曲，声音响彻云霄。

第二十九章　傲立寒冬

学生运动唤醒了武汉三镇全体民众关心国家大事的意识，极大地提升了民众的民族自尊心，几乎每个平头百姓，都在关注抗日。一时间，抗日的呼声像极了武汉的夏季，炽烈而又威猛。

赵璇滢很清楚，遍布武汉三镇的特务们，一定会在暗中逮捕学生运动领袖以及社会各界的首要活动分子，她自己更不用说，已经成了特务的眼中钉、肉中刺。在武汉隐藏了那么久，她不会害怕，只是担心学生领袖，以及林英华和那些积极参加这场运动的教授与学者。她相信，已经唤醒了民众的抗日热情，特务再丧心病狂，也绝不敢到校园抓人。因此，她一再告诫他们，今后绝不要跟任何陌生人接触，不要抛头露面，应该待在校园里，好好隐蔽自己。

几天过后，王俊财告诉了赵璇滢一个不太出乎意料的消息："一个商会成员，在声援学生运动的时候，表现得尤为积极，突然失去了踪影。我曾经向王俊林打听过，他也不知道是怎么回事。我想，一定是特务们动手了。"

"一定是这样！"赵璇滢说道，"我们一方面得想方设法营救他，另一方面还得提醒所有活动分子，包括你，一定要严防类似事件再发生。"

"只要王俊林还是警备司令，特务再横，恐怕也不敢向我下手。我早已提醒过声援学生运动的商会成员，一定要注意安全，可是，经常有商务活动，特务总能找到下手的机会。"王俊财说道。

"尽量减少商务活动，或者派代理人出面，不给特务任何机会。"赵璇滢顿了顿，说道，"当然，这很被动，我们必须采取主动措施，把防范被特务抓捕与营救失踪人员联系起来，广泛联络社会各界同情学生运动的头面人物，一块向省政府、省党部以及特务机关施加压力，迫使特务不得不停止抓人。"

"可是，我们找不到失踪人员，特务会矢口否认的。"王俊财说道。

"我们先干起来，然后慢慢寻找失踪人员的下落。"赵璇滢坚决地说道。

事实上，任何防范措施，都不能保证绝对安全。从此以后，赵璇滢的耳朵里时常都会听到有人失踪的消息。

王俊财和赵璇滢按照商定计划，与社会各界头面人物取得联系，展开了营救行动。跟他们预想的一样，特务们一律否认曾经抓捕过与学生运动相关的人员。没有证据，营救活动陷入僵局。其他努力全部失效，赵璇滢准备借助王俊喜，让他探听失踪人员的准确消息。

一见到赵璇滢，王俊喜就说："你应该换一个地方。要知道，无论你的化装术怎么了得，一旦经常出入同一个地方，很容易露出马脚。我可不想你出事，更不想牵连我哥哥。"

"他们已经觉察出暗中指导学生运动的人是我吗？"赵璇滢问道。

"这不是废话吗？"

"我不能退缩，也不会退缩！他们要抓，尽管来抓我好了！"

"即使你嫌他们抓的人还不够多，我也不能让他们抓住你。你说吧，今天找我到底所为何事？"

"帮我打听失踪人员的消息。"

王俊喜把他知道的情况全部告诉了赵璇滢：失踪的学生领袖、商会头面人物和一些普通老百姓的确是被特务秘密抓捕了。因为王俊喜提前得到消息，一方面跟特务进行过沟通，另一方面也派遣了一些人马暗中保护王卓文、王晓燕、余立、赵英嗣、赵雪莲，他们的安全不成问题。有的被捕学生经受不住折磨，已经透露出赵璇滢的身份，说她不是学生，至于到底叫什么名字，来自哪儿，没人说得出来，只知道她似乎跟林英华很熟悉，并且在特务的诱导下，供称她跟余瑞光、王俊财、赵承彦等人虽说没有多少交流，但从眼神上看得出来，他们早已认识。特务们如获至宝，立刻断定那个女人就是赵璇滢。于是，撒下天罗地网，到处秘密寻找赵璇滢的行踪。林英华、余瑞光、王俊财、赵承彦自然都纳入特务们的视线，可是，因为没有确凿的证据，他们又都在社会上享有盛誉，影响力太大了，轻易抓捕不得。而且，王俊林跟他们之间的关系，特务们一样清楚得很，担心一旦对他们动手，引发王俊林的反弹，会成为烫手的山芋，所以一直没有动手，只是暗中对他们加强了监视。

随后，王俊喜说道："现在，知道你到底面临怎样的危险了吧。为了你，为了我哥哥，为了余世兄、我姐夫，你不能再抛头露面了。"

赵璇滢问道："你知道他们被关押在什么地点吗？"

"你现在自身难保，管人家干什么？"王俊喜气得差点笑了起来。

"告诉我，他们被关押在什么地方？"赵璇滢固执地问道。

王俊喜跳了起来，说道："我已经把一切都告诉你了，你怎么还是如此固执？你即使不为自己着想，万一你落到特务手里，我哥哥、我姐夫、王世兄，他们一个都跑不了！难道你希望看到这样的结局吗？"

"你放心，我会小心的。你一定要告诉我他们到底关在什么地方。"

王俊喜很清楚，赵璇滢不会不管那些已经被特务秘密逮捕的人。他仰天叹息一声，告诉赵璇滢，他实在不知道他们到底关押在哪里，更不愿意打听他们的下落，一个劲地劝说赵璇滢赶快换一个安全点的地方。

赵璇滢的确应该离开面粉经销处，可是，一样需要做出周密安排，要不然，还是会牵扯到王俊财。离开王俊喜后，她立刻暗中部署，一面做关闭联络站的准备，一面跟王俊财商量，利用怎样的名义离开这里。

"我虽说不怕受到牵连，你离开这里，还是稳妥一些。"王俊财早有成算，说道，"这样吧，我以把你派到外地考察的名义，让你离开。"

"希望他日还能得到王世兄的帮助。"赵璇滢说道。

再度关闭了秘密联络站，赵璇滢心里很有一些不舍。但是，为了支持学生运动，她已经被特务盯上了，为了安全，只能如此，但她不会离开武汉。离开面粉经销处后，赵璇滢再度化装，换了一种身份和面貌，重回武汉。她一定要把地下工作进行到底，还要积极营救被特务秘密抓捕的人。她不能公开露面，又不能使用秘密交通员，思来想去，只有求助王俊喜，希望他帮忙探听那些失踪人员被关押的位置，以便动员报界以及社会各界的力量，迫使特务们收手。

王俊喜继续推脱："你还是管好自己的事吧，我可没有那么多闲工夫。"

赵璇滢说道："王俊林执行蒋介石的命令，一直镇压学生运动。你要是能够保护学生领袖以及学生运动的参与者，王俊林岂能痛快得了？何况，并不要你亲自动手保护他们，你只要给我提供准确消息就行。"

王俊喜果然被赵璇滢的话打动了，立刻安排人手，不几天，便打听出了那些秘密逮捕者被关押的位置。

于是，赵璇滢一面向各大报社发出了消息，一面安排人手，暗地里监视失踪人员的关押地点，并且动员民众，在特务有可能转移失踪人员的路线上设下埋伏，以免特务转移人员时，来不及反应。

报纸上一披露出被捕人员的信息，立即引发了社会各界的纷纷议论。民众自发地组织起来，前往报纸上刊登的地点，一定要特务们交代被捕人员的下落。

"胡闹，这里是你们可以随意看的地方吗？"特务呵斥道。然而，民众没有被吓倒，反而情绪更加激昂。何况，声名显赫的林英华在义正词严地驳斥他们，一定要亲眼看看。

"你们说了不算，我们得亲眼看一看！"民众证据在手，岂容特务信口雌黄。

特务们仗着没人敢招惹他们，没有转移秘密逮捕人员，如今民众已经拥过来了，众目睽睽之下如何转移得了？一时有些慌张了。为今之计，只有先把他们关押在办公室再说。做完了这些，特务们颇不甘心地邀请一些民众代表前去监狱查看动静。

林英华以及其他民众代表没有看到一个学生领袖，也没有看到一个声援过学生运动的民众。

　　只有一些共产党人被关押在那儿，浑身血肉模糊，气息奄奄，却依旧威武不屈。他们大声揭露特务们的罪行："你们把他们转移了，就能瞒天过海，欺瞒民众吗？人在做，天在看，你们逃不了天的眼睛，也逃不了我们的眼睛。"

　　特务们恼羞成怒，恶狠狠地朝共产党人身上打去。

　　民众代表醒悟了：原来特务们已经将被抓的人员全部转移走了，既然是不久前转移走的，离监狱一定不会太远。那么，特务们到底把他们关押在什么地方呢？民众已经将这一带包围起来了，没有人可以离开民众的眼线。也就说，被抓的人员没有超出民众包围的范围。只要大家要求搜查每个地方，不愁搜不出他们。

　　全体民众顿时群情激奋，纷纷要求搜查。

　　特务威胁道："你们都是老老实实的平民百姓，跟共产党截然不同。共产党唯恐天下不乱，故意引发你们跟政府作对，你们不要听信共产党的蛊惑，否则，你们就是共产党的同谋。"

　　"你说我是共产党的同谋吗？"林英华喝问，

　　他是一个不避艰险的人，明知道特务要抓他，偏偏不听赵璇滢的劝告，亲自作为民众代表出现在大庭广众之下。

　　碰到这样的老刺头，特务们再心狠手辣，也颇有些犯愁。

　　"学生领袖和民众都是为了促使政府抗日，他们不是共产党。你们凭什么随意抓捕他们？你们说没有抓捕他们，也没有拷问他们吗？那好，让我们在整个办公大楼搜查一遍，真的找不到他们，我们马上离开。否则，别说你们把我们当成了共产党的同谋，即使把我们都当成了共产党，要抓我们杀我们，我们也绝不会离开。"全体民众纷纷说道。

　　威胁不中用了，特务们立刻换成了利诱，一样遭到了民众的唾弃。

　　没有更好的办法，特务们准备把祸水引到王俊林头上。毕竟，王俊林的亲人都参与过学生运动，连王俊林手下的师长余瑞华，也似乎是支持学生运动的。应该让王俊林去伤脑筋对付这些刁民。

　　于是，特务们一边跟民众周旋，一边留意林英华以及民众当中的活跃分子，一边给王俊林打去电话，要求王俊林出兵前来镇压闹事的民众。

　　当第一个学生领袖被特务抓捕的传言传进他的耳朵，王俊林立刻意识到民众一定会闹事。不过，他对此毫不关心。无论民众的抗日情绪多么高涨，无论特务们是不是会激起事变，都跟他没有关系，他只想维持一家人的安宁。现在，民众果然闹事了，特务们处理不了，想把这个烫手的山芋扔给他。他应该怎么处理？怎么处理都不讨好，想来想去，他把事情推到了绥靖公署。

王俊林自以为得计，谁知绥靖公署主任在权衡利害以后，还是命令他派遣人马前去驱赶民众。王俊林无法推辞，只有把这一任务交给余瑞华。

余瑞华一样清楚得很，学生运动以后，特务们一直在暗中抓捕学生领袖以及积极声援学生运动的民众，心里十分反感。如今接到这样的命令，哪里愿意执行？转而一想，赵璇滢一向不落人后，也许，她会在暗中做一些动作，自己带兵过去看一看也好，最起码可以暗地里帮助二嫂，让她脱离特务的监视。于是，他勉强答应下来，亲自率领一个营的人马，火速来到了现场。

民众一见来了部队，更加愤怒不已，高声咒骂起来。

余瑞华命令队伍接连朝天上放了一阵子弹。

林英华冷笑道："余瑞华，你真是大将军威风八面。"

"姐夫！"余瑞华轻轻地叫了一声。

"不要叫我姐夫，我们现在处于对立位置，你是不是打算打死我？"

"姐夫，我是来维持政府机关办公秩序的。"

余瑞华转而面向全体民众，说道："各位的抗日热情，受到了政府的关注，政府也是信任你们的。希望你们不要听信谣言。如果有人失踪，政府一定会责成相关机构查清楚，给你们一个满意的交代。"

"你在推脱！你跟他们一样在推脱！"民众愤怒地吼叫道。

特务们一见余瑞华亲自率领人马来到现场，巴不得快点把民众驱赶走，谁知林英华一闹，余瑞华竟然跟民众对起话来了。这些人要是听话，用得着你余瑞华出兵吗？赶紧向余瑞华使眼色，要他驱散民众，但余瑞华愣是没看见。

余瑞华无论怎么说，众人的要求一直非常坚决：一定要进去亲眼看一看。

不就是进办公室看一看吗？余瑞华对特务们说道："既然他们的要求如此简单，大可不必继续僵持，让他们选出几个代表，进去看一看。"

不等特务回话，他马上面向众人，说道："我可以满足你们的要求。你们可以派遣几个代表去办公室看一看。但是，仅仅只是办公室。"

特务们急得抓耳挠腮。余瑞华说完，立马跟他们商量到底应该派遣多少民众代表进入办公室，又要开放哪些地方给民众代表。特务气急败坏，又不能发火，只有任凭余瑞华和林英华带领一部分民众进去搜查。

好几个失踪人员被搜出来了。他们遍体鳞伤，气息奄奄。众人见了，更是怒火中烧，纷纷咒骂开来，还有人作势要找特务们算账。余瑞华早有防备，赶紧将民众拦住，连说带劝，花费了很长时间，总算让众人离开了。

第二天，全城的报纸纷纷都报道了这一事件，在民众当中激起的反响愈发强烈，要求惩治凶手的呼声一浪高过一浪，质疑政府是帮助日寇残害抗日先锋的声音越发高涨。特务们好像热锅上的蚂蚁坐立不安，绥靖公署同样面临着空前的压力。

自此，很长时间内，特务们不敢再捕捉学生领袖以及声援学生运动的积极分子。他们恨余瑞华恨得牙根直痒，恨得心里燃起熊熊烈火。等事件好不容易缓和下来，他们决计逼迫余瑞华交出赵璇滢。

余瑞华身上的压力大了，王俊林也脱不了干系。一时间，王俊林非常恼恨，你余瑞华怎么能如此不明事理呢？你要充英雄，还要有充英雄的资本，特务是老蒋喂养的走狗，你惹得起吗？大姐夫在那儿又怎么样？他又不能吃人，你手里有军队，随便敷衍过去，把他们赶跑了，驱散了，万事大吉。为什么要听大姐夫和民众的煽动呢？你真的以为你的脑袋很硬，砍不掉吗？为了不让自己和余瑞华的脑袋被人砍掉，王俊林带着诚心悔过的心情去了特务站。

王俊林能帮助他们去做自己不能做的事情，特务们果然压下了心里的愤怒，要王俊林按照他们商议的办法执行了。

一回去，王俊林把余瑞华叫到办公室，先骂了他一通，然后说道："你的人马必须暗中监视那些学生，一定要挖出他们背后的共产党。"

余瑞华冷冷地说道："我没有理解错的话，你指的是赵璇滢吧？"

王俊林说道："我没有说赵璇滢，我说的是共产党，希望你不要继续感情用事，要保护好自己。省得被人一脚踢开，或者被人砍掉脑袋。"

余瑞华不再跟他争辩，争辩没有任何意义。是要到处密切监视和留意学生领袖以及赵璇滢他们的活动了。不过，不是为了抓获他们，而是为了保护他们。

心意一定，他果然派遣人马，去秘密监视调查起学生领袖与赵璇滢的下落。他自己，心里仍然感到别扭。他觉得自己是军人，不是特务，干这种事实在有辱军人的称号和荣誉。

把人马部署好了，余瑞华准备去见王俊喜。

他知道，王俊喜对王俊林怀有刻骨的仇恨，只要王俊林想达成什么目的，王俊喜都会暗中破坏。这一次,王俊林要他秘密监视、搜捕学生领袖和赵璇滢,他不仅自己要保护他们,还要加上一道保护锁,利用王俊喜来保护他们。

余瑞华跟王俊喜一见面,两人就着一桌上好的酒菜,一通天南海北的胡侃。

兴高采烈间,余瑞华话锋一转,说道:"还是你痛快,自己想干什么就干什么,想怎么干就怎么干,谁也无法干涉你,甚至还要依靠你。我就不行了,今天被王俊林喝来,明天被王俊林喝去,真不知道哪天是个头。"

"你可以到我这里来呀。"王俊喜说道。

"别,你不可能把龙头老大的位置让给我,我一样还是要受你指挥。"

余瑞华借着酒兴,把王俊林跟特务串通,要秘密搜捕学生领袖和共产党人的消息说出来,并且告诉王俊喜,王俊林就是要自己带队去做这件事情。

"既然你不愿意做,大可交给我,我一定不会让王俊林失望。"

王俊喜果然没有让王俊林失望,他马上把这个消息告诉了赵璇滢,赵璇滢及时通知了学生领袖和林英华等人。林英华火冒三丈,立刻召开了记者招待会,控诉了王俊林跟特务继续勾结,要继续打击抗日运动的罪行。

这一下,舆论大哗,王俊林变成了千夫所指的卖国贼。

王俊林不用想,也知道消息是王俊喜泄露出去的,先是勃然大怒,转而一想,觉得王俊喜把特务跟他紧紧地捆绑在一起,特务从此以后不会再怀疑他,未必不是一件好事。舆论毕竟只是舆论,算不了什么,喧嚣一阵日子,必然会沉寂下去,以后也没人会把它当回事。不过,饶是如此,还得先跟特务们商议一个借口,让舆论先平息下来,然后再来对付王俊喜。对王俊喜容忍已久,他一直不知好歹,不给他点教训,他便永远会把王俊林的容忍当成软弱可欺。怎么做?很简单,抓住王俊喜跟赵璇滢联系的证据,把他交给特务,他是生是死,再怎么蹦跶,是他的本事。王俊林倒要看一看,他到底有多大本事!

特务们果然对王俊林有了好感。搜捕学生领袖以及暗中查证王俊喜跟赵璇滢联系的事情,在暗中一步步展开了。

赵璇滢离开面粉经销处后,暗地里回到武汉,一直在王俊喜的掩护下暗中展开行动。为了对付王俊林,王俊喜能为她随时提供各方面的情报,她也能利用布设在王俊喜身边的人马,随时了解各种消息,并且把这些消息传出去。

知道王俊林的计划之后,赵璇滢怒火万丈,说道:"王俊林如此利令智昏,我要把火烧到他的官邸去,让他焦头烂额!"

第二十九章　傲立寒冬

"你想进入警备司令官邸？"王俊喜惊讶地叫道。

"不行吗？"赵璇滢反问道。

这不仅需要完全掌握目前王俊林官邸的一切情况，还要有人帮助她在恰当的时机进入警备司令官邸。这段时间，为了躲避特务的跟踪，她几乎没有时间过问余雅芳到底怎么样了，也没有时间过问赵府到底怎么样。现在，是重新详细了解王俊林官邸内情的时候了。

王俊喜告诉赵璇滢：特务们怀疑鼓动学生运动的幕后指使者是她以后，对赵府进行了严密监视。赵府的每个人都受到了特务的监视。只要他们走出赵府，一定会有密探跟踪他们。

知道了这个情况之后，王俊喜曾经对特务说过："希望你们看在王某的分上，不要让赵府的任何人察觉你们在跟踪和监视他们，只要赵璇滢没有露面，希望你们不要打扰了他们安宁的生活。毕竟，我们是世交。"

特务们不能不卖王俊喜一个面子，他们深知王俊喜的能力，也知道王府、余府、赵府三家割舍不断的关系。

赵璇滢当然想象得到赵府会受到特务的严密监视，所以，一直没有跟赵府任何人联络过。心里再惦念孩子和母亲，她也只能强忍住。

她感激王俊喜对赵府的帮助，却不知道王俊喜还有一件事情隐瞒着她。

那就是，当特务们听完了王俊喜的话以后，脸上露出了一抹意味深长的笑意，问道："是不是对柳彤萱夫人也不要监视，更不要跟踪？"

王俊喜微微一笑，说道："我的一举一动，你们当然非常清楚。不过，你们的一举一动，我也很清楚。我没有向任何人透露你们把共产党人关押在什么地方，就是对你们最好的回报。"

他们谁都清楚，彼此对对方的一切都了如指掌，谁也不敢撕破脸。饶是如此，王俊喜暗中帮助赵璇滢的事情，依旧引发了特务的密切关注，王俊喜也知道这一点。这些日子，赵璇滢听了他的劝告，一直没有亲自展开活动，王俊喜不担心她会被特务发现。

现在，赵璇滢竟然要去王俊林的官邸，王俊喜把他知道的有关赵府和王俊林官邸的大致情况全都告诉给她，然后寻找机会把余瑞华带到她面前。

赵璇滢冷静地问清楚了余雅芳的现状以及王俊林官邸的一切情况以后，说道："我想，武汉最安全的地方，应该是警备司令官邸。我准备去那儿，你应该可以帮助我。"

余瑞华有点吃惊，很快醒悟过来：是呀，王俊林一直叫嚣要抓捕共产党人，赵璇滢躲在王俊林的官邸，谁会想到这一点呢？二嫂岂不是很安全了吗？

而且，二姐余雅芳一直担心二嫂的安全。让二嫂陪伴着二姐，岂不是一着妙棋！只是，二嫂以什么名义进去王俊林的官邸呢？当然是以丫鬟或者佣人的身份比较合适。两者相比，丫鬟不行，二嫂再怎么化装，也是四十多岁的人了，万一哪天不小心被人窥破了其中的隐情，也不好办，那么，只能是帮佣。帮佣可以身材粗壮，二嫂掩饰了身材，将会更加安全。

赵璇滢笑道："你跟我想到一块了，最容易装扮的是帮佣，生活所迫，皮肤粗糙，身材走样，谁还会怀疑那是我？你快点帮我操办吧。"

余瑞华深知二姐富有同情心，警备司令官邸虽说不缺帮佣，只要自己略施小计，准会让二姐答应接纳一个新的帮佣。他告诉余雅芳，昔日一个军校同学在"剿共"战场上被打死了，留下夫人孤苦伶仃，吃了很多苦，生活非常穷困，一直在街头捡拾垃圾。看到她的样子，他很难受，想照顾她，但又没有能力，只有请二姐帮忙收留那位同学的遗孀。

他的话还没说完，余雅芳流出了泪水，说道："唉，为什么一定要打仗呢？真是造孽。你把她带来吧。"

于是，余瑞华带着装扮成帮佣模样的赵璇滢进入了警备司令官邸，趁着王俊林不在，余瑞华带着赵璇滢去见二姐。余雅芳一看到赵璇滢，顿时有一种早已熟悉的亲热感，马上伸出手来，拉着她，仔细地端详着她，眼泪很快流出来了。

"夫人，谢谢你能够收留我。只要夫人叫我做什么，我一定会做好，以此感激夫人的恩情。"赵璇滢说道。

吸取了上次化装成男人却让余雅芳认出来的教训，赵璇滢不仅把皮肤弄得粗糙不堪，而且在衣服里面加了很多东西，消除了身上有可能被余雅芳察觉的气息。乍一见面，意识到余雅芳果然没有认出自己，赵璇滢心里的一块石头落了地。

余雅芳流着眼泪，说道："我丈夫和弟弟也是当兵出身，他们运气好，还活着。你的苦楚，我能理解。你什么都不要做，只陪我说说话。"

赵璇滢赶紧说道："夫人，我只不过是一个帮佣。"

余雅芳握着她的手，哽咽着，眼帘竟然跳出了赵璇滢的身影。要是二哥真的死在余瑞华手里，赵璇滢也变成了寡妇，会是一副什么样子呢？也是这样的吧？她的同情心更加重了一些，下意识地朝余瑞华望去，眼睛里满是责备的光。余瑞华感觉出来了，心里也是一抖，不过，并没有作声。

"夫人真是一个好心人。叫我怎么感激夫人呢？"赵璇滢说道。

余瑞华说道:"我二姐心肠很软,她让你做什么,你就做什么吧,不要客气,你客气了,我二姐反而会更加为难。"

不仅没有让赵璇滢做任何事情,余雅芳也没有让她跟帮佣住在一块,专门让丫鬟给她收拾了一个距离自己卧房不远房间。只要有空,余雅芳便会去找赵璇滢,跟她说话。

从赵璇滢那儿更多地了解到了一般老百姓的疾苦,余雅芳的心情越发难受了。怎么会是这样呢?不是说把红军赶到了绝境,一切都会好起来的吗?怎么反而更坏了呢?难道是因为日本人吗?她想不通,赵璇滢也没有跟她说清楚。赵璇滢只能一点点地告诉她,生怕跟她说的话一多,会吓着她。

余雅芳心情一直很郁闷,好不容易等丈夫回家了,已经是半夜三更。她迟疑了片刻,终于开口询问丈夫为什么老百姓的日子越来越不好过。

王俊林吃了一惊:夫人今天怎么忽然问起这话了?

余雅芳把今天家里来了一个帮佣的事情告诉了丈夫。王俊林一向不管家里的事,都是夫人在打理,既然是余瑞华军校同学的夫人来到官邸,自己怎么也得见一见面,劝说夫人不要想得太多,明天自己见见那位夫人再说。

赵璇滢一夜没有入睡。万一王俊林发觉了她的真实身份,对余雅芳将会造成多大的伤害?她真有点后悔不该来打扰余雅芳平安的生活。可是,王俊林的举动,王俊林的地位,都让她不能不接近他,以便从他手里得到更多情报。

这些情报不仅涉及王俊林搜捕学生运动领袖的信息,也包括有关余瑞祥和红二十五军的详细情况。

自从余瑞祥与红二十五军离开了鄂豫皖根据地以后,除了在报纸上偶尔得到一些消息,知道了红二十五军已经遭到失败以外,赵璇滢再也没有得到更多的消息。她不相信红二十五军会失败,别说丈夫是一个非常优秀的红军指挥员,程子华也是一个不可得多的军事人才,他们一定能够率领红二十五军脱离敌人的魔掌。还有中央红军,她一样没有得到可靠消息。她很希望进入王俊林官邸以后,能够搞到这方面的情报。

应付王俊林,赵璇滢一个人绰绰有余。可是,怎么取得王俊林的文件呢?她思来想去,毫无头绪。

天大亮了。赵璇滢匆忙把自己装扮一番,穿好衣服,准备向余雅芳请示做一些什么。余雅芳已经为她定做了一些衣服,说好了等几天会有人送来。她现在仍然穿着粗布衣服,一脸的憨厚。

王俊林的眼睛探照灯般在她身上扫来扫去,帮佣的眼睛很明亮,好像在哪儿见过,但配在这一副模样上,他确实有点糊涂。曾经闪念之间,他觉得这人是不是赵璇滢?马上觉得自己太可笑了。放下身材完全不一样不说,皮肤、动作,没有一处类似赵璇滢。再说,如果真是赵璇滢,岂能瞒得过夫人的眼睛?夫人不觉得她是赵璇滢,那么,她一定不是赵璇滢了。

探照灯没照出结果,王俊林说道:"夫人把你的事情都告诉我了,今后,夫人让你干什么,你就干什么。"

"是。"赵璇滢回答道。

吃过饭以后,王俊林离开官邸,去司令部处理公务。

赵璇滢忐忑不安地说道:"夫人,我应该做一些什么,我是帮佣。"

余雅芳说道:"你不是帮佣,你是我的姐妹,在我家里,你不要太拘束。"

看到赵璇滢仍然一副诚惶诚恐的样子,余雅芳叹息道:"我知道,你觉得我家老爷有些严肃,对吧?不要紧,他还是一个读书人,不像其他的武人一样,只知道打打杀杀,他很有生活情调的。"

赵璇滢惊讶地问道:"司令是读书人出身?"

余雅芳点了点头,跟她说起了丈夫的文墨。余雅芳猛然发现,赵璇滢竟然都能接上腔,合得上拍。多年以来,余雅芳一直郁郁不乐,没有人能跟她谈得上话。如今,多了这么一个很好的交谈对象,她高兴得什么似的。

裁缝做好衣服以后,送进了警备司令官邸。

余雅芳很想亲自帮赵璇滢把它穿起来。可是,赵璇滢不习惯在别人面前穿衣服,自己拿到房间穿好以后,跟以前相比,好像换了一个人,不过,面相仍然显得苍老,身材也走了样。余雅芳觉得,这一定是因为她失去了丈夫造成的,更加怜惜她,决定两人姐妹相称。余雅芳年长,便让赵璇滢叫她姐姐。

赵璇滢连称不敢,心里暗笑道:如果有一天余雅芳知道叫她姐姐的人竟然是二嫂,不知道该是怎样的表情呢?

她马上对自己说:"不,决不能让余雅芳知道自己是她二嫂。"

赵璇滢的确精于伪装,每天,都小心谨慎,不露出一点破绽。

在跟赵璇滢接触和谈心过程中,余雅芳心情越来越舒畅了。其间,余瑞华过来了几次,看望赵璇滢,见她跟余雅芳关系融洽,说了一些感谢姐姐的话,完全放了心,再也没有过来了。

王俊林察觉出了夫人的变化,十分诧异,心想:如果是余瑞华同学的遗孀让夫人快乐起来的，我不仅得好好感激那位夫人，如果可能的话，还可以请那位夫人帮忙做一点事情。

他问夫人："这段时间，你的心情越来越好了，发生了什么事吗？"

余雅芳喜悦地说道："原来瑞华同学的夫人也是一个大家闺秀。她精通诗文，天文地理无所不知，每次跟她谈话，我都感到很舒服。"

真有这样的女人吗？王俊林心里暗喜，抽了个机会，跟赵璇滢谈了一次话。

"自从你进了我的府邸，夫人性情大变，人越来越开朗，我很高兴。"王俊林顿了一下，说道，"听说你精通文墨。有时候，我会带些公事回来处理，如果乱了，希望你可以帮我归整一下。"

"我从来没有接触过公文，不知道怎么归整。"

"我可以慢慢教你。我是一个非常洒脱的人，巴不得每天都陪夫人，但事情太多，哪能事事如愿？要是你能够帮我，其实就是帮助我夫人。"

就这样，赵璇滢接触上了王俊林的一些公文。

原来红军全都到了陕北！蒋介石正在调动人马，准备将红军全部消灭。

陕北是一个什么地方，赵璇滢并不清楚，只是听说过。当年，汪精卫发动七一五政变之前，曾经命令武汉国民政府旗下的北伐大军展开第二期北伐，攻击盘踞河南的奉系军阀，以便打通跟陕西冯玉祥的国民军联系的通道。陕北嘛，当然就是陕西的北部。当年冯玉祥的国民军占据整个陕西，经常缺衣少食；如今，全部红军都在陕北，处境岂不是更加艰难？

红军全部聚集在陕北，力量是强大了，可是，如果国民党的军队发动了全力攻击，红军应该怎么办？她得不动声色，继续关注下去。

张学良率领东北军一路追赶红二十五军，早已到了陕西。蒋介石甚至调来了许多中央军，再加上陕西杨虎城的部队，共同造成了以石击卵的气势。

红军面临的敌人太强大了。赵璇滢在心里说道，更为红军的安全担心。但在武汉，她不可能帮助红军，担心的情绪越发沉重了。

跟远在陕北的红军联系不上，赵璇滢眼前还面临一个很大的困境：特务们因为一直无法找到她，越来越不耐烦了，甚至蠢蠢欲动，准备对赵府动手了。这个消息当然不是从王俊林这里得到的，也不是余瑞华告诉她的，而是王俊喜。

那天跟余雅芳谈话的时候，赵璇滢不知不觉流露出了希望观赏名胜古迹的心愿。余雅芳心情越发开朗，当然也想走出府邸，到外面观赏风景，便带了丫鬟，和赵璇滢一块出去了。路上，她们遇上了王俊喜。

王俊喜虽说对王俊林恨之入骨，对余雅芳却一直彬彬有礼。老远看到了余雅芳，他率领一帮子会众，前呼后拥地奔了过来，看也不看赵璇滢，似乎跟她素不相识，直接问候余雅芳。

婆婆死后，王俊喜被赶出了王府，王俊林又时时想拿王俊喜开刀，余雅芳心里很同情王俊喜。如今一见王俊喜很是风光，她的心里好受了许多。

王俊喜煞有介事地朝赵璇滢望了一眼。知道赵璇滢是余雅芳新认识的姐妹以后，他微微一笑，点了点头，对余雅芳说道："你是不是听到赵府受到特务骚扰的消息，准备过江去安慰他们呀？"

余雅芳脸色苍白，心跳加速。她急切地问道："赵府受到特务的骚扰了吗？"

"是呀，特务在赵府四周布下了密探，只要有人出入赵府，他们准会跟踪盘查。也许是上面催逼得紧，他们冲进赵府，威胁伯母，甚至准备抢走你的两个侄子，利用他们做诱饵，来钓出赵璇滢。"王俊喜说道。

赵璇滢强忍着内心的愤怒，暗地里朝王俊喜打量过去，见他一派成竹在胸的样子，心知他一定制止了特务的行为，略略放了心。

余雅芳脑袋一晕，差一点倒地了。赵璇滢手疾眼快，赶紧把她扶住了。

余雅芳问道："他们怎么会这样？"

王俊喜不予回答，似乎告诉了她们这个消息以后，一切都跟他再没有任何关系，在一大群帮众的簇拥下，扬威耀武地离开了。

余雅芳发疯似的说道："我要去赵府！"

赵璇滢赶紧叫一个丫鬟火速回去警备司令部，把余雅芳去赵府的消息告诉王俊林。自己跟着余雅芳，过了汉江。

赵府四周果然有一些可疑人员在游荡！

余雅芳气得脸色发白，浑身战栗不已。

谢天谢地，赵府一家老少总算平安无事。周莹莹、李香香和孩子们尽管受过惊吓，一看到了余雅芳，脸上都浮现了一丝笑容。柳彤萱明显消瘦了许多，害怕的情绪依稀可见。

赵璇滢的心在滴血，但她一直强烈地控制着自己的情感，没有说话。

王俊林得到消息，带着几个卫兵，匆匆忙忙赶了过来。

余雅芳愤怒地瞪着丈夫，说道："你连伯母和孩子都不放过，你还有脸进入赵府吗？"

"夫人。"王俊林说道，"他们不是我的人，是特务。"

第三十章 时局突变

今天，王俊林的情绪太反常了。

一大早，他匆匆忙忙出了官邸，直到夜半三更才回来。一进门，立刻躲进书房，把门一关，不知道在里面做些什么，一句话都没有说过，更没有让赵璇滢再帮助他归整公文。

像往常一样，赵璇滢和余雅芳都等着他，一个看有没有公文需要她打理的，一个只有等到他以后，才肯入睡。一看到他的样子，两人都知道，他一定遇到了很大的问题，可是，他不说，谁也不好问。

"看起来，他今天用不上你帮忙了，你睡去吧。"等了一会儿，余雅芳说道。

"司令恐怕一夜都不会走出书房，夫人也应该去歇息。"赵璇滢怜惜地看着余雅芳，说道。

这一夜，赵璇滢怎么都不能入睡。她躺在床上，思索王俊林到底遇到了什么事，这恐怕与王俊林个人的前途没有多大关系。如今，哪怕赵璇滢仍未落网，地下党再也没有任何活动的迹象，王俊林因为有功，得到了蒋介石的嘉勉，这当口，他不可能丢了前程。更没有听说过他有希望爬上更高的职位，他不可能因为无法晋升而如此耿耿于怀。那么，一定是工作上的事了？能把王俊林搞得如此反常，一定出了大事！她决计第二天探探王俊林的口风。

自从帮助王俊林归整公文以来，赵璇滢接触到了王俊林的一些机密文件，知道国民党军"围剿"红军的进度，也清楚国民党很多其他秘密。只是，她跟上级地下党组织早已断了联系，更不知道他们在哪里，没法把这些秘密情报送出去。

她试图跟党中央跟陕北建立联系，不久前派了一个精明强干的人员，去了陕北。是不是能联系上，赵璇滢自己也不清楚。

赵璇滢和余雅芳去赵府的那一天，王俊林以帮助特务们暗地里查找赵璇滢为条件，换取他们不再公开骚扰赵府。

其实，不仅赵璇滢清楚，王俊林也很清楚，特务们是不会相信他的，只不过他们要利用王俊林作为诱饵，好找到赵璇滢的下落。在王俊林身边，一定潜伏了不少特务，赵璇滢不能不更加小心。

赵璇滢跟余雅芳的关系越来越融洽，两人经常一块到外面去欣赏武汉三镇的景色。余雅芳原先哪里都不愿意去，现在一出去，打开了心胸，总想出去接触这个世界。她跟余府、王府、赵府走动得越来越勤了。借此机会，赵璇滢可以把余雅芳当挡箭牌，跟地下工作人员取得联系，向他们下达指令。

第二天，赵璇滢早早地起了床，来到了客厅。刚好王俊林从书房里走了出来。他眼睛红红的,脸色很不好看,显然整夜都没有合过眼。

"司令,有什么事情吗?"赵璇滢问道。

王俊林经常需要赵璇滢帮他打理一些文件,当然不会隐瞒她,他要隐瞒的是夫人余雅芳。丈夫死后,她能够放下身段,沿街乞讨,承受因为丈夫死亡带来的一切后果,而不愿意向任何人诉说委屈,是一个忍辱负重的奇女子。跟这样的女人无论谈什么惊天动地的大事,都不可能令她大惊小怪。

夫人的优柔和软弱,极大地满足了王俊林那可怜的堂堂男子汉的自尊。但他是一个军人,自古以来军人都是崇尚铁血与智慧的,如果有一个女人能像男人一样刚强,像男人一样敢于在枪林弹雨之中跟对手拼杀,不死不休,他会由衷地钦佩她。赵璇滢恰恰是这样一个女人!自从逃出余府,参加革命党开始,一直到现在,她走上各种战场,历经生死,无怨无悔,王俊林打心眼里佩服她。因而,哪怕经常跟她处于敌对状态,哪怕恨不得杀掉她,他的心里还是佩服她的。如今,又有一个类似赵璇滢的女人出现在自己面前,王俊林大是感慨,让她帮他打理公务,是另一种钦佩,另一种情怀。

接到这个消息,王俊林很想告诉赵璇滢,征求她的意见,看自己到底应该怎么办。这件事情的确太大了,甚至比天还大,不能不慎重处理;要不然,一旦站错队做错事,即使项上人头不被人拧下来,也定会后患无穷。

的确是一件比天还大的事!因为蒋介石被张学良和杨虎城抓住了。张学良和杨虎城以下犯上,不服从中央号令,不仅没有全力"围剿"逃到陕北一隅的红军,甚至胆大包天,抓住了蒋介石,犹豫什么,应该立即发出声明拥护蒋介石,声讨张学良和杨虎城的罪过!是呀,按道理是应该这样。可是,道理归道理,事实上,到底要站在什么立场,现在谁能够说清楚?

特务们找过王俊林,很希望他立即发表声讨叛逆的声明,王俊林当然照办了。可是,接下来究竟应该采取什么措施?王俊林很茫然。

听说南京那边,很多人主张一定要拿办张学良和杨虎城。可是,他们把领袖抓在手里,你怎么拿办?真的要发动军队攻击他们捉拿他们,蒋介石的人头恐怕首先保不住。

这一切,都令王俊林感到异常不安。他感受到了自从投军以来从来没有过的巨大压力。掌控中央政权的蒋介石,一生经历了多少凶险,都能化险为夷,如今竟然落到张学良和杨虎城手里。真是阴沟里面翻了船!这且不去说它,最重要的是应该知道张、杨二人到底会怎样对待蒋介石。杀死蒋介石,还是逼迫蒋介石抗日?一切都不很明朗。

局势到底会向什么方向发展?张、杨二人会不会跟共产党合作?是不是受了共产党人的蛊惑？王俊林努力想搞清楚这些问题，但总是搞不清。他真的很懊恼他没有能力在蒋介石四周布设眼线，让他们为他探听消息，现在只能折磨自己的脑袋了。

他曾经召集余瑞华和其他团长以上军官，告诉他们蒋介石被捉的消息，打算跟他们秘密商议对策。会议室立即炸开了锅，大多数军官跟王俊林一样，虽说不赞成蒋介石被抓，却也不知道究竟该怎么办才好。余瑞华似乎觉得这是抗日的开始，不过，余瑞华并没有说话，一句话也没有说过。这就是各位团长和余瑞华的态度！完全不能帮助王俊林拿一点主意，你叫他怎么轻松得了！

眼下，赵璇滢一问，王俊林心头一阵感动。他叹息一声，说道："天塌下来了也没有这次的事大！张学良和杨虎城在西安活捉了蒋委员长！"

赵璇滢心头一震，一时间接受不了这个现实，问道："这是真的吗？"

"谁敢拿这件事开玩笑？"王俊林理解她的反应，说道。

"张学良和杨虎城为什么要这样做？他们一个是'剿匪'副总司令，一个是陕西绥靖公署主任呀！"赵璇滢努力控制自己的情绪，说道。

"他们胆敢这么做，很可能与共党有勾结。"王俊林说道。

这一下，赵璇滢终于反应过来了。她不知道张学良和杨虎城是不是与共产党红军有联系，但是，他们活捉了蒋介石，显然是不愿意"剿共"的了。

红军和共产党政权借此机会，不仅可以生存下去，还可以因势利导，获得更大的发展，赵璇滢心里高兴起来了。但在王俊林的面前，她竭力抑制自己的情绪，不让王俊林看出丝毫的破绽。

接下来，应该怎么对付蒋介石？因为蒋介石背叛革命，致使国民党与共产党打了十年内战，牺牲了多少英勇无畏的红军将士？牺牲了多少无辜的民众？得为他们报仇雪恨。得杀掉蒋介石！蒋介石是罪大恶极的反革命，人人得而诛之，杀他千次也不能解恨。赵璇滢一直思索着，情绪一直亢奋着，什么话都说不出口。

王俊林误会了她的意思，心里想道：她毕竟还是一个女人，毕竟不是赵璇滢，不可能在如此重要关头，保持着清醒的头脑和临危不乱的风采。唉！还是得自己拿主意了，拿不了主意，至少也得关注事态的发展。

他对赵璇滢说道："这几天，我可能经常不回府邸，你好好陪陪夫人。"

赵璇滢赶紧回到她的房间，把房门一关，抚摸着自己的胸膛，暗中叫道："真是太好了，张学良和杨虎城竟然把蒋介石活捉了！杀掉他，中国必然会迎来天翻地覆的变化。"

她急促地在房间里走来走去，得好好想一想，张学良和杨虎城为什么要活捉蒋介石，自己接下来应该怎么做。

王俊林说张学良和杨虎城与共产党有联系。赵璇滢不知道是否属实，但她一定要想清楚他们为什么要这么做。自从九一八事变以来，民众抗日的呼声一浪高过一浪。张学良丢了东北老家，心里肯定不会好过。他是不是接受了共产党的抗日主张，不愿意继续"剿共"了，试图率领人马走上抗日战场，由此与叫嚣攘外必先安内的蒋介石发生矛盾，最后一气之下，联合杨虎城，抓了蒋介石？

报纸上是不是已经报道了蒋介石被活捉的消息？民众的反应如何？国民党高级将领们的反应如何？张学良和杨虎城能够从此控制局势，让南京政府成为抗日的政府吗？抗日，是的，应该朝抗日方面引导。这样，民众将会形成一致意见，杀掉蒋介石，安定天下！

赵璇滢想清楚了这一切，打开房门，走了出去。

此时，余雅芳已经起了床。她感到非常纳闷，丈夫心里有事，整整一夜都没有回到卧室，这可以理解，怎么一向天还没有亮就起床的赵璇滢还没有出来呢？她到底还是惦念丈夫多一些，因为从来不去丈夫的书房，询问丫鬟，这才知道丈夫一大早出了官邸，赵璇滢早已起床，见过丈夫，丈夫走后，赵璇滢回到房间里去了，他们的神色都有点莫名其妙。

赵璇滢脸上果然流露出一抹叫人说不出的光彩。余雅芳异常惊讶，朝她看了一下，忍不住心头一颤，想起了二嫂，怕被她看出心思，马上把头偏了过去。赵璇滢一把抓住她，说道："夫人，吃过早饭，我们到外面去看看吧，司令说昨天发生了一件天大的事。"

"什么事？"余雅芳问道。

"出去一看，应该知道。"赵璇滢说道。

余雅芳心里狐疑，在赵璇滢的鼓动下，果然在吃过早饭以后，带了丫鬟，离开官邸，去了外面。

整个汉口，似乎依旧像以前一样，到处充满了不可靠的气氛，热闹中显示出浮躁，繁华中透射出穷困。来来往往的人群，匆匆忙忙，熙熙攘攘。可是，赵璇滢明显感觉出来，空气中还是充满了一种可以触摸得到的异常气息，一股叫人说不出的紧张感好像一只无形的巨臂，从天空伸展开来，卡住了人们的喉咙。

消息还没有传出去。人们还不知道蒋介石已经被张学良、杨虎城活捉了。特务们得到消息以后，在更加秘密地监视行人。得把这个消息传出去，让每一个民众都清楚，那个时候，特务们一定会更加手忙脚乱，自己可以趁势在武汉三镇发起一场声援张学良和杨虎城的运动，鼓动民众喊出杀掉蒋介石的呼声。

她们沿着街道一路走去，没想到，竟然跟王俊喜再度碰面了。

王俊喜依旧耀武扬威，到处都是他的保镖。一看到余雅芳，他立马招呼道："真不巧，每次你一出来，我们都会见面。今天是怎么啦？难道是听到了什么消息，想出来看一看吗？"

余雅芳下意识地望了赵璇滢一眼，说道："我对外面的事从来不感兴趣。"

王俊喜说道："是呀，你对任何事情都不感兴趣。可是，如果王俊林告诉了你这个消息，你一定会很兴奋的。"

赵璇滢清楚，王俊喜其实是想把这个消息告诉给自己的。她尽管已经知道发生了什么事，并不清楚详情，更不知道现在的局面，怂恿余雅芳出来的目的，是想看看消息是否已经传了出来以及民众的反应。

余雅芳说道："这么说，我倒真的很想听听到底是什么事。"

"午饭时间快到了。我请客，我们边吃边说。"王俊喜说道。

她们跟着王俊喜，来到一家环境优雅的酒店，要了些上好的酒菜，一块慢慢地品尝起来。王俊喜的随从分布在四周，整个酒店，再也没有客人敢进来了。王俊喜压低声音，故作神秘地说出了那件大事。

余雅芳顿时面色苍白，呼吸困难，眼睛下意识地瞪着赵璇滢，脑子一片空白，不知道自己该怎么做才好。

"这可不是一件小事。报纸上都没有刊载，你该不会是瞎说吧。"赵璇滢下意识地握住了余雅芳的手，对王俊喜说道。

王俊喜笑道："那些特务可不是吃素的，谁敢刊载，谁的报纸一准办不下去。不过，很快就会有人刊载了。是特务组织有选择地让这个消息传播开去。我听说，南京那边，现在热闹得很。"

蒋介石被捉，南京国民政府群龙无首，一些利欲熏心的家伙蠢蠢欲动，想取蒋介石而代之。这样一来，局势岂不是愈发复杂吗？党中央该做出什么样的决策呢？赵璇滢先前没有想过这个问题，现在不能不想。

她越想越觉得脑子不够用，颇有点迷迷糊糊，竟然不知道王俊喜在什么时候离开了，只见余雅芳仍然脸色苍白，一直在注视自己。

"你想说的也是这件事？"余雅芳问道。

"是的。司令出去之前，告诉我这件事。"赵璇滢点了点头，说道。

"怎么办？事情怎么这样？"余雅芳问道。

第三十章 时局突变

赵璇滢知道，余雅芳并不是担心蒋介石，而是担心她的丈夫王俊林会走错棋，导致性命难保。赵璇滢只有安慰余雅芳，劝说余雅芳不要继续胡思乱想。而她自己，脑海里仍然翻江倒海。

她想不出中央的决策，只有关注当下的情势。应该打乱特务的节奏，率先把这个消息透露出去。应该通过什么途径传播出去？无疑只有秘密交通站。这些秘密交通站分布在整个武汉三镇，深入到各个地方各个阶层，有的利用最基层的民众，有的是书店，有的是高档商店。她只要想传达消息，准会拉着余雅芳，去高档商店挑选衣服，神不知鬼不觉地把消息告诉给地下交通员。

余雅芳心乱如麻，准备打道回府。

"司令这几天不能回官邸，夫人心里烦闷，面对四壁，岂不更加烦闷？还是在外面转转吧，散散心，夫人才会有精神。"赵璇滢劝道。

余雅芳觉得有理，跟着赵璇滢，转到了那家商店。

因为余雅芳和赵璇滢经常光顾，商家已经跟她们很熟了，殷勤得很，见余雅芳的脸色很差，说道："夫人一定累了。小店虽说简陋，可以请夫人进去休息一会儿，也许会好一些。"

余雅芳心里有事，深感疲惫，又有赵璇滢相劝，果然去了内室。

赵璇滢说道："其实，蒋介石被张学良和杨虎城活捉了。夫人真的不必担心，王司令会处理好一切的。"

商家惊讶得眼珠子都快掉下来了，问道："夫人是说蒋介石被人活捉了吗？"

赵璇滢说道："是呀。夫人听到消息，担心司令过不了这道坎，竟然忧虑成这样。你说，蒋介石总是要"剿灭"共产党，现在却被张学良和杨虎城活捉了，这是怎么回事呀。要是民众知道了，天下不会大乱吧？"

"可不是，这该如何是好。"商家说道。

耳听他们的对话，余雅芳更是一刻也安宁不了。没有办法，赵璇滢只有带着余雅芳出来了。

到哪里去呢？去看望大哥吧，大哥也许会有主意。

余瑞光正在家里接待客人，他的客人是王俊财。

自从工人闹事被镇压下去以后，纱厂经营状况出现日益下滑的趋势。余瑞光绞尽脑汁，都无法阻挡，只能勉强维持。随着日军侵略中国的脚步越发加快，纱厂的处境更加艰难。

王俊财叹息道："放着日本人的侵略不知道抵抗，专打共产党，国家如此，我们拥有再多的智慧再多的资本，也不可能好好地经营下去。"

余瑞光深有同感，心里有着说不出的苦楚。国家为什么一定要打内战？国民党跟共产党不是曾经同坐一条船吗？坐在一块的时候，是何等的风光。英租界被收回，其他帝国主义列强再也不敢肆无忌惮地屠杀毒打国人。没想到转眼间，蒋介石跟共产党翻脸了，随即，汪精卫也跟共产党翻了脸。共产党即使鼓动工人运动鼓动农民运动，即使让富人的利益受到了一些损失，但还是无碍于大局呀。不仅有钱可赚，而且赚得很多，单从余记纱厂来说，当时是何等鼎盛！完全是继欧洲战争时期之后辉煌重现嘛！赶走了外国势力，或者说让外国势力不能在中国为所欲为了，余记纱厂一定会迎来春天。事情就是这么简单！他很留恋那段日子，虽说工人对他充满了敌意，他一样觉得，只有那段日子，才是最舒心的。

王俊财的处境比余瑞光其实好不了多少。虽说王记面粉厂的供应量占据了中国半壁江山，随着日本人步步进逼，份额日渐衰减。好在他还可以从其他方向打开销路，也有祖上留下的地皮为他注入新的资金，让他不至于难以为继。

因而，当武汉三镇的学生决计发动学潮，响应北京一二·九运动的时候，他跟余瑞光和赵承彦一样，认为这是一个为国家和家族工厂求生存的好机会，毫不犹豫地予以支持。原以为可以迫使当局放弃"剿灭"红军的企图，把矛头对准日本人。不料，蒋介石继续命令国民党军队"围剿"红军，甚至亲自跑到西安，督促张学良和杨虎城尽快发动最后一战，彻底将红军消灭在陕北一隅。

即使消灭了红军，真的可以指望蒋介石抗日吗？连民众的再三请求都不顾，蒋介石哪里有抗日的决心！王俊财心里异常沉重。

王俊财不愿意去赵府招惹麻烦，只能来余府，跟余瑞光谈论接下来的时局。

两人已经谈了好一会儿，越谈越对时局感到悲观，越谈气氛越发低沉。直到下人说小姐回府了，才让他们从低沉的气氛里面走出来。

余瑞光夫人听到妹妹回府的消息，准备前去迎接。但余雅芳和赵璇滢已经走了进来。余雅芳不仅脸色苍白，而且精神萎靡不振。余瑞光和王俊财本能地觉得王俊林又跟她闹了别扭，相互瞄了一眼，都不作声。余瑞光夫人匆匆赶上前去，帮助赵璇滢，把余雅芳扶到了一把椅子上。

"你这是怎么啦？"余瑞光夫人痛惜地问道。

余雅芳翕动着嘴唇，朝赵璇滢望了一眼，内心依旧激荡不已，还是没有理出头绪，说不出一个字来。

赵璇滢说道："夫人担心王司令。"

"他又做出什么事了？"王俊财和余瑞光心里一阵阵发冷，同时问道。

"王司令现在倒没有做出什么事。可是，蒋介石出事了。"

余瑞光和王俊财心头一凛，相互打量了一眼，一同把目光移到赵璇滢脸上。

这时候，又有两个人进来了，打断了赵璇滢的说话声。他们同时看去，竟然是赵承彦和赵承博兄弟。

原来，王俊喜得到蒋介石被捉的消息以后，心头一喜，觉得可以趁机去赵府跟柳彤萱见面，找到机会，跟她再度重温鸳鸯旧梦。于是，他带了人马，准备过江去汉阳赵府。

谁知，出门不久，王俊喜首先遇到了余雅芳和赵璇滢。心知赵璇滢知道此事以后，一定不会袖手旁观，他忍不住告诉了她们。

随即，王俊喜去了赵府。赵承彦和赵承博一听到这个惊人的消息，喜出望外。

这段日子，国民党特务跟踪盯梢，又因为日本人的侵略，使赵府榨油坊的生意每况愈下，他们把账都算在蒋介石头上。蒋介石被抓，如果进而被杀了头，不仅赵府受到特务监视的局面会得到改善，抗日也会变成事实。那样一来，他们不仅可以获得自由，榨油坊也会获得新生，他们恨不得马上搜集全城的鞭炮，一起燃放，以示庆祝。

赵府的榨油坊，的确面临着很大的困境。因为日本人的侵略，国家形势日益严峻，到处缺钱，道路不通，收购原料和销售都很成问题。赵府的生意一落千丈。赵承彦时常为如何获取原料以及怎么销售食油大伤脑筋。

一旦南北交通得以畅通，这一切将会有很大的改善。赵承彦时常这么想。

早在构建卢汉铁路与粤汉铁路之初，张之洞就构筑了将它们连接起来以沟通南北交通的蓝图。经过几十年的努力，现在，已经在徐家棚一带修建了下江线，准备利用轮渡的形式，使过往南北的货运列车渡过长江，沟通南北的货物流通。所有的商家都盼望着尽快通车，再有几个月，货运火车将会直接开过长江了。

赵氏兄弟一面期盼早日实现轮渡载运火车过江，一面期盼国家能够硬起翅膀抗击日本人的侵略。那才是摆脱困境的最好办法。原因很简单，不抵抗入侵，任何借口都会纵容敌人，把国家陷入更大的灾难。共产党提出的抗日主张，使他们深深感到：共产党的其他主张尽管很难令人接受，但在这一点上，共产党确实是救国的希望。因而，对蒋介石不停地发动"剿共"，他们实在厌烦得很。

更令他们感到烦恼的是,赵府因为赵璇滢的关系,一直遭到了特务组织的监视,几乎任何一个出入赵府的人员,都会受到特务的跟踪与盘问,有的甚至会被逮捕,被枪杀,受尽各种各样的酷刑。这同样是赵府生意一落千丈的原因之一。

上次,如果不是王俊喜,那帮特务们真的会把赵府搞得鸡飞狗跳。几乎每天,赵府的每个人都处在恐惧与不安当中。

蒋介石被抓,布设在赵府四周的特务明显减少了许多,赵氏兄弟一块过江来到余府,准备告诉余瑞光这个大快人心的消息。他们不需要人通报,自己兴冲冲地奔了进去。

赵承博喜气洋洋,一进去里面就大声快活地说道:"好消息,蒋介石被张学良和杨虎城活捉了,他的老命快要丢掉了,国家一定会走上抗日的道路!"

余瑞光和王俊财被这突如其来的消息震蒙了,目瞪口呆,愣在那儿,一动不动。余瑞光夫人更是一脸的不知所措。

"夫人就是因为这件事,很担心王司令会做出错误的选择。"赵璇滢说道。

这么说,蒋介石果然被张学良和杨虎城活捉了!余瑞光和王俊财朝赵承彦、赵承博、赵璇滢、余雅芳望去,心里说道,脸上流露出了欣慰的神色。

"他们怎么能把蒋介石给活捉了呢?"余瑞光夫人喃喃自语道。

"不用说,张学良和杨虎城一定会杀掉蒋介石,跟共产党联合抗日。国家有救了,我们的生意也有救了!"赵承博愉快地叫喊道。

但赵承彦、余瑞光、王俊财都很清楚:事情不会那么简单。

他们得思考一下,局势接下来会朝什么方向发展。毕竟,南京国民政府握有数百万大军,即使张学良和杨虎城把蒋介石控制在手里,又能怎么样呢?即使张学良和杨虎城跟共产党联合起来了,又能怎么样呢?南京可以打出镇压叛军的名义,围攻张学良和杨虎城。这样一来,天下不是更加大乱了吗?日本人不是可以乘机浑水摸鱼,加快全面侵略中国的步伐吗?

他们能做什么呢?利用这次事变,促成各方联合,一致对抗日本,这是最好的策略。这样的话,一定不能杀掉蒋介石,得提出一致抗日的主张,得召集商会的各位成员开会统一思想,联合发表声明,希望国家不要混乱,希望全国能够团结起来一致抗日。

商人的眼光独具一格,赵璇滢深感佩服。可是,不杀掉蒋介石,赵璇滢不甘心。她不能暴露自己,也不能公开发表观点,心里很纠结。

余府、赵府、王府的代表人物汇聚在一块,一个个神色严肃,说话做事小心翼翼。

余雅芳感到有些窒息，再也不愿意继续在这个环境里待下去，多待一秒钟，她都会死亡，她带着赵璇滢一块出了余府。

这时候，大街小巷传遍了蒋介石被抓的消息，很多人高兴，很多人惶恐，很多人无动于衷。

余雅芳无暇分辨他们的立场，几乎是仓皇地逃回了警备司令官邸。她跌倒在椅子上，紧紧地抓住赵璇滢的手，问道："你说，俊林会怎么办？"

赵璇滢说道："他是一个精明人，不会走错路。"

可是，什么样的道路才是正确的呢？别说余雅芳不知道，赵璇滢一样不知道。

赵璇滢多么希望此时此刻能够得到进一步的消息，最好是得到共产党中央的消息啊。那样，她一定可以准确地捕捉出其中的内涵，决定今后自己应该采取什么样的行动。然而，她不可能知道。她至今都没能在国民党特务机构的核心部门安插一个有力的干将，只能依靠王俊林提供消息了。

王俊林什么时候能够回到官邸呢？他要是一直不回来，自己难道一直默默地等下去吗？她寻思了很长一段时间，不得要领，心里总是无法安宁。

她知道，余雅芳一样无法安宁。可以利用余雅芳的软弱，鼓动她去王俊林的司令部吗？余雅芳一直没有去过警备司令部，她突然出现在那儿，王俊林一定会怀疑是自己鼓动的，有可能进而怀疑自己的身份。

现在，到了自己应该公开出面的时候吗？她渴望自己能当机立断采取措施，却又担心意想不到的事情发生。

这时候，余瑞华来到了警备司令官邸。

他是奉了王俊林的命令，前来告诉赵璇滢现在的情况。离开官邸的时候，夫人还没有醒，王俊林心知夫人一定会心神不安，赵璇滢也会告诉夫人发生的事情。自己又不能离开办公室，他只有派余瑞华前来告诉她们最新动态。

余瑞华一直渴望跟日本人交战，但得到的命令总是要他率领人马"剿灭"红军。他对蒋介石的信心由此发生了动摇。现在，张学良和杨虎城不仅活捉了蒋介石，而且打出了联合共产党人共同抗日的旗号，他打心眼里欢迎至极。

当王俊林告诉他赵璇滢已经知道蒋介石被捉的消息时，他就知道，赵璇滢一定迫切希望跟共产党中央取得联系，迫切希望知道更多的消息。他现在准备趁机把自己知道的事情原原本本地告诉她。

眼下，张学良和杨虎城已经跟共产党人取得了联系。共产党中央已经派遣周恩来做代表，前往西安，帮助张、杨二人处理这件事情。

张学良和杨虎城是因为跟共产党达成了默契，或者是接受了共产党的安排，才抓捕蒋介石的吗？虽说特务们一直这么认为，余瑞华并不这么看。逮着机会，他说不定也会向蒋介石下手。

他还知道南京政府一片乌烟瘴气。何应钦等人放出话来，并且正在集结力量，准备向西安大举发动攻击。南京政府一发动攻击，岂不是意味着逼迫张学良、杨虎城和共产党人杀掉蒋介石吗？那个时候，国家将会陷入一场更大的混战。幸而，宋子文和宋美龄一直在寻求去西安跟张学良、杨虎城以及共产党人谈判。真要是这样的话，天下准会太平，国民党跟共产党将会再度合作，共同扛起抗日的大旗。那样一来，余瑞华将会率领队伍走向抗日战场。

不过，事情太过诡异太过复杂，余瑞华无法确定以后的局势到底会向什么方向发展，决定借助这个机会，好好跟赵璇滢商讨一下。

余瑞华进入王俊林府邸的时候，余雅芳心情郁闷，一个人躺在床上，连赵璇滢都无法安慰，正好给了余瑞华单独跟赵璇滢见面的机会。

赵璇滢说道："抗日是我党的一贯主张。现在，局势既然如此复杂，共产党人恐怕不会主张杀掉蒋介石。杀掉一个蒋介石，引发全国混战，岂不是给了日本人可乘之机吗？最好的结果或许是蒋介石被迫放弃'围剿'红军，走上与我党联合的道路。"

余瑞华深以为然。

赵璇滢继续说："尽管武汉距离南京和西安都很遥远，无法协助张、杨二位将军以及我党的行动，但可以发动各界呼吁共产党跟国民党就此停止内战，携手抗日，迫使何应钦不敢过分放肆，也迫使蒋介石不得不接受张学良、杨虎城以及共产党的主张。"

二嫂能在这么短的时间里把握大局，余瑞华愈发佩服，心情激动地说道："如果国共再度联手，共同抗日，二嫂，你再也用不着隐姓埋名，可以重见天日了。"

"二嫂？"一个声音传了过来。

赵璇滢和余瑞华吓了一大跳，不需要回头去看，也知道是余雅芳进来了。只见余雅芳脸色绯红，气息微弱。显然，余瑞华的话把她吓坏了。

余雅芳一直担心丈夫，担心二哥，担心二嫂，虽说很想一个人静下心来好好思考一下他们到底会怎么样，但还是静不下心。于是，她走出来想跟赵璇滢说说话，以便度过这难熬的时光。

不料，竟然听到弟弟说出了"二嫂"这么吓人的字眼。她凝视着赵璇滢，朝她走去，说道："怪不得我第一次看到你，都有一种亲切感，原来你是二嫂。"

她一头扑进赵璇滢的怀里，放声痛哭起来。

赵璇滢轻轻地在她肩上抚摸着，说道："你不要哭。很快，我们可以一起打击日本人了，你应该为此感到高兴。"

余雅芳更加放声大哭起来。

她一直希望丈夫能跟二哥二嫂走到一块。当丈夫以及弟弟的部队跟二哥的人马一道在南昌发动起义的时候，她虽受过惊吓，但亲人走在一起，她还是感到高兴。可是，丈夫竟然逃离了共产党的队伍，回到了武汉，再次跟二哥二嫂拉开了对抗的架势，她心里的悲伤，无法向人诉说。现在，二哥竟然可以跟王俊林再次合作了，她还有什么可担心的呢？她是欢喜的哭泣，是欣慰的哭泣，是无法言表的快乐的哭泣。

"是的，我很高兴。只要看到俊林不再跟二哥二嫂作对，我比什么都高兴。"余雅芳任凭眼泪朝外淌，继续说，"你们不是在商量什么吗？如果你们觉得我能做一些事情，尽管告诉我。无论什么事，我都愿意替你们做。"

赵璇滢看着余雅芳急切的样子，会心地笑了。有的是事情可做呢，要联系王俊财、余瑞光、赵承彦，要联系工人以及所有民众，要联系学生联系老师，一起发出强大的声音，呼吁国共团结起来，共同抗击日本人的侵略。仅仅只靠赵璇滢和余瑞华，人手实在不够，余雅芳加入进来，正好弥补了人手的不足。

余雅芳带着一个丫鬟去了武汉大学，见到姐姐余梅芳和姐夫林英华，把二嫂和余瑞华希望各界联合起来，发出希望国共合作共同抗日的声明原原本本告诉了他们。

林英华很快联络了学界的著名人物，联名发出了敦促国共携手抗日的声明。

余瑞华分头拜见了余瑞光、王俊财、赵承彦。三位商界风云人物马上联合发出声明。

赵璇滢暗地里通知了各秘密交通站的地下工作人员，他们跟各个行业的工人联系密切，很快动员起各界工人以及大部分民众，拥护共同抗日的主张。

特务们不仅没有出面干预，反而认为这是挽救蒋介石性命的最好办法，在一边推波助澜，希望把声势搞得更加宏大。甚至王俊喜的手下，那些跑马场的驯马师赌徒以及妓院的妓女流氓打手之类的家伙，也都行动起来了，一样发出了共同抗日的呼声。

从此以后，武汉三镇的每家报纸都刊登着社会各界呼吁国民党共产党联合起来共同抗日的声明。

社会各界的声明宛如汹涌澎湃的潮水，涌向南京国民政府、陕北中共中央、张学良、杨虎城将军。终于，西安事变得以和平落下帷幕。随即，张学良亲自护送蒋介石离开西安，回去了南京。

在余雅芳面前显露了身份，赵璇滢再也无法隐瞒。她很懊悔，作为地下工作人员，竟然在关键时刻不能潜伏到底，致使自己浮出水面。但事情已经发生了，无可挽回，她只有做好善后。如今，虽说国共再度合作，可是，两党的很多分歧无法解决，她可以现身，她发展起来的地下工作人员都应该继续潜伏待命。

王俊林知道了赵璇滢的身份以后，万分难堪和感慨，心里颇有点酸味地说道："二嫂，你真是一个神奇的女人，竟然常常出现在我和雅芳面前，我们却不知道你就是二嫂。好在我们已经联合起来了，准备携手抗战了。要不然，我再跟红军作战，恐怕脑袋什么时候被你取走，我都不知道了。"

赵璇滢笑道："毕竟，我们走到一块了。共同抗日，这是全民族的愿望。"

忽然，从外面热热闹闹地拥进了一大群人。是周莹莹和柳彤萱在余瑞华的引导下，带着赵英嗣、赵雪莲、余亚男、余明亮等人一块进了王俊林的官邸。

余亚男看到母亲，马上欢快地喊道："妈妈！"

她燕子一样地扑向了赵璇滢。余明亮一直没有见过母亲，他又是高兴，又是生疏，犹犹豫豫地走向母亲。

赵璇滢喜极而泣，把两个孩子紧紧地抱在怀里。

"你的孩子都长大了。"周莹莹流着泪，说道，"你终于能够跟孩子们待在一块了，我的心血总算没有白费。要是余瑞祥能够回来，就更好了。谢天谢地，你们再也不打仗了。"

"不，伯母，我们还要打仗。不过，我们再也不是打内战，而是一致对外，联手打击日本人。"余瑞华说道。